Der Fußball, einst ein populärer und bodenständiger Volkssport, wird immer hemmungsloser kommerzialisiert: Die ewig hungrigen Medien, die werbende Wirtschaft und profilierungssüchtige Politiker und Trittbrettfahrer haben erkannt, welches Potential in der massenhaften Begeisterung für das Gekicke steckt. Da fügt es sich günstig, daß sie es beim Welt-Fußballverband FIFA seit mehr als 20 Jahren mit einer Riege machtgieriger, korrupter und diktatorisch regierender Funktionäre zu tun haben. Denen geht es längst nicht mehr um Sport, sondern um persönliches Ansehen, um Einfluß und Geld – wofür mehr und mehr Leichen in den Keller wandern mußten. Die Zustände im brasilianischen Fußball – gekaufte Spiele, bestochene Schiedsrichter und Gewalt in den Stadien – könnten durchaus ein Omen sein für das, was der Havelange-Clan aus dem Weltfußball gemacht hat.

Die Autoren zeigen anhand brisanter Insiderpapiere und Hintergrundinformationen über diskrete Deals, wer hinter dem Milliardenspiel um Übertragungsrechte, Ausstatterverträge und Vermarktung steckt – und wer dabei der Verlierer ist. Vor allem der Fußball selbst: Pay-TV, Millionengehälter, Doping und andere Begleitzwänge der Kommerzialisierung treiben den Sport auf eine gefährliche Gratwanderung.

Ein Recherchethriller über die Foulspiele hinter den Kulissen des Weltfußballs, der zeigt: Gegen das, was die Drahtzieher treiben, ist eine Blutgrätsche ein harmloses Vergehen.

Thomas Kistner, Jahrgang 1958, ist Sportredakteur bei der »Süddeutschen Zeitung«. *Jens Weinreich*, geboren 1965, ist Redakteur der »Berliner Zeitung«. Beide sind Experten für Sportpolitik und für den Hintergrund sportlicher Großereignisse wie Olympischer Spiele und Fußballweltmeisterschaften. 1996 veröffentlichten sie: »Muskelspiele. Ein Abgesang auf Olympia«. Bei den Sportfunktionären der Welt sind sie gefürchtet wegen ihrer Recherchen.

Thomas Kistner / Jens Weinreich

Das Milliardenspiel

Fußball, Geld und Medien

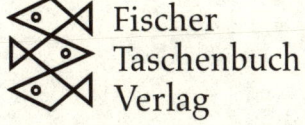

Fischer
Taschenbuch
Verlag

Lektorat: Oliver Thomas Domzalski

Originalausgabe
Veröffentlicht im Fischer Taschenbuch Verlag GmbH
Frankfurt am Main, April 1998

© Fischer Taschenbuch Verlag GmbH, Frankfurt am Main
Gesamtherstellung: Clausen & Bosse, Leck
Printed in Germany
ISBN 3-596-13810-8

Inhaltsverzeichnis

Teil 2: Europa gegen den Rest der Welt

Teil 3: Der Krieg der Schuhe

Anhang

Prolog

Es poltert, wenn Joao Havelange dem einzigen Gesetz folgt, das sogar für ihn gilt: Dem Gesetz der Schwerkraft. Die Dielen ächzen, als der Präsident des Fußballweltverbandes (FIFA) vom Podium springt. 81 Jahre, und noch mopsfidel. Jetzt ist er in Eile. Einigen Hundertschaften staunender Journalisten aus aller Welt ruft er zu, warum: »Ich muß die Konferenz unterbrechen. Herr Staatspräsident Chirac wünscht mich am Telefon zu sprechen!«

Showtime am Vorabend der Fußballweltmeisterschaft. Wiewohl es eine Ein-Mann-Schau ist, und auch das Gespräch mit Frankreichs Regierungschef nicht ganz so spektakuläre Ergebnisse zeitigt, wie erwartet: Chirac klingelt nur durch, um seine Teilnahme an der Auslosung der WM-Gruppen abzusagen, die anderntags hier in Marseille stattfinden wird. Nett, daß er sich wenigstens zum Telefon bemüht. Es gab ja auch schon dunklere Zeiten. Da hatte Chirac gedroht, seinen ganzen politischen Einfluß in Afrika ausspielen zu wollen, damit Havelange nicht länger FIFA-Präsident bleibt.

Doch liegt das schon etwas zurück: Als Chirac noch Bürgermeister von Paris war und die Olympischen Spiele 1992 veranstalten wollte, hatte Joao Havelange, der nicht nur im FIFA-Chefsessel thronte, sondern auch im Internationalen Olympischen Komitee (IOC), ihm die Tour vermasselt und seine Kollegen im Olymp druckvoll auf Barcelona eingeschworen – auf die Heimatstadt seines Sportskameraden Juan Antonio Samaranch. Es war einer dieser gnadenlosen Freundschaftsdienste des Joao Havelange, deren er sich so gerne rühmt – IOC-Chef Samaranch konnte schließlich schlecht selbst für seinen Geburtsort hausieren gehen. Chirac aber hat nun die Fußballweltmeisterschaft 1998. Kein kleiner Trost, und bestimmt keine schlechte Alternative. Schon gar nicht, wenn man die kommende Anteilnahme der Weltöffentlichkeit in Rechnung stellt. »Gegen die Fußball-WM«, sagt Franz Beckenbauer, »sind Olympische Spiele doch nur ein kleines Licht.« Fußballfreunde und Einschaltquoten bestätigen dies. Fragt sich nur: Wie kam es zu diesem weltumspannenden Eroberungszug des Fußballsports? Ist er tatsächlich das Lebenswerk eines Mannes – und ist Havelange am Ende wirklich der, für den er sich hält? Der Retter des Weltfußballs, den er 1974 mit angeblich zwanzig Dollar in der Portokasse übernommen hatte? Der größte Sportführer unter der Sonne, einer, um den sich »Könige und Staatspräsidenten in aller Welt« reißen – ist er wirklich der geniale Herrscher des Fußballuniversums?

Er sitzt wieder oben auf dem Podium vor der Weltpresse. Dort rechnet er der Menschheit in leicht gespreizten Phrasen das Erbe vor, das sie in Kürze zu erwarten hat. Und zwar von ihm, von ihm persönlich: Knapp vier Milliarden Schweizer Franken sind es, »die ich hinterlasse. Harte Arbeit. Es ist ein gutes Ruhekissen, das ich meinem Nachfolger übergebe.« Ein bißchen vermißt man jetzt schon den Applaus, hier im Pressezentrum am künftigen WM-Spielort Stade Velodrom. Nur einer wagt sich mannhaft vor, ein Eingeweihter aus dem Fußballreich von Panama. »Herr Präsident, Sie haben so unschätzbar vieles für diesen Sport geleistet«, so regnen die warmen Worte, und enden mit der flehentlichen Bitte an Havelange, seine Rücktrittspläne für den FIFA-Wahltag am 8. Juni 1998 in Paris dringend zu überdenken: »Bitte, bitte bleiben Sie im Amt!«

Die Dramaturgie stimmt. Bewegt dankt Havelange dem Fachmann aus Panama. Und reißt sich zusammen. Dabei würde er jetzt so gern rauslassen, daß er ja eigentlich an gar nichts anderes denkt. Daß er sich eine Patt-Situation vorstellen könnte am Wahltag in Paris, mit möglichst vielen verwirrenden Präsidentschaftskandidaten, so daß man am Ende ihn bitten wird, weiterzumachen. Nein, aber das sagt er nicht. Er begeht keinen taktischen Fehler. »Das schwierigste im Leben«, hebt er an, »ist es, den Zeitpunkt zu wählen, wann man aufhört. Ich bin vielleicht der freieste Mensch der Welt, aber ich bin auch ein Gefangener. Denn ich habe Tag und Nacht nur für den Fußball gearbeitet. Meine Enkel sind schon über 20 Jahre alt, und ich kenne sie kaum.«

Entsagungsvoll ist dieses Leben, das selbstauferlegte, da braucht es familiäre Nestwärme. Und so hat sich der Asket zwar nicht die Enkel, dafür aber den Schwiegersohn in die FIFA geholt. Der heißt Ricardo Teixeira und ist zufällig auch der Präsident des heimatlichen Fußballverbandes CBF in Brasilien. Wie der alte, so hat auch der junge Havelange in Marseille seinen Auftritt. Als er bei der WM-Auslosung in windig-kalter Dezembernacht Joseph Blatter den Goldpokal zurückgibt, den Romario und Kollegen 1994 in den USA gewannen, da hätte manch einer aus der versammelten Fußballprominenz im Stade Velodrome – der Franz, der Pelé, der Platini – dem FIFA-Generalsekretär laut zurufen mögen: »Kratz gleich mit dem Finger dran, Sepp, ob es wirklich noch der echte ist!«. Denn der smarte Ricardo führt eine derart schillernde Funktionärsvita, daß man entweder sein Schwiegervater sein muß oder freiwilliger Hirnspender, um ihn für ein seriöses Mitglied der

Weltfußballgemeinde zu halten. Weil ihn aber der FIFA-Chef beschirmt, obwohl in der Heimat bereits ein Anti-Teixeira-Gesetz in Umsetzung ist, drängt sich der Verdacht auf, daß der Junior so etwas wie der sportpolitische Stuntman des Seniors ist. Doch das ist ein eigenes Kapitel in diesem Buch, das unter anderem dem Vermächtnis des Joao Havelange nachgeht.

Nachspürt, um genau zu sein. Nach einem Vierteljahrhundert gestrenger Alleinherrschaft an der Spitze der FIFA – einer Organisation, die anders als die nationalen Fußballverbände mehr im Verborgenen erblühen konnte – gibt es erstaunlich wenig Konkretes zu den Geschäftsaktivitäten des Kurzpaß-Pharaos. »Als ich anfing, war der Fußball gar nichts. Heute ist er eine weltweite Wirtschaftsmacht«, sagt er nur, wenn er vom stolzen FIFA-Hauptquartier hinabschaut auf den See und die gotischen Kirchtürme der verschwiegenen Bankenstadt Zürich. So sind seine Selbstauskünfte, sie kommen nie über den Informationsgehalt von Werbespots hinaus. Warum auch. Im Milliardenspiel um den Weltfußball gilt der Personenkult als feste Bilanzgröße, das schützt sehr verläßlich vor unanständigen Fragen.

Dabei geht es doch nur um Fußball. Eigentlich sollte es da ja wenig Grund zur Diskretion geben, noch dazu in einem ordentlichen Verband, der seine Gremien wählt und den Statuten zufolge strikt der Kontrolle der Mitglieder unterliegt. Was sollen, mag Havelange sich fragen, schon Statuten, Regeln, demokratische Umgangsformen? Was, bitteschön, sind Informationsrunden, Sachkritik und freie Wahlen? Löbliche Angewohnheiten, die man ausgangs des Milleniums auch mal der FIFA näherbringen muß, sagen immer mehr Mitglieder. Lennart Johansson, der Präsident des europäischen Kontinentalverbandes UEFA, hat sie hinter sich versammelt. Mit einem auffallend umfänglichen Demokratisierungsauftrag will er die Nachfolge Havelanges antreten. Manch einem kann das gar nicht recht sein. Deshalb konnte das voraussichtliche Ende der Ära Havelange auch nur über jahrelangen Druck herbeigeführt werden.

Johanssons Regierungsprogramm läßt sich ohne Phantasie in eine flammende Anklageschrift uminterpretieren, und sie nimmt auch den kirschkerngroßen Kreis der sehr vertraulichen Geschäftspartner des Weltverbandes nicht aus. Warum diese so kurz vor dem Führungswechsel noch einmal auf Teufel komm raus mit allen Rechten und Mitteln bedient werden mußten, wirft Fragen genug auf für ein paar weitere Kapitel dieses Buches. Wer schon mal wissen will, um wen es sich handelt, der betrachte das offiziellen Weltmeisterschafts-Logo für Frankreich 1998. Dort steht zwar nirgendwo der Name FIFA drauf, der Mutter des Ereignisses. Der des Vermarkters schon.

Havelanges Testament von Marseille birgt daher durchaus eine tiefere

Wahrheit. Die vier Milliarden Franken nämlich, die er dem Nachfolger ins Kopfkissen stopft, hätte dieser auch selbst generieren können – die Zeit ist nun mal reif für solche Summen, und da es sich bei dem Milliardensegen um die Erlöse aus dem Verkauf der Fernseh- und Marketingrechte für die Fußball-WMs 2002 und 2006 handelt, ist nicht einmal auszuschließen, daß man mit etwas Geduld noch mehr hätte herauskitzeln können aus der enthemmt pokernden Marktwirtschaft. Ziemlich ungewiß wäre dann aber gewesen, mit welchen Geschäftsfreunden die FIFA ins nächste Jahrtausend aufbricht. Dank Havelange ist nun auf lange Sicht alles beim alten geblieben. Von Bord geschickt wurden lediglich die öffentlich-rechtlichen Sender, die alten Fernsehpartner mit der notorisch transparenten Buchführung. Ins Boot gestiegen ist dafür ein unternehmungslustiger Medienmakler namens Leo Kirch. Einer, der grätschen kann wie Jürgen Kohler – am liebsten aus der Tiefe der Vertragsräume direkt ins Portemonnaie der deutschen Fußballfreunde.

Tatsächlich aber wollen wir uns nicht mit den Gewinnmargen von Wirtschaftsfirmen herumplagen. Daß die alles Erdenkliche tun, um Claims abzustecken und Profite herauszuschlagen, ist ihr Recht. In hohem Maße betrachtenswert wird das Ganze aber, wenn der riesigen Fußballgemeinde die Geschichte vom ebenso selbstlosen wie einzigartig erfolgreichen Wirken umsichtiger Weltsportführer präsentiert wird. Und wenn das Gebilde bei einigem Nachforschen, bei etwas Schmökern in Dokumenten in sich zusammenfällt – und nur die Flüsterstory bleibt von einigen wenigen Männern, die den Weltfußball unter sich aufgeteilt haben. Über persönliche Absprachen und Freundschaftsdienste, wie sie der greise Fußballpatriarch Havelange und sein getreuer Geselle Blatter so lieben, und mit Gepflogenheiten, die im Zeitalter der Demokratie etwas aus der Mode gekommen sind.

Zählen wir nicht länger die Nullen auf den Konten der FIFA, schauen wir mal nach den Leichen im Keller. Dies erfordert die konsequente Arbeit am Mann. Oder, wie es der unbekannte Fußballprofi ausdrücken würde, einer, der Männern wie Havelange besonders viel verdankt:

»Ja gut, ich sach mal: Pressing, Pressing, Pressing.«

Teil 1 König Fußball Havelange

Jurassic Park
Die Dinosaurier des Weltsports und ihr Regisseur

Etwas hat überlebt. Ein ganz bestimmter Lebensraum. Ein System und darin seine mächtigen, dem Wesen nach tyrannischen Bewohner. Jetzt sind sie alt. Sehr alt. Aber äußerlich auf Höhe der Zeit, gewandet in teure Tücher und sorgsam gepflegte Lederhaut: Die Dinosaurier an der Spitze des Weltsports.

Die 80 sind ein Alter, in dem sich andere Spitzenmanager längst zurückgezogen haben. In der Wirtschaft, in der Politik, in der Kultur betrachtet man betagte Senioren als Elder Statesmen, die keine Entscheidungen mehr fällen, sondern deren Ratschlag man allenfalls gern anhört. Im Weltsport ist das anders. Hier regieren die Dinosaurier. Graue Stars. Leute wie Joao Havelange und Juan Antonio Samaranch, die es ohne Mühe geschafft haben, die vergangenen zwei Jahrzehnte zu überdauern. Der eine führt den modernen Fußball an, der andere die Olympische Bewegung. Ihre Organisationen, der Fußball-Weltverband (FIFA) und das Internationale Olympische Komitee (IOC), die sie mit eiserner Hand führen, sind global operierende Monopolbetriebe. Havelange bietet den Fußball an, Samaranch die fünf olympischen Ringe, und beide Produkte sind einzigartig auf dem Markt – nicht, weil sie alle anderen verdrängt haben, sondern weil nie ernsthafte Konkurrenz in Sicht war.

Die Produktion des Artikels ist problemlos, denn er besteht nicht aus einem Sachgut, sondern in der Organisation von Wettkämpfen. Verwendet werden – ganz ökologisch – nachwachsende Rohstoffe, nämlich junge sportliche Menschen. Eventuelle finanzielle Restrisiken überlassen die Monopolisten des Sports den jeweiligen Ausrichtern. Die Begeisterung der Kundschaft und die Nachfrage für diese edlen Wettkämpfe ist gigantisch und wird es auch noch lange bleiben: Der Mensch bewegt und mißt sich gerne, und fast noch lieber, so zeigt sich seit einigen Jahren, schaut er anderen dabei zu. Also können unsere Dinosaurier ständig neue Statistiken präsentieren, die Fußballweltmeisterschaften und die Olympischen Spiele als mit großem Abstand weltgrößte Medienereignisse ausweisen.

Es gibt wenig, was man an der Spitze dieser Monopolkonzerne falsch machen kann. Man muß zusehen, daß man fähiges Personal findet für technische Abteilungen, für Marketing, Kommunikation, Nachwuchsförderung, Wettkampforganisation und anderes. Das ist kein Hexenwerk, denn Fachleute aus aller Welt und allen Bereichen reißen sich ganz besonders um Tätigkeiten in diesen attraktiven Monopolunternehmen.

Es gibt aber einen schwierigen Auftrag, den die Führer dieses Weltsports zu erfüllen haben. Auf den haben sie sich mit der Annahme der Präsidentschaft verpflichtet: Schaden abzuwenden. Sie müssen den Sport schützen vor allem, was ihn für andere Zwecke mißbrauchen, vergewaltigen, korrumpieren will. Vor dem Ansturm also der Industriesponsoren und der Fernsehkonzerne, die für immer gewaltigere Vertragssummen, die sie in diese beiden Monopolunternehmen pumpen, verständlicherweise auch immer mehr Mitsprache und Eingriffsrechte fordern. Und auch vor Fehlentwicklungen im Inneren müssen die Güter des Sports geschützt werden – davor, daß die sozialen Bindungen verloren gehen, die der Sport in besonderem Maße schafft. Davor, daß sich der festen Spielregeln verpflichtete Spitzensport nicht zwischen Showspektakel und Spaßkultur auflöst und das totale Sensationsszenario eintritt: Gladiatorenkämpfe wie in der Antike. Bekämpft werden muß die Leistungsmanipulation, das Doping, für das der Anreiz mit jedem Dollar wächst, der zusätzlich in den Sportbetrieb gespült wird. Des Schutzes bedarf es auch vor Korruption, Ämtermißbrauch und der Gefahr, daß der Sport seine Massenattraktivität verliert. Etwa, indem er ohne Legitimation in ein reines »Wirtschaftsgut« umdeklariert und ohne Notwendigkeit an den meistbietenden Medienkonzern verhökert wird – damit am Ende einer Mehrwert schöpfenden Finanzkette erneut das Publikum, die Basis des Sportbetriebs, die Zeche berappen muß, etwa über das Pay TV. Das wäre ein Betrug an der Basis. Nicht von seiten der Wirtschaftskonzerne, sondern seitens der Verbandschefs, die einen anderen Auftrag haben als die reine Geldvermehrung.

Das alles setzt interne Wertungen und Gewichtungen voraus. Und natürlich klarsichtige, unabhängige Instanzen, die sich der anrollenden Kommerzmaschine wirkungsvoll entgegenstellen können. Gibt es die? An der Spitze stehen unsere Dinosaurier. Aber wer sind sie, wofür stehen sie? Wer behauptet überhaupt, daß sie so unverzichtbar sind? Auf welchen Weg haben sie die ihnen anvertrauten Güter gebracht? Beide, der Chef des Fußballvolks und der oberste Olympier, sind Abkömmlinge von Systemen, denen sie nie öffentlich abgeschworen haben und die für düstere Kapitel in diesem Jahrhundert stehen. Havelange war ein Günstling der südamerikanischen Junta-Generäle, Samaranch machte Karriere als Minister unter seinem bewunderten Gönner Franco, dem spanischen Faschistenführer. Echte Dinosaurier also, jeder stammt aus einem Land vor unserer Zeit. Seltsamerweise hatten beide gesellschaftlich ziemlich abgewirtschaftet in ihren Heimatländern, bevor es ihnen gelang, sich selbst an der Spitze ihrer Weltverbände prunkvoll zu inszenieren.

Die Bühne bot der Sport, der in den 70er Jahren begonnen hatte, gesellschaftspolitisch an Einfluß zu gewinnen. Die Mittel drückte ihnen die Wirtschaft in die Hand. Fernsehkonzerne, die das Unterhaltungspotential des Sports und seine besondere Eignung als Vermittler von Werbebotschaften zu erkennen glaubten, und zuvorderst die um neue Werbemärkte bemühte Sportartikelindustrie. Es sah am Anfang wie ein partnerschaftlicher Güteraustausch aus. So war es auch gedacht, und es erschien nur vernünftig, die brachliegenden Marktpotentiale der Massensportfeste zu veredeln. Daher verbinden sich die Namen der Dinosaurier für die Öffentlichkeit noch heute hauptsächlich mit dem Märchen einer erfolgreichen Sportentwicklung. Sie waren für eine gewisse Zeitspanne nicht die falschen Männer, vor allem aber hatten sie das Glück, im rechten Moment gekommen zu sein. Wären sie fünf Jahre früher aufgetaucht, hätten sie keinen Markt für Fernsehen und Sponsoren vorgefunden. Wären sie fünf Jahre später gekommen, hätten sich andere schon auf den Weg begeben. Und zumindest im Falle des Olympiabosses ist nicht mal die Mär von Samaranch, dem Retter vor dem Bankrott, aufrechtzuerhalten. Samaranchs Vorgänger, der irische Lord Michael Killanin, machte in seinen Memoiren eine interessante Rechnung auf. Demnach hatte das IOC, als Killanin im Jahre 1972 antrat, runde zwei Millionen Dollar auf der Bank. Ende 1980, dem Jahr seiner Ablösung durch Samaranch, seien es 45 Millionen gewesen. Das war sehr ordentlich für eine Zeit, in der die besinnungslose Auktion von Fernseh- und Sponsorenrechten noch in weiter Ferne lag. Gleichwohl haben die Dinosaurier, auch durch eine geschickt gesteuerte Öffentlichkeitspolitik, den Anschein vermittelt, als hätten sie allein die großen Gelder der Wirtschaft losgeschlagen und auf den Sport umverteilt. Und bezeichnenderweise sitzen ihre Fans weniger auf den Tribünen, schon gar nicht in den Umkleidekabinen, sondern eher in den Redaktionsstuben und in manchen Elfenbeintürmen der Wissenschaft. Gemeinsam drehen sie an einem Rad, das rasend Fahrt aufnimmt. Es geht um Wachstum, und das ist prima. Es geht aber um Wachstum ohne Grenzen, Wachstum für immer, Wachstum ohne Sinn. Im Medienzeitalter ist allein die Erzeugung von Ereignissen das Ziel. Keiner weiß mehr, wohin die Reise gehen soll. Spielt auch keine Rolle, solange genügend Geld abfällt.

Mit diesem Geld läßt sich eine Menge anfangen. Man kann es zum Beispiel denen geben, denen es gehört – den Sportverbänden der Welt – und ihnen Dank und Gefolgschaft abpressen, indem man so tut, als würde es dieses

Geld sonst niemals geben. Man kann damit verbandsintern viele Wähler-stimmen sichern und die Verbandsstatuten so zurechtbiegen lassen, wie man es für eine ewigliche Amtszeit braucht. Man kann damit pausenlos über den Planeten jetten, First Class, in teuersten Hotels logieren, die schönsten Orden abkassieren, sich kammerspielartige Auftritte leisten wie ein mittelalterlicher Duodezfürst. Wenn man es mag. Die Dinosaurier mögen das. Sie stehen für ein verfilztes System der Sportpolitik. Mauscheleien und hierarchischer Druck sind die Tagespraxis – persönliche Lebenserfahrungen und politisches Erbe lassen grüßen. Vermutlich wäre es zu viel verlangt, daß solche Macher, die sich über Jahrzehnte mit Überzeugung, großem Erfolg und noch größerer persönlicher Energie in Diktaturen eingerichtet haben, in ihrer zweiten Erfolgsvita nun plötzlich ganz andere Saiten aufziehen sollen: Demokratie üben und Spielregeln hüten, einer ziemlich amorphen Allgemeinheit dienen und das Ego in den Hintergrund rücken.

Havelange und Samaranch werden heute von ihren Gefolgsleuten, den Sportfunktionären aus aller Welt, lärmend hofiert und halblaut als Tyrannen bezeichnet. Sie sind sich treu geblieben. Möchtegern-Könige, in einer Zeit, in der es fast keine gekrönten und gesalbten Regenten mehr gibt. Herrscher des Sports, die rote Teppiche brauchen und prallvolle Protokolle. Abstimmungen in der FIFA oder im IOC ergeben stets das Bild einer lammfrommen »Einheit«. Das ist das Zauberwort aller Diktaturen, ein Lieblingsbegriff übrigens auch des spanischen Faschistenführers Franco. Und natürlich der Dinosaurier. Die Kollegen in den Entscheidungsgremien oder in den Generalversammlungen pflegen Abstimmergebnisse hinzulegen, die man nur von einschlägigen Parteitagen kennt: Einhelligkeit, 99 oder mehr Prozent für die verehrten Führer der Bewegung. Ehrfurchtsrhetorik und Bekundungen bedingungsloser Loyalität bis hin zur Unterwürfigkeit runden jede Sitzung ab. Begriffe wie Einheit, Sportfamilie, Fairplay, Tradition, Nichteinmischung von »außen« dienen dabei vor allem einer künstlichen Horizontverengung. Zugrunde liegt das Prinzip, Denkstrukturen zu vereinfachen. Das oberste Gebot der Einheit verbietet es, die Handlungsprämissen der Führenden auch nur in Frage zu stellen. Geschieht dies doch, wird die Sachkritik sogleich in eine persönliche Anfeindung uminterpretiert und als Putschversuch gegen die Führung gewertet. Umgekehrt liegt es in der Natur der Sache, daß autoritär strukturierte Systeme wie IOC und FIFA resistent sein müssen gegen wirkliche demokratische Prozeduren.

Die nur scheinbar grenzenlose Zustimmung von »außen«, sprich: von der Gesellschaft, wird aus deren aggressivster Gruppe bezogen, der Wirtschaft. Die taugt jedoch am wenigsten als objektive Bewertungsinstanz, weil sie als Betreiber und Nutznießer der Entwicklungen selbst aufs engste involviert ist. Die Wirtschaftswelt steht, wer darf es ihr verübeln, jubelnd und fähnchenschwingend Spalier, wenn die Dinos vorbeiprozessieren.

Diese ordensgeschmückte Festkarawane hat es geschafft, daß sich geistige Kräfte vollkommen abgewandt haben vom modernen Spitzensport. Es gibt keine freie Meinungsbildung, keine offenen Debatten, keine Andersdenkenden mit Einfluß – wie beim Olympischen Kongreß 1994 in Paris eindrucksvoll zu beobachten. Es gibt dafür Milliarden Dollar, Märker, Fränkli. Eine Abzockerwelt, die einen Wirtschafts- und Pharmadarwinismus praktiziert, sich dabei aber ängstlich verstecken muß hinter Fairplay-Regeln und Idealen, weil die alleine ja den überragenden Werbewert der Körperkultur garantieren. Das Fehlen jeder sozialkritischen Instanz, jeder geistvollen Begleitung braucht die Dinosaurier nicht weiter zu sorgen. Im Gegenteil: Dies wäre kontraproduktiv für ein Marktprodukt, das eher zufällig Sport heißt. Lustvoll lenken die Dinos gewaltige internationale Monopolbetriebe. Da es sich dabei um Non-Profit-Organisationen mit schier unzerstörbaren Imagewerten handelt, ist ihnen, die selbst vielfältige Privatgeschäfte tätigen, der Spaß an der Sache nachzuempfinden: Man arbeitet in steuerfreien oder stark steuerbegünstigten Netzwerken mit Einnahmequellen in aller Welt, die weder irgendeiner Regierung noch einer geordneten Basis verantwortlich sind. Man führt Unternehmen, die ungestörte finanzielle Aktivität entfalten am Bankenplatz Schweiz, ohne echte Transparenz in den Geschäftsgängen. Die Regierungen in der Welt buckeln untertänigst – man will ja kein Spielverderber sein, und außerdem irgendwann auch mal eine WM oder Olympische Spiele veranstalten. Und das bißchen Kontrolle, das als demokratisches Feigenblatt benötigt wird, besorgt man sich über ausgewähltes Personal gleich selbst.

Ins Bild paßt die neue und einzige Philosophie, die der Spitzensport zu vermitteln hat. Sie lautet: Ohne Werbung, Medien und Sponsoren kann der Fußball nicht überleben. Deshalb muß er immerfort in neue Profitsphären gehievt werden. Für das Wörtchen »Fußball« läßt sich bedarfsweise auch »Olympia« einsetzen. Die Dinosaurier in ihrer Rolle als Hohepriester des Konsums und des Kommerzes stricken die Mär vom Sport, der nur durch immer mehr Geld überleben kann. Die Vertreter der Öffentlichkeit beten diese Formel inzwischen gern nach – einen gedankenlosen Werbequark. Auch der kongeniale Regisseur dieses Jurassic Parks war natürlich der absurden Ansicht, ohne Geld gäbe es keinen Sport mehr. Denn nicht die Dinos standen am Anfang. Am Anfang stand Horst Dassler, Sohn des *Adidas*-Gründers Adolf Dassler. Er ist der Mann, der das System der modernen Sportpolitik schuf und den Dinos den Weg bereitete. Der fränkische Sportartikelfabrikant, 1987 verstorben, hat vor einem Vierteljahrhundert begonnen, den Hochleistungssport zu revolutionieren und für den Kommerz umzukrempeln. Horst Dassler verfügte über alle notwendigen Talente für dieses Geschäft: Kaufmannsdenken mit dem cleveren Blick auf die menschlichen Urschwächen Ruhmsucht und Geldgier. Er war der erste, der erkannte, daß man sich auch als Geschäftsmann sehr direkt den Goldminen des Sports nähern kann. Man durfte nur nicht die Öffentlichkeit und die noch sehr auf Ereignis- und Ergebnisberichterstattung ausgerichteten Medien durch polternde Selbstinszenierung verschrecken. Dassler hatte Geld, Einfluß und den gnadenlosen Willen zur Macht. Was er brauchte, waren Leute, die ihm das politische Handwerk in den Verbänden besorgten. Also ging er daran, eine neue Riege profitorientierter Sportfunktionäre zu erschaffen – und die alte, an staubigen Grundwerten hängende Führung als merkantile Störfaktoren nach und nach auszusortieren. Es ist also eher dieser Mann, vor dem man den Hut ziehen müßte – sofern man mit der Vermarktung des Sports sein Geld verdient.

Dassler führte Dateien über die internationale Sportpolitik und richtete sogar eine eigene sportpolitische Arbeitsgruppe bei *Adidas* ein: ein veritabler Wirtschafts-Geheimdienst, das harmonierte mit seinem ausgeprägten Hang zur Mauschelei. Seine Taktik war so einfach wie erfolgreich: Ausrüstungen und Sponsorengelder ließen sich wunderbar mit verbandsinternen Wählerstimmen verrechnen – man mußte nur wissen, welche Personen mitspielten. Dieser Güteraustausch barg den Schlüssel zur Macht. Daran hat sich bis heute wenig geändert.

Die Strukturen der Weltsportverbände sind dermaßen basisdemokratisch, daß sie de facto die Errichtung perfekt funktionierender Autokratien ermöglichen – und das Schönste daran ist, daß man sich als Präsident stets auf eine breite Wählerschicht in aller Welt berufen kann. Das Prinzip ist schlicht: In Gremien, in denen alle Nationen der Welt gleichberechtigt Sitz und Stimme haben, wo also ein Votum aus den USA, aus England, Deutschland oder China ebenso viel wiegt wie die Stimme aus San Marino, Togo, Tonga und dem Tschad, da lassen sich kinderleicht Mehrheiten schaffen. Mit Geld zum Beispiel, das in Entwicklungsprogramme fließt, und dessen tatsächlicher Verbleib in manch einem arg zerrütteten Land kein Mensch jemals nachprüft. Es funktioniert auch über Posten, Pöstchen und private Gesten. Die Sportskameraden im früheren Ostblock und in der problemreichen Dritten Welt waren und sind in der Regel viel weniger anspruchsvoll als die paar Mandatsträger aus den großen Industrienationen, die sich zuhause auch noch einer gewissen öffentlichen Kontrolle ausgesetzt sehen.

Man braucht, um den Weltsport zu regieren, nicht die Unterstützung der großen Länder. Das ist der entscheidende Unterschied zur Weltpolitik. Allein die Masse macht's, ein von den Inhalten wichtiger Entscheidungsprozesse oft sternenweit entferntes Stimmvieh. Davon findet sich genug in kleinen und kleinsten Nationen, die zwar eine Menge Länder, doch nur einen Bruchteil der organisiert Sporttreibenden in aller Welt repräsentieren. Eine echte, von der unmittelbar betroffenen Sportbasis gelenkte Demokratie verkörpern diese gewählten Gremien des Weltsports daher nicht. Sondern eine Art Reisepaß-Majorität, die sich über Geschenke, Vergünstigungen und verbandsinterne Aufstiegsmöglichkeiten für wenige Einzelfiguren herstellen läßt. Oder spiegeln die Delegierten von Aruba und Belize, den Cook-Inseln und Dschibuti, Fidschi und Guinea-Bissau, Laos und Lesotho, Macao, Mali, Malawi und Myanmar, St. Kitts and Nevis, Montserrat, Guam und Anguilla, um nur wenige zu nennen, eine Mehrheit des Sportvolkes wieder? Ein einzelner US-Bundesstaat hat mehr Bewohner als alle genannten Länder zusammen. Aber natürlich wird dieser Einspruch als elitäre Arroganz abgebügelt von jenen, die davon profitieren. Eine Kritik am Wähler-Primat der Stadtstaaten und Tropeninseln wird umgehend mit der Kritik am allgemeinen Wahl- und Stimmrecht gleichgesetzt. Wo immer auf dem Erdball eine neue, zwergenhafte Nation ohne nennenswerte Sportstruktur entsteht, reißen daher die Sport-Dinos ihre Tore auf: Herzlich willkommen in unserer kleinen Spezialdemokratie – selbst wenn ihr noch keinen politischen Status habt, die Vereinten Nationen werden schon nachziehen.

Daneben fällt auf, daß Dasslers Gehilfen und deren Helfershelfer, die nach und nach in die Spitzengremien des Weltsports einrückten, politischen System oder Zirkeln entstammten, die wenig Berührung hatten mit demokratischen Usancen. Nach Havelange und Samaranch führte der *Adidas*-Boß einen dritten Bruder im Geiste ins Reich der Geldumverteiler ein: Primo Nebiolo. Der Italiener, ein guter Andreotti-Freund und eine der größten Skandalfiguren im Weltsport, der schon mal die Anweisung gab, daß in der WM-Weitsprunggrube falsch zu messen sei, übernahm den Internationalen Leichtathletik-Verband (IAAF). Die vierte Größe in der Weltsportpolitik verkörpert heute Kim Un Yong, der Präsident des Gesamtverbands der olympischen Sportverbände. Der Samaranch-Intimus aus Südkorea ist nicht nur eines der mächtigsten, sondern auch eines der geheimnisvollsten Exemplare im Jurassic-Parc. Das wenige, was man weiß, ist nicht beruhigend. Karriere machte Kim einst im Geheimdienst der Militärdiktatur. Seine zwei engsten Dienstherren, die ehemaligen Staatschefs Chun Do-Hwan und Roh Tae-Woh, haben ihre Olympischen Orden jahrelang im Gefängnis spazierengetragen, schuldig gesprochen und zu lebenslänglicher Haft verurteilt für das Kwangju-Massaker 1980, überführt auch der Korruption, später amnestiert. Ihr ehemaliger stiller Berater sitzt heute in der olympischen Regierung.

Als Dassler 1987 überraschend verstarb, hatte er die Weichen gestellt. Auch das ist erstaunlich. Seine Zöglinge von einst wurden zu den Dinosauriern von heute: Der 74jährige Nebiolo, den man den Paten der Leichtathletik nennt. Der 77jährige Samaranch, dessen Gefolgschaft neuerdings ernsthaft darüber nachdenkt, ob man ihn nicht gleich auf Lebenszeit im Olymp installieren soll. Und der 82jährige Havelange, der sich bis zuletzt an die Macht klammert. Allein die Tatsache, daß sie sich noch in hohem Alter um die Pontifikalämter im Sport reißen, beweist, daß diese Aufgabe nie eine Last ist, sondern steter Quell der Freude, Lust und Selbstbestätigung. Warum möchten sie am liebsten ewig weitermachen, wenn es sein muß auch mit Sauerstoffzelten und Verjüngungskuren? Sie haben noch Ziele: Die Unsterblichkeit und den Friedensnobelpreis. Von unirdischem Sendungsbewußtsein sind die Sportmakler durchdrungen. Havelange, wenn er öffentlich erklärt, er wolle »keine Vergleiche ziehen, aber auch der Papst wird hin und wieder kritisiert«. Und Samaranch, wenn er im Fernsehinterview hervorhebt, daß er seine olympische Bewegung für bedeutender als die katholische Kirche hält.

Zumindest dem olympischen Teil des Weltsports bleibt, wenn nichts Unvorhersehbares passiert, noch auf lange Sicht der Führungskult um den Dinosaurier Samaranch erhalten. Im Fußball hingegen ist es gelungen, eine mächtige Opposition zu bilden gegen die anachronistische Erscheinung Havelange. Eine so starke, daß die FIFA nun vor der Zerreißprobe steht. Das verdankt sie der Einsicht von immer mehr Sportführern in Afrika und in Asien, vor allem aber dem massiven Aufbegehren der europäischen Fußballverbände. Die haben intern bereits das Szenario entworfen, sich vom Weltverband abzuspalten, wenn bei den Präsidentschaftswahlen im Sommer 1998 keine glaubwürdige demokratische Erneuerung erfolgt.

Das Erbe der Dinos aber gilt vielen in der FIFA als erhaltenswert – Personen, die über Havelange schöne Ämter mit Vielflieger-Status erlangten, oder Sachwaltern wie Joseph Blatter, dem Generalsekretär, der sein Rüstzeug ebenfalls bei Dassler erlernte und Havelange gern nachfolgen würde. Nicht zuletzt einer etwas geheimnisvollen Firmenholding namens *Sporis* im schweizerischen Luzern, die den Dassler-Erben gehört und die von Havelange und Blatter im Zuge abenteuerlicher Alleingänge immer enger in die FIFA eingebunden wurde. Fast wäre die Marketingagentur sogar zum stillen Teilhaber des Weltfußballs geworden.

Gut 20 Jahre nach der Marketingrevolution des rastlosen Horst und seiner Good-old-Boys-Connection zeigt sich, auf welchen gefährlichen Weg sie den Sport geführt haben. Dasslers Dinos haben die Tür aufgestoßen für diejenigen, die weniger flink mit Provisorien und Strategien waren, dafür nun aber mit der Macht des großen Geldes hineindrängen: Medienkonzerne wie Kirch oder Murdoch, die den Fan vom Fußball aussperren wollen, oder Sportartikelriesen wie *Nike*, die mit ihrer Konsumphilosophie aus aggressiven Gedankenmasken schon mal den Boden für moderne Zirkusspiele bereiten. Von alledem später mehr.

Der Vorhang hebt sich für Häuptling Ekwueme – den »Mann, der stets sein Wort hält«. So umkoste Militärdiktator Sani Abacha seinen Sportsfreund Joao Havelange, als er ihn im November 1995 mit dem Verdienstkreuz von Nigeria würdigte. Havelange versprach ihm dafür die Ausrichtung der Juniorenweltmeisterschaft. Am Tag nach der Zeremonie in Lagos ließ der Militärregent trotz weltweiter Proteste neun Bürgerrechtler hinrichten. Aber der Sport hat ja mit der Politik nichts zu tun. Es war wieder einmal eine einsame Leistung des ersten Dasslerschen Dinosauriers. Bedrohung durch Cholera, Typhus und Bürgerkrieg für den Fußballnachwuchs aus aller Welt, im Gegengeschäft aber ein wichtiger Reputationsgewinn für Abachas Folterregime – und ein blitzender Orden mehr für den Dino aus Rio.

Willkommen, lieber Leser, im Jurassic Park.

Ritter Sport
Wie Havelange zur Macht kam

Größenphantasien suchen gern Menschen heim, die nicht kraft Geburt zum Herrschen ausersehen sind. Solche Zeitgenossen plagt oftmals ein unbändiger Drang, etwas ganz besonders Wichtiges zu sein in dieser Welt, ernstgenommen und festlich dekoriert zu werden – sie wollen etwas darstellen, das jeder sehen kann. Meist sind es Personen mit untersteuertem Selbstwertgefühl, die Posten und Orden brauchen, Fahnen und Fanfaren, alle erdenklichen sichtbaren Zeichen der Macht. Das Gefühl, so richtig bedeutend zu sein, ist für sie eine Art seelischer Nahrung. Dabei sind die Hochdekorierten dieser Welt meist nur Vollkostümierte – und in ihrem Wirken nur selten verdienstvoller als andere Zeitgenossen.

Auch Joao Havelange hegt dieses Faible für Zeremonien und für hohles Festpathos. Orden, Sternchen und Lametta sammelt er seit jeher, vorzugsweise mit seinem haßgeliebten Pendant Juan Antonio Samaranch um die Wette. Beide Männer haben früh erkannt, daß man die selbstwertspendenden Materialien wohl nirgendwo leichter zusammenkratzen kann als in den Ehrenämtern des Sports. In der Regel fallen sie einem dort ja nicht mal unbedingt für individuelle Leistungen zu, sondern schon kraft Position – je höher das Amt, desto heller klingeln die Meriten. Genervte Politiker in vielen Ländern können ein Lied davon singen.

Zum hohen Selbstanspruch paßt immerhin die ganze Erscheinung. Mehr als andere Sportbarone schöpft Havelange Seriosität und Glaubwürdigkeit aus seiner patriarchalischen Ausstrahlung. Typ klassischer Grandseigneur, der lange Charakterschädel mit dem kräftigen Cäsarenkinn begünstigt noch diesen Zug. Dazu schweres Blut. Es wird ihm eine geradezu hypnotische Überzeugungskraft nachgesagt.

Dafür ist er mitnichten das, was man sich klischeehaft unter einem typischen Brasilianer vorstellt. Schon der vollständige Name flößt Respekt ein: Jean Marie Faustin Godefroid Havelange. Vor allem in einem Land, in dem die meisten Leute Silva, Santos oder Souza heißen. Seine Stimme hat den Glamour des französischen Akzents stets bewahrt, den er von seinen belgischen Eltern erbte. Lachen sieht man ihn nie, jedenfalls nicht in der Öffentlichkeit. Auch dafür ist er vielleicht zu wenig Brasilianer, vielleicht aber nimmt er auch nur seine Person ein wenig zu ernst.

Als Havelange 1974 die Weltsportbühne betrat, paßte die Vielzahl seiner Titel und Auszeichnungen längst auf keine handelsübliche Visitenkarte mehr. Stolz schickte er eine vierseitige Wahlkampfbroschüre zur eigenen Person um die Welt, was damals neu war bei der Kür eines Sportfunktionärs. Die Broschüre, in Farbhochglanz, machte Eindruck. Allein sechs Direktorenposten konnte Havelange auflisten: Bei einer Busgesellschaft, bei einem Elektronikunternehmen, in der metallverarbeitenden Industrie und bei zwei Versicherungsgesellschaften. Zur Demonstration seiner Vielseitigkeit firmierte er zudem als Schuldirektor eines nicht näher benannten französisch-brasilianischen Lyzeums. Dann folgten Meriten als Schwimmer und Wasserballer, und endlich ein Sammelsurium von rund 50 Titeln und Ehrenmitgliedschaften. Die Skala reichte von der Ehrenpräsidentschaft bei Rios Traditionsklub Fluminense bis zum Ehrenvorsitz im argentinischen Anglerverband, von allerlei Militärplaketten über den portugiesischen Ritter des Sports bis hin zur Ehrenmitgliedschaft in der Kirche von Recife. Zwar kamen die echten Hämmer erst später hinzu – Ritter der französischen Ehrenlegion, Träger des Großkreuzes des spanischen Ordens Isabellas der Katholischen, Ritter des schwedischen Knäckebrot- ... pardon: Wasa-Ordens, Kommandeur des senegalischen Löwenordens – aber immerhin, Ritter Sport war für den Anfang ja auch nicht übel. Der Kandidat hatte schon damals nichts zu verbergen. Jedenfalls, was die Lametta-Frage anbetraf.

Außerdem war es so, daß sich Havelange erst einmal gebührend präsentieren mußte in 86 Ländern und Inselstaaten der Dritten Welt. Das gelang ihm eindrucksvoll, gewissermaßen im Hurra-Stil. Er überrannte sie einfach im Zuge einer karnevalistisch aufbereiteten Werbetournee mitsamt seinen brasilianischen Fußballstars unter Führung von Pelé. Sein heiliges Versprechen lautete, die WM-Endrunde von damals 16 auf 24 Teilnehmer aufzustocken, und zwar zugunsten der Entwicklungsländer. Darüber hinaus wollte er ihnen helfen beim Bau von Stadien, in der Ausbildung von Trainern, Funktionären, Ärzten, Schiedsrichtern und überdies eine Jugend-WM einführen.

Die Zeit war reif dafür. Die Dritte Welt hatte die Kolonialzeit hinter sich gebracht und war im Erwachen. Havelange erkannte darin seine Chance zur Machtergreifung. Der Schlüssel lag in der Nutzung der demokratischen Spielregeln des Weltverbandes. England hat nicht mehr zu melden als Vanuatu, Burundi hält Deutschland in Schach, Argentinien ringt mit San Marino. Diese diffuse Wahlplattform des Weltfußballs schrie – und schreit noch heute – nach gerissenen Strategen. Der Schrei ging nicht ins Leere. Joao Havelange vernahm ihn mit Wonne.

Bald hatte er, mit klarem Instinkt für weltpolitische Klimaumschwünge, seine ideale Werbebühne in Afrika lokalisiert. Die Länder des schwarzen Kontinents suchten, von den dünkelhaften Europäern noch genüßlich ignoriert, unter anderem im Weltsport Fußball eigenes Profil und neues Selbstgefühl. Wie die Vereinten Nationen bot auch die FIFA einen weltweit beachteten Bereich, in dem man endlich selbst Flagge zeigen konnte. Schon 1956 hatten Ägypten, Äthiopien, Sudan und Südafrika die Afrikanische Fußball-Konföderation (CAF) gegründet, sie waren zu jenem Zeitpunkt die einzigen politisch unabhängigen Länder des Kontinents. Südafrikas Apartheid-Regime wurde bereits 1957 wieder ausgeschlossen. Mitte der Sechziger Jahre, nach dem Rückzug der letzten Kolonialregierungen, zählte die CAF bereits rund 30 Mitgliedsstaaten, doch am Endturnier der Fußball-Weltmeisterschaft durfte noch immer nur der Sieger eines Qualifikationsspiels zwischen dem Afrika-Cup-Gewinner und dem Asien-Meister teilnehmen. Wegen dieser offensichtlichen Diskriminierung boykottierte die CAF das WM-Endturnier 1966 in England. Geschockt gestand die FIFA auf dem Kongreß vor der WM in London den Afrikanern künftig einen eigenen Platz zu. Doch das konnte nur ein Anfang sein.

Sir Stanley Rous indes, ein Schulmeister aus Merry Old England, der die FIFA bis 1974 führte, zeigte für die neuen Entwicklungen wenig Gespür. Er war von einer ausgeprägten politischen Naivität und verrannte sich immer wieder in internationale Konflikte. Einer davon war, daß er die Sowjetunion im November 1973 zum WM-Qualifikationsspiel nach Chile zwingen wollte. Dort hatte zwei Monate zuvor General Pinochet die demokratisch gewählte Regierung Salvador Allendes gestürzt und die politische Opposition brutal eliminiert. Die sowjetische Mannschaft weigerte sich, in just jenem Nationalstadion von Santiago de Chile anzutreten, in dem gerade erst Regimegegner interniert, gefoltert und getötet worden waren. Rous aber blieb ebenso hart wie die protestierenden Russen, und am Ende spielten die Chilenen die erste WM-Partie gegen Gastgeber Deutschland im Jahr darauf.

Rous' größter Fehler aber war, daß er die Vorgänge in Afrika ignorierte. Havelange erschien ihm einfach nicht als ernstzunehmender Gegner. Und so weigerte er sich, den Afrikanern nachzugeben in ihren Boykottbemühen gegen das weiße Apartheid-Regime in Südafrika. Auch in diesem Falle pochte er unnachgiebig auf die FIFA-Statuten. Rous betrachtete den Fußball als politikfreie Zone, und so düpierte er die CAF immer wieder mit törichten Statements und Aktionen. Seine pseudo-neutrale Haltung verschaffte Havelange leichtes Spiel. Der Industrielle aus Rio, der just zu jener Zeit den bolivianischen Militärdiktator Hugo Banzer mit Granaten beliefern ließ und dessen Anteile an der brasilianischen Munitionsfirma Mantiqueira später an den weltgrößten Sprengstoffhersteller AECI (*African Explosives*) in Südafrika übergingen, dieser Geschäftsmann also erhob die Ächtung des Apartheids-Regimes zum Zentralthema seiner Werbekampagne als Sportfunktionär. Ein rassistisches Südafrika werde er niemals in die FIFA aufnehmen, versprach er den besorgten CAF-Delegierten noch einmal auf deren Kongreß 1974 in Ägypten bei einem Cocktailempfang, den der brasilianische Botschafter gab. Schon damals wußte Havelange zwischen Geschäft und Moral zu trennen. Nur wußte davon sonst niemand.

Dabei war nicht nur sein Hang zu Versprechungen und pompöser Selbstdarstellung bereits voll ausgeprägt. Es gab damals auch schon allerlei Gerüchte und Skandale, welche die Pressewalzen rotieren ließen. Trotz aller Lobbyarbeit begleiteten Bestechungsschlagzeilen Havelanges Weg ins höchste FIFA-Amt. Im Juni 1974 in Frankfurt, kurz vor Beginn der Fußball-WM, gewann der 58jährige erst eine zweite Kampfabstimmung mit 68 zu 52 Stimmen gegen Rous. Dem bot er sogleich die lebenslängliche Ehrenpräsidentschaft an – nebst einem Salär von 6000 Franken pro Monat. Rous jedoch wandte sich brüsk ab von seinem Nachfolger, den er öffentlich des Foulspiels bei der Wahl bezichtigte.

Was Rous damit meinte, brachten später die Medien ans Licht. Havelange, der erklärte Günstling seiner heimischen Militärjunta, die damals um weltweite Reputation kämpfte, soll etwa die sowjetischen Sportskameraden als Wähler gewonnen haben, indem er ihnen einen Auftrag für den Bau eines Staudamms in Brasilien verschaffte. Daneben wurde berichtet, daß er den afrikanischen Verbandspräsidenten Yidnekatchew Tessima (Äthiopien) mit mehr als 300.000 Schweizer Franken und Freiflügen nach Europa geködert habe. 37 FIFA-Mitglieder kamen damals aus Afrika; aber auch Leute wie der Generalsekretär von Malta gestanden, daß sie sich ohne Havelanges Einladung niemals den Trip zur Wahl hätten leisten können.

Havelange aber hatte sich ironischerweise dank der demokratischen FIFA-Spielregeln dorthin durchgeboxt, wo er bis heute die Macht hält, ohne daß sich sein Stil wesentlich geändert hätte: Auf den FIFA-Thron. Der Schwimmer war zum Herr des Fußballsports aufgestiegen, zum Herrscher über »ein Fünftel der Weltbevölkerung«, wie er das Reich der Fußballbewegten auf dem Erdball gern beschreibt. Ein Reich, in dem die Sonne wahrlich niemals untergeht.

Sugar Daddy
Havelange als Pate

Der kleine Joca war kein gewöhnlicher Junge. Anders als viele seiner Spielgefährten, die auf den Straßen und am Strand dem Ball nachjagten, tummelte er sich in den Schwimmbädern von Fluminense. Dort sah der gestrenge Vater Faustin Havelange den 1916 geborenen Sohn auch lieber. Mit dem Gedanken, daß sein Sohn Joao in einem Fußballtrikot schwitzen würde, mochte er sich nicht abfinden. Als Experte in einer belgischen Waffenfabrik hatte er genug Geld verdient, um Joca ein Jura-Studium zu finanzieren. Der junge Mann studierte also Rechtswissenschaften und nennt sich seither Doktor – auch wenn sich niemand in der Fußballwelt daran erinnern kann, die Promotionsarbeit einmal gesehen zu haben.

Havelange Junior kam voran, im Sport wie im Beruf. Bei den Olympischen Sommerspielen 1936 in Berlin war er als Schwimmer dabei, 1952 in Helsinki dann noch einmal als Wasserballer. Im richtigen Leben wurde er bald Geschäftsführer einer Omnibusfirma in Sao Paulo, acht Jahre später dann über glückhafte Verbindungen Präsident der Omnibusfirma *Viacao Cometa*. Die Stellung soll eine Auszeichnung für den Anwalt gewesen sein, der geschickt geholfen hatte, den Weg zahlreicher neuer Busse des Hauptgesellschafters durch den Zoll zu verkürzen. *Cometa* aber – der Name war für Havelange künftig Programm. Kometengleich stieg er am Geschäftshimmel auf. Er machte bald Geschäfte im Bergbau, in der Stahlproduktion, in der Chemie – und nebenbei Furore als Sportfunktionär. Dank des Prestiges als Wasserballer und als Chef der brasilianischen Olympiadelegation 1956 in Melbourne stieg Havelange in den Sportämtern auf. Als Chef des Schwimmverbandes von Sao Paulo rückte er 1955 in das Nationale Olympische Komitee Brasiliens ein, 1963 fand er Einlaß in den Elitezirkel des IOC. 1958 wurde er Präsident des brasilianischen Sportverbandes CBD. von dem sich später die CBF abspaltete, der brasilianische Fußballverband.

Havelange hatte Glück. Er kam schon damals im günstigsten Augenblick – in dem Jahr, als Brasilien erstmals Fußball-Weltmeister wurde und der Stern eines gewissen Edson Arantes do Nascimento aufging. Der Teenager aus der Hafenstadt Santos, den die Welt fortan nur noch Pelé nennen sollte, versetzte 1958 bei der WM in Schweden mit seinen Toren und Dribblings den halben Subkontinent in Freudentaumel. Das Selbstwertgefühl wuchs im Lande, und Havelange nahm sich – eher entgegen sonstigen Gepflogenheiten – des schwarzen Jungen persönlich an. »Er war wie ein Vater zu mir«, sagt Pelé. »Ich hielt mich an seine Worte. Er lehrte mich die wichtigsten Dinge im Leben. Daß ich stets gegen das Böse kämpfen und immer ehrlich und aufrichtig sein muß. Daß mein Körper mein Kapital ist, mit dem ich vorsichtig umgehen muß.«

Was Sugar Daddy sonst bekümmerte in jener Zeit, ist weniger bekannt. Über Havelanges Geschäfte zwischen Zuckerhut und Amazonas gibt es nicht viel Konkretes; die paar Fakten, die Brasiliens Medien zusammentrugen, zeichnen allerdings ein eher fragwürdiges Bild vom Broterwerb des ehrenamtlichen FIFA-Herrschers. Besondere Verdienste als Enthüller erwarb sich dabei Juca Kfouri, ein renommierter Zeitungskolumnist und Fernsehjournalist, der beim Sender *Telecultura* in Sao Paulo jeden Sonntagabend eine zweistündige kritische Fußball-Diskussionsrunde namens »Cartao Verde«, grüne Karte, leitet. Der Mann sagt, es habe im Zuge seiner Arbeit durchaus Zeiten gegeben, in denen er um das Wohlergehen seiner Familie gebangt habe.

Kfouris erstes überliefertes Histörchen zu Havelange datiert aus dem Jahr 1973. Damals wollte eine portugiesische Firmengruppe unter Leitung des ehemaligen Salazar-Finanzministers Luis Maria Teixeira Pinto in die brasilianische Sprengstoffindustrie einsteigen. Havelange verkaufte 51 Prozent der Aktien seiner beständig notleidenden Chemiekalienfirma *Orwec Quimica* an die Portugiesen und wurde mit 26 Prozent Aktionär bei dem Granaten- und Raketenhersteller *Industria Quimica Mantequeira*. Über diesen beteiligte sich der Sportpräsident dann am Munitionsverkauf an die Militärjunta Hugo Banzers in Bolivien. Nebulöses trugen die Rechercheure auch über die Geldflüsse zusammen, und über die Art, wie der Deal mit 80.000 Granaten abgewickelt und versteuert wurde. Der Marktwert des offiziellen Geschäfts ließ sich relativ leicht abschätzen, er lag demnach bei rund 1,2 Millionen Dollar. Doch fand sich später in den Dokumenten des ehemaligen brasilianischen Geheimdienstes SNI ein Memorandum, nach welchem der Preis der Transaktion 5,3 Millionen Dollar betragen hatte. 1974 hatte die neugierig gewordene Militärregierung sogar Untersuchungen über die Rechnungen eingeleitet.

Aber zum Glück gab es ja noch den Sport: In Havelanges Ära und unter Pelés Regie gewann Brasilien die Weltmeister-Titel 1962 in Chile und 1970 in Mexiko. Das ermutigte zu höheren Ansprüchen. Und auch diesmal war das Timing perfekt. Brasiliens Militärdiktatoren hatten erkannt, daß sie über den Erfolg im Weltfußball politische Reputation gewinnen konnten. Die Nummer klappte auch innenpolitisch. Bald verfuhren die Generäle nach dem Prinzip, das eigene Volk mit dem Fußballspiel zufriedenzustellen. Dort, wo die Junta-Regierung schlecht angesehen war, wurde umgehend eine Mannschaft mit dem Namen *Nacional* etabliert. Und rasch hatten die murrenden Leute wenn schon nicht Arbeit und Nahrung, so doch ein wenig Zerstreuung. (Das persönliche Gewinnspiel der Despoten nach dem Prinzip »mehr Fußball« wurde später übrigens kopiert: Parallelen zu Havelanges FIFA-Strategie, in für ihn persönlich schwierigen Situationen einfach das WM-Teilnehmerfeld aufzublähen, lassen sich jedenfalls durchaus ziehen.) Die Generäle förderten bald Havelanges Ambitionen, indem sie ihn über die Auslandsbotschaften protegierten und so als Mann des Systems auswiesen. Auch hatte er einflußreiche persönliche Freunde in der Junta. Doch kaum war er 1974 auf den FIFA-Thron gewechselt, da offenbarte sich erstmals die Kehrseite seines Self-Managements. Die Finanzen des brasilianischen Verbandes waren in katastrophalem Zustand. Zwar verkündet Havelange gern in einer eigens für PR-Maßnahmen autorisierten Laufbahnbeschreibung, daß er als Präsident des nationalen Sports »Brasiliens erfolgreichster Fußballmanager« sowie »Architekt der brasilianischen Erfolge bei den Weltmeisterschaften 1958, 1962 und 1970« gewesen sei. Tatsächlich aber hinterließ der geschäftstüchtige Doktor und sechsfache Direktor dem CBD ein Millionenloch. Kritiker haben nach umfangreichen Recherchen in brasilianischen Regierungs- und Handelsarchiven hochgerechnet, daß Havelange die CBD während seiner Amtszeit von 1958 bis 1974 nach heutigem Wert mit rund 20 Millionen Dollar verschuldet hatte. Dieses voluminöse Loch schuf sogar bei den Generälen Unwohlsein.

Als Ernesto Geisel das Ruder in Brasilien übernahm, mußte Havelange gehen. Da halfen auch seine bitteren Proteste bei Ney Braga nichts. Der damals für den Sport zuständige Erziehungs- und Kulturminister teilte ihm mit, daß dieser Entscheid zu einer »Regierungsfrage« geworden sei. Kein Wunder, allein 1974 fehlten 1,7 Millionen Dollar in den CBD-Kassen, in den beiden Jahren zuvor waren es jeweils zwei Millionen. Einflußreiche Kräfte in der Hauptstadt Brasilia drängten nun darauf, Havelange die bürgerlichen Rechte zu entziehen. General Geisel ordnete Untersuchungen an, manche in seinen Reihen erwogen sogar eine Verhaftung Havelanges. Doch dafür war es zu spät. Schließlich hatte Havelange gerade im letzten Moment den Sprung auf die Bühne der Weltöffentlichkeit geschafft, er präsidierte bereits der FIFA – was zweifellos auch gut für das internationale Renommee Brasiliens war. General Geisel zog es also vor, keinen Prozeß anzustrengen, um das Image des Regimes nicht weiter zu belasten. Wie hätte wohl das Ausland reagiert, wenn der neue Fußballherrscher aus Brasilien plötzlich im eigenen Land vor dem Kadi gelandet wäre?

Dieser Zug war abgefahren. Die irgendwo und irgendwie versandeten Millionen aber wurden auf Anweisung des Geheimdienstchefs Colbery do Couto e Silva mit Einnahmen aus der staatlichen Sportlotterie verrechnet; für die letzte Tranche von 1,7 Millionen Dollar, damals 12.979.000 Cruzeiros, hatte die Bundeskasse Caixa Economica Federal geradezustehen. Der Bilanzausgleich ging auch zu Lasten des Sozialfonds Fundo de Assistencia Social (FAS). Es war wohl ein teurer Werbefeldzug für ganz Brasilien geworden. Havelange jedoch, dem zwar nicht der Rauswurf, wohl aber ein Prozeß erspart worden war, verwandelte sich mehr und mehr in einen reichen Mann. Und mithin in ein leuchtendes Beispiel für einen erfolgreichen Funktionär. Im Nobelbadeort Angra dos Reis baute er ein Anwesen mit Hubschrauberlandeplatz, in Rio erwarb er manche Wohnung. Seine Geschäfte, unter anderem Versicherungen, liefen künftig wie von selbst. Mußten sie auch, immerhin war er nun ja nach eigenem Bekunden jährlich rund 300 Tage allein in die ehrenamtlichen Tätigkeiten als – unbezahlter – FIFA-Präsident involviert.

Sein ausgeprägtes Faible für Militärregenten und für einsame, bemerkenswert gewinnbringende Entscheidungen rettete Havelange in den Weltfußball hinüber. Schon 1976 empfing er einen dicken Orden von Argentiniens Gewaltherrscher Jorge Videla. Mit dem General dinierte er auf stolzen Windjammern, wenn er nicht mit dem Jet des *Adidas*-Chefs Horst Dassler durch das aufgewühlte Land flog. Denn es war die Zeit der Stadtguerilla Montoneros, Bürgerkrieg herrschte am Rio de la Plata. Rund 30.000 Menschen wurden gefoltert, verschleppt und umgebracht. Havelange aber hatte, nur zwei Jahre nach seiner erfolgreichen Vorstellung als engagierter Streiter gegen politisches Unrecht, plötzlich zu den verstaubten Grundsätzen seines Vorgängers Rous zurückgefunden: Fußball habe mit Politik nichts zu tun, beschloß er, und beließ die Weltmeisterschaft 1978 in Argentinien. Daß er den scharfen internationalen Protesten dabei so entschlossen die Stirn bot, sogar die monatelangen Proteste führender europäischer Fußballnationen und die Absage von Weltstars wie Johan Cruyff hinnahm, dieser engagierte persönliche Einsatz des Sportfunktionärs war Argentiniens Generälen eine Auszeichnung wert.

Einen unter ihnen hatte Havelange besonders ins Herz geschlossen: Carlos Alberto Lacoste, den rührigen Vizepräsidenten des argentinischen WM-Organisationskomitees ENTE. Lacostes Chef wiederum in diesem wichtigen Gremium war der General Carlos Omar Actis. Mit dem lag er beständig im

Clinch. Actis war ein gelernter Ingenieur, der sich allzu akribisch am Machbaren orientierte. Schließlich hatte die Diktatur mit einer kränkelnden und kriselnden Wirtschaft zu kämpfen, Geld war knapp. Und so beharrte Actis zum Unwillen seines Vizes Lacoste darauf, daß für das WM-Endturnier in Argentinien weder die Stadien aufwendig hergerichtet werden sollten noch ein neues TV-System für Colorbilder installiert. Doch es gelang ihm nicht, sich durchzusetzen. Die Gründe waren tragisch. Im Juli 1976 trat Actis sein Chefamt in der WM-Organisation an. Für den 19. August vereinbarte er einen Pressetermin mit ausländischen Journalisten, bei dem er darlegen wollte, warum es keine aufwendig erneuerten Arenen und auch keine neue Farbfernsehinstallationen geben werde. Doch hatte er mit dem Pressetreff auch seinen Todestermin fixiert. Am Morgen jenes 19. August nämlich starb Carlos Omar Actis im Kugelhagel eines gedungenen Killers.

Zwar sollte die WM 1978 dank des abrupten Dahinscheidens ihres Organisationschefs nun ein marktfreundlicheres Gesicht annehmen – man denke an das nette Stadion von Mar del Plata, oder daran, daß zum guten Ende nur die Argentinier ihr Fußballfest in Schwarzweiß-Bildern sehen mußten, der Rest der Welt aber Farbbilder genoß. Juca Kfouri schrieb dazu: »Es hatte sich später herausgestellt, daß die Farbausstrahlung eine Forderung der FIFA Havelanges gewesen war, der den Plänen von Horst Dassler folgte.« Wie auch immer – den Journalisten und Terrorismusexperten Eugenio Benjamin Mendez jedenfalls hatten die mysteriösen Ereignisse zu jahrelangen akribischen Recherchen bewogen. Sie mündeten in ein Buch, das er im April 1984 der Öffentlichkeit vorstellte – und das prompt eine mittelschwere Eruption in den politischen Machtstrukturen des Landes auslöste. Schon der Titel zeigt an, warum: *Admiral Lacoste, wer hat General Actis getötet?*

Interessanterweise mußte der Autor diese Frage zu jener Zeit an die FIFA-Chefetage in Zürich richten. Dort nämlich hatte der enge Havelange-Spezl Lacoste ein neues Zuhause gefunden; als FIFA-Vizepräsident ordnete er die Finanzen des Weltverbandes und ging dem Amigo Joao auch tüchtig zur Hand bei der Vorbereitung der Weltmeisterschaften 1982 in Spanien und 1986 in Mexiko. Doch damit war nun Schluß, nach den hitzigen Debatten in der Heimat. Nicht zuletzt Raul Alfonsìn, der die Diktatur als erster frei gewählter Staatschef abgelöst hatte, mochte keinen dubiosen Junta-Vertreter auf einem renommeeträchtigen Posten im Ausland dulden. Lacoste mußte die Ämter abgeben. Warum aber hatte Havelange bis zur letzten Sekunde für ihn gekämpft? Böse Zungen behaupteten, daß zwischen den Amigos Geschäfte auf Gegenseitigkeit gelaufen seien. Von der Hand zu weisen waren die Gerüchte wohl nicht, wenn man den seltsamen Aufstieg des Soldaten in der FIFA betrachtet. Immerhin hatten sich vor dieser Karriere die juristischen Ermittlungen zum Mordfall Actis auch gegen Lacoste gerichtet. Und auch wegen Steuerhinterziehung wurde gegen ihn ermittelt. In dem Zusammenhang stach eine weitere sehr pikante Verbindung Lacostes mit dem FIFA-Chef ins Auge. Die Mord-Ermittlungen verliefen zwar im Sande, in der anderen Sache aber, in der es um das Verschachern eines Großsortiments an WM-Eintrittskarten sowie um illegal erworbene Grundstücke und Wohnungen ging, half Lacoste der mächtige Freund aus Rio. Nachdem Lacoste den Ermittlern die Herkunft eines Kredits von einer halben Million Dollar nicht nachweisen konnte, mit dem er Ländereien in Punta del Este / Uruguay erworben haben wollte, fand sich plötzlich in Havelange der gesuchte Gläubiger.

Die Beziehung blieb auch nach Lacostes Ausstieg aus der FIFA bemerkenswert eng. Zur WM 1986 in Mexiko war der alte Folter-Militär als Ehrengast geladen, und Havelange machte es dabei nichts aus, die internationale Reputation des Weltverbandes zu beschädigen. Damals pfiffen lateinamerikanische Journalisten bei einer Pressekonferenz die FIFA-Oberen ordentlich aus, viele verließen den Saal. Der Fall erregte weltweit Aufsehen. »Lacoste verkörpert den ganzen Horror und die ganze Brutalität der Diktatur«, schrieb die mexikanische Zeitung *La Jornada*. Dazu nannte ein Report von Amnesty International die Zeit, in der Lacoste Vizeadmiral war, eine der »unmenschlichsten Diktatur«. Für die FIFA, den Verband mit dem besonders menschenfreundlichen Gesicht, war der Mann, dessen Chef Emilio Eduardo Massera zu lebenslänglicher Haft wegen Verbrechen am Volke verurteilt worden war, nichts als ein guter Freund des Fußballs. Und zwar ein so guter, daß Havelange ihn auch 1990 bei der Weltmeisterschaft in Italien und 1994 in den USA nicht auf der Ehrentribüne missen wollte.

Lacoste, Banzer, Somoza, die Junta-Diktatoren von Brasilien, Argentinien und Nicaragua – eingedenk dieser illustren Partnerschaften fällt womöglich weniger ins Gewicht, daß der weltweit hofierte FIFA-Präsident Joao Havelange auch im Privatleben öfter von bösen Geistern bedrängt wurde. Im April 1994 öffnete die Polizei in Rio de Janeiro vier Tresore eines gewissen Castor de Andrade. Dieser war Chef des illegalen Glücksspiels »Bicho« in Rio de Janeiro und ein enger Freund des Fußballregenten. Das ergab sich aus Disketten und Namenslisten, die sich im Bunker des flüchtigen Andrade fanden. Vom Karneval 1993 im Sambadrom von Rio etwa datierte eine pikante Serviceleistung: »Logen für Dr. Havelange, 17.640 Dollar«. Umfänglichen Polizei- und Presseberichten zufolge befand sich Havelange in bester Gesellschaft auf der Liste der Gefälligkeiten, die mehr als 200 Namen von Funktionären, Schiedsrichtern und Journalisten umfaßte. Die schlimme Kunde machte die Runde bis vor die Haustür der FIFA. »Havelange von Lotto-Mafia geschmiert?«, sorgte sich damals etwa die *Neue Zürcher Zeitung*. Rios Generalstaatsanwalt Antonio Biscaia bejahte dies nach seinem Kenntnisstand. Er erklärte öffentlich: »Havelange, der FIFA-Präsident, erhält Geld aus dem illegalen Glücksspiel.« Weitere Tresorfunde schienen diesen Vorwurf zu nähren. Unterweltkönig Andrade nämlich, von dem Havelange auch ein Büro in Rio mietete, hatte bei seinen zahlreichen Prozeßauftritten seit 1987 gern ein Empfehlungsschreiben des hochangesehenen Freundes vorgelegt. Darin bescheinigt der Fußball-Boß dem Falschspieler nur allerfeinste Tugenden, darunter eine ausgeprägte Bibelfestigkeit.

Wie man sich täuschen kann. Statt der Heiligen Schrift fanden die Ermittler in Andrades Tresoren rätselhafte Belege über Geldtransfers ins kolumbianische Cali. Dort sitzt der Welt größtes Kokain-Kartell, das auch Kolumbiens Fußball fest im Griff hat. (Verbandspräsident Bellini übrigens wurde Ende 1995 als Strohmann des Kartells überführt und verhaftet.) Die Justizbehörden vermuteten im übrigen, daß es dabei auch um Waffenschmuggel gegangen sei. Rein zufällig war wenige Monate zuvor auch Havelanges argentinischer Amigo Lacoste in den Verdacht geraten, in ein Drogenschmugglernetz verwickelt zu sein. Ein von ihm als angeblicher Geschäftsführer seiner Autoagentur nach Kolumbien entsandter junger Mann brach die Mission erschrocken ab, als er erkannte, daß es in Wirklichkeit um Kokain gehen sollte.

Eine schrecklich nette Familie
Von Enkeln, Töchtern und Schwiegersöhnen

Bleiben wir in jenem Land, das nicht nur den Schwimmer Havelange, sondern auch die besten und erfolgreichsten Fußballkünstler der Welt hervorgebracht hat – trotz mittlerweile chaotischer Bedingungen. Die Überlegung, inwieweit Joao Havelange für die derzeit desaströse Verfassung des Fußballs in seinem Heimatland Verantwortung trägt, liefert auch Aufschlüsse für eine Beurteilung seiner Arbeit in 24 Jahren an der Spitze des Weltfußballs. Korruption und Willkür bestimmen den brasilianischen Fußball. Und dieses Chaos, das die brasilianische Regierung nun mit neuen Gesetzen zu stoppen versucht, hat in vorderster Position ein Mann namens Ricardo Teixeira verursacht. Er ist seit 1990 Präsident des brasilianischen Fußballverbandes CBF, Vizepräsident der FIFA – und Schwiegersohn von Havelange.

Über Havelanges Familienleben ist nicht viel bekannt. Nimmt man das Arbeitsprogramm zum Maßstab, das sich der vitale Greis angeblich selbst auferlegt, bleibt für Privates ohnehin keine Zeit. Pro Tag schwimmt er zwei Kilometer und geht zehn zu Fuß, so hat er stets gern erzählt. Dabei ist er jährlich 300 Tage für die FIFA unterwegs und berät ganz nebenbei drei große Firmen in Brasilien. In diesen Unternehmen, sagt er Interviewern, »bleibe ich, bis ich sterbe«. Und zwar aus Motiven, die eine Menge aussagen über den betagten Herrn:»Sonst fragt die Person, die mir morgens Kaffee bringt, wer ist denn dieser kleine Alte, der mich hier dauernd mit Aufträgen nervt? Bleibe ich aber Präsident, so bringt mir die Person auch weiter Kaffee.« Auch eine Art, sich selbst unter Druck zu setzen – die Angst, ohne Amt den Respekt anderer Menschen zu verlieren.

Gesichert scheint, daß Havelange nicht zu den zehn reichsten Brasilianern zählt, wie von den Gazetten immer wieder behauptet. Tatsächlich soll es sogar Durststrecken gegeben haben, dies wurde nicht nur innerhalb der FIFA gelegentlich angeregt diskutiert. So fiel Anfang der neunziger Jahre der hohe Spesenbedarf des Präsidenten auf. Es war die Zeit, als auch Pelé von einem Bankier in Brasilien hörte, daß Havelange und Schwiegersohn Ricardo Teixeira in privaten Finanzschwierigkeiten steckten. Der Banker selbst habe sogar den Verkauf einer Firma des letzteren abgewickelt.

Womit wir bei Havelanges Alter Ego wären: Ricardo Teixeira, einem abgebrochenen Jurastudenten. 1966, beim Karneval in Rio, eroberte er das einzige Kind des FIFA-Patrons, Lucia. Zwölf Jahre später, bei der WM-Auslosung in Argentinien, ging den Militärs ein kleiner Junge zur Hand: Ricardo Havelange Teixeira, Enkelkind des Fußballherrschers. Doch den Machtinstinkt des Vaters und des Großvaters hat der Sproß offenbar nicht geerbt – es heißt, er gehe lieber dem Jiu-Jitsu-Sport nach. Der Börsianer Ricardo Senior indes, den mit dem Ballspiel noch weniger Wurzelwerk verbindet als seinen rastlosen Schutzengel Havelange, machte steile Karriere als Fußballfunktionär. Und auch ohne den Kampfsport-Enkel ist es gelungen, den Verband zur Familienfirma umzustrukturieren. Onkel Marco Antonio Teixeira wurde Generalsekretär des CBF, ein anderer, Marco Mauro Teixeira, arbeitet im Trainerstab des Verbandes.

Um zu verdeutlichen, was das genau heißt, sei der Gesamtvorgang einmal fiktiv nach Deutschland übertragen. Der DFB-Chef hieße dann Egidius Braun-Havelange, der Generalsekretär hieße Horst R. Braun, im Trainerstab tummelte sich ein Hennes Braun. Dieser fiktive Verband bestimmt seit Jahren willkürlich über Abstiegsfragen, leidet unter chronischen Schiedsrichter-Skandalen und galoppierender Gedächtnisschwäche, was den Umgang mit Verbandsgeldern angeht. Er versinkt dermaßen in Korruption, daß schließlich die Bundesregierung in Bonn per Gesetz in die Strukturen der Liga eingreifen muß. Wäre es da womöglich legitim, sich seinen Teil zu denken?

Schon 1986, so berichtete ein brasilianisches Magazin, hatte es sich Havelange 180.000 Dollar kosten lassen, daß sich die Landesfürsten des nationalen Verbandes CBF bei der Weltmeisterschaft in Mexiko vergnügen konnten. 1990 hievten sie den Schwiegersohn endlich ins Amt. Einen Mann, der sich bis dahin eher glücklos mit Geldanlage-Geschäften in seiner damaligen Firma *Minas Investimentos* befaßt hatte – der aber trotzdem auch ohne herausragendes Sportamt schon Jahre zuvor das Privileg genoß, daß Horst Dasslers Daimler bereitstand, wenn er etwa in Paris zu Geschäften einflog. »Alles, was ich weiß und kann«, erklärte der neue brasilianische Fußballpräsident bei seiner Inthronisierung, »habe ich von meinem Schwiegervater gelernt.«

Eine glaubwürdige Aussage. Allerdings auch eine aufschlußreiche. Denn seither geschah zweierlei: Brasiliens Fußball versank in Korruption, Willkür und Nepotismus – und Teixeira rückte 1994 in die FIFA-Exekutive auf. Eine Zeitlang war gar spekuliert worden, daß er Havelanges Name annehmen und auf den FIFA-Thron nachrücken werde. Tatsächlich war Teixeira jahrzehntelang wie ein leiblicher Sohn für Havelange. Der Fußballwelt fiel das allerdings erst so richtig auf, als sich der FIFA-Boß 1993 stellvertretend für seinen Zögling mit Pelé anlegte. Damals wollte die Agentur *Pelé Sportmarketing* gemeinsam mit ihrem spanischen Partner *Dorna* die Übertragungsrechte an der Fußball-WM 1994 für Brasilien erwerben. Doch kurz vor der Vertragsunterschrift, so berichtet Pelé, verlangte Teixeiras Verbandsdirektor Salin plötzlich, die Agenturen sollten eine Million Dollar aus der Gesamtsumme abzweigen und nebenher auszahlen. »Ich rief Teixeira deshalb an«, erzählt Pelé, »aber der meinte nur, er glaube das nicht. Also sagte ich ihm, ich würde das Geschäft auf dieser Basis nicht machen, werde aber der Presse mitteilen, warum ich mich zurückziehe. Da drehte er durch. Er drohte, mich zu verklagen. So begann der ganze Ärger.« Und für Pelé begann ein neuer Lebensabschnitt, der ihn bis in das Amt des Sportministers von Brasilien führen sollte.

Die Bestätigung für den ungeheuerlichen Protektionismus, den Havelange für Teixeira betrieb, erfuhr Pelé bald am eigenen Leibe. Der FIFA-Chef warf ihn bei der Auslosung der WM-Spiele für die USA im Dezember 1993 kurzerhand aus dem Veranstaltungsprogramm. Bis eine halbe Stunde vor der weltweit übertragenen Zeremonie in Las Vegas redeten FIFA-Generalsekretär Joseph Blatter und Vizepräsident Guillermo Candedo auf Havelange ein. Vergebens. Der Diktator, der sich wieder einmal respektlos behandelt fühlte, ließ sich weder von seinen engsten Verbündeten umstimmen noch durch Proteste von den versammelten hochrangigen Gästen. Darunter war auch Franz Beckenbauer, und der ging nach eigener Aussage »nach der Auslosung zu Joseph Blatter und sagte ihm, daß die Sache mit Pelé doch unmöglich sei. Aber Blatter meinte, er könne da auch nichts machen«. Und als US-Organisationschef Alan Rothenberg erklärte, der größte Spieler aller Zeiten könne nicht von der Ziehung ausgeschlossen werden, gab Havelange eiskalt zurück: »Mister Rothenberg wäre bestimmt enttäuscht, wenn wir die Austragung der WM von den USA zurückzögen.«

Niemand konnte etwas tun. Havelange beendete danach sogar Pelés Engagement als Fairplay-Botschafter der FIFA. Und der Clan des Patriarchen zog weiter alle Register. Kurz vor Beginn des WM-Endturniers im Sommer 1994 begegnete das Fußball-Idol in den USA einem Juristen aus Rio. »Nur durch diese Zufallsbegegnung erfuhr ich, daß Teixeiras Verband CBF Vertreter der mit seiner Klage gegen mich befaßten Spruchkammer zur WM in den USA eingeladen hatte. Alles war frei für die Gäste – Flug, Essen, Unterkunft.« Auf Pelés Intervention hin wurde die Kammer in Rio de Janeiro neu besetzt.

Faule Tricks wie diese gehören zum Grundrepertoire des umtriebigen Eidams Texeira. Als er 1997 erfuhr, daß Pelé, mittlerweile zum brasilianischen Sportminister ernannt, ein Gesetz plane, das eine Umwandlung der Fußballklubs in Kapitalgesellschaften ermöglichen soll und deren Kontrolle durch eine unabhängige Komission vorsieht, reagierte er konsequent. Das Gesetz lief ja schnurstracks auf eine Entmachtung seines Verbandes hinaus. Also eröffnete Teixeira, statt den Diskurs mit dem Sportminister zu suchen, ein luxuriöses Verbandsbüro in der Hauptstadt Brasilia, um Lobby zu machen. Auch dies erfuhr Pelé nur zufällig bei einer Begegnung mit einem Kongreßabgeordneten: »Der erzählte mir, der CBF habe alle Abgeordneten aus Minas Gerais zum Abendessen eingeladen.« Bei den rauschenden Empfängen am neuen CBF-Sitz hatte es keinen Mangel an Speis und Trank, auch nicht an netten Damen. Denn in angenehmer, entspannter Atmosphäre lassen sich Problemchen und Sorgenfälle der Sportpolitik viel gründlicher lösen. Das weiß so mancher alter Fahrensmann in der internationalen Sportpolitik.

Auch Havelange kennt diese besonderen Kommunikationsrituale, und offenbar hält er sie für probat. Jedenfalls sah der Chef des Weltfußballverbandes keinen Anlaß, in seiner Heimat, im Lande der erfolgreichsten und begehrtesten Fußballspieler der Welt, eine sachliche Problemerörterung anzugehen. Stattdessen drohte er drolligerweise im August 1997 an, Brasiliens Nationalmannschaft von der Weltmeisterschaft in Frankreich auszuschließen, falls das Gesetz verabschiedet würde: »Der brasilianische Verband ist der FIFA seit achtzig Jahren angeschlossen. Sollte dies jetzt nicht mehr der Fall sein, ist die Mannschaft automatisch ausgeschlossen.« Natürlich fehlte bei seinen Statements auch die grollende Gekränktheit des Patriarchen nicht. Ein paar Kostproben: »Ich bin in der ganzen Welt eine Respektsperson, habe viel gearbeitet und pro Tag höchstens fünf Stunden geschlafen, und ausgerechnet in meinem eigenen Land richtet sich nun die Regierung gegen die Institution, die ich leite.« Havelanges übliche Strategie: unliebsame Fachdiskussionen werden sofort auf eine persönliche Ebene umgeleitet. Das hat den unschätzbaren Vorteil, daß es plötzlich nicht mehr um Sachinhalte, sondern allein um die Vertrauensfrage geht. Weiter im Text: »Im brasilianischen Fußball ist alles in Ordnung, das ist ein effizienter Verband. Die Funktionäre sind alle ehrenwerte Männer mit Familie.« Na bitte. Warum die ganze Aufregung? Vertrauen ist besser, liebe Gemeinde! Havelange sah die Skandalfülle, die diese ehrenwerte Gesellschaft aus angesehenen Familienvätern evoziert hat, als »kleinere Zwischenfälle, die überall passieren«.

Doch leider haben die kleinen Zwischenfälle bewirkt, daß in und um Brasiliens Stadien Anarchie herrscht. Während Havelange bei Königen und Staatschefs von einer Audienz zur nächsten tingelte, um auch mal den Royals dieser Erde und anderen Großkopferten beizubiegen, was Mores und Fairplay im Weltmaßstab bedeuten, prügelte sich Schwiegersohn Ricardo schon mal vor laufender Kamera mit einem frech gewordenen Vereinschef. Und das sind noch vergleichsweise läßliche Sünden. Die erste Liga zum Beispiel hat Teixeira auf 26 Klubs aufgebläht. Offenbar kann es sich der CBF-Boß nicht leisten, den einen oder anderen absteigen zu lassen. Im Sommer 1997 waren es Fluminense Rio de Janeiro, Bragantino und Atletico Parana, die er auf diesem Wege begnadigte. Fluminense zählt zu den Traditionsklubs des Landes und hat Havelange zum Ehrenpräsidenten. Der Schwiegersohn sprach die Befreiung vom Abstieg aus.

Bei Parana war die Sache schon schwieriger. Immerhin war der Klub gerade wegen erwiesener Schiedsrichter-Bestechung aus der Liga verbannt worden. Doch auch hier machte der Schwiegersohn ohne Angabe von Gründen den Bannspruch rückgängig. Und das, obwohl der Skandal um Schwarzgeldzahlungen im Mai 1997 sogar zur Auflösung der dem Verband unterstellten Schiedsrichterorganisation COBRAF geführt hatte. Deren langjähriger Chef Ivens Mendes hatte von verschiedenen Vereinsbossen fünfstellige Dollarsummen eingefordert und erhalten, wofür er ihnen bei bestimmten heiklen Spielen wohlgewogene Schiedsrichter zuteilte. Die Sache flog auf, weil dem Fernsehsender *TV Globo* plötzlich Tonbandaufnahmen zugespielt worden waren, die Senhor Mendes' stille Absprachen mit den Klubchefs dokumentierten. Es war deutlich zu hören, wie der oberste Unparteiische des CBF seine Kontonummer nannte. Eine Woche lang konnten die Fußball-Fans dies alles immer wieder via Radio und Fernsehen mitverfolgen. Natürlich hatte der arme Teixeira auch von den jahrelangen Umtrieben seines engen Mitarbeiters Mendes keine Ahnung, trotzdem raffte er sich zu einer Suspendierung des Betrügers auf. Pelé nahm dem Schwiegersohn die Ahnungslosigkeit nicht ab. Anders als Havelange, der Dinge wie diese für Zwischenfälle hält, wie sie überall vorkommen, bezeichnete der Sportminister die Schiedsrichter-Affäre als »die Krönung aller Skandale.« Staatspräsident Fernando Henrique Cardoso wandelte Pelés Gesetzesvorlage zur besseren Kontrolle des Fußballs sogleich in einen Dringlichkeitsantrag um.

Der von bestochenen Schiedsrichtern bevorteilte Verein Parana aber überlebte den Skandal dank Teixeiras Gnadenakt. Warum nur, warum? Zumal dieser sich damit nur weiteren Ärger einhandelte. Dummerweise klagte nun der Zweitligaklub Nautico aus Recife, dem einer der beiden Aufsteigerplätze zugestanden hätte, beim Obersten Sportgericht STJD. Prompt rief Teixeira den für das betroffene Bundesland Pernambuco zuständigen Verbandschef an, Carlos Alberto de Oliveira. Er stellte ihm für den Fall, daß der Verband die Klage gegen den CBF zurückziehe, einen mit rund 75.000 Mark monatlich dotierten Werbevertrag mit dem Sportausrüster *Nike* in Aussicht. Der empörte Oliveira machte die Sache sogleich publik. Passiert jedoch ist nichts, der mächtige Teixeira sitzt mit vielen Politikern im Boot, die auch ins Fußballgeschäft involviert sind. Bezeichnend hierfür ist, daß auch der korrupte Schiedsrichterboß Ivens Mendes das erpreßte Geld nutzen wollte, um seine Wahlkampagne für einen Parlamentssitz in Brasilia zu finanzieren.

Unter Fachleuten im Ausland gilt Teixeira weithin als ausgemachter Falschspieler. Uli Hoeneß, der Manager des FC Bayern München, wartete jahrelang auf die Ablösesumme für den brasilianischen Stürmer Mazinho. Der war im Januar 1995 aus München zu Flamengo Rio de Janeiro transferiert worden, dem größten und renommiertesten Klub des Landes. Leider traten Probleme auf: »Der Verein hatte kein Geld, deshalb hat Teixeiras Verband uns gegenüber für die Summe von 350.000 Dollar gebürgt«, sagt Hoeneß. Nur gezahlt hat er nie, jedenfalls nicht in den drei Jahren danach. Wie so viele verurteilt auch Hoeneß den mittelalterlichen Sonderstatus, der dem Schwiegersohn und FIFA-Vize vom Weltverband eingeräumt wird: »Man muß sich vorstellen, was die FIFA in einem solchen Fall mit uns oder mit jedem anderen Verein anstellen würde. Aber Teixeira dreht sich die Gesetze hin, wie er will, und keiner bremst ihn.« Der deutsche Manager verweist in dem Zusammenhang auf viele Klagen seiner Kollegen, beispielsweise beim CF Barcelona: »Die standen in der Endphase der Meisterschaft 1997 ohne ihren Superstar Ronaldo da, weil der plötzlich mit der brasilianischen Nationalelf auf eine Jubeltour gehen mußte, nach Norwegen und sonstwohin. Solche Dinge sind einfach unglaublich, vor allem aus Sicht der Vereine.« Europas Topklubs, die brasilianische Nationalspieler in ihren Reihen haben, wollen sich nun auf ein gemeinsames Vorgehen verständigen. Hoeneß, dem in der Fußballwelt zwar eine rauhe Gangart nachgesagt wird, doch niemals ein unlauteres Geschäftsgebaren, zählt sich zur breiten, irgendwann verstummten Opposition gegen die FIFA-Spitze. »Ich habe gegen diese Vetternwirtschaft lange genug angekämpft, Briefe geschrieben oder Petitionen verfaßt. Das ist vorbei. Heute gehe ich in die Luft wie ein HB-Männchen, wenn ich den Namen FIFA bloß höre.« Er fordert einen Machtwechsel: »Die ganze brasilianische Mafia muß weg. Der moderne Fußball braucht jetzt wieder europäische Maßstäbe.«

Man darf gespannt sein auf den weiteren Werdegang Teixeiras. Das neue Fußballgesetz in Brasilien ist dazu da, seinen Aktionsradius erheblich einzuschränken. Womöglich betrifft das ja auch die Kontrolle über die Auslandstransfers. In den vergangenen acht Jahren wurden gut 2000 brasilianische Kicker ins Ausland verkauft, offiziell wurden dafür rund 250 Millionen

Dollar kassiert. Ob diese Zahl des Verbandes zutrifft und wo diese Viertelmilliarde herumschwirrt, wird nicht ohne weiteres erkennbar. Das Gros der
brasilianischen Kicker verdient weniger als ein deutscher Facharbeiter.
Stattdessen gibt es ein paar besonders betuchte Spielerhändler, mit großer
Nähe zu den Machthabenden.

Andere Dinge, die eigentlich Aufgabe des Verbandes wären, hat Pelés
Sportministerium übernommen, etwa die Arbeit für die Jugend und gegen
Drogen. Während Teixeira Verbandsgelder in ein behagliches Etablissement
zur Überzeugung politischer Entscheidungsträger steckt, kümmert sich das
ministerielle Programm »Sport und Solidarität« um die Straßenkinder. Im
ganzen Land wurden Sportzentren gegründet, die in den Elendsquartieren,
den Favelas, angesiedelt sind. Teixeira indes, der laut Minister Pelé und
Journalist Kfouri seine marode Firma *Minas Investimentos* veräußern
mußte, ist mittlerweile wirtschaftlich voll abgesichert. Hier tritt dem Beobachter ein Phänomen entgegen, das sich im Dunstkreis der Havelangeschen
Geschäftsführung immer mal wiederholen soll: Daß Vertrauensleute, die
sich aus dem Erwerbsleben zurückziehen, um sich ganz auf die Funktion als
ehrenamtlicher Vertreter des Sports und seiner Verbände zu konzentrieren,
plötzlich zu üppigem Wohlstand kommen. Erbschaften? Lottoglück? Mitnichten. Im Falle Teixeira halfen interessante Geschäftsverbindungen. Beispielsweise soll der Schwiegersohn laut Pelé stille Anteile an einer Marketingagentur namens *Traffic* halten, über die sein Verband CBF die Fernseh-
und Markenrechte der brasilianischen Liga und Nationalmannschaft ver-
werten läßt. Kaum ein seriöser Fußballinsider in Südamerika hat Zweifel an
dieser Partnerschaft. Chef von *Traffic* ist der ehemalige Journalist Jose Hawilla. Gegen ihn brauchen andere Bewerber um Brasiliens Fußballrechte gar
nicht erst anzutreten, Teixeira schustert ihm jeden lukrativen Auftrag zu.
(Eine ähnliche Art von Geschäftsfreundschaft scheint es übrigens auch zwischen Havelange und dem Boß der von Horst Dassler gegründeten Agentur
ISL, Jean-Marie Weber, zu geben. Als der ISL und Leo Kirch im Sommer
1996 die Fernsehrechte für die Weltmeisterschaften 2002/2006 zugeschanzt wurden, äußerte unter anderem der Generalsekretär der öffentlich-
rechtlichen Europäischen Rundfunk-Union EBU, Jean-Bernard Munch,
einen Verdacht, der so ziemlich alle Eingeweihten bewegte: Weber sei auch
inoffizieller Berater von Havelange. Näheres dazu im Kapitel »Zurück in
die Zukunft«.)

In Sachen Verband CBF und Agentur *Traffic* fällt besonders auf, daß 1995
die befreundeten Vertragspartner Teixeira und Hawilla neue gemeinsame
Erwerbsfelder erschließen konnten. Beide, der Verbandspräsident und der
Rechtehändler, durften je eine Generalvertretung des südkoreanischen Au-

toherstellers *Hyundai* übernehmen: Ricardo Teixeira in Rio de Janeiro und Jose Hawilla in Sao Jose do Rio Preto. Der edle Gönner heißt Chung Mong Joon und ist ein Sproß der *Hyundai*-Besitzer, einer der reichsten Familien der Welt. Außerdem ist Chung Präsident des asiatischen Fußballverbandes sowie FIFA-Vizepräsident. Und zufälligerweise rührte Chung exakt zu jener Zeit kräftig die Werbetrommel, um Südkorea doch noch die WM-Ausrichtung 2002 im Verbund mit Japan zu sichern. Das hat er, wie man weiß, 1996 tatsächlich geschafft – obwohl Havelange bis zuletzt an seinem früher gegebenen Versprechen festhalten wollte, daß Japan allein die WM 2002 austrägt. Naja, fast bis zuletzt.

Weniger leicht prognostizierbar ist, wie es mit der Liaison Teixeira / Havelange weitergeht. Zwar sagt der Intimkenner Kfouri aus Sao Paulo, der eine Fülle Material über den Clan zusammengetragen und publiziert hat, daß einige der Besitztümer des FIFA-Bosses auf den Schwiegersohn laufen. Doch der trinkfeste Ricardo, der auch ein Restaurant in Rio betreibt, lebt seit Anfang 1997 in Scheidung von Dona Lucia – nach diversen außerehelichen Affären und dem tödlichen Unfall einer jugendlichen Mätresse in seinem neuen BMW im Oktober 1995 dürfte der Segen zwischen den Familien Havelange und Texeira ein wenig schief hängen. Ob dies auch Auswirkungen auf die lukrative Geschäftspartnerschaft der beiden haben wird?

Doppelpaß der Puppenspieler
FIFA, *Coca-Cola*, *Adidas*

Erheben wir den Blick aus dem brasilianischen Fußballgestrüpp und schauen auf die Höhen des Weltverbands. Haben sich die Dinge hier womöglich völlig anders entwickelt? Joao Havelange gilt unter Topfunktionären als charmanter, im Ernstfall aber rücksichtsloser Durchsetzer persönlicher Ideen und Interessen. Lennart Johansson, schwedischer Chef des europäischen Dachverbandes UEFA, bezeichnete Havelange wiederholt als Diktator. Egidius Braun, Präsident des Deutschen Fußball-Bundes (DFB) spricht etwas blumiger von der Havelangschen »Demokratur«. Was genau er damit meint? »L' état c'est moi – das ist nicht ganz mein Verständnis«, sagt der deutsche Fußballchef. Daß es vor allem die Europäer sind, die die Alleingänge des Brasilianers seit Beginn der neunziger Jahre mit wachsendem Mißtrauen beäugen, liegt auf der Hand: In Europa war und ist das große Geld mit dem Fußball zu machen, vor allem hier bestehen intakte Führungsstrukturen, Kontrollgremien und eine zuweilen ziemlich kritische Öffentlichkeit.

Und sonst? Die USA spielen im Fußball trotz der erfolgreich ausgerichteten Weltmeisterschaft von 1994 keine Rolle. Dort dominieren traditionell die Sportarten Football, Basketball, Baseball und Eishockey. Wer Karriere machen will im Sport- oder Verbandsmanagement, sucht sich eine Tätigkeit in diesen Sparten aus. Der einzige international bekannte US-Fußballfunktionär, Alan Rothenberg, hat es als Cheforganisator der WM 1994 selbst zu erstaunlichem Reichtum gebracht – unter nicht immer schmeichelhaften Schlagzeilen. So hatte nach dem Turnier ein geschaßter Mitarbeiter publik gemacht, daß nahezu sämtliche juristischen Tätigkeiten für die WM von einer Anwaltskanzlei in Los Angeles erledigt wurden, der Rothenberg partnerschaftlich eng verbunden ist. Aber auch, als die *Los Angeles Times* kurz nach der WM berichtete, Rothenberg habe rund sieben Millionen Dollar an Salär und Bonusprämien aus dem erwirtschafteten Überschuß zu erwarten, ging nur ein kurzes Raunen durch das ohnehin eher desinteressierte Land. Prominentester Fürsprecher dieser märchenhaften Ausschüttung im Vorstand des WM-Organisationskomitees war übrigens Peter Ueberroth. Der hatte, als Cheforganisator der Olympischen Sommerspiele 1984 in Los Angeles, selbst schon beste Erfahrungen gemacht mit dem privaten Goldrausch nach gelungenen Sportevents. Rothenberg ist nun mit seiner Fußball-Profiliga MLS wieder voll ausgelastet. Im übrigen ist nicht ganz von der Hand zu weisen, was ehemalige Mitarbeiter über den cleveren Juristen sagen: Daß ihn der Soccer, wie der Fußball in den Staaten heißt, wenn überhaupt, nur aus Profitgründen interessiert.

Afrikaner und Ozeanier waren in ihrer Position als Almosenempfänger bislang kaum in der Lage, dem FIFA-Boß und seinen Leuten kritisch auf die Finger zu schauen. Auch die Asiaten unter Führung des Hyundai-Sprosses Chung aus Südkorea drängen erst in jüngerer Zeit ins Rampenlicht. Dank der ersten Weltmeisterschaft auf ihrem Kontinent sind sie nun bis ins Jahr 2002 weiterhin mit sich selbst beschäftigt. Chung selbst, so mehren sich die Hinweise, strebt weniger das sportliche Spitzenamt in der FIFA an als das politische im Heimatland.

Bleiben also die Europäer. Womit wir wieder am Ausgangspunkt sind: Als Havelange 1974 ans Ruder kam, konnte von wirksamen Kontrollinstanzen in der FIFA noch kaum die Rede sein. Im Kampf um den Thron allerdings hatte er einen wirklich einflußreichen Gegenspieler kennengelernt: Horst Dassler, den *Adidas*-Chef, der im letzten Moment von Stanley Rous um Unterstützung gebeten worden war – und der dann das jahrelange Propagandaspiel des Brasilianers tatsächlich fast noch zum Kippen gebracht hätte. Damit aber hätte er sich nur selbst ein Bein gestellt, wie die Zukunft zeigen sollte. Beide Männer erkannten rasch die Fähigkeiten des anderen. Was der blumigen Darstellungen zugeneigte Havelange einst so umschrieb: »Als mein Sieg feststand, wandte er sich mir zu, weil er eben den Sport liebte und ihm daran gelegen war, den Fußball weiterzuentwickeln.« Gemeinsam gingen die Liebhaber ans Vermarkten der brachliegenden Potentiale des weltgrößten Volkssports. Es war ja grundsätzlich eine wichtige und sinnvolle Mission, die Dassler und Havelange da – aus welchen persönlichen und wirtschaftlichen Motiven auch immer – in Angriff nahmen. Die Unternehmung Zukunft. Die finanzielle Absicherung des Weltfußballs. Ein Stück Wirtschaftsgeschichte. Allerdings mußte sich, wer den zwei wild entschlossenen Heilsbringern dabei in die Quere kam, ziemlich warm anziehen. Und die Sportpolitik wurde allmählich zum rechtsfreien Raum. Was sind schon Regeln gegen goldene Kreditkarten?

Dasslers Ziel war klar: Er wollte über die FIFA Zugriff auf die nationalen Verbände erlangen, um deren Athleten mit *Adidas*-Artikeln auszustatten und sie so zu seinen weltweiten Reklameträgern machen. Doch war das nur ein Teil seiner Ambitionen. Es lockte ihn das sportpolitische Machtpotential, das sich über die FIFA und später auch über das IOC generieren ließ. Und vor allem trieb ihn stiller Selbstbehauptungswille gegen seine mißtrauische Familie zuhause in Herzogenaurach an. Die bodenständigen Eltern an der Spitze der Stammfirma und die vier jüngeren Schwestern wußten lange Zeit nicht genau, was der gute Horst zu jener Zeit im fernen Elsaß alles trieb. Seine offizielle Mission dort war der Aufbau von *Adidas France*. In der Ferne gelandet war er allerdings auch wegen einer Beziehung, die im Elternhaus nicht als ganz standesgemäß empfunden wurde. Anhaltende Spannungen mit der Familie begleiteten fortan Dasslers Wirken – und bestimmten es wohl nicht unwesentlich.

Da er die geschäftliche Kontrolle der Familie scheute, mußte er auch die Öffentlichkeit und die Journalisten meiden. Dassler präsentierte sich fortan, wenn überhaupt, im Schafspelz, seine tatsächlichen Umtriebe hätten eine große Publizität auch schlecht vertragen. Erkennbar wurde nur die stete Förderung, die sein Wirken für den Sport bedeutete. Es war ja nichts falsch daran, wenn ein Sportartikelkonzern seine Schuhe, Hosen, Leibchen und Bälle den bedürf-tigen Verbänden kostenlos zur Verfügung stellte. Außerdem war er ein großer Freund des Sports und der Athleten, so beteuerten alle, die dem 1987 verstorbenen Konzernchef nahestanden. Das mag gewiß so gewesen sein – auch wenn er etwa 1978, statt seine Karte für das WM-Endspiel zwischen den gastgebenden Argentiniern und den Holländern zu nutzen, seinem damaligen Sekretär Jean-Marie Weber vorschlug: »Wenn wir da hingehen, verlieren wir viel zu viel Zeit. Wir können uns das Spiel auch im Fernsehen anschauen, währenddessen kommen wir auf viel bessere Ideen fürs Marketing. Wir machen uns was zu essen und diskutieren dabei.« Vier Jahre später bei der WM in Spanien, so kann man in der 1992 erschienen Biographie *Horst Dassler – Revolution im Weltsport* nachlesen, habe sich der arme Weber dann »buchstäblich aus dem Staub machen« müssen, »damit er mit seinem Sohn, den er eingeladen hatte, das Endspiel im Stadion erleben konnte.« Das Interesse am Wohle des Sports und der Athleten kann also durchaus unterschiedliche Ausprägungen annehmen.

Wenn sich Horst Dassler einmal selber zu seinen Ansichten und Ambitionen äußerte, was selten genug der Fall war, dann klang das in der Regel sehr besorgt: »Der Sport muß aufpassen, daß ihn die Wirtschaft nicht dominiert und daß Ergebnisse nicht manipuliert werden. Vermarktungsrechte stellen keine Gefahr da.« Der organisierte Sport sehe aber vor lauter Philosophie den Wald nicht mehr. Ein Grund mehr, die Kreissäge anzusetzen. Der ehemalige britische Sportminister Lord Denis Howell, der in den achtziger Jahren eine Untersuchung über die weltweite Sportpolitik anstellte, monierte in seinem Bericht genau das, wovor Dassler so fromm warnte: Daß »die multinationale *Adidas*-Gruppe mit den kommerziellen und organisatorischen Angelegenheiten des Weltsports einzigartig verquickt ist«.

Freund Havelanges Position war ähnlich heikel. Ihm fehlten die Mittel, um seine ziemlich utopischen Wahlversprechen von 1974 einzulösen – und nebenbei auch, um seine prunkvolle Selbstinszenierung bestreiten zu können. Er brauchte Geld, und zwar viel. Also ging er zu dem Sportartikelfabrikanten, und der sicherte Hilfe zu. Zunächst mußten die richtigen Firmen her. Horst Dassler war weder willens noch in der Lage, für Havelanges große Versprechen nur mit eigenem Vermögen einzustehen. Doch hatten seine Visionen dessen, was sich im Weltsport künftig an Macht- und Verdienstmöglichkeiten auftun würde, bereits genügend Strahlkraft erlangt, so daß er sich mit Feuereifer in die Arbeit stürzte. Als erstes tat er sich mit einem Fachmann zusammen. Den fand er in dem britischen Sponsoring-Experten Patrick Nally, dem Mitbesitzer der *West-Nally*-Agentur. Die Wahl sollte sich als Glücksgriff erweisen. Denn es gelang Nally, *Coca-Cola* als Sponsor für den Weltfußballverband zu gewinnen.

Der Brausegigant aus Atlanta hatte sich allerdings lange geziert – bis Nally die zündende Idee kam: Er nahm den Cola-Boß Al Killeen mit ins Maracana-Stadion von Rio de Janeiro. »Das hat ihn aufgeweckt«, berichtete Nally später den britischen Journalisten Andrew Jennings und Vyv Simson. »Killeen konnte gar nicht glauben, daß in diesem Stadion 110.000 Brasilianer schon das Warmlaufen schreiend verfolgten.« Schreien macht durstig, und 1976 rückte Coke die ersten 360.000 Dollar heraus. Zuvor hatten Dassler und Havelange noch einen beeindruckenden Auftritt, als sie mit Dasslers Jet die Firmenzentrale der Coke-Bosse in Atlanta ansteuerten.

Nun konnte das Entwicklungshilfe-Programm der FIFA anlaufen. 1977 fand in Tunesien das erste Jugend-Weltmeisterschaftsturnier statt, das fortan »FIFA / *Coca-Cola*-Cup« heißen sollte. Im Jahr darauf investierte der Limo-Riese bereits acht Millionen Dollar in die WM in Argentinien. So wurde Coke zum Vorreiter in einem neuen Marktzweig und sicherte nebenbei auch die nun vehement einsetzenden sportpolitischen Aktivitäten von Dassler und Havelange ab. Mit den Cola-Millionen ging allerdings noch mehr einher: Ein wesentliches Marktsignal für andere weltweit operierende Firmen, welches bezeugte, daß man in den Fußball von nun an getrost investieren kann. Rückblickend strich Vermittler Nally die unschätzbaren Vorzüge dieser Geschäftsverbindung heraus: »Der Verband war dank *Coca-Cola* in gewisser Hinsicht über jeden Zweifel erhaben. Es gibt keine Regierung, die ihn überprüft. Es gibt kein Publikum, das ihn überpüft. Niemand versucht herauszukriegen, wohin die Zahlungen gehen oder was einzelne

davon kriegen – insofern sind das IOC, die IAAF und die FIFA über jeden
Tadel erhaben.« Doch wenn das Spiel hinter den Kulissen eines Tages auf-
fliegen sollte mitsamt allen Gefälligkeiten der handelnden Funktionäre, die
Insider Nally gern als den »Klub« bezeichnet – »dann, denke ich, könnte
Coca-Colas Image gewaltig leiden.« Nally warnte vor »dicken Imagebeu-
len«, wenn es dereinst heißen könnte: »*Coca-Cola* zahlt für deine Steroide.
Coca-Cola zahlt dafür, daß dein Mann gewählt wird.« Auf die von Dassler
initiierten, flächendeckenden Wahlmanipulationen im scheinbar demokratisch organisierten Weltsport werden wir später ausführlich eingehen, vorerst aber bleiben wir am Ball.

Der Sportkaufmann mit dem einnehmenden Wesen war der ideale
Mitstreiter für Havelange. Weil es der FIFA an Knowhow und Personal man-
gelte, mußten Dassler / Nally frühzeitig auch die Entwicklung der verspro-
chenen Sportprogramme übernehmen. Dazu holten sich die Marketing-
experten einen neuen Mann an ihre Seite: Joseph Blatter, der bei *Swiss
Timing-Longines* als Direktor für PR und Sport arbeitete. Der Schweizer
wurde zunächst in Dasslers Firmenzentrale Landersheim im Elsaß geschickt
– eine Art Trainingslager, wo sich regelmäßig die gesamte Funktionärswelt
traf und fürstlich bewirten ließ. Zum Anwesen gehörten ein Fußballfeld
und ein Tennisplatz, gleich vis-à-vis betrieb Dassler das Edelrestaurant »Auberge du Kochersberg« und ein Hotel. Hier ließ es sich leben, und rasch
wurde der fleißige Blatter in die Geschäftsfreundschaft »einzementiert«
(Nally).

Blatter selbst beschrieb seinen Einstieg in der Dassler-Hierarchie so: »Ich
finde mich eines Tages im Januar 1975 in Landersheim am Tisch mit Horst
Dassler und zwei seiner Mitarbeiter wieder. Einer sitzt über einem Strate-
giepapier des gerade neu gewählten FIFA-Präsidenten Havelange. Dassler
drückt mir das Papier in die Hand, um mein Urteil zu hören. Ich habe mich
dann da hinein vertieft. Ich hatte Spaß an der Sache, weil ich mich für Fußball interessiere.« Blatter arbeitete fortan für die FIFA, allerdings lange Zeit
von Landersheim aus. Auch bezahlt wurde der aufstrebende FIFA-Bedien-
stete lange Zeit nicht vom Weltfußballverband, sondern von *Adidas* – wie
dessen späterer Vorstandsvorsitzender Robert-Louis Dreyfus herausfand:
»Ich habe zum Beispiel erfahren, daß Sepp Blatter zu Beginn seiner FIFA-
Tätigkeit von *Adidas* bezahlt wurde, weil die FIFA nicht das Geld dafür
hatte.« Um nicht in Verdacht zu gelangen, diese anrüchigen Verbindungen
weiterhin zu pflegen, fügt er noch hinzu: »Das ist heute nicht mehr der
Fall.«

Blatter, der leutselige Sohn eines Chemiearbeiters, hatte dem stets scheu
wirkenden, stets im Hintergrund operierenden Dassler auch einiges mit-

geben können. Zum Beispiel überredete er seinen Meister, künftig in der ersten Klasse zu fliegen: »Du mußt nicht allein wegen des Komforts so reisen, sondern auch aus Prestigegründen. Du bist immerhin so etwas wie der Generaldirektor einer Weltfirma.« Offenbar hegte Horst Dassler zu jener Zeit noch gewisse Zweifel daran. Seine in der fränkischen Heimat Herzogenaurach residierende Familie nämlich, Mutter Käthe, die nach dem Tod von Vater Adi selbst den Konzern führte, sowie die vier Schwestern Inge, Karin, Brigitte und Sigrid, beobachteten die Geschäfte des Sohnes und Bruders im fernen Frankreich mit Skepsis und Argwohn. Da *Adidas France* in Landersheim eine Tochtergesellschaft des Stammhauses war, kam es immer wieder zu Bevormundungen aus der Heimat. Franz Beckenbauer, ein anderer Intimkenner der Familienszene: »Er wollte dieses machen und jenes, und wieder dieses und jenes, und seine Familie sagte immer nur nein, nein, nein, das ist zu riskant, da haben wir keine Erfolgsgarantie. Sie wollten sich ganz langsam entwickeln, er dagegen ungeheuer schnell. Das frustrierte ihn vollständig.« Und trieb ihn in Versteckspiele.

Zeitweilig lagen Landersheim und Herzogenaurach regelrecht auf Konfrontationskurs. Zumindest einmal, so erinnert sich ein langjähriger Mitarbeiter, wurden sogar regelrechte Konkurrenzprodukte entwickelt – auf dem Markt fanden sich plötzlich zwei verschiedene Basketballschuhe wieder. Vielleicht war auch dies ein Grund, daß der verschlossene Horst seine Familie lange Zeit nicht richtig aufgeklärt hatte über den vollen Umfang seiner Unternehmungen – vor allem natürlich über die sportpolitischen.

Eine Frage der Ehre
Wie FIFA-Generalsekretär Käser demontiert wurde

Havelange und Dassler beteuerten zwar immer wieder, ihre Aktivitäten dem höheren Wohle des Fußballsports zu widmen. Tatsächlich aber hatten sie dafür eine Strategie gewählt, die sich keine kritischen Begleiter leisten konnte. Also war es von entscheidender Bedeutung, das passende Personal zu rekrutieren. Mit Blatter war ein verläßlicher Freund und Mitstreiter gewonnen. Doch in diesen Jahren des Aufbaus mußte vor allem eine Schlüsselposition gehalten werden: die des FIFA-Generalsekretärs, die Schaltstelle zwischen dem Präsidenten, den Marktstrategen und der Fußballbasis. Dieser Mann mußte voll mitziehen, sonst würde so manche Taktik, so manche Rechnung nicht aufgehen. Und es zeigte sich mit dem Fortgang der Geschäfte, daß Havelange und Dassler einen ganz anderen brauchten als jenen Helmut Käser, der das Amt seit 1960 versah.

Die Geschichte vom Sturz des braven Fußballadministators, die hier erzählt wird, zeigt exemplarisch, mit welch fragwürdigen Energien der Weltfußball auf Kommerzkurs gebracht worden ist und mit welchen Tricks und Fouls in der Sportpolitik gearbeitet wird. Käser, ein promovierter Schweizer Jurist, der fünf Sprachen beherrschte und die WM-Turniere von 1962 bis 1978 unauffällig dirigierte, war schon die rechte Hand der Präsidenten Arthur Drewry und Sir Stanley Rous gewesen. Anfangs stellte sich Havelange gut mit ihm. Gleich nach seiner Inthronisierung 1974 hatte er Käsers Gehalt nach Gutsherrenart geregelt: »Ich weiß nicht, was Sie verdienen, aber von heute an erhalten Sie das Doppelte.« Auch eine Art, sich die Leute gewogen zu machen – auf Kosten der Verbandskasse. Im November 1977, zu seinem 65. Geburtstag, wurde Helmut Käser mit Ehrungen überschüttet und – nein, nicht in Rente geschickt. Sondern mit einem neuen Zehnjahresvertrag beglückt. Havelange hatte Grund für diese generöse Geste. Immerhin war die FIFA seit seinem Dienstantritt kräftig in die roten Zahlen gedriftet. Und nur die Loyalität des allseits als tüchtig und korrekt anerkannten Generalsekretärs Käser hatte ihn bei den Kongressen 1976 in Montreal (und später noch einmal 1978 in Buenos Aires) vor Abreibungen bewahrt. Der neue Langzeitvertrag aber sollte bald ein ziemlich sinnloses Loch in die Verbandskasse reißen.

Käser schied 1981 vorzeitig aus, nachdem ihn Havelange und Dassler in einem häßlichen Feldzug hinter den Kulissen restlos demontiert hatten – wir kommen darauf zurück. Die *Neue Zürcher Zeitung* deutete damals die Hintergründe an: »In den letzten Wochen ist zutage getreten, daß ein Kesseltreiben mit dem Verwaltungsrats-Präsidenten eines großen Sportartikelkonzerns als Hauptdrahtzieher und dem offenbar beeinflußbaren FIFA-Präsidenten die Ursache der isolierten Position des Juristen Käser war.« Auch das deutsche Fachblatt *Kicker* war bereits auf der richtigen Fährte: »Havelange, dessen Versprechungen die FIFA schon oft in böse Schwierigkeiten, auch finanzieller Natur, brachten, hat das Dogma eigener Unfehlbarkeit aufgestellt. Käser, ein Muster an Redlichkeit, stand wohl den geschäftlichen Umtrieben aus Rio im Wege.« Und der *Sport Zürich* befand: »Käser wollte sich der Politik und dem autoritären Stil seines Präsidenten vor allem bei rechtlich nicht hieb- und stichfesten Projekten oder verbandspolitisch schwer realisierbaren Plänen aus innerer Überzeugung nicht einfach blindlings fügen.« So war es. Nur um einiges schlimmer, als es sich die Kommentatoren vorstellten. Die Vorgänge sind dokumentiert, auch Käser selbst, der 1994 verstarb, hatte die Entwicklungen in seiner Umgebung immer wieder festgehalten. Dank der Schriftwechsel und Aufzeichnungen kann hier Auskunft gegeben werden über die hohe Kunst des Strippenziehens – und darüber, wie manche Fäden im sportpolitischen Fußballnetzwerk einfach gekappt werden.

Käser, der gewissenhafte Büroleiter, hatte einige Zeit gebraucht, bis ihm der verschwenderische Stil des neuen FIFA-Bosses auffiel. Gewundert hatte er sich früher schon, daß der Präsident im Bedarfsfalle gern direkt in die Buchhaltung des Weltverbandes marschierte. 1979 betrugen seine Jahresausgaben weit über 300.000 Mark. In Zürich residierte er in der Suite des Savoy-Hotels, und natürlich mußte jederzeit ein Chauffeur verfügbar sein. Havelange eröffnete ein Büro in Rio de Janeiro, dessen Unterhaltskosten sich 1986 bereits auf knapp eine Million Mark beliefen. Munter summierten sich die Ausgaben für Geschenke. Ein markanter Wendepunkt im Verhältnis zu Havelange aber trat ein, als der Generalsekretär dem Präsidenten im vertraulichen Gespräch vorwarf, er habe bei der Vergabe der WM-Marketingrechte für 1982 eine Million Dollar kassiert. Jahre später erst, in einer Titelgeschichte während der Weltmeisterschaft in Mexico 1986, konnte *Der Spiegel* Aufklärungshilfe leisten zu diesem brisanten Thema. Er ging in die Zeit vor der Weltmeisterschaft 1982 in Spanien zurück: »Dassler besucht Havelange in Rio und kommt mit einer guten Botschaft nach Landersheim zurück, wo Nally auf ihn wartet: Würde man den Brasilianer mit einer Million Dollar schmieren, wären die Rechte zu bekommen. Daß die Million geflossen ist, bestreitet Havelange später heftig. Fest steht, daß die Million in die Finanzrechnung übernommen wird und daß die Vermarktungsrechte an Dassler gehen.« Havelange übrigens äußerte sich später, konfrontiert mit dem ungeheuerlichen Vorwurf der Selbstbereicherung von Fernsehreportern der britischen BBC, bemerkenswert gelassen: »Ich kann dazu nur lächeln. Ich habe mein eigenes Gewissen und mein Pflichtgefühl.«

Das hilft nicht unbedingt weiter. Blenden wir zurück: Die Vermarktungsrechte an der WM 1982 zu bekommen, war zu jener Zeit fast unmöglich. Denn es existierte schon ein Vertrag der FIFA mit einem anderen deutschen Vermarktungspartner, und aus dieser Konkurrenzsituation erwuchsen schließlich auch die irreparablen Schwierigkeiten Havelanges mit dem allzu regelkonformen Käser. 1978 hatte Havelange ein Abkommen mit dem Vermarkter Rolf Deyhle abgeschlossen, in welchem sich die *Sport-Billy*-Agentur des Stuttgarter Impresarios die Verwertung der Symbole, Zeichen und Maskottchen des Weltverbandes bis ins Jahr 1990 sicherte. Laut Nally hatte Deyhle den Zuschlag auch deshalb erhalten, weil er Havelange die Fertigstellung des FIFA-Hauses in Zürich ermöglicht habe. Deyhle selbst hat den Verhandlungsverlauf mit dem Weltverband einmal so geschildert, daß Käser bei jedem Schritt Rücksprache mit dem FIFA-Präsidenten gehalten habe. Womit klar sei, daß Havelange von »allem Anfang an über jedes Stadium der Verhandlungen« voll informiert gewesen sei. Und: »Wichtige Fragen wie beispielsweise die Gegenleistung von *Sport-Billy* blieben bis zur alles entscheidenden Endverhandlung offen.« Diese habe »Herr Präsident Havelange persönlich« geführt. Erst danach sei der »maßgebliche Vertrag endgültig formuliert und für die FIFA von Herrn Präsident Havelange sowie von Herrn Generalsekretär Dr. Käser unterschrieben« worden.

Dassler aber, der zu jener Zeit längst die Chance erkannt hatte, über den Zugriff auf Funktionäre und Verbände auch die Werbung bei den größten Sportereignissen der Erde kontrollieren zu können, brachte dieser Geschäftsabschluß gewaltig in Rage. Er hatte nämlich selbst schon begonnen, ein Instrumentarium für die WM-Vermarktung aufzubauen und deshalb 1977 mit Nally eine Firma im steuergünstigen Monaco gegründet – zur Vermarktung der Bandenwerbung. Den ersten großen Reibach machten die beiden bei der WM 1978 in Argentinien. Allein französische Steuerfahnder sollten die Freude über das Geschäft später stören, als sie herausfanden, daß die zwei Partner ihre Gewinne quer über den Globus durch diverse Briefkastenfirmen geschleust hatten. Gegenüber Käser äußerte der ob des Deals mit Deyhle erzürnte Dassler nun von Anfang an, er wolle »diese Verträge mit *Sport-Billy* bekämpfen und zu Fall bringen«. Dem Verhältnis der beiden untereinander war das wenig zuträglich. Vor allem, nachdem Käsers Bemühen gescheitert war, *Sport-Billy* und West Nally zu einer Zusammenarbeit zu bewegen. Bald spürte der penible Chefadministrator, daß ihm der Wind auch vom Gipfel entgegenblies. Havelange bekam den Druck des unzufriedenen Dassler zu spüren, der sich ausgebootet sah. Plötzlich fing der Präsident an, seinem Generalsekretär persönlich den Abschluß der *Sport-Billy*-Verträge mit Deyhle in die Schuhe zu schieben. Während der 78er WM behauptete der FIFA-Boß sogar gegenüber Funktionären aus Südamerika und Spanien, Käser habe ihm nur einen deutsch geschriebenen Vertragstext vorgelegt, dessen Inhalt er nicht kannte und den er nur im Vertrauen auf Käser unterschrieben hätte. Entrüstet stellte der Generalsekretär seinen Chef zur Rede. Schließlich sei jeder Schritt der Vertragsverhandlungen stets in französischer Übersetzung an den Präsidenten gegangen. Havelange versprach, er werde eine Richtigstellung tags darauf bei der FIFA-Sitzung abgeben. Doch die Ehrenerklärung erfolgte nicht, stellte Käser betrübt fest.

Nach der WM in Argentinien kam es zu einem neuerlichen Zusammenstoß. Käser bezichtigte Havelange der Lüge gegenüber den versammelten Mitgliedern auf dem zurückliegenden FIFA-Kongreß. Dort nämlich hatte der brasilianische Verband einen Antrag auf Aufnahme Chinas in den Weltverband eingebracht – zu welchem Havelange offiziell erklärte, er höre erstmals davon. Käser half dem zerstreuten Chef ein wenig auf die Sprünge. Er erinnerte ihn daran, daß der Antragstext in dessen Suite verfaßt worden war. Dassler hatte dieses Papier nach Käsers Beobachtungen noch in derselben Nacht »den Chinesen aus Peking noch im Hotel gezeigt«. Eile tat Not, das riesige Marktreich der Mitte mußte den hungrigen Industriellen locken, und über seine Drähte zum Sportverband – in diesem Falle der brasilianische CBF – konnte der selbstlose Horst etwas für die armen Chinesen tun. Ohne Garantie, daß die sich revanchieren würden? Dem knallharten, strategisch cleveren Busineßmann darf man kaum einen Vorwurf machen, wohl aber den Sportfunktionären, die sich zum Vehikel machen ließen. Allein Käser bot Havelange die Stirn: »Ich sagte ihm damals offen, er hätte schlechte Berater um sich herum gehabt.«

Widerstand leistete Käser auch bei anderen Ungereimtheiten – etwa, als ihm Havelange eine Rechnung für WM-Kaufkarten in Höhe von 12.000 Franken übergab. Der Generalsekretär erklärte, diesen Fall müsse er erst dem FIFA-Schatzmeister Artemio Franchi unterbreiten. Bei seinem nächsten Besuch in Zürich eröffnete ihm Havelange dann, er habe seinen Brief an Franchi gesehen. Als Käser diesbezüglich beim Schatzmeister nachfragte, versicherte ihm der allerdings, er habe den Brief niemandem gezeigt. Das war der Moment, als Käser erstmals an Intrigen in seiner Umgebung dachte: »Bleibt nur die Möglichkeit, daß im Büro jemand die Kopie gezogen und dem Präsidenten zugestellt hat.« Hinter den Kulissen, so vermerkte sich der Generalsekretär, heiße es nun immer öfter »Käser muß weg, Blatter muß her«. Havelange, von ihm auch wegen dieser Dinge zur Rede gestellt, stritt ab, diese Äußerung jemals getan zu haben – obwohl Käser Ohrenzeugen benannte. Kleine Rangeleien womöglich, doch es war kein Zweifel: Die Luft für Käser wurde allmählich dünner.

Die Planungen der FIFA gingen nun schon auf die Weltmeisterschaft 1982 in Spanien zu. Havelange hatte ein paar gute Gründe, immer nervöser zu werden. Der Weltverband war hoch verschuldet, und schließlich ging es um sein heiliges Versprechen, das ihm der Generalsekretär zu zögerlich umsetzte: Havelange warf Käser vor, er sei gegen seine Idee der Aufstockung des Turniers von 16 auf 24 Mannschaften. Doch Käser blieb bei seiner phantasiearmen Buchführung. Er wußte nun zwar, daß Dassler sich um zusätzliche Einnahmen bemühte. Doch fehlte ihm der rechte Glaube an die Machbarkeit. So rügte er gegenüber Dassler, dessen »Versprechungen an Spanien, 33 Millionen Mark zu bezahlen, wenn 24 Mannschaften teilnehmen würden, seien unrealistisch«. Dasslers Antwort? »Er wisse das, aber wenn *West Nally* auch den Stadionreklame-Vertrag bekomme, könnten sie kompensieren«. Die Maschine war angelaufen, es galt nun, um jeden Preis Havelanges Wahlversprechen durchzusetzen.

Patrick Nally hatte den Auftrag, ein gewaltiges Marketingprogramm zu entwickeln, um Dassler und Havelange mit den Geldern zu versorgen, die notwendig waren, um die spanischen Organisatoren für die größere WM zu gewinnen. Das sollte am Ende auch gelingen – wer immer da alles hat überzeugt werden müssen. Auf den von den britischen Sportwissenschaftlern Alan Tomlinson und John Sugden (Universität Brighton) ausgewerteten Nally-Tonbändern berichtet der ehemalige Dassler-Intimus jedenfalls von einem mysteriösen Treffen auf der Herrentoilette des spanischen Placo de Congresso: »Horst sagte mir, die laufende Quote mit dem spanischen Organisationskomitee liege nicht mehr bei den vier Millionen Dollar, die ich schon akquiriert hatte, sondern wir hätten zusätzliche 36 Millionen Schweizer Franken zu zahlen.« Ob nun 33 oder 36 Millionen – es war eine gewaltige Hürde.

Zum Glück gab es neuerdings die Abschreibungsmodelle, die in der deutschen Fußball-Bundesliga später noch zu einigen prominenten Härtefällen führen sollten. Mit Hilfe eines Schweizer Treuhänders gründeten Dassler und Nally eine weitere Firma. Dieses bald prosperierende Unternehmen trug den schönen Namen *Rofa* – Ro wie Robert, Fa für Franz. Denn über die *Rofa* waren kurzzeitig auch Franz Beckenbauer und dessen Manager Robert Schwan dem Dasslerschen Kassenklüngel beigetreten. Sie leisteten »Hilfestellung«, wie *Der Spiegel* berichtete, seien darüber aber nicht recht glücklich geworden:»Unglücklicherweise geraten die kreativen Unternehmer an ein Finanzamt, das die Vermarktung einer Fußball-WM nicht steuerlich begünstigen will. Doch letztlich gelingt das Spanien-Geschäft. Schwan und Beckenbauer steigen zwar wieder aus. Aber mit Hilfe von *Coca-Cola* und anderen Firmen bringt Dassler die 36 Millionen Franken zusammen. Mit dem Geld kann auch der eitle Havelange seine höfischen Zeremoniells besser abhalten.«

Unverfroren hatte der Sportartikelproduzent Dassler die Zuständigkeiten des Generalsekretärs an sich gerissen. Am 20. Mai 1979 mußte Helmut Käser, der FIFA-Verantwortliche, erstmals einen Vertrag absegnen, dessen Inhalt ihm völlig fremd war.»Ich war nicht dabei, wurde dann vom Präsidenten heruntergebeten zur Unterschrift. Alle hätten unterschrieben; ich könne es auch tun.« Irritiert unterzeichnete er, richtete aber an einen anwesenden Anwalt die Frage,»wer denn *Rofa* sei«. So machte der Fußball-Weltverband seine Geschäfte. Käser unterzeichnete auch den anhängenden Merchandising-Vertrag, aber er beschwerte sich nun beim einflußreichen DFB-Präsidenten Hermann Neuberger in einem Brief darüber, daß er von seinem Boß überrumpelt worden sei. Käser erhoffte sich Unterstützung. Statt dessen aber wurde der FIFA-Administrator bald schon des nächsten Deals hinter seinem Rücken gewahr.

Eine deutsche Versicherungsgruppe unter Vermittlung des Münchner Agenten Erwin Himmelseher war von Havelange ohne Käsers Zutun wie schon 1974 und 1978 beauftragt worden,»Versicherungen zu plazieren für die WM« – und sie hatte dabei nach Käsers Feststellung eine pikante »Bedingung« zu erfüllen: 20 Prozent sollten an die *Boavisto-Atlantico*-Gruppe in Rio de Janeiro gehen, so vermerkte der Generalsekretär in seinen Unterlagen. Diese Bedingung muß ihn sehr indigniert haben, wie das Ausrufezeichen belegt, das er hinter den Namen der brasilianischen Versicherungsfirma setzte: Havelange selbst war Direktor eines *Grupo Atlantica Boavista (Insurance Company)* – so ist unter Punkt f seiner Laufbahnbeschreibung nachzulesen, die er einst anläßlich seiner Wahltournee für die FIFA-Präsidentschaft in alle Welt verschickt hatte. Es ist heute mühsam, diesen Geschäften nachzuspüren. Der Firmenname hat mittlerweile gewechselt, aber das Thema blieb delikat. Auch für Havelange selbst. Den hatte vor Jahren die britische BBC mit dem Vorwurf konfrontiert, Leiter einer Versicherungsfirma zu sein, die sich um ein Geschäft mit der WM 1982 bemüht habe.»Absolut nicht«, sagte Havelange. Rob Hughes von der Londoner *Times* reportierte den Gesprächsverlauf weiter:»Als ihm Unterlagen vorgelegt wurden, die seiner Aussage widersprachen, meinte er: ›Meine Sekretärin hat einen Fehler gemacht‹, und stürmte davon. Das Kamerateam überredete ihn zur Rückkehr. Daraufhin gab er zu, Direktor der besagten Versicherungsfirma zu sein.« Na also.

Es ist aber generell nicht einfach, in die Versicherungsgeschäfte der FIFA Einblick zu nehmen. Auf der Tagesordnung der Exekutive findet sich in der Regel Nichtssagendes wieder:»Es wurde festgestellt, daß die Geschäfte mit dem langjährigen FIFA-Partner *Sportversicherungen Weltweit* (Himmelseher)« reibungslos ablaufen. Diese Agentur vergibt die Aufträge weiter. Hauptabnehmer ist die *Albingia* in Hamburg, ein gestandener Sportversicherer, der auch den DFB oder den FIFA-Langzeitpartner im Marketingbereich, die Luzerner ISL, betreut. Jürgen Görling von der Hamburger Firma kann sich erinnern, daß zu den Ausfall-Versicherern im WM-Geschäft einst auch die *Atlantica Boavista* zählte – bis 1990, meint er, ganz sicher sei er mit dem Datum aber nicht. Egal, am Insider-Geschäft des FIFA-Bosses kann kein Zweifel bestehen.

Zurück in die Entdeckerzeit, zurück in die achtziger Jahre. FIFA-Generalsekretär Käser war geschockt über diese direkte Geschäftsverbindung und hegte fortan massive Zweifel an der priesterlichen Selbstdarstellung des Bosses, der ja keine Gelegenheit versäumte, seine selbstlosen Opfer als Ehrenamtler herauszustreichen. Der Vorfall rief Käser auch wieder in Erinnerung, wie ihm Dassler in Hongkong im Haus des FIFA-Exekutivmitglieds Henry Fok »aus heiterem Himmel erklärte: Ja, sie hätten nun beschlossen, die Versicherungen doch mit Herrn Himmelseher abzuschließen«. Für Käser der letzte »Beweis, daß im ganzen Versuch, den normalen FIFA-Weg zu verlassen, Dassler die treibende Kraft war«. Er hakte wieder einmal nach und erhielt von Havelange eine »giftige Reaktion«. Die Versicherungsfrage sei nicht vom WM-Organisationskomitee zu lösen, »sondern von dem für Finanzfragen zuständigen vorbereitenden Gremium: FIFA-Präsident, Finanzkommissionschef, WM-Organisationschef und Generalsekretär« Letzterer selbst wunderte sich nun um so heftiger. Schließlich war doch gerade »ein spezieller Versicherungsausschuß gebildet worden wie für die WM 1978«. Es gibt eben Ausschüsse, die mehr Alibi-Funktion haben.

Geld fehlte der FIFA nun an allen Ecken und Enden. Havelange mußte unbedingt sein Vierundzwanziger-Turnier durchsetzen. Dassler hatte noch ganz andere Probleme. Im Weltsport war just der nächste große Zug im Anrollen, und den durfte er auf keinen Fall verpassen. Am Beispiel Havelange hatte Dassler erfahren, wie leicht es war, in Sportverbände einzudringen und deren Entscheidungen unter Kontrolle zu bringen: Alles hing von den handelnden Personen ab. Und nun, 1980, stand die Präsidentenwahl im Internationalen Olympischen Komitee an. Wer dort hineinregieren kann, würde bald auch Macht ausüben können auf alle Sportverbände der Welt – vor allem auf die interessanten, wie Leichtathletik oder Schwimmen. Seinen persönlichen Adjutanten im Olymp hatte Dassler bereits ausfindig gemacht: Juan Antonio Samaranch. Der Unternehmer mit dem großen Geltungsbedürfnis und der faschistischen Vergangenheit bastelte nach seinem schmachvollen Abgang in Spanien, wo ihn das Volk von Barcelona davongejagt hatte, nun als Botschafter in Moskau (für die Sowjetunion und die Mongolei) an seiner gesellschaftspolitischen Wiederbelebung. Doch standen die Chancen mittelprächtig. Um Samaranch auf dem Thron plazieren zu können, brauchte Dassler das einflußreiche IOC-Mitglied Havelange als Stimmenfänger im Block der Dritten Welt. Das wiederum würde nur funktionieren, wenn Havelange nicht selbst in Ungnade fiel bei jenen, denen er womöglich zu viel versprochen hatte. So geriet die FIFA, ein dem Gemeinwohl verpflichteter Verband, unversehens unter die Räder der Sportpolitik und in die Nähe des geschäftlichen Ausnahmezustandes.

Die Probleme wurden von Dassler, Havelange und Samaranch jedoch souverän gelöst. Und zwar nach der Art von Geheimbünden – als solche charakterisiert der Philosoph und Soziologe Professor Gunter Gebauer von der Freien Universität Berlin die damals gewachsenen und heute milliardenschweren Kombine des Weltsports. Hören wir kurz, was der Beobachter sagt. »Die Strukturen sind beeindruckend,« meint Gebauer, »unterhalb von gouvernementalen Strukturen, aber international organisiert. Da beruht häufig alles nur auf mündlichen Absprachen, gar nicht auf Verträgen. Die Leute kennen einander, sie harmonieren, sie denken ähnlich, sie saufen gemeinsam, sie entdecken ihre Seelenverwandtschaft und gründen Bruderschaften, an denen sie festhalten. Gemeinsam hecken sie aus, was sie für Möglichkeiten haben. Da bleiben komplizierte Netzwerke über Jahrzehnte in der Hand von wenigen Leuten. Andere kommen kaum rein, mit demokratischen Wegen ist da nicht viel zu machen. Die Strukturen sind mafios, da spricht alles dafür. Ohne daß ich sagen will, daß das alles Verbrecher sind.«

Manchmal spielten aber wohl auch Verbrecher mit.

Die Sardine
Der Mann für die schmutzigen Geschäfte

Die Lage war verzwickt Ende der siebziger Jahre. Die Kasse der FIFA wies ein Millionenloch auf, zumal Havelange die Anschaffung zweier weiterer Repräsentativ-Bauten neben dem alten Verwaltungssitz in der Zürcher Villa Derwald besorgt hatte. Dassler zog alle Register: Das WM-Turnier mit 24 Teams mußte nun her, koste es, was es wolle. Mittendrin saß der rechtschaffene Käser und pochte auf Statuten, Paragraphen und geltende Verträge. Als Dassler bei der FIFA Ende 1979 immer heftiger beklagte, daß *Sport-Billy* seiner *West Nally / Rofa* »eine gewinnbringende Arbeit auf dem Gebiet des Merchandisings verunmögliche«, war der Dreh gefunden: Käser wurde zum Maulwurf des *Sport-Billy*-Mannes Deyhle umdeklariert. Es begann, was Nally später als Dasslers »Untergrundbewegung« beschrieb: Eine Mobbing-Kampagne. Auf einmal erhielt Käser »mit Gift und Galle gespickte Briefe, gezielt darauf ausgehend, mich als unsauberen, vertrauensunwürdigen Generalsekretär der FIFA hinzustellen«, so vermerkte der mittlerweile 67jährige geschockt. »Es folgen Lügen über Lügen, Behauptungen über Behauptungen«, die darin gipfelten, Käser hätte Pferde und Häuser von Deyhle erhalten. Die mysteriöse Untergrundbewegung zog die Schrauben noch ein wenig fester an. Es kam schließlich zu »Erhebungen unter Inanspruchnahme von Polizeiorganen«, so notierte sich Käser. Ein Mann namens Guelfi stecke dahinter. Schließlich empfing Käser auch noch den »Brief einer Auskunftei, der irrtümlich an mich kommt«. Er arrangierte ein Treffen mit seinem unheimlichen Peiniger Guelfi in Zürich. Und siehe da, Guelfi »entschuldigt sich und sagt, die ganzen Abklärungen hätten ergeben, daß ich absolut sauber dastehe und man ihm Lügen aufgetischt habe«.

Tatsache ist, daß der dubiose Guelfi, Vorname André, eine feste Größe im Dunstkreis der Sportbarone Havelange und Samaranch war – als besonders enger Geschäftspartner von Horst Dassler. Gemeinsam hatten sie die Werberechte an den Olympischen Sommerspielen 1980 in Moskau vermarktet. Guelfis französisches Firmenlogo *Le Coq Sportif* ging später in den Besitz von Dassler über. Ins öffentliche Rampenlicht brachte den vormals stillen Dassler-Partner Guelfi allerdings erst 1997 die Pariser Staatsanwaltschaft.

Die steckte den damals schon 78jährigen für den gesamten Monat April in Untersuchungshaft. Guelfi, so hatten die Ermittlungen ergeben, habe Geldbriefträger gespielt in der Staatsaffäre um den französischen Mineralölkonzern *Elf Aquitaine*. Was Guelfi der Untersuchungsrichterin Eva Joly beichtete, hat in der Welt des Sports bislang wenig Echo gefunden. Dies ist insofern bedauerlich, als der Dunkelmann allem Anschein nach nicht nur eine Schlüsselfigur in der Skandalgeschichte um den *Elf*-Konzern war. Die Rolle des André Guelfi im Zirkel der Weltsportführung ist es daher wert, ein wenig näher beleuchtet zu werden, bevor wir auf seinen Part als Peiniger des ungeliebten FIFA-Generalsekretärs Käser zurückkommen.

Beginnen wir in der Gegenwart und arbeiten uns zurück in die Vergangenheit. Die Mineralölfirma, so lauten die Vorwürfe der Staatsanwaltschaft, soll mit horrenden Geldern Bohrvorhaben in Entwicklungsländern von Usbekistan bis Gabun geschmiert haben, sogar die heftig dementierende Bonner CDU geriet in den Sog der Verdächtigungen, als es um ein *Elf*-Engagement im maroden Chemiedreieck bei Leuna im deutschen Osten ging. Guelfi war der Mann, der über seine Briefkastenfirma *Noblepac* in Liechtenstein sogenannte Spendenzahlungen des Konzerns abwickelte. Unter anderem hatte er Politiker in Venezuela mit 20 Millionen Dollar bedient, der Konzern hatte ihm das Geld auf sein Konto bei einer Genfer Bank überwiesen. Große und kleine Nachbarschaftshilfen waren offenbar der Lebenszweck des einstigen Dassler-Partners. Bei der Vernehmung in Paris kam nämlich heraus, daß der leidenschaftliche Hobbypilot Guelfi »fünf- oder sechsmal auch Samaranch von seinem Privatflugzeug hat profitieren lassen«, sei es für Reisen nach Osteuropa, nach Kasachstan oder Usbekistan. Dies recherchierte und vermeldete furchtlos die Lausanner Zeitung *Le Nouveau Quotidien*, die immerhin an der Heim- und Wirkstätte der beiden Vielflieger erscheint. IOC-Direktor Francois Carrard bestätigte Guelfis Hilfsdienste. Auch er selbst, so räumte er ein, habe dessen Flugzeug »ein-, zweimal genutzt«. Das sei eben »praktisch und sicher« gewesen, und »die Einladung ersparte uns Kosten«. Aber natürlich gebe es zu Guelfi »keinerlei geschäftliche Beziehung«. Nur »gute persönliche Beziehungen, das ist alles«.

Die Arglosigkeit der Global Player im Weltsport ist mal frappierend, mal eher frustrierend. Nicht selten nährt sie aber auch die Besorgnis, daß partielle Amnesie auf höherer Dienstebene eine Art Berufskrankheit ist. Offiziell gemeldet war Guelfi jedenfalls noch 1997 am Gelände des Olympischen Museums in Lausanne, und das, obwohl der Öl-Geldbote dem IOC seine Traumvilla direkt am Genfer See nach längerem Zögern schon 1993 für geschätzt sieben Millionen Schweizer Franken verkauft hatte. Auch andere mochten der Mär vom rein privaten, freundschaftlichen Charakter der Verbindung zwischen Guelfi und dem Herrn der Ringe nicht viel Glauben schenken. Die Pariser Zeitung *Le Canard Enchainé* teilte mit, daß Guelfi seine glänzenden Kontakte zu den Staatschefs in den früheren Sowjetländern dem IOC-Boß Samaranch verdanke, der bekanntlich vor seiner olympischen Inthronisierung in Moskau 1980 spanischer Botschafter dortselbst war. Und Tausendsassa Guelfi vermarktete zu jener Zeit mit Samaranchs Gönner Dassler Werberechte an den Moskauer Spielen.

Andere Blätter berichteten, daß Guelfi die guten Kontakte zum usbekischen Regenten Islam Karimov der Vermittlung Samaranchs verdanke. Dies vollzog sich just in jenen aufregenden Zeiten 1992 / 1993, da Guelfi dem IOC seine Villa am Olympischen Museum verkaufte. Das Museum, ein marmorner Hightech-Palast, der im Juni 1993 eingeweiht wurde, ist Samaranchs Lieblingsprojekt: Das Denkmal, das er sich selbst zu Lebzeiten gesetzt hat – man darf darauf wetten, daß es einmal seinen Namen tragen wird. Am 6. Februar 1992 hatte Samaranch auch Karimov stolz durch die im Entstehen befindlichen Anlage geführt. Bei der Gelegenheit hatte er dem Staatschef aus Mittelasien, der sein Land mit harter Hand, zensierten Medien und einem ausgeprägten Personenkult führt, den Olympischen Orden in Gold umgehängt. Damals kandidierte die usbekische Hauptstadt Taschkent auch für die Sommerspiele 2000. Ein exotischer Farbtupfer zwischen Städten wie Sydney, Peking, Manchester und Berlin.

Bleibt die Frage, ob sich die Geschäftswege der Sportsfreunde Samaranch und Guelfi abseits von Start- und Landebahn tatsächlich nie berührten. Zweifel daran nährten weitere Umstände. Einmal fand Untersuchungsrichterin Eva Joly in Guelfis Usbekistan-Vertrag mit dem Mineralöl-Konzern unter Artikel 25 festgeschrieben, daß *Elf Aquitaine* eine Kommission von 20 Millionen Dollar »an die Vermittler von russischer Seite« zu zahlen habe. Guelfi behauptete, es müsse sich um eine Fälschung handeln. Er habe sich im Rahmen dieser Angelegenheit nur dafür einzusetzen gehabt, daß anstatt der Zahlung einer Kommission ein olympisches Schwimmbecken sowie ein Stadion in Saratow und Wolgograd gebaut würden. Also eine Art olympische Aufbauhilfe Ost. Von der Untersuchungsrichterin nach dem Verbleib seiner Millionen-Provisionen befragt, sagte er, daß er regelmäßig die Hälfte des Reibachs »an die Nationalen Olympiakomitees jener Länder abtritt, in denen er Aufträge hat«. Das klingt spannend. Um so mehr, als es in den Untersuchungsprotokollen heißt: »Es sind die Mittel, die ich nutze, um Kontakte auf höchstem Niveau zu knüpfen. Sie ermöglichen mir meine Geschäfte.« Das erscheint plausibel, zumal bei einem Mann, der sich jahrzehntelang in den feinen Netzwerken zwischen Sport, Politik und Wirtschaft bewegt hat. Fassen wir also zusammen: Guelfi verknüpft nach eigener Aus-

sage seine anrüchigen Geschäftspraktiken eng mit den Olympiafunktionä-
ren jener strukturschwachen Länder, die er aufsuchte (auch Kasachstan gehörte dazu). Wobei ihn Samaranch umständehalber, laut Carrard in Erman-
gelung direkter Fluglinien, begleitete. Bleibt die spannende Frage, ob sich
Sportbaron und Ölprinz hin und wieder beim selben Gastgeber begegnet
sind. Die Vermutung liegt nahe. Eingedenk der sportpolitischen Bedeutung
Samaranchs und der Millionen-Mission Guelfis steht wohl anzunehmen,
daß beide nur mit den höchsten Sportrepräsentanten der besuchten Länder
zusammentrafen. Im August 1996 übrigens weilte Samaranch zum Gegen-
besuch beim Ordensbruder Karimow in Taschkent. Dort weihte er die neue
»Olympic Hall of Fame« ein, bevor es weiterging nach Kasachstan, wo ihn
die Nationale Universität in Alma Ata zum Ehrendoktor ernannte.

IOC-Generaldirektor Carrard konnte alldem nur eine geographische
Nähe entnehmen. Er sagte:»Die Nationalen Olympischen Komitees suchen
sich ihre Gelder selbst. Wir kennen ihre Budgets nicht.« Demnach bliebe der
Schluß, daß sich die beiden langjährigen Dassler-Gefährten auf ihren Trips
in den wilden Osten nur über gute alte Zeiten ausgetauscht haben.

Die aber waren im Fall Guelfi stets reichlich dubios. Der unternehmungs-
lustige Korse war in den vierziger Jahren dem gaullistischen Netzwerk beigetreten, Operationsbasis des Agenten war Algier. Später hat er sein Glück
in Indochina versucht. Er ging nach Marokko, widmete sich der Hochsee-
fischerei, wobei er den Spitznamen »Die Sardine« erwarb. Er hatte das große
Pech, daß eines seiner Schiffe vor der Küste Mauretaniens unterging. Glück
im Unglück immerhin, daß ihm die Versicherung den Schaden bezahlte.

Gute Freundschaft pflegte Guelfi stets mit den Mächtigen und Skrupel-
losen. Mit Leuten zum Beispiel wie dem General Mohammed Oufkir, der
seine Unternehmungen protegierte. Dummerweise aber hatte Oufkir, als
marokkanischer Verteidigungsminister, dann im Sommer 1972 versucht,
König Hassan II. von Marokko bei der Heimkehr von einem Frankreich-Be-
such in dessen Boeing 727 abzuschießen. Hassan überlebte den Putschversuch der Luftwaffe und ließ melden, daß sich Oufkir im königlichen Palast
selbst erschossen habe. Guelfi schwärmte noch im März 1993 gegenüber
einem knappen Dutzend französischer Journalisten, die er mit Schampus
und Kaviar zum Ortstermin in die usbekische Hauptstadt Taschkent fliegen
ließ, von Oufkir:»Er war ein echter französischer Offizier.« Dazu paßt auffallend, was Jean-Marie Weber, der heutige ISL-Chef, über den ehemaligen
Geschäftspartner Guelfi weiß:»Es gab eine Zeit, wo Guelfi im Königspalast
von Marokko durch König Hassan wie sonst kaum jemand empfangen
wurde. Wenn er heute seinen Fuß über jene Schwelle setzen würde, käme er
sofort ins Gefängnis. Und dann ist er in unsere Kreise eingetreten. Er dachte

sich, daß da gute Geschäfte winken.« Doch schon zu jener Zeit, da der mittlerweile schwerreiche Pariser Immobilienbesitzer Guelfi (mit Wohnsitz in der Schweiz) in die Kreise des Sports eintrat, gab es heftige Irritationen über den Verbleib von rund 25 Millionen Dollar des so abrupt verblichenen Generals Oufkir. Für dessen Schweizer Konto war der treue Kamerad Guelfi zeichnungsberechtigt.

Über den schillernden Mann neben oder hinter Horst Dassler, an den sich heutzutage kein hoher Sportfunktionär mehr erinnern kann oder will, berichtete *Der Spiegel* 1986: »Die Fäden laufen in der Schweiz zusammen. Dort steht Dasslers Partner André Guelfi als Besitzer einer Dachgesellschaft in den Büchern. Guelfi ist der Mann, der Dasslers Aufstieg finanziert. Es läßt sich vorstellen, daß Vater Adi, dem Schuster, diese Partnerschaft mißfallen hätte.« Und schon 1973 war in Paris unter dem Titel *D wie Droge* ein Buch des französischen Journalisten und Schriftstellers Alain Jaubert erschienen. Unter dem Untertitel »Die französische Mafia« führte Jaubert die ebenso merkwürdigen wie ertragreichen Geschäfte von rechtsgerichteten Geschäftsleuten vor. Guelfi, »einst in Algier für den gaullistischen Geheimdienst tätig«, gehörte laut Jaubert dazu.

Ertragreiche Geschäfte hat er dann im erwachenden Bereich des Sportbusiness erkannt. Und geheimdienstkompatible Fähigkeiten waren ja auch hier sehr gefragt, jedenfalls – wie die Geschichte des armen Käser lehrt – im still erblühenden Schattenreich des Horst Dassler. Den Rest der unappetitlichen Sardinen-Story verdanken wir also Dasslers eher arglosem Biographen Paulheinz Grupe. Demnach hatte Dassler Mitte der siebziger Jahre mit Guelfi paktieren müssen, um Anteile am maroden französischen Konkurrenzbetrieb *Le Coq Sportif* erwerben zu können. Frankreichs Anti-Trust-Gesetz habe einer völligen Übernahme ebenso entgegengestanden wie die Antipathien der französischen Gründerfamilie gegenüber den fränkischen Rivalen. Guelfi selbst sei mit der Coq-Familie über einen Seitenzweig verbandelt gewesen. Man habe aber sogleich gegenseitige Zuneigung empfunden und einander auf Anhieb verstanden:

»Guelfi erhielt 51 Prozent, Horst Dassler mit *Adidas* 49. Ob nun aus reiner Menschenliebe oder warum auch immer, überließ Guelfi dem Horst unterderhand persönlich zwei Prozent, so daß in der Gesellschaft eigentlich klar war, wer das Sagen hatte. Die Hauptaktivitäten von Guelfi spielten sich in der Schweiz ab, und er wirkte auch an der Gründung und dem Aufbau zumindest der ersten Gesellschaften mit, die Horst Dassler in der Schweiz plazierte. Aber nach und nach wurde Tonton, Onkelchen, wie Guelfi genannt wurde, zu einer schweren Belastung«
– wie es so seine Art war. Zwar sei das Verhältnis zu Dassler zunächst in-

takt gewesen, Dasslers Adlatus Jean-Marie Weber aber habe den mysteriösen Onkel bald abgelehnt. Beide hätten den Verdacht gehegt, der jeweils andere wolle sich die gesamten Unternehmungen unter den Nagel reißen. »Ein bißchen ins Bild paßten die Aktivitäten von Guelfi«, berichtete der Dassler-Biograph. »Denn angeblich, weil er um sein Geld fürchtete, wurde er zum Verräter und erzählte der Familie in Herzogenaurach alles über die verschiedenen Unternehmungen von Horst. Alles Tätigkeiten und Firmen, von denen man daheim nichts ahnte oder zumindest wenig wußte.«

Feststellungen und Erkenntnisse wie diese, die immerhin im Schoße der Familie recherchiert wurden, sind es, die das große Wirtschaftswunder des Horst Dassler mit ein paar Fragezeichen versehen. Der Druck, alle einschlägigen sportpolitischen Aktivitäten streng geheimzuhalten, bestand nicht nur nach außen, sondern vor allem im Binnenverhältnis zur Familien- und Firmenzentrale in Herzogenaurach. Es gab Dinge, die verborgen bleiben mußten. Offenbar mußte Dassler zeitweise um seine Position im Familienbetrieb fürchten. Er sah eine gewisse Notwendigkeit, sich Firmen aufzubauen und Betätigungsfelder zu eröffnen, die abseits vom Stammbetrieb lagen – und ihn unabhängig von der Familie machten. Man stelle sich vor, es wäre zum Bruch gekommen – und dann, als *Adidas* ins WM-Sponsoring einsteigen will, sitzt plötzlich der verlorene Sohn im Chefsessel dieser neuen Marketingagentur, die alle Fäden in der Hand hält. Und sagt: Njet.

Man kommt daneben nicht an der Feststellung vorbei, daß politisch totalitäre Geschäftsleute mit einem Faible für geheimdienstliche Experten die sportpolitische Landschaft prägen, die unter Dasslers Regie und Guelfis stiller Teilhaberschaft erblühte. Wir wollen, um diese Einschätzung zu stützen, kurz nachzählen: Junta-Freund Havelange sowie Vizeadmiral und Vizepräsident Lacoste in der FIFA; dazu, im Olymp des einst passionierten Franqisten Samaranch, ein ehemaliger Geheimdienstler aus Südkorea (Kim Un Yong) als dessen Nummer zwei, sowie weitere Persönlichkeiten aus dem weiten Feld der Kriegskunde: der argentinische Colonel Antonio Rodriguez etwa; vor allem aber Generalmajor Francis Nyangweso. Ein besonders bizarrer Gralshüter für die Weltjugend – der Mann aus Kampala hatte in dunkelsten Zeiten Idi Amin gedient. Just während des Bürgerkriegs in Uganda, der die Welt Mitte der siebziger Jahre mit grausigen Gemetzeln in Atem hielt, firmierte Nyangweso als Verteidigungsminister (1973 bis 1975), zwei weitere Jahre dann als Kulturminister. 1988 durfte er in den sorgsam selektierten Zirkel der IOC-Mitglieder eintreten, wo er der Kommission für die Internationale Olympische Akademie und Olympische Erziehung beitrat. Gute Leute müssen heutzutage verdammt schwer zu kriegen sein. Offenbar gibt es in der rund sechs Milliarden Menschen zählenden Weltgemeinde keine besseren Kandidaten für den Olymp. Meint jedenfalls das gut hundertköpfige IOC, in das zwar kein Weg über Wahlen führt, das sich aber vollmundig der Friedensarbeit und der »Erziehung der Weltjugend« verschrieben hat. Dazu paßt schon wieder, daß gerade Generäle, Diktatoren und auch kommunistische Gewaltherrscher in den vergangenen zwei Jahrzehnten mit den höchsten Orden von IOC und auch FIFA geradezu überschüttet worden sind. Als Begründung wird stets die einigende Kraft des angeblich strikt unpolitischen Sports beschworen – nach dem Motto also: Gewaltherrschaft und staatliche Willkür sind außer Kraft, solange das Sportfest stattfindet. Als machten Peiniger und Gepeinigte mal eben Zigarettenpause, solange die Athleten kämpfen. Ein denkwürdiges Gaukelspiel. Die Siegprämie aber kassiert stets der Peiniger.

Für den Berliner Soziologen Gebauer sind die rechtslastigen Verbindungen in der Führungsebene des Weltsports keinesfalls zufällig entstanden.

»Die Machtbesessenen auf der rechten Seite sind immer auch gute Organisatoren. Also sind alle faschistischen oder quasi-faschistischen Machthaber auch Leute, die mit Massenaufmärschen arbeiten, die Stadien lieben, weil da eben 100.000 Leute auf einem Platz zusammenkommen. Diese Massenspektakel findet man ja überall, wo totalitäre Regimes an der Regierung sind oder waren. Über die massenhafte Inszenierung von Körpern wird eine Art von innerem Habitus erzeugt. Wenn die Leute aufmarschieren in Reih und Glied, wenn sie in den großen Arenen dann alle geordnet sitzen, ist das etwas, was die Rechte immer ungeheuer fasziniert. (...) Bei den Eröffnungs- oder Schlußfeiern der Olympischen Spiele kommen zum Beispiel Turbulenzen zustande, wenn die Sportler auseinanderlaufen, Fotos machen und einfach ungezwungen gehen. Das wird von den Organisatoren immer schwer kritisiert. An dieser Kritik kann man schon sehen, daß es diesen Leuten nicht um Heiterkeit, um Fröhlichkeit und Jugend geht, sondern um Disziplin, um geordnete Körper, um Formationen. Um die Herstellung bestimmter Machtkonfigurationen, die einmal körperlich aufgeführt werden, im Stadion, und andererseits über die Körper hineingehen in die Personen und sie von innen her präformieren.«

Genug der Sittenkunde, zurück zum Machtspiel um das runde Leder. Der kleine Ausflug hinter die sportpolitischen Kulissen hilft auch verstehen, warum sich der FIFA-Generalsekretär Helmut Käser im Jahr 1980 auf die polizeilichen Umtriebe der »Sardine« in seinem privaten Lebensbereich keinen Reim machen konnte. Höflich, wie er war, gab er Guelfi »einige Auskünfte über unsere Rechts- und Vertragsverhältnisse, wobei ich feststellte, daß Guelfi offensichtlich nicht voll ins Bild gesetzt worden war«.

Respekt, Respekt!
Joseph Blatter wird installiert

Seinem Folterknecht glücklich entronnen, traf sich Käser im April 1980 mit Dassler zu einer Aussprache in Atlanta. Denkwürdiges trug ihm der Unternehmer in einem einstündigen Gespräch vor: »Er habe generell im Auftrag von Dr. Havelange versucht, einige seiner Beteiligungen in Europa an den Mann zu bringen. Er, Dassler, habe nie behauptet, Deyhle habe mir ein Pferd oder Pferde, ein Haus oder Häuser geschenkt, und sollte ich es gesagt haben, dann entschuldige ich mich in aller Form.« Käser genügte das einstweilen. Das Rad aber drehte sich weiter. Ein halbes Jahr später erfuhr er, Dassler habe in Monte Carlo geäußert, daß Käser »nicht mehr lange Generalsekretär bleiben würde. Der Präsident hätte bereits die Zustimmung einiger Mitglieder im Exekutivkomitee, mich abzuschießen.« Er stellt, wie so oft, den Chef zur Rede. Doch der »verneint, je eine solche Idee gehabt zu haben und erklärt, ich werde selbstverständlich meinen Vertrag zu Ende führen und keiner der drei Direktoren hätte meine Klasse«.

Mehr und mehr wunderte sich Käser auch über neue Gepflogenheiten, die im Dunstkreis der FIFA Einzug hielten. Über die »Bearbeitung aller Mitglieder vor einer Sitzung« in Rom, oder über »die Anwesenheit von Leuten« wie den Spielervermittler Elias Zaccour, der stets zu Havelanges enger Entourage zählte. Der Präsident aber hatte genug von seinem – in einem gewissen Sinne ja tatsächlich – illoyalen Generalsekretär. Er übernahm nun selbst die Aufgabe, Käser den Rest zu besorgen. Dies begann er mit einem vierseitigen Brief voller denkwürdiger Instruktionen: »Herr Generalsekretär, unseren Statuten kann man unter Artikel 20, Absatz 1, folgendes entnehmen: Der Präsident repräsentiert den Verband. Er vertritt ihn gleichermaßen juristisch, sei es als Ankläger, sei es als Verteidiger. Aus diesem Grund, und als durch den Kongreß gewählter Präsident ... bitte ich Sie, sich als Generalsekretär ab Januar 1981 an folgende Anweisungen zu halten ...«

Es folgten 24 Instruktionen, darunter Kuriositäten wie die, daß »bei jedem Besuch des Präsidenten bei der FIFA in Zürich der Protokollchef zu seiner Ankunft bereitzustehen« habe. Aber auch richtungsweisende wie Nummer 14: »Der Technische Direktor, wie der Titel besagt, betreut die

Kommissionen für Technik, Amateure, Schiedsrichter, Mediziner und Junioren. Er bereitet die Tagesentscheidungen vor und stellt den Gesprächsablauf sicher.« Technischer Direktor war der heranreifende Havelange-Intimus Blatter. Unter Punkt 18 verwies Havelange darauf, daß ein Stellvertreter den Generalsekretär bei dessen physischer Abwesenheit stets zu ersetzen habe. Eine interessante Verfügung. Der Brief des gewählten Sportverbandschefs endet mit einer Drohung: »Die Nichtbefolgung dieser Instruktionen, die zur Kenntnis des Generalsekretärs und des gesamten FIFA-Personals ergehen, beinhaltet Sanktionen, die bis hin zur Vertragsauflösung gehen können. Joao Havelange, FIFA-Präsident.«

Käser beeilte sich, eine geharnischte Protestnote dagegenzusetzen. Vermutlich dokumentiert jenes Schreiben vom 11. Dezember 1980 das erste und letzte Mal, daß einer aus dem inneren Kreis der FIFA mit furchtlos offenen Worten versuchte, Havelanges Alleinherrscher-Syndrom zu kurieren. Käser rief seinem Präsidenten über Artikel 9 der Statuten in Erinnerung, daß das handelnde Organ der FIFA nicht einfach deren Boß ist, sondern der Kongreß (legislativ), das Exekutivkomitee (ausführend) sowie das Sekretariat (administrativ). Mit ausführlichen Darlegungen zum Inhalt von Artikel 32 der FIFA-Statuten wehrte er sich gegen die per Bulle angeordnete Entmachtung des Generalsekretärs, den Havelange den Kommissionen nur noch als Handlanger beiordnen wollte. Dabei erklärt er dem Jura-Doktor vom Zuckerhut, daß der Generalsekretär »der Chef der administrativen Organisation ist. Es ist der Generalsekretär, der das Personal verpflichtet, und er ist verantwortlich gegenüber dem Exekutivkomitee der FIFA für seine eigene saubere Arbeit und für die Arbeit der Sekretariats-Angestellten.« Und weiter im Regeltext, den der gewählte Verbandspräsident offenbar anders interpretierte: »Der Generalsekretär unterliegt wie alle Mitglieder anderer Organe den Bestimmungen von Artikel 53: Alle Aktivitäten der Organe und Kommissionen unterliegen der strikten Beachtung der Statuen und Regeln des Verbandes.« Zu der Verfügung, der sich auf eine automatische Amtszuständigkeit eines Stellvertreters im Falle seiner physischen Abwesenheit bezog, antwortete Käser: »Ich glaube, daß sich diese Instruktion nicht umsetzen läßt vor den Sitzungen des Exekutivkomitees und der ständigen Kommissionen.«

Der gereizte Havelange antwortete diesmal nicht auf vier Seiten, sondern in vier Zeilen: Die Anweisungen seien auszuführen. Er scherte sich nicht um gültige Statuten und Satzungen. Er unternahm nicht einmal den Versuch, auf die satzungsgemäßen Einwendungen seines Generalsekretärs einzugehen. Dafür setzte er Käser weiter unter Druck. Der Kleinkrieg eskalierte. In einem begleitenden Brief warf er ihm vor, der Generalsekretär habe ihn nicht rechtzeitig an die Sitzung des Organisationskomitees für die Copa de Oro in Montevideo Anfang 1981 erinnert. Im Wiederholungsfalle werde es Konsequenzen geben. Und in einem dritten Schreiben vom selben Tage, dem 11. Januar 1981, warf er Käser das Hintertreiben eines Münzprogrammes vor, das Havelange für die WM 1982 auflegen lassen wollte. Er war ja noch immer auf Geldsuche für sein Vierundzwanziger-Turnier. 36 Millionen Schweizer Franken versuchten zwar Nally und Dassler bei der Weltwirtschaft mit neuen, exklusiven Werbepaketen zu akquirieren. Doch auch der Präsident tat gut daran, selbst so viel wie möglich reinholen. Dabei war er auf das Münzprogramm verfallen. Schon beim WM-Turnier 1974 in Deutschland hatte die Ausgabe von Plaketten mit dem FIFA- und dem WM-Turnierlogo 24 Millionen Franken eingespielt – warum nicht auch in Spanien? Das Problem war nur wieder einmal der ungeliebte Vertrag mit *Sport-Billy* und Deyhle, der die Rechte am FIFA-Emblem hielt. Havelange und Finanzchef Franchi gedachten das Problem zu umgehen, indem auf der einen Münzseite der alte Weltpokal »Jules Rimet« und auf der anderen die Wappenschilder der zwölf spanischen WM-Städte abgebildet würden. Sie erteilten am 13. Oktober 1980 dem Spanier Ricardo Cistare den Auftrag, eine Münzserie für die Weltmeisterschaft 1982 zu produzieren. Dafür garantierte Cistare der FIFA eine Million Dollar. Doch als Vertragspartner Deyhle, der ein eigenes Programm gestartet hatte, zufällig durch eine spanische Sportzeitung von dem Abschluß erfuhr, ließ er den Deal per einstweiliger Verfügung platzen.

Käser, so wütete Havelange nun, habe auch diesen Hoffnungsquell durch eigenmächtiges Intervenieren zugunsten des Vertragspartners Deyhle zugeschüttet. Dabei habe das Exekutivkomitee doch einstimmig den Abschluß mit Cistare bewilligt. Von der wundersamen »Einstimmigkeit« dieses Gremiums, vor allem aber von der Art und Weise, wie die oberste FIFA-Instanz auf solche Entscheidungen vorbereitet wird, legte Käsers Antwortschreiben an Havelange Zeugnis ab. Der Generalsekretär rief dem Präsidenten den Verlauf der Münz-Angelegenheit aus seiner Sicht in Erinnerung: Demnach hatte ihn Deyhles Anwalt Schelling Anfang November 1980 um Aufklärung über den Cistare-Vertrag gebeten. Bei dieser Gelegenheit erfuhr der Chefadministrator des Weltverbandes überhaupt erst vom Abschluß dieses neuen Deals. »Ich habe (auf Deyhles Anfrage) geantwortet, daß ich keinerlei Kenntnis über diesen Sachverhalt besitze und daß ich Ihnen (Havelange) den Brief in Rom unterbreiten werde. Auf der Sitzung in Rom am 1. Dezember 1980 haben Sie dann das Exekutivkomitee über die Vertragsunterzeichnung informiert – ohne daß es eine Diskussion gegeben hätte und ohne daß die Mitglieder über die Details Kenntnis erhalten hatten, es wurde jedoch eine gewisse Wichtigkeit auf die Sache gelegt. Das Exekutivkomitee hat zugestimmt.« Der übliche Vorgang in der FIFA – bis heute:»Meine lieben Freunde und Exekutivkollegen, ich bitte darum, mir bei Punkt soundso der Tagesordnung die Gefolgschaft nicht zu verweigern.«

Käser aber hatte nach der Sitzung den Cistare-Vertrag studiert und dabei festgestellt, daß darin eine Klausel zur exlusiven Nutzung des Namens FIFA eingearbeitet war –»im Widerspruch zu existierenden Kontrakten«. Zwischenzeitlich hatte Deyhles Anwalt weiter Druck gemacht, er begehrte endlich Aufklärung über das ominöse Vertragswerk. Käser händigte eine Kopie des Kontraktes dem FIFA-Anwalt Bollmann aus, damit der sich mit einem weiteren Juristen, der Sitz und Stimme in der FIFA-Exekutive hatte, darüber austausche. Als Deyhles Anwalt weiter bohrte, verwies ihn Käser an diese beiden Juristen und erklärte dem wütenden Präsidenten:»Ich glaube einmal mehr, ich habe dabei nur die Interessen der FIFA im Auge gehabt, die ich von meiner statutengemäßen und vertraglichen Verpflichtung her zu schützen habe.« Das mag alles rechtlich sehr korrekt gewesen sein – ein Paradebeispiel für anständiges, demokratisch legitimiertes Geschäftsgebaren im Umgang mit einem Vertragspartner, wie unangenehm der auch gewesen sein mag. Aber das war offenbar nicht mehr die Frage. Die Frage war: Darf man so etwas seinem Herrscher antun? Der letzte Psycho-Terror begann. Es folgten weitere Briefe, in denen die Nichtausführung von Instruktionen moniert wurden. Dann erfuhr Käser, Havelange unterstelle ihm, daß er der Wahlkampftrommler für eine Kandidatur des deutschen Verbandschefs Herrmann Neuberger als FIFA-Präsident sei. Wähnte sich der Regent tatsächlich schon in Abstiegsgefahr? Jedenfalls schickte er seine Berichte nun an Blatter, und die »Finanzabrechnungen direkt an Herrn Rauber in der Buchhaltung, entweder in an ihn adressierten Couverts, oder persönlich übergeben«, so beobachtete Käser. Der Generalsekretär ermittelte nun beunruhigt im eigenen Hause. Und förderte denkwürdiges zutage:»Zwei Zahlungen, 30.000 und 50.000 Dollar, für Miete Rio-Büro und Kosten Rio-Büro, Vorschuß, sind nach New York auf ein Dollar-Konto zu bezahlen.« Rätsel bereiteten ihm auch andere Funde. Etwa die »Geschichte mit den Longines-Uhren für 103.000 Franken«, die »Geschichte mit Cafe do Brasil, 100.000 Dollar« oder die »Geschichte Jubiläum. Einige Freunde aus Rio. Liste enthielt ca. 120 Namen. 70 davon kamen auf Kosten der FIFA (Hotel Zürich)«. Letzteres bezog sich auf die 75-Jahres-Feier der FIFA, zu welcher Der Spiegel später schreiben sollte:»Der Welt-Fußballverband lädt die Havelange-Kamarilla zu Hotel und Schweizer Uhren ein.« Auch Reisen nach Kuwait, Westafrika, die Abrechnung eines Tokio-Trips sowie die Kosten für das feudale Savoy-Hotel erregten nun Käsers Argwohn. Daneben hatte Havelange nach des Generalsekretärs Beobachtungen nicht mal die »Angelegenheit zum Spiel Chile – UdSSR« geregelt. Diese anberaumte Partie war 1974, wie erwähnt, einer der Fallstricke für Präsidenten-Vorgänger Rous gewesen. Der Wahlkämpfer Havelange hatte damals eine Klärung versprochen. Nun stellte Käser fest, daß die Sache »seit sieben Jahren pendelt«. Doch er kam nicht mehr dazu, seine Funde auszuwerten. Bei einem Termin in Monte Carlo im Frühjahr 1981 erfuhr er aus dem von Dassler gelenkten Branchendienst *sport intern*, daß sein Rauswurf beschlossene Sache sei und bei der Exekutivsitzung der FIFA Anfang Mai in Madrid erfolgen sollte. Dasslers Presse-Herold, ein Mann namens Karl-Heinz Huba, der zu jener Zeit begann, international mit aggressiven Lobbymeldungen in Erscheinung zu treten, wurde alsbald zu einem wichtigen Werkzeug in der sportiven Geheimdiplomatie und blieb es bis zum heutigen Tag. *sport intern*, auf das wir später ausführlicher zu sprechen kommen, war bestens instruiert: Tatsächlich mußte Helmut Käser bei der Exekutivsitzung am 7. Mai 1981 im Madrider Nobelhotel Melia Castilla wie ein Lump vor verschlossenen Saaltüren warten, hinter denen Havelange sein Fußvolk auf Kollisionskurs mit dem Generalsekretär brachte. Auch dieser Vorgang ist dokumentiert. Er ist exemplarisch für Havelanges Führungsarbeit und lohnt daher eine nähere Betrachtung. Zunächst hatte der Präsident, mit dem üblichen knappen zeitlichen Vorlauf, der Rückfragen in der Verwaltung oder an anderen Stellen für Delegierte aus aller Welt ziemlich schwierig macht – in einem Schreiben vom 1. Mai »meine lieben Freunde im Exekutivkomitee« auf die Sitzung eingestimmt. Ein bißchen Schwulst vorne weg, das Hohelied auf die FIFA, diese »weltweite Macht, mit der wir Erfolge und Kursänderungen hatten, dank der Hilfe, die Sie mir als Entscheidungsträger und vor allen Dingen als Freunde zuteil werden ließen.« Dann folgten sechs Themenschwerpunkte, zu denen sich der Chef erklärte. Punkt vier befaßte sich mit der wirtschaftlichen Situation. Havelange wies darauf hin, daß der Verband zwei weitere Immobilien erstanden habe, um das Technische Zentrum und das Generalsekretariat umzuquartieren. Und auch, daß »diese Immobilien ohne jeden Zweifel einen Wert von 20 Millionen Schweizer Franken repräsentieren müßten, was nur das Wachstum der reellen FIFA-Reserven in den vergangenen Jahren beweist.«

Im nächsten Punkt folgt dann die Beschwichtigung zu einer Differenz in der Verbandskasse, »die uns heute alle beunruhigt«. Unter sinnfälliger Verwendung des Pluralis majestatis tat Havelange kund: »In diesem Moment, nach den ersten drei Jahren unserer zweiten Amtszeit, haben wir eine Negativdifferenz von drei Millionen Schweizer Franken, die aber ohne jedes Problem gedeckt wird aus den Einnahmen, die der FIFA aus einem schon unterzeichneten Kontrakt mit dem spanischen Organisationskomitee für den Weltcup 1982 zufließen werden und die der FIFA direkt eine Gewinnbeteiligung im Wert von sechs Millionen Schweizer Franken zusichern.« Im Bemühen, das aktuelle Millionenloch zu erklären, mußte er allerdings eingestehen, daß die Gepflogenheit mit der vorauseilenden Haushaltsplanung so ihre Tücken hat (ein Problem im übrigen, das sich für das WM-Jahr 1998 wiederholen sollte). Havelange rief den Vorstandsmitgliedern in Erinnerung, »daß bei der Verabschiedung des Budgets für den Zeitraum 1978 bis 1982 eine Summe von neun Millionen Schweizer Franken als Einnahmen aus der Weltmeisterschaft 1978 eingeschrieben worden sind, während wir aber tatsächlich 5,6 Millionen Franken erhalten haben«. Da scheint ja irgendwas gehörig aus der Spur gelaufen zu sein. Ob womöglich den Admiral Lacoste bei der Lektüre dieses Briefes zwiespältige Gefühle überkommen haben, jenen Mann, der damals bei der der WM in Argentinien Organisationschef war und nun, zum Zeitpunkt des Schreibens, auf der anderen Seite saß, als Finanzchef der FIFA? Wie auch immer – Fakt bleibt, daß die Kasse des Weltverbandes noch im Jahre acht der Havelange-Regentschaft ein recht erkleckliches Defizit aufwies. Das mag angesichts der heute prallen Kassen nicht besonders relevant sein, ist aber trotzdem lustig. Man hätte die FIFA auch nach zwei Amtszeiten Havelanges noch aufpäppeln müssen. Höchste Zeit, daß Topsponsoren und Fernsehen kamen.

Im letzten Punkt seines Schreibens an die lieben Vorstandkollegen kam Havelange dann endlich auf die Sache zu sprechen, die ihm persönlich am Herzen lag. Er erinnerte an seine umfänglichen Instruktionen an Käser, »wie nach meiner Auffassung als Präsident die FIFA verwaltet werden muß, und von denen jeder von Ihnen eine Kopie zur Kenntnisnahme erhalten hat«. Aber, schau an: »Groß war mein Erstaunen, einen unangenehmen Brief des Generalsekretärs zu erhalten (der Ihnen in Kopie vorliegt), von einem vertraglich Angestellten, der sich gegen einen vom Kongreß gewahlten Präsidenten wendet, indem er sich weigert, die ergangenen Anweisungen auszuführen. Das genau ist es, meine Herren Mitglieder des Exekutivkomitees, was mich zwingt, mich an Sie zu richten. Um Ihnen in der Eigenschaft als gewählter Präsident zu sagen, daß ich die Position des Generalsekretärs nicht akzeptiere, weil sie eine Undiszipliniertheit in Arbeit und Respekt aufweist. In Ihre Hände lege ich die Entscheidung, die gegen Vorfälle dieser Natur zu treffen sind.«

»Respekt« – da ist das Wörtchen wieder. Auch hier läßt es sich nur übersetzen mit »blinde Gefolgschaft«; und nicht etwa im Sinne von: Respekt für geltende Statuten, Respekt für gültige Verträge, Respekt für Vertragspartner oder Mitarbeiter, die Verantwortungsgefühl zeigen. Gemeint ist die Art von

Respekt (sprich: Gehorsam), die man einem Herrscher, einem Diktator zu erweisen hat. Aufschlußreich ist daneben die Art, wie Havelange mit seiner Position als »vom Kongreß gewählter Präsident«, als oberster Sachwalter einer streng demokratischen Institution, wuchert. Zugleich aber interpretiert er auch sie auf entlarvende Weise: daß es nämlich keine andere Meinung gegen die des gewählten Präsidenten geben darf, weil dieser immer ganz automatisch den Willen derjenigen ausdrückt, die ihn gewählt haben.

Dasslers Hofschreiber Huba hatte Recht gehabt: Ende Juni 1981 räumte Käser sein Pult im FIFA-Haus. Als er die interne Erklärung des Präsidenten zu seinem Rücktritt las, fiel ihm die veränderte Personalpolitik ins Auge. »Die verschiedenen Aufgaben und Verantwortlichkeiten«, teilte Havelange den Nationalverbänden mit, »wurden auf die drei Direktoren, die Herren Courte, Blatter und Rauber, verteilt.« Vor dem Hintergrund seiner gesammelten Materialien war Käser gerade durch den Aufstieg des Buchhalters Rauber, bei dem Havelange seine Rechnungen seit einiger Zeit nur noch persönlich abgab, ein wenig irritiert. Andererseits zahlte ihm die FIFA sein vereinbartes Salär (angeblich gut 300.000 Franken jährlich) bis zum Vertragsende im Jahr 1986, und danach eine gute Rente. Käser, nach Lage der Dinge wohl die letzte dem Geist der Statuten und praktizierter Demokratie verpflichtete Instanz in der FIFA-Führung, ging nach 20 Jahren zutiefst verbittert. Ritter Sport und sein kongenialer Puppenspieler Horst hatten den Weg freigeräumt. Auf gelegentliche Nachfragen erklärt Havelange dennoch gern: »Herr Dassler hatte keinen Einfluß auf die Politik der FIFA.«

Havelange hatte zwar zunächst von der Dreifaltigkeit der Direktoren gesprochen. Tatsächlich aber übernahm nun Blatter die Käserschen Geschäfte. Auch diese Maßnahme erfolgte auf dem Wege der Verfügung: Im November 1981 bereits ernannte Havelange den neuen Generalsekretär, obwohl diese Entscheidung erst das Exekutivkomitee bei seiner nächsten Sitzung im Januar 1982 hätte treffen müssen. Havelange begnügte sich damit, die lieben Freunde im Komitee darüber brieflich zu unterrichten. Der Posten des Chefadministrators fand nun rasch zu alter Kompetenzfülle zurück.

Auf Umwegen blieb dem FIFA-Generalsekretariat sogar der Name Käser erhalten: Zwei Jahre später heiratete der Sepp das Fräulein Barbara Käser, Tochter seines Vorgängers. Was der Mobbing-Allianz von Havelange und Dassler in den Jahren zuvor offenbar nicht gelungen war, schaffte nun diese Verbindung: Der alte Käser soll mit Tränen in den Augen heimgekehrt sein, nachdem er von einem Hochzeitsgast über die Trauung unterrichtet worden war.

An der Spitze des Weltfußballs hatten nun jene drei zusammengefunden, die das moderne Gesicht der FIFA prägten: Havelange und seine Freunde, die öfter mal am 11. März in der Auberge du Kochersberg in Landersheim gemeinsam eine Art Kompromiß-Geburtstag feierten: Blatter, der am 10. März 1936 Geborene, und Dassler, der nur zwei Tage später zur Welt gekommen war. Mit dem wendigen Blatter aber konnte Dassler nicht nur gemeinsam Geburtstag feiern. Der Mann aus dem Wallis brachte den erwünschten neuen Elan ins Generalsamt. Blatter erwies sich als guter Kontakter nach außen und Motivator nach innen. Sein administratorisches Können hatte er schon zuvor als Technischer Direktor unter Beweis gestellt. Meriten erwarb er da vor allem bei der Ausrichtung der »*Coca-Cola*-Trophy«, der Welt-Jugendfußballturniere. Und es sollte sich zeigen, daß er dem Duo Havelange / Dassler ein verläßlicher Weggefährte war – ganz anders als der alte Käser, der mit seinem Pochen auf Regeln, Statuten und Vertragsklauseln so wenig in diese schöne neue Fußballwelt paßte wie freie Kommissionswahlen, geheime Abstimmungen und jederzeit gut informierte Mitglieder in die neue FIFA.

Der Strippenzieher und sein Schreiberling
Horst Dasslers Imperium

Der neue FIFA-Generalsekretär Blatter also hatte einst bei Dassler in Landersheim Quartier und Gehalt bezogen – aus heutiger Sicht unglaublich, aber damals offenbar für niemanden anstößig. In jenen Jahren des freien Muskelspiels wurden sämtliche Verbindungen geknüpft, die bis heute den Weltsport dominieren. Das betraf natürlich nicht nur die Funktionäre, sondern auch die Strukturen. Es sollte ja nun richtig ans Geldverdienen gehen. So gründete Dassler 1982 die *International Sports and Leisure* (ISL) – mit dem Aktionär *Fructanus Anstalt* aus Liechtenstein. Mutter der ISL war die schon erwähnte *Rofa-Sport Management* AG in Sarnen, im schweizerischen Kanton Obwalden, die nun von der FIFA alle Rechte an der Vermarktung der Fußballweltmeisterschaften erwarb. Der Clou der neuen Marketingmasche bestand darin, solventen Weltfirmen umfangreiche Exklusivpakete anzubieten. Sie erhielten für ihre Millionen nicht nur ein Plätzchen auf der Werbebande, sondern weitgehende Rechte. Die schlossen sämtliche Nutzungsmöglichkeiten der WM-Symbole für ihre Markenartikel ein, dazu Freikontingente bei den Wettspielen, Sonderkonditionen für ihre Firmengäste, Optionen auf neue Verträge. Die Sache wurde edler.

Ab 1985 betreute die ISL auch das Sponsorenprogramm des Internationalen Olympischen Komitees. Dieses Schnäppchen war der aus dem Nichts aufgetauchten Firma 1983 bei der IOC-Session in Neu Delhi ohne öffentliche Ausschreibung zugeschanzt worden, zwei Jahre später wurde der Vertrag über zunächst 300 Millionen Dollar für die Olympischen Spiele in Calgary und Seoul präsentiert. Natürlich hatte Dasslers Truppe dazu gründliche Vorarbeit geleistet, wie der ehemalige Mitarbeiter Jean-Claude Schupp erklärt: »Ein entscheidender Mann in diesem Zusammenhang war der erste Vizepräsident des Exekutivausschusses des IOC, Abidjan Louis Guirandou, NOK-Präsident der Elfenbeinküste« – nominell also die Nummer zwei hinter dem Dassler-Amigo Samaranch. »Ohne je vorher eine Gegenleistung erwarten zu können, hatten wir ihn zwei Wochen nach Landersheim und in Paris sicher zehnmal zum Essen eingeladen. Das war die Afrika-Politik von Horst Dassler, die sich auszahlte, ohne daß er den Leuten sagen mußte, was sie tun sollten.« Landersheim. Da taucht die sagenumwobene Zentrale von *Adidas France* wieder auf. Bleiben wir noch im Elsaß. Tauchen wir ein ins Reich des Strippenziehers Horst D.

Dassler hielt im scheinbar demokratisch verfaßten Weltsport endgültig alle Fäden in der Hand. Er wurde zur Schlüsselfigur der neuen, revolutionären Wirtschaftspolitik. Ein ebenso charmanter wie mißtrauischer Mann, der lieber den anderen beim Reden zuhörte, nur selten öffentlich in Erscheinung trat und sich ganz seinem Talent widmete, hinter den Kulissen zu agieren – und zu brillieren: als er 1984 den Olympischen Orden erhielt, wallfahrten Samaranch und seine Spitzenleute eigens gen Herzogenaurach. Dassler, so hieß es bei dieser Gelegenheit, habe »immer darauf geachtet, das Beste für den Sport und die olympische Idee zu tun.« Lord Denis Howell, der ehemalige britische Sportminister und Untersuchungskommissär, hat da sehr konträre Erinnerungen: »Dassler litt an einer Paranoia. Er dachte immer, es wollte ihm jemand an den Kragen. Deshalb war er immer sehr vorsichtig. Er hat seine Gegenspieler ausspioniert und notfalls bestochen. Alles war Intrige, alles war verdächtig.«

Vor allem im Ostblock war Dasslers fast geräuschloses Wirken hoch geschätzt. Reiste er etwa nach Moskau, wo er exzellente Kontakte zu den Sportführern unterhielt, dann mußte er, so fand ein verwunderter *Sunday-Times*-Reporter heraus, nicht einmal durch die Zollkontrolle. Fraglos ein Phänomen zu jener Zeit – was die Vermutung nährt, daß auch Patrick Nally nicht restlos falsch liegt in seiner Grundeinschätzung des einstigen Partners: »Horst liebte nur einen Sport – die Leute zu kaufen.« Noch weiter ging in diesem Zusammenhang Leonardo Servadio, seinerzeit Chef der italienischen Sportartikelfirma *Ellesse*: Dasslers Philosophie bestehe »darin, die ganze Welt zu kaufen.« Für Dassler sei es auch kein Problem gewesen, ihm genehme Funktionäre ins Internationale Olympische Komitee zu hieven. Nally: »Dassler wußte genau, wie er mit den Leuten umgehen mußte. Er wußte genau, wem er Geld bieten konnte und wem nicht. Er handelte auch mit IOC-Mitgliedschaften.«

Warum auch nicht. Mit IOC-Mitgliedern handelte er ja sowieso schon. Passend dazu steuerte das *Handelsblatt* Anfang 1986 eine aufschlußreiche Episode bei:

»Das spektakuläre Geschäft der ISL mit dem IOC lief schleppend an – und geriet Mitte dieser Woche erneut in die Schußlinie, als der kanadische Anwalt Richard W. Pound, Mitglied im Exekutivboard des IOC und Kronprinz des IOC-Präsidenten Samaranch in Verdacht geriet, ein *Adidas*-Mann zu sein. Pound hatte in einem Zeitungsartikel eingeräumt, ›legale Arbeit‹ für *Adidas* zu leisten, gleichzeitig aber ›jeden Interessenkonflikt‹

abgestritten. Die Mutmaßung, Pound habe einen juristischen Beratervertrag mit ISL für Nordamerika, rief den deutschen IOC-Vizepräsidenten Berthold Beitz auf den Plan. Laut einer Agenturmeldung will er sich noch genau daran erinnern, daß es Pound gewesen sei, der bei einer Diskussion im Exekutivkomitee abzublocken versuchte, als Beitz im Sinne des IOC noch Verbesserungsvorschläge in den Vertragsentwurf mit der ISL einbringen wollte. Jetzt fordert Beitz Konsequenzen.«
Ein erhellendes Anekdötchen insofern, als sich diese Dinge in der FIFA bis in die jüngste Zeit wiederholen sollten. Auch hier gewannen Vorstandsmitglieder wiederholt den Eindruck, daß sich maßgebliche Funktionäre mehr um den Marketingpartner sorgten als um den Verband, den sie zu vertreten haben.

In einer Titelgeschichte hatte sich *Der Spiegel* im Juni 1986 mit dem Dassler-Imperium befaßt. »Über zahllose Spitzensportler und nahezu jeden besseren Funktionär dieser Erde hat der *Adidas*-Chef schon vor Jahren eine Kartei angelegt«, hieß es darin. »Verzeichnet sind Körpermaße, so daß die passende Ausstattung mit Sportbekleidung garantiert ist, aber auch besondere Vorlieben und Abneigungen der Kundschaft. In speziellen Fällen ist in der Kartei, die der *Adidas*-Chef gegenüber Vertrauten als besser als beim KGB rühmte, sogar der bevorzugte Frauentyp notiert.« Dasslers vielfältige Unternehmungen, so der *Spiegel* weiter, würden von der Zeitschrift *sport intern* und ihrem Herausgeber Karl-Heinz Huba aufs Engste begleitet. Insidern zufolge waren die ISL und *sport intern* auch geschäftlich verquickt – was ISL-Sprecher Christoph Malms heute allerdings strikt zurückweist: »Es gab und gibt da nur gute informative Beziehungen, sonst nichts.« Jedenfalls, als Meinungsmacher der Sportszene komme dem verkappten Pressedienst elementare Bedeutung zu, berichtete seinerzeit der *Spiegel*. Und verwies auf kleine Existenzhilfen: »Dassler versorgt Huba mit exklusiven Informationen und kauft ihm zugleich einen stattlichen Teil seiner Auflage ab, um den Dienst weltweit unter seine Familie zu verteilen.«

Der IM »Möwe«

Die Verschränkungen und Doppelpässe innerhalb dieses vernetzten Systems waren zwar für Außenstehende kaum erkennbar, für Brancheninsider aber stets von eindeutiger Natur. Um so hilfreicher ist, daß auch einer der eifrigsten Spitzel des internationalen Sports zur Aufhellung des Dasslerschen Imperiums beitragen konnte. Der Ost-Berliner Karl-Heinz Wehr, mit Dasslers freundlicher Hilfe zum Generalsekretär des Weltboxverbandes AIBA ernannt (und bis heute in dieser Funktion tätig), war an von Dassler initiierten Mauscheleien unmittelbar beteiligt. Was bei *Adidas* damals schon mancher ahnte, wurde nach der Öffnung der Stasi-Archive öffentlich: Im Zweitjob hatte sich der Oberst Karl-Heinz-Wehr über mehr als drei Jahrzehnte als Inoffizieller Mitarbeiter (IM) mit dem Decknamen »Möwe« betätigt – zu Zeiten, da er nicht einmal im Traum befürchten mußte, daß seine Aufzeichnungen jemals in die Hände von Personen fallen könnten, für die sie nicht gedacht waren. Die Möwe zwitscherte ihrem Führungsoffizier pausenlos pikante Details der Sportdiplomatie ins Ohr. Auf mehr als tausend Seiten hielt Wehr seine zahlreichen Besprechungen mit Dassler und dessen sportpolitischer Gruppe fest. So wurde IM Möwe einer der Kronzeugen in einem streng geheimen Forschungsprojekt der Hauptabteilung XX des Ministeriums für Staatssicherheit und der V. Verwaltung des KGB. 1985 vereinbarten beide Dienste einen Vertrag über die »Aufklärung der Aktivitäten der Firma *Adidas* und anderer westlicher Sportartikelfirmen, Werbeagenturen und Fernsehgesellschaften«. Für den Zeitraum von 1986 bis 1990 war folgendes Ziel formuliert:»Zurückdrängung ihres Einflusses im IOC und in internationalen Sportverbänden; Aufdeckung der Hintergründe, Absichten und inhaltlichen Details des Vertrages zwischen dem IOC und der Marketing-Gesellschaft ISL im Rahmen der Erschließung neuer Finanzquellen für das IOC.«

Im Juli 1986 berichtete Karl-Heinz Wehr seinem Führungsoffizier auch über ein Gespräch mit Dassler zur bereits erwähnten *Spiegel*-Story:»In mehr als zwanzig Minuten erklärte mir Dassler, daß ihm dieser Artikel schwer zu schaffen gemacht hat, daß sich daraus große Probleme ergeben hätten und daß die Drahtzieher dieses Artikels Herr Keller, der Ruderpräsident, und Madame Berlioux, frühere Sekretärin des IOC, gewesen seien. Er versicherte mir aber, daß ich ihm glauben dürfe, daß alle diese Leute, die an diesem Artikel mitgewirkt haben, nicht Zeit ihres Lebens in den Funktionen bleiben werden, die sie zur Zeit innehaben. Daraus ist zu schlußfolgern, daß er einen erbitterten Kampf gegen diese Leute führen wird. Interessant war, daß er in diesem Zusammenhang den Namen Beitz nannte. Aus seinen Äußerungen wurde deutlich, daß er über Beitz keine gute Meinung hat. Nach seiner Auffassung hängt dieser die Fahne nach dem Wind und man kann sich auf ihn in der Endkonsequenz nicht hundertprozentig verlassen.«

An diesem Stasi-Dokument gibt es wenig zu deuten – zumal sich Dasslers böse Versprechen allesamt erfüllen sollten. Monique Berlioux, die widerspenstige, den Plänen Dasslers und Samaranchs eher abgeneigte IOC-Direktorin, war bereits im Juni 1985 entlassen worden. Sie soll mit einem Schweigegeld von insgesamt 7,3 Millionen Dollar abgespeist worden sein, wie IM Möwe notierte. »Die Berlioux erhält bis Dezember 1988 monatlich

150.000 Dollar als Gehalt und eine Abfindung von 1.000.000 Dollar unter der Maßgabe, daß von ihr nicht die geringsten Geheimnisse des IOC preisgegeben werden (...) Sie bekommt ein Auto, dessen Kosten das IOC trägt, und sie wird in die Altersversorgung des IOC einbezogen.« Nach der ersten Veröffentlichung dieses Berichts in der *Berliner Zeitung* sollte der frühere Franco-Minister Samaranch sagen, wenn alle Berichte der Stasi so unzutreffend seien, könne er nur lachen.

Unzutreffend? Da lachen auch die Möwen. Der laut IM Möwe von Dassler ebenfalls verdächtigte Thomas Keller wurde kurze Zeit später als Präsident der Vereinigung internationaler Sportverbände (GAISF) durch den *Adidas*-Gefolgsmann Kim Un Yong ersetzt. Der inzwischen verstorbene Keller hinterließ der Nachwelt die vielzitierten Sätze »Napoleon ist zurückgekehrt« (zu Samaranchs Wahl) und »ich lasse mich von *Adidas* nicht vergewaltigen«. Kellers Ablösung hatte Stasimann Wehr präzise vorhergesagt: Dassler »erklärte, daß (...) bei den Neuwahlen Keller, der jetzige Präsident, seine Funktion verlieren wird, und alles klar sei, daß Kim/Südkorea (...) diese Funktion übernimmt. An dieser kadermäßigen Veränderung werde nicht mehr gerüttelt.« Tage später wurde Kim auch IOC-Mitglied. Und Tusch – für die bestens informierte Stasi.

Bliebe noch der dritte Informant, den Dassler aufs Korn genommen hatte: IOC-Vizepräsident Berthold Beitz, damals hauptberuflich Aufsichtsratschef der Krupp AG. Wenigstens Beitz war eine Nummer zu groß, den Industriellen konnte der Sportschuster nicht ohne weiteres absägen. Der heute 84jährige Beitz zog sich allerdings 1988, ein Jahr nach Dasslers Tod, frustriert aus dem IOC zurück. Als Mitglied verschiedener Finanzkommissionen hatte Beitz seinen Anteil an der Kommerzialisierung der olympischen Welt, wenngleich er sich der Clique der Sportpotentaten nie wirklich zugehörig fühlte. Daß Beitz jedoch erstklassige Beziehungen in die DDR unterhielt, bis hin zum Partei- und Staatschef Erich Honecker, ist hinreichend bekannt. Wenn sich der Konzernchef dann etwa nach einem Besuch der Dresdner Semperoper mit DDR-Funktionären traf, wurde er auch mal vertraulich. Im SED-Nachlaß fand sich ein vom DDR-Sportchef Manfred Ewald im August 1986 angefertigtes Protokoll eines Gesprächs mit Beitz:
»Seiner Meinung nach sei das IOC in der Hand einer ibero-lateinamerikanischen Gruppierung, die das Geld als Mittel der Macht betrachte. Diese Gruppe sei in erster Linie daran interessiert, die Mittel und Möglichkeiten, die sich durch den Sport bieten, auszunutzen, um mit Hilfe des Geldes ihre Macht und ihren Einfluß zu vergrößern. Dabei orientiere sich Samaranch nur auf diejenigen, die über Geld und Macht verfügen (Havelange, M. Vazquez-Rana, Nebiolo). (...) Die Ursachen sieht B. Beitz u.a.

darin, daß dem IOC zu schnell – bedingt besonders durch die hohen Fernseheinnahmen – viel Geld zur Verfügung gestanden habe. Es seien aber nicht gleichzeitig exakte Festlegungen und Verfahrensregelungen über die Verwendung der finanziellen Mittel getroffen worden. Daher könne der IOC-Präsident selbstherrlich über große Summen entscheiden, ohne die Exekutive bzw. die Finanzkommission, deren Mitglied er sei, zu fragen.«

1997 erhielt der schwedischen Sportfunktionär Wolf Lyberg für ein Faktenheft über Samaranch erstmals Einsicht in die Finanzbücher des IOC. Wie Lyberg schreibt, soll das Vermögen des Olympiakonzerns von 1984 auf 1985 von 39 auf 101 Millionen Schweizer Franken gestiegen sein. Vielleicht war ja dieser finanzielle Erfolg der ehrenamtlichen Weltsportregierung zu Kopfe gestiegen. Hören wir, wie Berthold Beitz, der Wirtschaftsmanager, gegenüber Ewald die Situation einschätzte:

»Samaranch würde sich wie ein Börsenmakler ständig über Aktien- und Valutakurse informieren lassen und treffe dann mit Hilfe seiner Freunde und des IOC-Sekretariats eigenmächtige Entscheidungen über die Anlage der finanziellen Fonds des IOC. Eine solche vom IOC-Präsidenten praktizierte Finanzpolitik könne er als IOC-Vizepräsident nicht länger verantworten, und er habe sich bereits mit dem Gedanken getragen, von seiner Funktion als Mitglied des IOC zurückzutreten«,

notierte Ewald über das Gespräch. Dieses Protokoll landete übrigens direkt auf dem Tisch von Erich Honecker, einem weiteren olympischen Ordensträger. Nur wenige Tage später zog demnach Beitz gegenüber Ewald und dem Stasi-Zuträger Wolfgang Gitter, Generalsekretär des DDR-NOK, in Oberhof erneut vom Leder. Gitter alias IM »Victor« meldete, Beitz sei »nicht mit der Finanzpolitik des Samaranch einverstanden, der großzügig Gelder des IOC verteilt, ohne dies vorher mit anderen IOC-Mitgliedern abzusprechen (...) Beitz sprach sich entschieden gegen die Korruptionspolitik von Samaranch und Horst Dassler (Adidas) aus, die bis zu direkter Erpressung von Sportfunktionären führt.« Wie sich die Welten von IOC und FIFA doch glichen.

Achtzehn Monate zuvor hatte IM Victor den Krupp-Manager auch in Zusammenhang mit dem Blatt *sport intern* zitiert. Beitz habe die DDR-Sportführer »direkt vor Huba gewarnt«, notierte der IM. »Der wühlt überall herum, von dem sollte man sich distanzieren«, soll Beitz gesagt haben. Huba habe sich »zu einem wesentlichen Informanten und Partner von Samaranch entwickelt. Es wird vermutet, daß die Agentur direkt von Samaranch aufgekauft, zumindest aber finanziert ist« – eine Vermutung übrigens, die nicht nur Beitz hatte. Oder ist es reiner Zufall, daß Huba seit jeher die Zöglinge, Marionetten und Mitstreiter Dasslers in den höchsten Tönen preist – den IOC-Boß Samaranch, FIFA-Chef Havelange, dessen Generalsekretär Blatter, Leichtathletik-Präsident Primo Nebiolo und das deutsche IOC-Mitglied Thomas Bach, der einst ebenfalls in der sportpolitischen Abteilung von *Adidas* werkelte? Besonders liebevoll wird auch der alte südkoreanische Geheimdienstler Kim Un Yong umgarnt, gleichfalls ein hochrangiges, vollkommen unersetzliches Mitglied des IOC.

Presse-Adjudant Huba wurde von Dassler gern auch in heiklen Situationen eingesetzt, wie Stasi-Zuträger Karl-Heinz Wehr behauptete. Im Sommer 1986 berichtete IM Möwe:

»Horst Dassler unterhält zu dem Herausgeber der Sportzeitschrift der BRD *sport intern*, Huba, sehr engen persönlichen Kontakt. Während des Gesprächs in Amsterdam bemerkte Dassler, daß er Huba anweisen werde, in der BRD mit der Kampagne gegen den jetzigen Präsidenten der AIBA (Amateurbox-Weltverband, d.A,), Oberst Hull, zu beginnen. Während des Weltcups im Boxen in Seoul soll in einer englischsprachigen Zeitung in Seoul ein Artikel gegen Hull und dessen finanzielle Manipulationen in der AIBA erscheinen. Bei Eintreffen der internationalen Boxsportfunktionäre soll jeder ein Exemplar dieser Zeitung persönlich erhalten.«

Wie Stasi-Agent Wehr vorhergesagt hatte, druckte Huba einen entsprechenden Bericht. Dies war, so Wehr, Teil einer Kampagne, die zur Ablösung Hulls und zur Inthronisierung des bis heute amtierenden Anwar Chowdhry auf dem Chefsessel des Weltboxverbandes führen sollte. Der Pakistani unterhielt als *Adidas*-Wahlgänger über Jahre enge Kontakte zu Dassler.

Seine sportfachlichen oder charakterlichen Eigenschaften können Chowdhry kaum zu dieser Position verholfen haben – sein langjähriger Generalsekretär Karl-Heinz Wehr beschreibt Chowdhry jedenfalls wie folgt: »charakterlich ein absolutes Schwein, unaufrichtig, hinterhältig und verschlagen«. Was also prädestinierte Chowdhry für eine Führungstätigkeit im Weltsport? Auch er entstammte Dasslers Kaderschmiede und war lange Jahre Angestellter von *Adidas*. Chowdhry werkelte in Dasslers sportpolitischer Gruppe in Landersheim. Dort muß er für die Vergabe Olympischer Spiele zuständig gewesen sein, denn Wehr notierte zahlreiche Fälle, in denen sich Chowdhry mit seinen Beziehungen und den fürstlichen Gehältern brüstete, die er nach erfolgreicher Arbeit zu erwarten habe. Zum Beispiel berichtete Wehr im Sommer 1985, er habe Chowdhry gefragt, »was denn nun mit den Olympischen Spielen 1992 werde. Er hat mir im Vertrauen mitgeteilt, daß er von Horst Dassler und Samaranch den Auftrag habe, alles zu tun, damit die Olympischen Spiele nach Barcelona gehen und in dieser Richtung arbeite er und würde dabei eine Unmenge Geld verdienen und er wäre der gemachte Mann, wenn das IOC im Jahre 1986 eine Abstimmung zugunsten von Barcelona machen würde.« Wie abgemacht, bekam Barcelona die Olympischen Spiele. Und Samaranch, so Wehr, leistete »eine gewisse Unterstützung für die Wahl in der AIBA«, sozusagen »aus Dankbarkeit für die Unterstützung des Wahlortes Barcelona durch Chowdhry«. Der pakistanische *Adidas*-Angestellte wurde schließlich auf einem AIBA-Kongreß in Bangkok zum Präsidenten gekürt. Ausgerechnet Bangkok. Wir erinnern uns: Von einer Funktionärsdatei, die sogar den bevorzugten Frauentyp beinhaltete, war zuvor die Rede. Und zufällig notierte auch Karl-Heinz Wehr, in Thailand wurde »ein bis dahin fast einmaliger Akt der Wahlbeeinflussung abgezogen (...) mit der Organisierung einer alles umfassenden kulturellen Betreuung (Nachtbar, Massage, individuelle Betreuung) wurde ein Wahlergebnis von 24:11 Stimmen zusammengezimmert.« 200.000 Mark habe Dassler spendiert: für »Hotelkosten, Kosten für Barbesuche und für Massage-Institute sowie Zuwendungen in Bargeld«. Bei soviel Fürsorge war selbstverständlich auch »das Problem der persönlichen Tagegelder nach Abschluß der Wahl« geklärt. »In Höhe von 200 bis 1000 Dollar«. So war das also damals. IM Möwe aber, Karl-Heinz Wehr, bleibt irgendwie ein Rätsel. In höchstem Maße ehrenrührig ist es zwar, was er an profundem Detailwissen über schmutzige Deals im Weltsport zusammentrug – nicht nur über manipulierte Wahlen, auch über die massenhafte Verschiebung von Boxkämpfen. Dennoch ist Chowdhry weiterhin Präsident, und Wehr leitet von seinem Generalsekretariat in Berlins Leipziger Straße aus die Geschicke der AIBA. Wehr, der wie alle nach der Wende in die Bredouille geratenen Stasi-Zuträger seine in summa höchst glaubwürdige Arbeit heute gern im konkreten Einzelfall negiert, bleibt ausgerechnet von denen ungestraft, die er so schwer belastete. Ein schier unermeßlicher Edelmut durchflutet die Weltsportführer – spekulieren sie womöglich deshalb auf den Friedensnobelpreis? Wehr jedenfalls jettet weiterhin, oft in Begleitung der Frau Gemahlin, geschäftig durch die Welt. Wer den Obersten etwa auf einem Sportkonvent im mexikanischen Badeort Cancun stolz und aufrecht durch das Hotel »Fiesta Americana Coral Beach« marschieren sah, macht sich so seine Gedanken über die Weltfamilie des Sports. Wehr wird von niemandem öffentlich der Lüge geziehen. Nicht von Samaranch, nicht von Chowdhry, nicht von den *Adidas*-Nachfolgern, nicht mal von *sport intern*. Womit könnte das zusammenhängen? Etwa damit, daß der ostdeutsche Bürokrat seine Stasi-Schriften auch mit einer umfangreichen Dokumentensammlung stützen kann? »Ich mache mir keine Sorgen«, antwortete er im Mai 1996 auf diese Frage aller Fragen, »ich habe mich abgesichert.«

Man muß ihm auch das glauben. Der Mann ist eine lebende Zeitbombe. Nicht einmal der gewöhnlich als »clever« beschriebene Wirtschaftsanwalt Thomas Bach ging gegen den Stasispitzel vor, nachdem veröffentlicht worden war, daß IM Möwe auch ihn, den Senkrechtstarter im IOC, der Mitwisserschaft an Betrügereien beschuldigt hatte. So soll Bach unter anderem am 24. Juli 1985 an der entscheidenden Planungsrunde für den schlüpfrigen AI-BA-Kongreß in Bangkok teilgenommen haben – denn, richtig, auch Bach arbeitete für Horst Dassler. Die Nachricht kam im Juli 1996 auf den Markt, wenige Tage, bevor Bach in Atlanta in die IOC-Exekutive gewählt wurde. Sein deutscher IOC-Kollege Walther Tröger sprach damals sibyllinisch von einem »Watergate«. Horst Dassler habe »ganz unzweifelhaft einen langen Arm gehabt«, sagte Tröger. Bach sei Dasslers Adlatus gewesen. »Daß Macht ja auch korrumpiert, steht außer Frage.«

Bach bestritt die Vorwürfe und berief sich dabei auf ein Gespräch mit Wehr, der ihm versichert habe, daß es sich bei den Aufzeichnungen um ein bedauerliches Mißverständnis handele. Am Eröffnungsabend der 105. IOC-Session im Woodroff Art Centre von Atlanta erklärte Bach, er sei damals bei *Adidas* lediglich »internationaler Promotionmanager« gewesen, »verantwortlich für Verträge mit den Athleten«. Es habe natürlich »bestimmte Treffen« gegeben, auf denen über »Veränderungen in einzelnen Verbänden berichterstattet wurde«, von solcherlei Machenschaften habe er jedoch nie gehört. Am selben Abend verkündete Ulrich Blankenhorn, damals PR-Sprecher von Daimler Benz, das könne alles nicht stimmen, Bach habe schließlich damals in der Stuttgarter Firma gearbeitet. Was denn nun? *Adidas?* Daimler? Anwaltskanzlei? Fest steht, daß Thomas Bach die IOC-Partnerschaft mit Daimler Benz betreut, so wie er sich zahlreichen anderen Firmen geschäftlich verbunden fühlt, die wiederum mit dem IOC kooperieren. Seine offizielle IOC-Biographie hilft nicht weiter, da heißt es nur, er sei als Anwalt und Mitinhaber einer Kanzlei auf Wirtschafts- und Finanzrecht spezialisiert. In Paulheinz Grupes Buch *Horst Dassler – Revolution im Weltsport* steht, Bach sei 1985 in die Firma *Adidas* eingetreten und habe sogleich »in direktem, täglichen Kontakt zu HD«, dem Chef, gestanden. Bach war als »Leiter der Stabsstelle Internationale Beziehungen« und »Hauptabteilungsleiter Promotion« mit dem »Kontakt zu Sportlern und Verbänden« betraut. Im Herbst 1987, kurz nach Dasslers Tod, stieg Bach wieder aus. »Ich fühlte mich nicht *Adidas* verpflichtet, sondern Horst Dassler persönlich«, wird er zitiert. Auf seinen Gönner Samaranch dürfte er dieses besondere Verpflichtungsgefühl übertragen haben.

Bach leitete die letzten beiden IOC-Bewertungskommissionen für die Bewerber um die Olympischen Winterspiele 2002 und die Sommerspiele 2004, obwohl IM Möwe behauptet, er, Bach, habe früher auch an *Adidas*-Sitzungen teilgenommen, bei denen die Manipulation von Abstimmungen über Olympiastädte beraten worden sei. Stets betonte er dabei sein ehrenamtliches Engagement. Mag ja so sein. Nur, warum läßt so ein unermüdlicher Ehrenamtlicher im Dienste des Weltsports dann Behauptungen wie die von IM Möwe einfach im Raume stehen, warum läßt eine komplette fromme Branche den angeblich üblen Verleumder gar weiterhin in Amt und Würden? Weil er – aus wahrlich durchschaubaren Gründen – in jedem konkreten Einzelfall von »Mißverständnissen« spricht? Kann es auch nur im Ansatz glaubwürdig sein, wenn ein Stasi-Spitzel, der nachweislich hervorragende und völlig korrekte Informationen zusammengetragen hat, sich später stets von jeweils derjenigen Niederschrift distanziert, die in der heutigen Zeit viel Ärger für ihn und die jeweils Betroffenen heraufbeschwören würde? Assistiert wird ihm bei dieser Vernebelungsstrategie ausgerechnet vom PDS-Organ *Neues Deutschland*, das seinen Lesern weiszumachen versuchte, Wehrs Stasiaufzeichnungen seien solange nicht glaubwürdig, wie sie nicht von ihm selbst autorisiert seien. Ein origineller Vorschlag, der die Gauck-Behörde über Nacht überflüssig machen würde.

Giftgrünes Blättchen

Sport intern, auch das grüne Blättchen genannt, wird neben der deutschen Ausgabe auch in englischer Sprache weltweit unter Entscheidungsträgern des Sports, der Wirtschaft und der Medien vertrieben. Wer mitredet in diesem Milliardenspiel, kommt an dem dünnen Heft kaum vorbei, zumal Samaranch, der Boß der Bosse, schützend dahinter steht. Auch ein Jahrzehnt nach Dasslers Tod erfährt diese Publikation große Beachtung – zwar nicht unmittelbar in der Öffentlichkeit, doch in der Finanzwelt von Olympia und Fußball. Seit Januar 1998 rückt Huba seine Geschichten sogar ins Internet. Mit seinem tückischen Mix aus Insider-Informationen, Kommentaren und Umfragen etwa zur Kür von Olympiastädten mischt Huba nimmermüde mit – und natürlich mit galliger Stimmungsmache gegen jeden, der nicht ins stille System paßt. Wir werden dazu noch einiges sehen. Daneben aber führt *sport intern*, subtile Beeinflussung der Berichterstatter, in Deutschland seit einigen Jahren Wahlen zum Sportjournalisten, zur Sportredaktion und zum Funktionär »des Jahres« durch. Mitunter spielten sich da wundersame Dinge ab. Juroren, die angeblich abgestimmt haben, wissen gar nichts von ihrem Glück – manche können sich nicht mal erinnern, einer Jury angehört zu haben. Gern schlägt Chefjuror Huba den von ihm benannten Mitjuroren gleich am Telefon seinen Wunschkandidaten vor. Schon sind die Helden des Jahres gebacken. Daß sie ins Konzept passen, versteht sich von selbst. So steuert das grüne Blättchen jahraus, jahrein seinen Teil zum Gesamtwerk der Sportdinosaurier bei. Bedenklich wird dies allerdings, wenn dabei der unabhängige Journalismus übertölpelt wird. Was etwa dann der Fall ist, wenn es einem ausgewiesenen Wirtschaftslobbyisten wie Huba ohne Einspruch seitens der Berufsverbände gestattet wird, weitreichende Ehrentitel nach seinem ureigenen Gusto (und dem seiner Hintermänner) zu verleihen – und wenn dies auch noch bedenkenlos so in die Öffentlichkeit kolportiert wird, als lägen hier anerkannte Grundsätze vor wie bei analogen Ehrungen. In Wirklichkeit bewacht hier nur der Fuchs den Hühnerstall.

Die hohe Kunst des Doppelpasses hat der gelernte Dasslersche Hofpoet mit einer großen deutschen Tageszeitung entwickelt. Das renommierte Blatt wirbt in TV-Spots und ganzseitigen Eigenanzeigen geschmeichelt mit dem denkwürdigen Huba-Titel »Sportredaktion des Jahres«, der ihm in Erbpacht zugefallen ist – zuletzt übrigens im Januar 1998. Der Wirbel um die eigene Bedeutung erhebt so im erwünschten Nebeneffekt Hubas handverlesene (Telefon-)Wahlrunde aus geneigten Marketendern und Funktionären in den Stand eines seriösen Gremiums. Dabei sitzen hier ausgerechnet jene zu Gericht, deren berufliche oder ehrenamtliche Tätigkeit von den Presseorganen überwacht werden sollte. Peinlicher geht's wohl nimmer für »unabhängige« Berichterstatter. Natürlich rutscht in den Kreis von fünfzehn, zwanzig oder mehr Juroren auch der eine oder andere anerkannt kritische Geist, das dient der Glaubwürdigkeit. Tatsächlich aber können zwei, drei Abtrünnige nicht das gewünschte Wahlresultat verändern – zumal, wenn per Telefon abgestimmt wird. Genehmen Journalisten windet Huba nicht nur im eigenen Blättchen bunte Girlanden, er vermittelt auch schon mal Gesprächstermine oder steckt Exklusivinformationen zu.

Seltsamerweise erklären, wenn dann in Hubas hessischem Heimatort Lorsch die alljährlichen Ehrungen anstehen, viele Reporter und stolzen »Preisträger« im Kollegenkreis, man könne dorthin nur mit heftigen Bauchschmerzen reisen, man höre und sehe ja so einiges und reime sich den Rest leicht zusammen. Am Ende aber sind die kritischen Aufklärer im Dienste der Öffentlichkeit doch wieder zu Gast bei Huba. Und wundern sich kein bißchen darüber, daß mit ihnen hochrangige IOC-Mitglieder aus allen Kontinenten und Sponsorenprominenz angedüst kommt, um gemeinsam mit dem rüstigen Karl-Heinz ohne plausiblen Anlaß den schönen Dingen des Lebens zu frönen. So schließt sich der Kreis auf perfide Weise: Weil Samaranch seine Leute zu irgendeiner Preisverleihung zusammentrommelt, muß ja auch die Presse kommen – Berichterstatterpflicht.

Und wenn dann zu vorgerückter Stunde in weinseliger Runde ein Daimler-Benz-Direktor volkstümliche Weisen anstimmt, wird nebenbei auch der sportpolitische Stimmungspegel harmonisiert. 1996 schlug noch im Lorscher Gasthaus das israelische IOC-Mitglied Alex Gilady, Samaranchs Berater in TV-Fragen, dem selbstverständlich überrascht errötenden Deutsch-Olympier Thomas Bach vor, er möge sich doch um einen Platz in der IOC-Exekutive bewerben. Wow! Ein Israeli bittet einen Deutschen – ist es nicht wundervoll, wie die Familie des Sports der Welt hier wieder ein Beispiel der Völkerfreundschaft gibt? Giladys Vorschlag verfehlte seine Wirkung nicht: In den deutschen Medien wurde die fromme Nachricht flächendeckend verbreitet. Dabei hatte die Nummer reinen PR-Charakter – was die braven Sportjournalisten des Jahres ihren Lesern leider erst nachliefern konnten, als es zu spät war: Bach hatte seine IOC-Kollegen zum Zeitpunkt des Gilady-Vorschlags längst, wie von Samaranch gewünscht, brieflich von seiner Absicht unterrichtet, in die große Olympia-Bütt zu steigen. So nutzt man die Presse zur Eigenpropaganda.

Daß es beim merkwürdig sinnfreien Großauftrieb der Weltsport-Prominenz in Lorsch vor allem um die mediale Begleitung geht, macht der offenbar keine Kosten scheuende Gastgeber Huba in seinem Flüsterblättchen notfalls selbst klar. Mitte 1997 lobte er das ZDF dafür ab, daß es ein eigenes Kamerateam entsandt hatte und sogar im *heute-journal* »bewegte Bilder aus dem Nibelungensaal des Alten Rathauses« ausstrahlte – die offenbar vorsichtigere Konkurrenz aber wurde im selben Atemzug kräftig gedeckelt: »In der TV-Chefredaktion des Hessischen Rundfunks soll man sich darüber gewundert habe, daß die »Hessenschau« das Ereignis in Lorsch ignorierte.« Hört, hört – sogar die Fernsehbosse waren böse? Wegen journalistischer Ignoranz? Gegenüber dem großen Ereignis? Jetzt aber nix wie hin. So schafft man den erwünschten Druck auf eigentlich unabhängige Instanzen. Der regelmäßige Besuch zweier Herren sei daher als Presseköder nochmals hervorgehoben: Samaranch wurde 1997 zum »Internationalen Sportführer« und Bach zum deutschen »Mann des Jahres« gekürt.

Mit dem dienstbaren Aktionismus rund um den sportpolitischen Leih-Literaten Huba haben die deutschen Sportjournalisten zwar faktisch ein heftiges berufsethisches, offiziell aber gar kein Problem. Auch ist nicht bekannt, daß sich ihm deutsche Sportgelehrte entgegengestemmt hätten. Viele Forscher sind hierzulande ohnehin auffallend sprachlos in sportpolitischen Fragen – oder sie versuchen Kapital aus gewissen Konstellationen zu schlagen, wie etwa ein Professor aus Köln, der, fest verankert in der deutsch-olympischen Welt, während der Berliner Olympiabewerbung für das Jahr 2000 Intimdaten über IOC-Mitglieder zusammentrug.

Andere Länder, andere Sitten: In England haben die Soziologieprofesso-
ren Alan Tomlinson und John Sugden (Universität Brighton) sämtliche
Jahrgänge des seit 1968 erscheinenden Heftchens analysiert. Sie kommen
zu dem vernichtenden Schluß, *sport intern* sei ein »Organ der Vergötterung
oder Zerstörung von Individuen und deren Ansehen«. »Die Verbreitung
von Intrigen und Imagemache« sei das Ziel. Was das bedeutet, weiß wiederum Walther Tröger, das zweite deutsche IOC-Mitglied, nur zu genau.
Tröger zählt nicht zu dem von Huba gefeierten Personenkreis. Im Gegenteil:
Bei jeder Gelegenheit, auch wenn es sich nicht unbedingt anbietet, wird Tröger abgewatscht, und natürlich fand er sich auch schon als »Schlußlicht des
Jahres« wieder. Den Kampf gegen den Meinungsmacher hat er mittlerweile
aufgegeben. Vor einigen Jahren, so berichtet Tröger, sei er einmal zu IOC-
Präsident Juan Antonio Samaranch gegangen und habe dem Spanier »gesagt, daß das aufhören müsse. Doch Samaranch meinte nur, unser NOK-Or-
gan *Olympisches Feuer* ginge ja auch nicht immer sanft mit ihm um. Da
wußte ich, es hat keinen Sinn.« Wohlgemerkt: Tröger hat sich an Samaranch
gewandt – als wäre der IOC-Chef Herausgeber oder Chefredakteur von
sport intern. Analogfälle dazu gibt es auch in der FIFA. So werden wir noch
sehen, daß sich auch UEFA-Präsident Johansson wegen Huba – nein, nicht
bei *sport intern* in Lorsch beschwert hat, sondern in Zürich bei FIFA-General
Blatter.

Die erste englischsprachige Ausgabe des Branchendienstes erschien am
5. Juli 1980 – nur eine Woche, bevor Dassler bei den Olympischen Spielen in
Moskau Samaranch auf den IOC-Chefsessel hievte. Kurz zuvor hatte Dassler mit den Sportführern der Sowjetunion in Herzogenaurach rasch noch
einen Ausrüstervertrag geschlossen. Samaranchs Vorgänger, der Ire Lord
Michael Killanin, beklagte sich später vergeblich: »Ich war eigentlich der
Überzeugung, daß die Position des IOC-Präsidenten nicht käuflich sein
sollte.« Killanin konnte und wollte dem neuen Trend nicht folgen. Aber unter dem Banner der fünf Ringe und im Fußballweltverband war plötzlich so
ziemlich alles käuflich zu erwerben. »Die scheinbar unabhängige Publikation *sport intern* war Dasslers Organ. Von 1980 bis zu seinem Tod 1987 war
sport intern ein Teil von Dasslers politischer Waffenfabrik. Im Prinzip baute
Dassler ein internationales Spionagesystem für die Sportindustrie auf«, erklärte der Soziologe Tomlinson auf einer wissenschaftlichen Konferenz im
September 1997 in London.

Das Firmengeflecht des Horst Dassler

Der kleine Ausflug zur Firma Horch & Guck und zu *sport intern*, der obersten Gerichtsinstanz des unabhängigen deutschen Sportjournalismus, hat gezeigt, daß die alten Verbindungen immer noch greifen. Die alten Kameraden vertragen sich bis heute gut. Joseph Blatter gehört auch dazu. Der hatte Landersheim längst verlassen, beschäftigte sich nun öffentlich gerne mit den allgemein-humanistischen Aspekten des Kickergewerbes und reifte in der FIFA-Zentrale in Zürich zu einem kleinen Fußballgott und -priester heran: »Jeder Mensch wird als Fußballer geboren. Jeder, der die Bewegungen eines ungeborenen Kindes im Mutterbauch gesehen hat, kennt diesen instinktiven Kick des Fötus.« Gern aber kehrt er stets zu seinen Wurzeln zurück. Auch Blatter war bei der *sport intern*-Runde 1997 in Lorsch dabei. Hubas Wohnort, ein kleiner Weiler im Rheinhessischen, rundete sich so zur heimlichen Deutschlandfiliale des Weltsports. Blatter eröffnete dort eine FIFA-Ausstellung zur Geschichte des Fußballs, die von der mit der Produktion von WM-Münzen befaßten *Monnaie de Paris* realisiert wurde – und präsentiert natürlich von *sport intern*.

Zurück zu den geschilderten personellen Verquickungen – dem Basisgeflecht für das von Dassler seit Mitte der siebziger Jahre geschaffene sportpolitische Reich. Über seine Bruderschaften nahm Dassler Einfluß auf 75 Strukturen und sicherte sich nicht nur Ausrüster-, sondern zunehmend auch lukrative Marketingverträge. Dasslers Mitarbeiter Klaus-Jürgen Hempel erinnert sich: »Er war der Mentor der ISL, er öffnete uns die Türen zum Sport. Hatten wir einmal durch ihn einen Fuß in der Tür, so war es unsere Sache, hinter den Kulissen die Arbeit mit den Verbänden zu machen.« Kurz vor der Gründung der ISL hatte er sich von Patrick Nally getrennt, mit dem er über die *West-Nally*-Agentur die Vermarktung der Bandenwerbung bei den Weltmeisterschaften 1978 in Argentinien und 1982 in Spanien abgewickelt hatte. Es war eine ziemlich konfuse Anfangsphase, die ISL-Gründung sollte die Geschäfte nun in die richtigen Bahnen lenken.

Dasslers Firmengeflecht beruhte auf drei Säulen: Dem Stammhaus *Adidas* AG in Herzogenaurach, der Luzerner *Sardan*-Holding AG (darunter die *Sarragan* S. A. in Fribourg mit den Sportausrüstern *Pony, Le Coq Sportif, Fashionable* und *Arena*) und der *Sporis* Holding. Unter dem Dach der *Sporis* waren nun wieder die ISL *Marketing* AG, die ISL *Licensing* AG und die ISL *Athletics and Culture* AG vereint. Für die ISL hatte sich Dassler als potenten Geldgeber und Akquisiteur für japanische Multis den Werbegiganten *Dentsu* an Bord geholt. Luft holen, lieber Leser. Ein hübsches Gedränge herrschte also an Bord, und auch der Dassler-Biograph klagte: »Es gab neben der schon erwähnten Gruppe *West Nally* auch noch die *Rofa*, die *Sporis*, zeitweise dann noch *Sport Billy*; Franz Beckenbauer spielte eine Rolle, und natürlich Guelfi, der bis zu seiner Trennung von Horst Dassler fast überall seine Hand im Spiel hatte. Jean-Marie Weber meint in diesem Zusammenhang: So zwischen 1980 und 1982 gab es im Konzern eine Situation, in der eine Katze ihre Jungen nicht wiedergefunden hätte. Es gab nur zwei, die den vollen Überblick hatten, das waren Horst und ich.« Merken wir uns das, es könnte noch wichtig für die Zukunft werden. Denn über den getreuen Weber blieb der Szene auch elf Jahre nach Horst Dasslers Tod zumindest der Part des schwer durchschaubaren Kontaktehändlers erhalten.

Verwirrspiele und undurchsichtige Geschäftspraktiken waren die Grundstrategie des Dasslerschen Vermarktungsimperiums. Warum all diese Versteckspiele und Geheimnistuereien? Hatte Horst Dassler Angst, von der eigenen Familie das Handwerk gelegt zu bekommen – und hatte er sich auch deshalb, aus Gründen der Krisenvorsorge, so sehr ins verschwiegene Marketinggeschäft gestürzt? Sicher ist: Der jahrzehntelang verlorene Sohn hatte den Kopf nicht völlig frei für das, was später im Rückblick als »Vision« verklärt wurde. Er suchte und fand dubiose Geldgeber und Partner, er dribbelte und trickste immerfort, und die größten Haken dabei schlug er just um den Familiensitz. Erst Mitte der achtziger Jahre, nach dem Tod der Mutter an Silvester 1984, zog er dort wieder richtig ein.

Da aber herrschte vergleichsweise schon wieder Klarheit in den eigenen Reihen. Das *Handelsblatt* schrieb seinerzeit: »Mutter der ISL ist die Finanzholding *Rofa Sport Management* AG aus Sarnen im schweizerischen Kanton Obwalden, die vom Weltfußballverband für 45 Millionen Franken sämtliche Rechte an der Stadionwerbung bei der Fußballweltmeisterschaft in Mexico erwarb. Starthilfe für die *Rofa* gab der heutige Teamchef der bundesdeutschen Fußballnationalmannschaft, Franz Beckenbauer. Dann aber verkauften Beckenbauer, ein enger Freund der Familie Dassler, und sein Manager Robert Schwan laut ISL ihr ganzes Aktienpaket an eine Gruppe privater Investoren. Schwan erklärte an Eides Statt, nie Gesellschafter der *Rofa* gewesen zu sein.«

Die Beckenbauer / Schwan-Gründung blieb auch weiterhin ein etwas seltsamer Verein. Sie war bei der WM 1986 in Mexico offizieller Vertragspartner der FIFA. Die *Rofa Sport Management* AG hatte der Schweizer Anwalt Hans Hess aus der Taufe gehoben, und er war dann zunächst auch Präsident der neuen Tochtergesellschaft ISL *Marketing* AG, welche die Aktivitäten der *Rofa* weltweit vermarktete. Aber leider war auch Hess kein Mann, der seriösen Partnern zur Zierde gereichen konnte. Warum, berichtete uns 1987 die *Welt*: »Gegen den Rechtsanwalt Hans Hess, Justizdirektor des Schweizer

Kantons Obwalden, der (...) Beckenbauer früher in Steuerfragen beraten und vertreten hatte, ist jetzt von der kantonalen Steuerverwaltung eine Buße von rund 150.000 Mark verfügt worden.« Hess sei von den Berner Bundesbehörden vorgeworfen worden, er habe einem »unbekannten Kunden« geholfen, 800.000 Franken Einkommensteuer zu hinterziehen. »Der Unbekannte ist aber kein anderer als der in München lebende Beckenbauer-Manager Robert Schwan.«

Bei der Fußball-WM 1986 in Mexico war es nun so: 45 Millionen Schweizer Franken garantierten *Rofa / ISL* der FIFA für die Vermarktungsrechte – 200 Millionen Franken kassierte Dassler von zwölf multinationalen Firmen, die sich im exklusiven Sponsorenprogramm versammelt hatten. Süffisant kommentierte der *Spiegel* in jenem Artikel, der so weitreichende sportinterne Konsequenzen nach sich ziehen sollte: »Da Horst Dassler für Geschäfte dieser Art schon sehr viele *Adidas*-Schuhe verkaufen müßte, leuchtet ein, daß ein Großteil seiner Arbeitskraft inzwischen für die Pflege der Sportfunktionäre und ihrer Sportpolitik draufgeht.« Dassler hatte demnach zwar 1986 kräftiger hingelangt als die Weltfußball-Gemeinde, aber der FIFA blieb auch noch etwas mehr übrig, als die Portokasse braucht. Im Weltverband, der ohne Schatzmeister auskommt, weil er eine besondere Art der internen Selbstkontrolle bevorzugt, hatte sich nun auch im Finanzbereich einiges getan. Mitte der achtziger Jahre war mit Erwin Schmid ein neuer Finanzchef ins Haus gekommen. In dessen Gefolge trat auch ein neuer Buchprüfer auf den Plan. Schmid hatte sich einst beim FC Blue Star Zürich, einem unterklassigen Fußballklub, gemeinsam mit dem Revisor Erwin Sutter engagiert. Nachdem Schmid also bei der FIFA angefangen hatte, trennte die sich 1985 von ihrem vorherigen Controller, der renommierten Firma *Fides-Treuhand*, und stieg auf Schmids Freund Sutter um – ein bemerkenswerter Vorgang insofern, als die *Fides*, heutiger Name KPMG, das drittgrößte Controlling-Unternehmen der Welt ist. Für die FIFA nicht gut genug ...

Ein Erklärungsbedarf zu dieser neuen Konstellation ergab sich allerdings erst zehn Jahre später. Da hatte sich herausgestellt, daß es im Dunstkreis des Weltverbands diverse Briefkastenfirmen und Gesellschaften gab. Und der angeblich unabhängige FIFA-Revisor Sutter war nach Schweizer Veröffentlichungen zumindest einem hohen Angestellten des Hauses geschäftlich eng verbunden. Der Ärger begann, nachdem Zürcher Zeitungen die Steuermoral von Topfunktionär Blatter untersucht hatten. Der Mann, der sich etwa mit Vortragsreisen über Themen wie »Fußball ist ein Stück praktizierten Humanismus« ein nettes Zubrot sichert, verdiente seine geschätzten 800.000 Fränkli Jahressalär zwar in der Bankenstadt, versteuerte sie aber wesentlich günstiger in Appenzell. Daß ihnen Blatter nicht mal die Adresse seines Erstwohnsitzes genau zu nennen wußte, stimmte die Rechercheure nachdenklich. Sie fuhren gen Appenzell. Vor einem etwas brüchigen Wohnhaus endete die kleine Landpartie. Ein Schuhgeschäft im Erdgeschoß, an den Briefkästen ein Dutzend Firmenschilder mit FIFA-bekannten Namen. Der Anblick warf Fragen auf. Einige der Firmen, so ergaben die Recherchen, wurden von Erwin Schmid geführt, dem Finanzchef der FIFA. Die Kontrollfunktion darüber oblag dem Zürcher Treuhänder Bruno Sutter, der zugleich selbst Briefkästen in dem Haus besaß. Auch Brunos Vater Emil ist Treuhänder, und auch ihm eigneten Postschlitze an derselben Adresse. Das war pikant, denn Emil Sutters *Sutter Kontroll AG* ist ja zugleich auch offizieller Kontrolleur der FIFA. Im Finanzbericht verbürgte sich der Revisor für die Millionenrechnungen des Fußballverbandes.

Eine bemerkenswertes Geflecht tat sich so auf im Schatten von Hochfinanz und Milliardendeals: Die FIFA, der größte Sportverband der Welt, wird von einem eher kleinen Treuhänder überwacht, den wiederum der eigene Sohn kontrolliert. Zudem ist der Sohn Prüfer der FIFA-eigenen Immobilien-AG sowie diverser Firmen, die dem FIFA-Finanzchef gehören. Einen exotischen Höhepunkt auf die Geschichte setzte FIFA-Kontrolleur Emil Sutter in einem Interview im September 1995. Er meinte zur mysteriösen Briefkasten-Vielfalt: »Unsere Firmen sind Sitzgesellschaften für Beteiligungen oder Liegenschaften und werden von Dritten betreut. FIFA-Finanzchef Schmid sitzt seit 20 Jahren in diesen Verwaltungsräten, die Land und Liegenschaften in Brasilien und Portugal halten.« In Brasilien? Ein weites, manchmal ziemlich wildes Land.

Wir fassen also zusammen: Der Weltfußballverband ist tatsächlich ein sehr harmonischer kleiner Familienverband, jedenfalls im Finanzbereich. Einer kontrolliert den anderen: Freund Sutter den FIFA-Finanzchef, Sohn Sutter den Vater, und zusammen unternimmt man auch noch jede Menge. Kann Kontrolle sicherer sein? Sicherer vor einer Kontrolle von außen? Havelanges Herausforderer Johansson jedenfalls hat bereits angekündigt, sofort nach seiner Wahl eine unabhängige, renommierte Buchprüfergesellschaft einzusetzen – möglicherweise ein Grund für Havelanges zunehmend amokhafte Versuche, den Schweden zu verhindern. Wir kommen darauf zurück.

Zurück in die achtziger, die Jahre der Weichenstellungen. Als Horst Dassler im April 1987, auch für die Sportgrößen überraschend, an Augenkrebs verstorben war, zählten zu den wenigen Nichtfamilienmitgliedern, die an der Trauerfeier teilnahmen, der IOC-Chef Samaranch, der brasilianische FIFA-Boß Havelange und Blatter. Samaranch ließ in der Kirche Nôtre Dame am Sitz der Bewegung in Lausanne überdies eine Messe lesen, an der rund 300 Sportfunktionäre aus aller Welt teilnahmen. Die Sportwelt trauerte. Und schrieb hymnische Nachrufe.

Zu Lebzeiten hatte das anders ausgesehen. Monique Berlioux, die mächtige und dann 1985 von Samaranch geschaßte Direktorin des IOC, beschrieb Dassler als den »wirklichen Boß des Sports. Er will, daß *Adidas* das beste Unternehmen ist, aber er will überhaupt der Größte sein im Sport. Er liebt die Macht«. Daß Madame Berlioux mit ihrer Einschätzung nicht ganz falsch lag, erwies sich nach Dasslers Tod geradezu dramatisch. *Adidas* mußte erkennen, daß es die wesentlichen Sportmodetrends der achtziger Jahre verschlafen hatte, insbesondere die Joggingwelle aus den USA. Es wurde vom amerikanischen Newcomer *Nike* auf dem Weltmarkt überrundet und schlitterte rasant in die roten Zahlen. Als die vier Dassler-Schwestern 1990 ihre 80 Prozent *Adidas*-Anteile in einer Nacht-und-Nebel-Aktion für 440 Millionen Mark an den französischen Finanzjongleur Bernard Tapie übereigneten, blieb allerdings das Ertragsjuwel ISL von diesem Handel ausgeklammert – auch deshalb, weil die *Sporis*-Holding, die ISL-Muttergesellschaft, damals zu 49 Prozent dem japanischen Werberiesen *Dentsu* gehörte.

Der *Adidas*-Verkauf sollte sich später noch als tragisch erweisen, nachdem der Sanierer Robert Louis-Dreyfus den Hochstapler Tapie abgelöst hatte. Der Tausendsassa ging ins Gefängnis, der Sportartikelkonzern indes ging unter Louis-Dreyfus im November 1995 an die Börse und war bald darauf 3,5 Milliarden Mark wert. Ein Unternehmen, das mit den den alten Verbindungen nichts mehr am Hut hat. Innerhalb des alten Netzwerkes aber, kleiner Scherz am Rande, kreuzen sich die Wege offenbar weiterhin: Nach Informationen von Pariser Journalisten hat sich Tapie nun geschäftlich Richtung Rußland orientiert. Sein Mitstreiter, so heißt es, sei André Guelfi. Die gescheiterte Öl-Sardine.

Dasslers Steckenpferd ISL aber hatte sich bereits während des Niedergangs der Stammfirma *Adidas* zu hochrentabler Blüte entwickelt, indem sie riesige Märkte im Sportsponsoring erschloß. Neben dem Fußball und Olympia hatte sie auch den Weltverband der Leichtathleten unter seinem Paten Nebiolo an Land gezogen. Es war nun die Zeit, da Milch und Honig flossen. Die Direktoren Klaus-Jürgen Hempel und Jürgen Lenz hatten die ISL schon gleich nach dem Tod Horst Dasslers, der sie mit allen unternehmerischen Freiheiten ausgestattet hatte, übernehmen wollen. Nach dem *Adidas*-Verkauf 1990 erneuerten sie ihr Angebot. Sie waren überzeugt, die Firma erfolgreich und innovativ führen zu können (ihr Innovationstalent bewiesen sie später mit der europäischen Champions League). Doch die Familie lehnte ab. Hempel verspürte Bemerkenswertes: »Wir waren gebrandmarkt, wir trugen den Horst-Dassler-Stempel auf der Stirn.« Mit den Besitzern, die immer mehr hineinredeten, kamen die Experten nicht mehr zurecht – am wenigsten mit Dasslers Schwager Christoph Malms, der von seiner Frau Sigrid und den anderen drei Dassler-Schwestern Inge, Brigitte und Karin mit Führungsaufgaben betraut worden war. Es kam zum Bruch, den die Züricher *Weltwoche* damals wie folgt schilderte: »Hempel hat sich diesem Gerangel jetzt entzogen. Aber »nicht mit gefesselten Händen und Füßen«, wie er betont: Es gelang ihm, »wesentliche Teile der Konkurrenz-verbots-Klausel« seines Vertrages »wegzuverhandeln«. Später konkretisierte Hempel: »Es gab einen Konkurrenzausschluß im olympischen Bereich. Aber da, wo die Musik spielt, im Fußballbereich, da haben sie uns freigelassen.« Auch Jürgen Lenz sprang ab. Die Demission des unbeugsamen Expertenduos sollte sich für die Dassler-Schwestern bald als Pyrrhus-Sieg erweisen.

Teil 2 Europa gegen den Rest der Welt

We are the champions
Die UEFA muckt auf

Acht Kilo wiegt der Pott. Ist 74 Zentimeter groß. Besteht aus Sterlingsilber und ist innen vergoldet. Ein wuchtiges Stück, wie geschaffen für einen imposanten Kerl wie Lennart Johansson. Einmal im Jahr läßt es sich der 68jährige Schwede von Holzfällerstatur (1,92 Meter groß, 105 Kilo schwer) nicht nehmen, den europäischen Meistercup hochzurecken. Wenn Johansson, der Präsident des Europäischen Fußballverbandes (UEFA), das wertvolle Stück an den Mannschaftskapitän des Siegers überreicht, wie im Mai 1997 in München an Dortmunds Michael Zorc, dann schauen eine halbe Milliarde Menschen in fast 200 Ländern zu. Wenn er also zur Tat schreitet, ist das mehr als nur ein protokollarischer Akt. Dann denkt er nicht an seine 3000 Sponsorengäste im Freßzelt nebenan, dann zeigt er der Welt: Seht her, wir haben's geschafft. Die Champions League, ein Produkt der Ära Johansson, wurde einst belächelt und verdammt. Im Jahr sieben nach der Einführung des neuen Systems wird zwar immer noch gekrittelt, doch verstummen die Nörgler sofort, wenn sie selbst teilhaben dürfen am großen Spiel – am »Geldbeschaffungspokal«, wie der deutsche Bundestrainer Hans-Hubert Vogts den ehemaligen Europapokal der Landesmeister immer noch nennt.

Geldbeschaffungspokal ist ein Wort, das die Macher der Liga nicht gern hören. Also beteuert Gerhard Aigner, deutscher UEFA-Generalsekretär, in Kolumnen für seinen monatlichen Pressedienst, daß es bei der »Königin der UEFA-Klubwettbewerbe« noch um etwas anderes geht: »Nicht das Geld, sondern der Fußball steht im Vordergrund.« Gleichzeitig aber legen die UEFA-Macher auf Zahlen allergrößten Wert. Inklusive der Saison 1997/98 hat die Champions League in sechs Jahren etwa 1,5 Milliarden Mark eingespielt. Nach dem aktuellen Verteilerschlüssel fließen davon 68,5 Prozent auf die Konten der beteiligten Vereine, 21,5 Prozent an die nationalen Verbände und zehn Prozent an die UEFA – wobei die Verteilung dieser Summe, wie man erklärt, der Kontrolle des Exekutivkomitees unterliegt. »Wir unterstützen die ärmeren Verbände, wir geben ihnen Einrichtungen, Sportausrüstungen, Transportmittel, technische und administrative Hilfe«, sagt Johansson. Allein 25 Millionen Franken wanderten in den letzten Jahren in die Aufbauhilfe für Osteuropas Fußball. Trotz dieser wohltätigen Verpflichtungen blieb noch etwas übrig für das neue Hauptquartier im schweizerischen Nyon, das 44 Millionen Franken teure »Haus des europäischen Fußballs«: Ein dreistöckiger Büropalast am Genfer See, mit Hörsaal, Sitzungsräumen, Fitneßraum und Arbeitsplätzen für 110 Personen. Der Bau, der 1999 eingeweiht werden soll, symbolisiert den Aufbruch der UEFA in die weite Fußballwelt. Denn 1999 will Lennart Johansson längst schon Chef des Weltverbandes FIFA sein.

Daß im Zusammenhang mit der Champions League von Anfang an nur über Geld geredet wurde, macht durchaus Sinn. Zum einen wollte sich die UEFA mit ihren »gläsernen Kassen« (Eigenwerbung) deutlich vom undurchsichtigen Geschäftsgebaren der FIFA abgrenzen, zum anderen mußten den Nationalverbänden und Klubs, die sich lange Zeit nicht mit der Eliteliga anfreunden mochten, die Änderungen am Europacup der Landesmeister mit vielen Millionen schmackhaft gemacht werden. So zieht man also immer zu Saisonende Bilanz: Auf einer Doppelseite des Verbandsorgans *UEFA flash* wird für die Medien akribisch aufgelistet, wer wieviel verdient hat.

Am Anfang aber stand die Idee. Und die stammte von Klaus-Jürgen Hempel und Jürgen Lenz, zwei der cleversten Marketender des internationalen Sports (vgl. Kapitel »Der Strippenzieher«). Nachdem sie die ISL gegen eine Entschädigung in siebenstelliger Höhe verlassen hatten, gingen sie für einige Wochen in Klausur, wo sie ihren Plan – die zentrale Vermarktung des lukrativsten europäischen Vereinswettbewerbs – entwickelten. Die Zeit war günstig, denn die privaten Fernsehstationen waren dabei, sich auf den wichtigen Märkten europaweit zu etablieren und gierten nach dem Quotenrenner Fußball. In der UEFA hatte Johanssons Garde 1990 die Macht übernommen, mit dem groben Ziel, die Wettbewerbe zu reformieren und aus der Attraktivität des Weltsports Nummer eins mehr Kapital zu schlagen. »Wir rannten damals offene Türen ein«, sagt Jürgen Lenz – nicht nur bei der UEFA, auch beim Fernsehen und bei potentiellen Sponsoren, die nach »langfristigen Konzepten mit klaren Rechten« dürsteten. Die Idee klingt heute banal, doch noch vor wenigen Jahren war sie genial – »ein Paradebeispiel für die Verflechtung wirtschaftlicher und sportlicher Interessen«, wie Werder Bremens Manager Willi Lemke später kommentierte. Hempel und Lenz gründeten die TEAM (*The Event Agency & Marketing*) AG und verwerteten im Auftrag der UEFA die Fernseh- und Sponsorenrechte am neu geschaffenen Gebilde Champions League. »Wir kauften nicht die Rechte aus, sondern gaben der UEFA ein Modell, bei dem sie weiterhin die Oberaufsicht hatte.« TEAM kreierte eine Corporate Identity für den Wettbewerb, mit einem

Logo, das noch in entlegendsten Ecken der Stadien plaziert wird, mit frommen Reden, mit streng reglementierten Ablaufplänen und einer Hymne, die den Fußball allein per Klangteppich »auf einen höheren Stern« hebt, wie Hempel glaubt.

Die Verbandsfunktionäre sorgten für ein – mehrfach umgemodeltes – System, in dem das Zufallsprinzip weitgehend ausgeschaltet wurde. Nicht mehr länger sollte das Los schon in den ersten Runden des Herbstes prominente Teams aus den führenden Fußballnationen England, Frankreich, Italien, Spanien und Deutschland zusammenführen. Aus diesen fünf Ländern werden schließlich mehr als 80 Prozent der Fernseh- und Werbemillionen akquiriert. Also wurde das traditionelle Reglement verändert und Gruppenspiele eingeführt, wo sich eine oder manchmal auch zwei Niederlagen verschmerzen ließen. Diese Konstellation sorgte zwar oft genug für gähnende Langeweile, doch die TEAM-Leute konnten die Geldgeber mit netten Offerten (»garantierte Beteiligung der Klubs aus den wichtigsten europäischen Märkten«) umgarnen.

Schon zu jener Zeit gab sich UEFA-Präsident Johansson keine Mühe, die Mechanismen zu leugnen. »Nicht nur die TV-Stationen beklagten, das Produkt Champions League sei nicht so attraktiv wie gewünscht. Es gebe zu viele unbekannte Vereine dabei. Es gilt deshalb, eine Möglichkeit zu finden, mehr renommierte Mannschaften zu präsentieren«, sagte Johansson Anfang 1996. Ein halbes Jahr später wurde beschlossen, den elitären Zirkel von 16 auf 24 Mannschaften zu erweitern und auch den Meisterschaftszweiten der acht besten Nationen die Teilnahme zu ermöglichen. Damit begegnete die UEFA auch den Drohungen großer Vereine, die zuvor laut über eine Europaliga und notfalls auch über eine Abspaltung von der UEFA nachgedacht hatten. Zu jenen Schreihälsen gehörte auch Bayern Münchens Präsident Franz Beckenbauer, der die Champions League jahrelang als Plaudertasche im RTL-Studio begleitete. Beckenbauer ist kein Freund der Kleinen. Als etwa der norwegische Meister Rosenborg Trondheim im Herbst 1996 den schwächelnden AC Mailand verdientermaßen aus dem Wettbewerb warf und ins Viertelfinale einzog, konnte er seinen Ärger kaum unterdrücken: »Normalerweise gehören die nicht dahin.«

»Die Zeit vor der Champions League war eine Zeit des Pferdehandels, des schnellen Deals, ohne Qualität und Kontinuität.« Jürgen Lenz glaubt, er habe mit der Meisterliga »bleibende Werte« geschaffen. Dabei erscheint das Spiel auf dem Rasen oft genug nur als Beiwerk einer Komplettpräsentation von Sponsoren. Interviews müssen angemeldet werden; nach Spielschluß blenden sich die Fernsehsender aus und berieseln die Zuschauer mit Werbung; in der Zwischenzeit haben sich die Emotionen gelegt, und wenn dann

Trainer und Spieler ihre Statements vor der Sponsorenwand abgeben (ohne Logos im Hintergrund geht kein Wort über den Bildschirm), geht schon mal »die Spontaneität flöten«, wie ein RTL-Produktionsleiter erklärte. Alle Bilder werden von den TEAM-Leuten aus ihrer Schaltzentrale in Luzern überwacht. Jede Verfehlung wird geahndet, jede Sekunde der Werbeeinblendungen protokolliert. So funktioniert die moderne Fußballwelt. Das ist zwar manchmal bedauerlich, wenn man etwa an die stundenlangen RTL-Übertragungen denkt. »Doch wir hatten keine andere Wahl«, erklärt UEFA-Generalsekretär Aigner. »Wenn wir nicht die Kontrolle übernommen hätten, dann hätte es ein anderer getan. Aber sicher nicht zum Wohle des Sports.« Medienmulti Silvio Berlusconi, der Besitzer des AC Mailand, wollte das Geschäft damals an sich reißen. Außer TEAM hatte es sieben weitere Bewerber gegeben.

Wirtschaftlich hat das Gebilde Champions League »erheblich mehr Wert als die Summe seiner Einzelteile«, sagt Lenz. Bei solchen Aussagen werden gewöhnlich die Sittenwächter der Wirtschaft hellhörig. »Die Summe bringt mehr als die Einzelteile? Typisch Kartell«, erklärt Susanne Parlasca, Regierungsrätin im Bundeskartellamt in Berlin. Sie hat in ihrer 1993 erschienenen Doktorarbeit »Kartelle im Profisport« Grundlagenarbeit zu dieser Thematik geleistet. Mit der eventuell bedenklichen kartellrechtlichen Seite der Champions League befaßt sich die EU-Kommission in Brüssel. Doch weder TEAM-Manager Lenz (»keine Gefahr«) noch UEFA-Präsident Johansson (»die zentrale Vermarktung schadet nicht dem Solidaritätsprinzip des Wettbewerbs«) glauben, daß die Kartellrechtler ihre Liga stoppen werden. Das Thema war akut geworden, weil das Bundeskartellamt dem Deutschen Fußballbund die zentrale Vermarktung der Spiele deutscher Mannschaften im UEFA-Pokal und im Europapokal der Pokalsieger untersagt hatte, was das Bundesverwaltungsgericht im Dezember 1997 bestätigte (Dazu mehr im Kapitel »Die Zerreißprobe«).

Noch also preist der in Bremen aufgewachsene Lenz das von ihm entworfene TV- und Sponsorenpaket: »Davon profitieren schließlich alle Vereine. Auch nach Osteuropa fließt viel Geld.« Vielleicht könnten die Topvereine wie der AC Mailand, Real Madrid, Manchester United, Juventus Turin oder Bayern München noch mehr Millionen aus dem Wettbewerb scheffeln, würden sie ihre Rechte in Eigenregie vermarkten. Doch momentan versucht das niemand ernsthaft, denn die Champions League ist lukrativ genug – wenn man nur dabei sein darf. Dabei war dem Projekt zu Beginn von allen Seiten prophezeit worden, »in einem Jahr pleite zu sein«, wie sich der Rheinländer Hempel erinnert. Die Sicherheiten für die ersten beiden Spielzeiten (145 Millionen Schweizer Franken) trieben Lenz und Hempel beim

Puddingkoch Arend Oetker und dem Industriellen Otto Wolff von Amerongen auf, die sich für das Konzept begeistern konnten und seitdem je ein Viertel der TEAM-Anteile halten. Damals haben vor allem die deutschen Funktionäre gewettert über die Europapokalreform – vor allem in den ersten drei Jahren, als sich der 1. FC Kaiserslautern und der VfB Stuttgart überhaupt nicht für die Endrunde qualifizieren konnten und Werder Bremen später nur den Punktelieferanten gab. Folglich stimmten auch die Einschaltquoten des Fernsehsenders RTL noch nicht, und überhaupt war »alles Käse«, wie Bayern Münchens Manager Uli Hoeneß befand. Letzterer betonte auch immer wieder, in Eigenregie viel mehr vom Meistercup profitieren zu können als unter der Fuchtel der UEFA. 1995 kassierten die Bayern dann für das Erreichen der Halbfinals mehr als 17 Millionen Mark. Und alles war gut. Inzwischen, sagt Hempel, habe Hoeneß sogar »den Mut gehabt«, der UEFA schriftlich zu versichern, »daß er sich verschätzt« habe.

Als dann im August 1996 beschlossen wurde, die Eliteliga von 16 auf 24 Mannschaften zu erweitern (gültig ab 1997/98), zeterte der nächste Deutsche drauflos. Diesmal orakelte Multifunktionär Gerhard Mayer-Vorfelder über eine gefährliche »Wendemarke im europäischen Fußball«. Wie immer, wenn Veränderungen anstehen, die er nicht selbst herbeiführt, beschwor Mayer-Vorfelder große Gefahren wie etwa eine Verringerung der Sponsoren- und Fernsehgelder auf dem heimischen Markt. »Wir sind dagegen, weil dies einer Abstufung unserer Bundesliga gleichkommen würde«, sprach Mayer-Vorfelder, und der DFB-Marketingdirektor Wilfried Straub unterstützte ihn mit dem nötigen Zahlenwerk: Etwa 55 Millionen Mark würden der Bundesliga allein an Zuschauereinnahmen verlorengehen, wenn ab dem Herbst 1997 sowohl der Deutsche Meister als auch der Zweitplazierte im europäischen Championsgeschäft kickten.

An diese Klagen konnte man sich bald nicht mehr erinnern. Insbesondere Mayer-Vorfelders Aussagen weisen eine bekannt geringe Halbwertszeit auf. So war der DFB-Vize schon wenige Monate später todtraurig, daß sein VfB Stuttgart hinter Meister Bayern und Leverkusen die Qualifikation verpaßte. Leverkusens Manager Reiner Calmund, der immer gewettert hatte, als er sich noch den kleinen Vereinen zugehörig fühlte, frohlockte im Dezember 1997 über den Einzug ins Viertelfinale und über die Einnahmen von 20 Millionen Mark – sowie über »den weltweit gigantischen Imagegewinn« im »wichtigsten Wettbewerb des Fußballs«. Und dem Ligadirektor Straub sei vielleicht ein Taschenrechner empfohlen: Obwohl in der Saison 1997/98 gleich drei deutsche Vereine (Titelverteidiger Borussia Dortmund war automatisch qualifiziert) in der Champions League beschäftigt waren, hatte dies keinerlei negativen Einfluß auf die heimischen Besucherzahlen. Ein Verlust von 55 Millionen Mark, wie Straub vorhergesagt hatte? Nach den ersten zwanzig Spieltagen der Saison meldeten die Bundesligavereine einen erhöhten Andrang an den Kassenhäuschen, wie üblich in den vergangenen Jahren, seit Sat 1 mit seiner ran-Sendung das Zepter übernommen hatte. Auch die Sponsoreneinnahmen der Liga waren gestiegen.

In den ersten Champions-League-Spielzeiten wurde die Runde der letzten 8, nach den im traditionellen Modus gespielten ersten Runden, noch in zwei Vierergruppen gespielt, wobei die beiden Gruppenersten das Endspiel bestritten. Zur Saison 1994/95 erweiterte man das Endrunden-Feld auf sechzehn Mannschaften, von denen die besten acht wenigstens ab dem Viertelfinale wieder im K.o.-System kämpften. Derzeit funktioniert die 24er Liga so: Gesetzt sind der Titelverteidiger und die Meister jener acht Ländern, die in der UEFA-Rangliste ganz oben stehen. Die restlichen 15 Mannschaften werden in Ausscheidungsspielen zwischen den Vizemeistern der besten acht Länder und den Meistern der in der Rangliste folgenden Nationen ermittelt. Dann geht es in sechs Vierergruppen ans Werk. Die Gruppenersten und die beiden besten Gruppenzweiten stehen im Viertelfinale. Viel Statistik also, ein wahrer Zahlensalat. Es handelt sich dabei um das große Einmaleins des Fußballs. Für kleine Nummern ist da kein Platz mehr.

Der Modus dieser Liga der Moderne ist so kompliziert, daß sich die UEFA manchmal selbst nicht zurechtfindet. Denn nachdem sich 1997 gleich drei deutsche Teams (Titelverteidiger Dortmund, Meister Bayern München und Vizemeister Leverkusen) qualifizierten und auch noch geschlossen ins Viertelfinale einzogen, hieß es in der UEFA-Zentrale: »Sorry, wir haben uns verzählt. Mit dieser Dominanz konnten wir nicht rechnen. Wird sofort korrigiert.« Demnächst also soll aus dem Land des Champions-League-Siegers nur noch eine weitere Mannschaft mitmischen dürfen. Das alles war sogar der Stimme der Champions League zuviel, dem RTL-Reporter Marcel Reif: »Die Champions League ist ein genialer Marketingschachzug – gewesen. Jetzt ist der Wettbewerb verwässert. Es spricht nicht für die Macher, die sagen: Oh, drei deutsche Vereine, das haben wir nicht bedacht. Ich sage nicht mehr, das ist das einzig Wahre, weil ich keine Lust habe, mich dafür prügeln zu lassen.«

Ob »das Wahre« oder nicht: Die Macht der Moneten hat obsiegt. Die Champions League spielt in der Saison 1997/98 etwa 360 Millionen Schweizer Franken ein. Allein Borussia Dortmund hat in den vergangenen drei Jahren umgerechnet etwa 60 Millionen Mark verdient (dazu kommen noch die Einnahmen aus dem Ticketverkauf), allein im Siegerjahr 1996/97 waren es exakt 21,675 Millionen Schweizer Franken. Jede Mannschaft erhielt einen Sockelbetrag von zwei Millionen Franken, eine Punktprämie von

1,1 Millionen, dazu Gelder aus dem Fernsehpool sowie für die Qualifikationen zum Viertelfinale (2,8 Millionen), Halbfinale (drei Millionen) und für das Endspiel (vier Millionen). Zum Vergleich: Weltmeister Brasilien wurde 1994 in den USA von der FIFA mit 6,2 Millionen Franken belohnt. Europameister Deutschland nahm 1996 aus England 13,5 Millionen Mark mit nach Hause.

Die Agentur TEAM hält den Sponsorenkreis bewußt klein und damit exklusiv. Als 1997 zwei der acht Partner (*Reebok*, *Philips*) ausstiegen, kauften sich sofort *Sony* und *Ferrero* ein. Und um »das Produkt nicht zu verwässern«, wie Hempel sagt, soll es bei acht Sponsoren bleiben. Deshalb hat TEAM einigen interessierten Weltfirmen bereits eine Absage erteilt. So erklärt Klaus-Jürgen Hempel stolz:»Wir haben eine Situation, von der wir in unserem Job 20 Jahre geträumt haben: Wir sind bis zum Jahr 2000 ausverkauft.«

Doch kaum haben sich die Deutschen mit dem einst ungeliebten Wettbewerb angefreundet, kursieren schon wieder Pläne über eine Veränderung der Königsklasse. Statt in sechs Vierergruppen soll in vier Sechsergruppen gespielt werden. Die Gruppensieger treffen sich dann an einem Ort zu einem fünftägigen Finalturnier – zum Final Four (zwei Halbfinals und ein Endspiel) also, was man aus dem amerikanischen College-Basketball kennt. Dort garantieren die Final-Four-Turniere gigantische Einschaltquoten, Städte reißen sich um die Ausrichtung der Spiele, der finanzielle Output so einer Veranstaltung ist enorm. Das Finale im Quartett würde zwar wegen der Sechsergruppen den Trend zum Taktieren und zur gähnenden Langeweile weiter verstärken, wäre aber irgendwie auch der nächste logische Schritt. Denn Hempel und Lenz, die geistigen Väter der Champions League, haben sich schon immer gern in Amerika umgeschaut. 1998 flogen sie, nicht zum ersten Mal, nach San Diego zum Endspiel im American Football, zur sogenannten Super Bowl. Eine Studienreise sozusagen. Als Europäer muß man sich immer gut informieren. So richtungsweisend das Konzept der zentralen Vermarktung von Fernseh- und Marketingrechten, das Hempel und Lenz für die UEFA entwarfen, für den alten Kontinent auch gewesen sein mag – in den Profiligen Nordamerikas ist so etwas ein alter Hut.

Kommen wir zu jenem Mann zurück, der die Champions League gefördert hat wie kein Zweiter. Zu Lennart Johansson. Die Bedeutung des Schweden im Weltfußball wuchs parallel zum finanziellen Erfolg der Meisterliga. 1993 hatte FIFA-Generalsekretär Joseph Blatter zwar noch beklagt, daß durch die Champions League »die Reichen noch reicher und die Armen noch ärmer werden«, was genau das Gegenteil der Zielsetzung der FIFA sei – aber bald war Johanssons Profitcenter in den Augen der Mächtigen des Fußballbusineß über jeden Zweifel erhaben. Der UEFA-Präsident argumentierte zunehmend mit großen, schwarzen Zahlen, weil diese Sprache von jedem seiner Funktionärskollegen verstanden wurde. Und weil ein großer Teil der Einnahmen erkennbar in die Aufbauhilfe Osteuropa floß. Johanssons These: Die FIFA brauche eine neue Führung, weil »sie die veränderte Marktsituation nicht erkannt und den Fußball unter Wert verkauft« habe. Die Europameisterschaft 1988 in Deutschland brachte einen Erlös an Fernseh- und Werberechten von 14 Millionen Schweizer Franken. 1990 übernahm Johansson den europäischen Verband als Nachfolger des Franzosen Jacques Georges. Bei der EM 1992 in Schweden waren es bereits 41 Millionen, in England sollten es 1996 sogar 124 Millionen Franken werden. (Die Europameisterschaften werden von der ISL vermarktet). Dazu kommen die imposanten Ergebnisse der Champions League. »Das entscheidende dabei ist nicht allein, daß viel Geld im Spiel ist,« sagt TEAM-Chef Jürgen Lenz, »entscheidend ist, daß man nachvollziehen kann, was mit dem Geld passiert. Da ist die UEFA Vorreiter der anderen Verbände, wo es manchmal noch so sein mag, daß das Geld zwar durch sechs Hände geht, aber nicht beim Fußball ankommt.«

Zwangsläufig warf der wirtschaftliche Erfolg der Ära Johansson ein paar peinvolle Fragen an die FIFA-Zentrale auf. Was hatte man dort eigentlich auf die Beine gestellt? Der unmittelbare Vergleich fiel fast schon rufschädigend aus. Die FIFA, die ja aufgrund ihrer geringeren laufenden Beschäftigung über viel mehr Zeit zum Sondieren von Märkten und zum Entwerfen von Visionen verfügt, mußte darauf warten, daß eine ziemlich karge Periode ablief. Schon 1987 hatten Havelange, Blatter und der mexikanische Fernsehmogul Guillermo Canedo ihre Fernsehrechte an drei Weltmeisterschaften (von 1990 bis 1998) für etwas schlappe 340 Millionen Franken verkauft – für 1998 holte man sich bei den Fernsehstationen dann noch einen Nachschlag. Nach Insiderschätzungen soll die Marketingfirma ISL schon an der Endrunde 1990 in Italien besser verdient haben als die FIFA. Solche Entwicklungen dürften nicht ganz im Sinne des Sports sein. Verbunden mit dem diktatorischen Gehabe des FIFA-Präsidenten einerseits und dem übersprudelnden Finanzquell der UEFA andererseits ließen sie den Unmut unter den nationalen Verbänden wachsen.

So ergab sich fast automatisch eine spannende Konstellation: Der wirtschaftlich überaus erfolgreiche, aber lange Zeit unsicher agierende und zaudernde Schwede Johansson gegen den kalten Solisten Havelange. Auf seine Glaubwürdigkeit ließ sich Johansson sogar festlegen. Statt, wie unter echten Dinosauriern so beliebt, in vertraulichen Einzelgesprächen mit kleinen Vergünstigungen ganz eng am Funktionär für sich zu werben, packte er sein

Demokratieverständnis in umfängliche Planpapiere: »Vision I« und »Vision II« heißen sie und propagieren neben Grundtugenden wie offene Diskussionen, transparente Buchführung und unabhängige Kontrollinstanzen sogar so weitreichende Forderungen wie eine Rotation der WM-Austragung und der FIFA-Präsidentschaft alle vier Jahre unter den großen Kontinentalverbänden. Und natürlich wurde die FIFA-Spitze aufgefordert, die Weltmeisterschaften künftig besser zu vermarkten.

Man sagt Johansson nicht unbedingt nach, daß er eine charismatische Persönlichkeit sei. Der Sohn eines Zimmermanns, der von 1980 bis 1989 in den Leitungsgremien des *Forbo*-Konzerns saß, eines Innenaustatters mit Milliardenumsätzen, weiß jedoch das Wort Arbeit zu schätzen. Er ist kein Mann falscher Eitelkeiten (»ich nehme mich selbst nicht zu wichtig«), sondern ein aufmerksamer Zuhörer mit einem sehr guten Gedächtnis. Vor allem aber fehlen in seiner Vita belastende Schatten, die vielen Fragwürdigkeiten und erkennbar dunkle Flecken, die es bei den derzeit herrschenden Weltsportführern ja noch reichlicher zu bestaunen gibt als das unvermeidliche Ordenslametta. Einer wie Johansson – Typ netter Onkel, manchmal auch tolpatschiger Bär – strebt die FIFA-Präsidentschaft nicht mit schwülstigem Festpathos, sondern mit einfachen Worten an: »Vom wirtschaftlichen Volumen her repräsentiere ich als UEFA-Präsident 90 Prozent des Weltfußballs. Die Leute kennen mich seit 40 Jahren. Sie wissen, wofür ich stehe. Ich sehe mich als Kapitän eines Teams, ich arbeite nach demokratischen Prinzipien.«

Das wäre immerhin genau das Führungsverständnis, das der Weltsport am Ende des Milleniums dringend benötigt. Nichts könnte die Alleinherrschermentalität der Samaranch, Nebiolo und Konsorten wirkungsvoller entlarven als ein plötzlich nach allen Regeln der Transparenz und Kontrolle geführter Fußballweltverband, der sich beständig als Vergleichsmodell heranziehen läßt.

Roter Oktober
Väterchen Havelanges Säuberungsaktion

In der FIFA rumpelte und rumorte es. Und Joao Havelange geriet zunehmend unter Beschuß. Der Patriarch wirkte nun auch körperlich zunehmend gebrechlich. Kein Wunder, einen Großteil seiner Zeit verbrachte er im Flugzeug. Laut Selbstauskunft war und ist er noch immer an die 300 Tage pro Jahr auf Achse, von rund 600 Kommissionssitzungen in den ersten 20 Jahren der Amtszeit hatte er nur vier oder fünf verpaßt – wie zum Beweis geistiger Frische rasselt er den Journalisten gern alle anstehenden Terminkalender-Daten bis hin zu den Flugzeiten auswendig herunter. Und wofür der ganze Streß? »Für die Jugend opfere ich viele Stunden und unternehme zahlreiche Reisen. Sie hat ein Recht darauf, vom Sport geleitet zu werden.« Da kann man als oberster Fußballführer auch verlangen, wie bei einem Besuch des WM-Organisationskomitees in den USA, daß man auf dem New Yorker JFK-Flughafen per Limousine von einem Terminal zum anderen chauffiert wird. Und vielleicht lag es an all diesen Reisestrapazen, daß er sich schließlich für sein neues Regierungsprogramm einen sehr bedeutenden Punkt zurechtlegte: »Zunächst soll jeder der 191 Mitgliedsverbände der FIFA ein Faxgerät bekommen, damit alle an unseren Überlegungen teilnehmen können. Eine Investition, die dringend erforderlich ist.« Könnte helfen, Meilen zu sparen.

Gelegentlich haperte es auch, wie bei einem FIFA-Empfang im März 1994 in New York, mit der Wahrnehmung. Dort registrierte die Gouverneurin von New Jersey verdutzt, daß sie vom obersten Boß dieser seltsamen Sportart Soccer gleich dreimal mit »Monsieur« angeredet worden war. Das ist nicht ungewöhnlich bei einem Mann in den Achtzigern, zumal, wenn der seinem Körper die allerletzten Reserven abverlangt. (Drei Jahre später, beim Besuch eines neuen Ausbildungszentrums des Fußballklubs Servette Genf, lobte er das Engagement seiner Gastgeber für geistig Behinderte. Alles schwieg betreten.) Auch das kann passieren. Muß aber nicht unbedingt. Zwar läßt sich Havelange nach eigenem Bekunden alle vier Monate Blut und Blutgefäße untersuchen, schaut er überdies halbjährlich zum medizinischen Rundum-Check bei seiner rumänischen Ärztin in Rio de Janeiro vorbei.

Doch konnte das Vorsorgeprogramm nicht verhindern, daß er 1992 die Olympischen Sommerspiele in Barcelona nach einem Schwächeanfall Richtung Schweiz verlassen mußte, um sich dort einer blutdrucksenkenden Behandlung zu unterziehen. Für die folgenden Monate zog er sich sogar weitgehend aus den Amtsgeschäften zurück. Alles nicht ungewöhnlich für einen Herrn in schon gesegnetem Alter. Andererseits aber begriff sich die FIFA als ein dynamischer, beständig prosperierender Weltkonzern, weniger als Seniorenheim. Die Frage, die nun mehr und mehr im Verband diskutiert wurde, lautete daher: Ließ sich die erste erkennbare Schwächeperiode des alten Mannes als ernste Verfallserscheinung interpretieren?

Das Raunen schwoll an in den Wandelgängen. Und es brach erstmals aus in laute Proteste gegen den Herrscher, als der höchstpersönlich einen weltweit diskutierten Eklat bei der Auslosung zur Weltmeisterschafts-Endrunde 1994 in den USA provozierte. Es war, zumindest für die breite Öffentlichkeit, das erste echte Coming Out des selbstherrlichen Fußballfürsten: Im Kongreßzentrum von Las Vegas, kurz vor der live in alle Welt übertragenen Ziehung der WM-Gruppenteilnehmer, strich Havelange, wie erwähnt, das Fußball-Idol Pelé von der Liste seiner persönlichen Bekannten. Und damit auch aus dem Programm – den leidenschaftlichen Protesten der Fußball-Ehrengäste aus aller Welt zum Trotz. Der Vorgang war nicht nur höchst peinlich, sondern rufschädigend für den Fußball, der ja just in den USA Fuß fassen wollte. Pelés Name war der einzige, den viele Amerikaner mit diesem kuriosen Soccer verbinden konnten – eine gute alte Erinnerung, die auf des Weltstars Zeiten bei Cosmos New York zurückging.

Von den Einzelheiten des Zerwürfnisses mit seinem dunkelhäutigen Landsmann war im Kapitel »Eine schrecklich nette Familie« bereits die Rede. Und anders als Havelange sahen dessen liebe FIFA-Freunde in diesem Falle keinen Anlaß, sich über Pelés Korruptionsvorwürfe an die Adresse des Funktionärskollegen Ricardo Teixeira zu empören. Obwohl: Eigentlich hätte man das doch erwarten müssen. Immerhin war Teixeira zu diesem Zeitpunkt dank familiärer Fürsprache des Patriarchen längst für das ins FIFA-Exekutivkomitee ausersehen, und zwar als Vizepräsident. Sollte man nicht einem neuen Kollegen, der öffentlich der versuchten Vorteilsnahme an FIFA-eigenen Gütern bezichtigt wird, nämlich bei den WM-Fernsehrechten für Brasilien, sollte man diesem in Bedrängnis geratenen Mitstreiter nicht erst einmal kräftig den Rücken stärken? Nein, hieß es in der Exekutive. Seltsamerweise wollte niemand eine Lanze brechen für den armen Eidam. Alle droschen plötzlich ein auf Havelange, den Haustyrann. Den Mann mit dem unseligen Hang zur Vetternwirtschaft, mit dem unerträglich autoritären Führungsstil. Und überhaupt, so erinnerten sich nun auch wieder viele Medien: War ihm nicht schon seit jeher vorgeworfen worden, er nutze seine Macht auch zur Selbstbereicherung?

Es roch nach Umsturz. Schon seit einiger Zeit hatte sich etwas zusammengebraut – nicht nur in den Kontinentalverbänden, die ihre Schlachtreihen zu ordnen begannen, sondern auch in der FIFA-Zentrale selbst. Dort wurde plötzlich über das Finanzgebaren des Präsidenten getuschelt. Havelanges Privatbüro in Rio de Janeiro mit seinen paar Mitarbeitern verschlang erstaunliche Summen. Und Joseph Blatter, der Generalsekretär, ließ zum ersten Mal im Finanzplan des Weltverbandes das Budget des Präsidenten gesondert ausweisen. Selbst die Fachleute vom *Wallstreet Journal* staunten, als sie die Zahlen sahen: »Das Organisationsbudget stellt eine Million Franken jährlich bereit für die Aktivitäten des Präsidenten, obwohl der als Ehrenamtlicher firmiert.« In der FIFA-offiziellen »Einnahmen- und Ausgabenrechnung 1994/1995«, vorgelegt beim 50. Kongreß am 3./4. Juli 1996 in Zürich, finden sich unter dem Posten »Aktivitäten des Präsidenten«, aufgeschlüsselt in die drei Unterpunkte »Kosten, Sekretariat«, »Reisen, lokale Transporte« sowie »Hotel und Einladungen« satte Beträge: 1,115 Millionen Schweizer Franken verbrauchte der Chef im Haushaltsjahr 1994, im Jahr darauf 1,089 Millionen; sein Etat-Voranschlag für die Vierjahresperiode 1994 bis 1997 belief sich auf 4,094 Millionen Franken. Setzt man den Einnahmen-Voranschlag des FIFA-Gesamthaushaltes 1994–1997 von 101.885.000 Franken dagegen, ergeben sich rund vier Prozent aus der Gesamtsumme für die präsidialen Aktivitäten. Denen sind, wohlgemerkt, keinerlei Kosten der »Allgemeinen Administration/Finanzen« zugeordnet. Die wiederum hatte in den Haushaltsjahren 94/95 kräftig hingelangt: Die 17.269.500 Franken, die im Voranschlag für 94 bis 97 eingestellt sind, wurden bereits bis 1995 mit insgesamt 17.604.768 Franken übertroffen. In solchem Kontext nahmen sich die 340 Millionen Dollar, die man für die Fernsehrechte an den Weltmeisterschaften 1990, 1994 und 1998 erlöst hatte, etwas popelig aus. Die Oppositon begann sich zu formieren. Und mittendrin tauchte plötzlich auch Joseph Blatter auf. Er war viel unterwegs in Europa, vorzugsweise in Ländern mit Exekutivmitgliedern. Italien, Dänemark, Rußland. Hatte das etwas zu bedeuten?

Darüber, welche Rolle Blatter in jener stürmischen Zeit spielte, gehen die Darstellungen bis heute stark auseinander. Der Generalsekretär behauptet, daß er sich niemals selbst als Kandidat angeboten habe. »Die UEFA hat bei mir nachgefragt, ob ich ein Kandidat wäre. Ich war zweimal beim Exekutivkomitee der Europäer. Beim ersten Mal habe ich klar nein gesagt, beim zweiten Mal in Holland habe ich gesagt, wenn ihr meint, daß das eine Lösung für den Fußball wäre. Aber das hat sich ja dann zerschlagen.« Zerschla-

gen hatte es sich in der Tat. Nur haben die Teilnehmer jener UEFA-Exeku-
tivsitzung im niederländischen Nordwijk Anfang März 1994 den Ablauf
ganz anders in Erinnerung behalten. Ellert Schramm zum Beispiel, der is-
ländische Verbandsdelegierte, sagt: »Blatter hatte sich selbst angeboten als
Präsidentschaftskandidat. Er sagte, wenn sie mich alle unterstützen, würde
ich Kandidat sein. Die Leute waren etwas überrascht über die Offenheit, mit
der er auftrat. Aber er wurde abgelehnt. Ich weiß es deshalb so genau, weil
ich daraufhin selbst gesagt habe, wir sollten uns vielleicht nicht über den
Präsidenten unterhalten, sondern über seinen illoyalen Generalsekretär. Er
bekam keine Unterstützung.« Egidius Braun, der Präsident des Deutschen
Fußball-Bundes, bestätigt Schramms Version. »Als Havelange 1993 gesagt
hatte, er kandidiere nicht mehr, war dies das Signal für uns. Mein Freund
Lennart Johansson beriet sich mit mir, aber ich riet ihm, tue dir das nicht an.
Nur er war bereit, sich zu stellen – und dann hatte sich auch Blatter gemeldet. Aber dem sagten wir, es kann nicht sein, daß sich der Generalsekretär
gegen seinen Präsidenten stellt.« Dies genau war es dann auch, was Blatter
den Journalisten, vor und nach der Sitzung von Nordwijk, immer wieder erklärte: »Ich kandidiere nicht gegen Doktor Havelange.«

Dummerweise aber war dem großen Vorsitzenden ebenfalls die andere
Version des Kandidatenschachers zu Ohren gekommen. Indigniert hielt er
das Ungeheuerliche fest: »Herr Blatter kam 1975 zur FIFA. Ich übertrug ihm
Verantwortung und beförderte ihn auf seinen gegenwärtigen Posten. Er leistete außerordentliche Arbeit. Doch in den vergangenen Monaten gab es ge-
wisse Machenschaften mit dem Ziel, Herrn Blatter zum Präsidenten der
FIFA zu küren. Das hätte sich nicht hinter meinem Rücken abspielen dürfen.
Ich hätte eigentlich Loyalität erwartet.« Havelange mußte also die Palastre-
volution fürchten. Das Verhältnis zu Blatter verdüsterte sich – so sehr, daß
Insider zu fürchten begannen, den Generalsekretär könne nach einer Wiederwahl Havelanges dasselbe Schicksal ereilen wie seinen Vorgänger und
Ex-Schwiegervater Helmut Käser (die Ehe mit dessen Tochter Barbara
bestand nicht mehr). Schon dampfte die Gerüchteküche, in Fachmagazinen
wurde der Generalsekretär des asiatischen Fußballverbandes, Peter Velappan, als Nachfolgekandidat gehandelt. Auch Egidius Braun vernahm das
Donnergrollen aus dem Thronsaal, und vorsichtshalber erklärte er: »Wenn
einer wie Blatter ginge, wäre das ein Riesenverlust für den Fußball in der
Welt.« Falls Havelange die Wahl gewinnen sollte, wollten er und seine Mitstreiter dafür sorgen, daß der Präsident Blatter weiter seines Amtes walten
läßt.

Doch der Machtmensch Havelange tat in dieser Situation genau das Richtige – für sich. Es ging um seinen Kopf, deshalb hatte er nun, zu Beginn des

Wahl- und WM-Jahres 1994, andere Probleme, als sich öffentlich mit dem Generalsekretär zu balgen. Die Europäer nämlich hatten nach einigem Hin und Her beschlossen, Antonio Matarrese vorzuschicken – ein etwas stümperhafter Plan, denn den italienischen Verbandschef kannte noch kaum jemand außerhalb Europas näher. Trotzdem machte sich Matarrese guten Mutes und in aller Eile auf Stimmenfang. Sein erstes Ziel war Tunis. Dort trafen sich Mitte März beim Afrika-Cup sämtliche Kollegen des Schwarzen Kontinents zu einem Meeting ihres Verbandes CAF.

Havelange dachte natürlich mit. Und er hatte den Vorteil, daß er genau wußte, wie man ein Wahlvolk professionell organisiert. Ein guter Freund ging ihm bei dieser bedeutenden diplomatischen Arbeit zur Hand: Jack Warner, Präsident der CONCACAF, des Kontinentalverbandes für Nord- und Mittelamerika sowie für die karibischen Inseln. Der 54jährige aus Trinidad & Tobago hatte Havelange schon 1974 kennengelernt, damals war er noch Generalsekretär des Inselverbandes. Nachdem Warner ins CONCACAF eingerückt war, traf man sich häufiger. Der Insulaner wurde zu einem besonders treuen Weggefährten, nachdem er 1983 in die FIFA eingetreten und 1990 zum Kontinentalchef gewählt worden war. Und er macht bis heute keinen Hehl daraus, ein echter Fan des FIFA-Chefs zu sein. »Ich kann mir keinen Präsidenten nach Havelange vorstellen, der so gut wäre.« Das hatte er auch schon Anfang 1994 gedacht, als der FIFA-Boß in Bedrängnis geraten war. Also warf sich Jack Warner ins Geschirr mit allem, was er hatte. Das war nicht wenig, immerhin war er der Präsident einer Konföderation. »Ich wurde damals zu Havelanges stärkstem Befürworter«, erzählt Warner. »In Tunis, beim Meeting des afrikanischen Verbandes CAF, erklärte ich den Kollegen, daß nun sogar die Gefahr besteht, daß der Fußball in zwei Teile zerfällt. Denn wir werden Havelange immer helfen, er ist der beste Präsident.« Eine bemerkenswerte Drohung gegenüber den CAF-Kollegen. Und ziemlich unmittelbar bezog sie sich auch auf den armen europäischen Aufrührer Matarrese. (Womöglich war es dem in solch aufwühlenden Momenten doch ganz recht, daß ihn sowieso kaum einer kannte.)

Warners Holzhammertaktik mit der Androhung einer Spaltung des Weltverbandes zeigte aber auch, daß der fromme Einheitsgedanke, der laut Havelange stets über allem in der FIFA steht, nichts mehr gilt, wenn es um persönlichen Machterhalt geht. Seither gehören Spaltungsgedanken und -drohungen zum Repertoire bei FIFA-internen Konflikten. Auch die europäischen Funktionäre haben in ihren vielen internen Vorbereitungsgesprächen für den Wahltermin im Juni 1998 in Paris ernsthafte Ausstiegsszenarien für die UEFA entwickelt – allerdings nicht für den Fall, daß ihr Kandidat Johansson nicht durchkäme, sondern falls es neuerlich zu unsauberen Absprachen und Taktiken kommt und am Ende wieder ein Präsident die FIFA führt, den zwar kein zukunftsträchtiges Programm beseelt, dafür aber der eiserne Wille zur persönlichen Machtentfaltung. Zum Beispiel einer wie der alte Präsident selbst.

In Tunis jedenfalls zeigte Warners Drohung Wirkung. »Danach«, sagt der CONCACAF-Boß zufrieden, »zogen andere Kontinente mit.« Ins Boot stieg natürlich der südamerikanische Verband CONMEBOL. Trotzdem wollten Warner und Freunde nichts mehr dem Zufall überlassen: »Wir begleiteten Havelange nun überall hin und machten Lobby für ihn.« Den Rest besorgte der Präsident selbst. Bei einer Sitzung im April 1994 in Zürich mit allen Kontinentalverbänden, darunter auch den zaudernden Europäern, hinter verschlossenen Türen und ohne Protokollführer, nahm Havelange seine Pappenheimer ins Gebet. Dabei überwogen wie gewohnt die persönlichen Aspekte, die Performance gipfelte in der demagogischen Frage »Wollt ihr mich wegen Pelé aufhängen?«. Danach aber schloß er die Sünderlein in die Arme und erfreute sie mit seinem alten Kaninchen-aus-dem-Hut-Zauber-trick: Er versprach schon für 1998 die Aufstockung des WM-Turniers auf 32 Mannschaften. So durfte jeder der sechs Erdteilfürsten ein Geschenk mit nach Hause nehmen. Die Wiederwahl Havelanges erfolgte zwei Monate später in Chicago so, wie es guter Brauch ist in den Spitzenverbänden des Weltsports: Per Akklamation. Man klatschte, bis die Hände glühten. Die FIFA-Familie erhob sich dabei auch von ihren Sitzen. Doch nicht einmal die Stehovation vermochte dem großen Gewinner Havelange ein Lächeln aufs Gesicht zu zaubern. Für ihn war zwar eine Schlacht geschlagen, aber der Krieg noch lange nicht vorbei. Nur galt es, erst einmal die WM über die Bühne zu bringen. Havelange eröffnete sie auf Französisch, also in einer Sprache, die der gastgebende US-Präsident nicht verstand. Dann kümmerte er sich um das Wesentliche. Für seine private Entourage war hier wieder bestens gesorgt: Rund 200 muntere Gäste aus Brasilien, die zwar allerlei Protokollprobleme bereiteten, doch dafür waren ja die FIFA-Bediensteten da. Havelanges Freunde werden im Sprachgebrauch der FIFA-Diener auch »Court royal« genannt, der königliche Hof. Sie erhalten bei derlei wichtigen Veranstaltungen so ziemlich alle Rechte, in deren Genuß sonst nur die geladenen Ehrengäste, Staatsoberhäupter oder Konzernchefs, gelangen. Das Privileg schließt besondere Akkreditierungen ein, beste Plätze im Stadion und am Büffet, persönliche Betreuung seitens der Veranstalterorganisation oder der FIFA, alles First Class. Fehlen eigentlich nur die gepuderten Perücken. Manchmal kann es zu Irritationen kommen, wenn allzu kesse Schranzen am königlichen Hof sich aufgrund der großen Nähe zum Geschehen auch noch in Dinge des Verbandes einzumischen versuchen. Havelange

selbst empfindet die Entwicklung offenbar als unproblematisch. Ein Hof-
staat gehört eben dazu für einen echten Herrscher, das darf ruhig jeder sehen – und spüren. Wie die vier hochrangigen Politiker aus Schweden, die
das WM-Halbfinale Brasilien – Schweden in Los Angeles von der normalen
Tribüne aus verfolgten. Die Ehrentribüne war schon voll, dort lärmten die
Hundertschaften des Hofes.

Was würde sich entwickeln lassen aus dieser WM? Havelange hatte
natürlich sehr auf das Geld, das er für die Bedürftigen umverteilen wollte,
gehofft, als er die USA für dieses Turnier vorgeschlagen hatte. »Amerika besteht aus 50 Bundesstaaten«, hatte er gesagt, »jeder ist so groß wie ein ganzes Land. Und jeder ist reich.« Es wurde also höchste Zeit, daß der Fußball
dieses Traumland endlich kolonialisierte. Andererseits war das Fußballtur-
nier in den Staaten ursprünglich gar nicht seine Idee gewesen. Pelé hatte
diese Vorlage viel früher gegeben. Also hatte Havelange den Streit mit dem
Aufrührer in der Heimat bald wieder für beendet erklärt. »Es war, wie wenn
ein Kind den Respekt gegenüber seinem Vater vermissen läßt«, so spielte
Havelange die Beziehungspanne gegenüber den unbarmherzig nachfragen-
den Medienleuten bald mit ungeheurer Herablassung herunter. »Aber Pelé
hat sich entschuldigt bei mir, und nun ist er wieder wie ein Sohn für mich.«
Pelé, der von diesen Aussagen erst Jahre später erfuhr, hat sich darüber sehr
gewundert: »Da hat er gelogen. Ich hatte gar keinen Grund, mich für irgend
etwas zu entschuldigen. Ich habe ja nur die Wahrheit gesagt.«

Die WM in den USA verlief, abgesehen vom Dopingfall Maradona, weitgehend störungsfrei. Vor dem Finale aber gab es Dissonanzen mit der
Schiedsrichterkommission. Havelange wollte den ungarischen Referee Sandor Puhl im Endspiel seiner Brasilianer gegen Italien sehen, aber vor allem
die angesehenen Kommissionsmitglieder und ehemaligen Spitzenreferees
Paolo Casarin (Italien) und Francois Ponet (Frankreich) waren gegen den
Ungarn und für den Dänen Mikkelsen. Puhl nämlich war im Achtelfinale
zwischen Italien und Spanien ein grober Fehler unterlaufen: Zwei Minuten
vor Schluß, beim Spielstand von 1:1, übersah er eine brutale Tätlichkeit des
italienischen Verteidigers Mauro Tassotti gegen den einschußbereiten Stürmer Luis Enrique. Tassotti zerschmetterte dem Spanier mit einem Ellbogen-
check das Nasenbein. Puhl aber zeigte weder Tassotti die Rote Karte, noch
gab er Strafstoß für Spanien – was, so kurz vor Spielende, mit hoher Wahr-
scheinlichkeit die Entscheidung zugunsten der Spanier bedeutet hätte. Damit nicht genug, entwickelte sich aus der strittigen Szene im Gegenzug ein
Alleingang von Roberto Baggio, der zum 2:1-Siegtreffer für Italien führte.
Das Spiel geriet an den Rand des Eklats.

Natürlich war Puhl von den Schiedsrichter-Beobachtern für diese verheerende Fehlentscheidung entsprechend benotet worden. Überdies lief nun auch noch, wie vom spanischen Verband sofort gefordert, eine Untersuchung gegen Puhl. Die FIFA-Disziplinarkommission war im Falle Tassotti – gestützt übrigens auf den ansonsten so geschmähten Fernseh-Beweis – rasch mit dem Urteil zur Hand: Acht Länderspiele Sperre, dazu 20.000 Franken Geldstrafe. Kommentar der Sportrichter: »Der Zwischenfall ereignete sich außerhalb des Blickfeldes des Schiedsrichters. Deshalb wurde das Video zu Hilfe gezogen. Es war ein absichtliches, ernsthaftes und gefährliches Foul.«

Die Leitung des Endspiels übernahm dennoch, entgegen den Wünschen der Experten, Sandor Puhl – so wie es sich Havelange vorstellte, und wie es sein brasilianisches Sprachrohr Abilio d'Almeida in der Kommission durchboxte. Ob die Brasilianer annahmen, daß der unter erheblichen psychischen Druck geratene Pfeifenmann Puhl sich nun kein zweites Mal der Gefahr aussetzen wollte, in strittigen Situationen zugunsten der italienischen Mannschaft zu entscheiden? Es bleiben Fragen bei solchen Maßnahmen. Doch sind Eingriffe in die Kompetenz-Hoheit der Fachausschüsse, von denen die Öffentlichkeit nichts erfährt, längst Eckpfeiler der »modernen und beispielhaften Verbandsführung« à la Havelange. Ein Schuft, wer angesichts dieses Schiedsrichter-Vetos ganz entfernt an die abenteuerlichen Rochaden des Schwiegersohnes Teixeira im korrupten brasilianischen Verband CBF denkt? Ach was: Auch den hält Havelange ja für fortschrittlich und musterhaft.

Als schließlich der insgesamt vierte WM-Titelgewinn der allen Gegnern deutlich überlegenen brasilianischen Nationalmannschaft gefeiert werden durfte, sorgte deren Verbandschef Ricardo Teixeira für die üblichen häßlichen Nebengeräusche. Zunächst weigerte er sich bei der Heimkehr der stolzen WM-Helden, die tonnenweisen Mitbringsel – eine komplette Frachtladung mit Kühlschränken, elektronischen Anlagen und anderem Hausrat – zu verzollen. Er forderte Sonderrechte, andernfalls werde es weder Empfänge geben noch Ehrenmedaillen für Politiker. Der Auftritt ging als »Muamba-Flug« in die brasilianische Fußballhistorie ein, was umgangssprachlich soviel wie »Butterfahrt« bedeutet. Der Chef der Zollbehörde trat zurück, weil der scheidende Staatschef Itamar Franco vorschnell ein Machtwort für die Freigabe der Güter gesprochen hatte. Auf Druck der Öffentlichkeit mußte sich der Fußballverband CBF schließlich doch bereit erklären, die Waren zu versteuern. Dann bekam Teixeira persönlich Schwierigkeiten, weil er aus den USA auch eine moderne Kühl- und Zapfanlage für die elegante Szenekneipe »El Turf« mitgebracht hatte. Die Steuerbehörde stieg ein, als herauskam, daß Teixeira Teilhaber des Lokals war. Zwar wurden die gegen Teixeira ermittelnden Beamten bald von ihren Ämtern suspendiert.

Doch sie setzten die Untersuchungen auf eigene Faust fort und machten die Anlage ausfindig. Vorwitzige Journalisten entwarfen daraufhin schon Hochrechnungen, wie viele Jahre Gefängnis dafür herausspringen könnten, doch viel passiert ist dem Schwiegersohn nicht. Die große Welt der Fußballpolitik hatte andere Sorgen. Nach der WM baute sich große Anspannung auf. Was würde geschehen beim FIFA-Meeting im Oktober in New York? Würde Havelange, der weiterhin verschnupfte Patriarch, zum eisernen Besen greifen? Man hörte immer öfter munkeln, daß Blatters Rauswurf beschlossene Sache sei. Sogar Guillermo Canedo hatte diese Vermutung geäußert, einer der engsten Havelange-Freunde. Und Alan Rothenberg, der geschäftstüchtige Chef des amerikanischen Organisationskomitees, äußerte die Befürchtung, daß er womöglich gar nicht mehr die WM-Abrechnung mit Blatter würde machen können. Aber es kam anders. »Es gab keine Rivalitäten«, erklärte Havelange zum Abschluß des dreitägigen Meetings in New York. »Es hat eine Diskussion über die Zuteilung der WM-Plätze für 1998 in Frankreich gegeben, und eine Entscheidung wurde getroffen. Die war einstimmig, also gab es keine Rivalitäten.« Blatter erklärte den Presseleuten das gleiche. »Es gab einen generellen Konsens über die Zuteilung der WM-Teilnehmer für 1998. Es gab keine Rivalität, keine Kämpfe. Alles lief in fairer Weise ab.« War es so? »Unsinn«, empörte sich der Beobachter von der *International Herald Tribune*, das sei »alles Lüge. Eine einzige Vertuschung. Der vorsätzliche Versuch, einer Presse die Wolle über die Augen zu ziehen, die zu viele FIFA-Hierarchen noch immer für ignorant, ahnungslos oder verformbar halten.« Die Sporttageszeitung *Gazzetta dello Sport* geriet gar außer sich vor Wut. Unter der Überschrift »Die Nacht der langen Messer bei der FIFA« schrieben sich die Italiener ihre blutrünstigen Eindrücke von der Seele: »Vergeßt die Säuberungen der Stalinisten. Der Fußball scheint zurückzukehren in die Zeit der Inquisition, mit Joao Havelange in der Rolle des Torquemada!«

Was hatte er denn nun schon wieder ausgefressen, der gerade erst im Amt bestätigte demokratische Führer eines hochmodernen Weltsportverbandes, des wichtigsten noch dazu? Daß er die Öffentlichkeit wieder einmal täuschte, als er von harmonischen Entscheidungsfindungen schwadronierte, fällt nicht weiter ins Gewicht. Das gehört zu den festen Ritualen in diesem Geschäft – auch wenn die Öffentlichkeit, da es sich bei der FIFA ja nicht um eine Firma oder eine private Loge, sondern um eine Non-Profit-Körperschaft der Allgemeinheit handelt, ein Recht auf Aufklärung über das Treiben ihrer gewählten Gewährsleute in den Sportgremien hätte. Immerhin konnte selbst Havelanges guter CONCACAF-Kumpel Jack Warner hernach nicht umhin, von einer »sehr kämpferischen, feindseligen Atmosphäre« zu berichten, in welcher sich das Meeting abgespielt hatte. »Wir können nicht so weitermachen, mit diesem Guerrilla-Krieg vor jeder WM. Es muß ein Prinzp geschaffen werden, um das zu stoppen. Wir müssen versuchen, objektiv zu sein und Fußballoffizielle zu werden, nicht Fußballpolitiker.« Eine denkwürdige Anregung, gerade aus seinem Munde. Bloß, was war passiert?

Die Anspielungen der italienischen Fußballzeitung auf Stalin und Torquemada waren insofern stark übertrieben, als es weder Schüsse noch Scheiterhaufen gegeben hatte. Ansonsten aber war manches von dem zu erleben, womit sich die genannten Herren nachdrücklich in die Historie eingebrannt haben: Rache, diktatorische Willkür, Abrechungsmentalität, Eliminierung von mißliebigen Personen – und natürlich Vetternwirtschaft ohne Ende. Havelange hatte gleich zu Beginn der Sitzung den Tagesordnungspunkt zwei – die Entscheidung über die neue Besetzung der einzelnen FIFA-Kommissionen – an den Schluß der Agenda verschoben. Das schuf schon einmal eine nervöse Grundstimmung. Kurz vor dem Ende der Sitzung zog er eine Liste hervor, auf welche er die Namen sämtlicher Mitglieder für die neu zu besetzenden Kommissionen geschrieben hatte. Er ließ die fassungslose, leicht betäubte Versammlung noch zwei Minuten auf das Papier starren und beendete dann die Veranstaltung. Niemand hatte die Liste vorher gesehen. Es gab keine Diskussion. Es gab keine Abstimmung. Und es trat auch kein Scherzbold von der Redaktion »Versteckte Kamera« an die Rampe, um die Sache aufzuklären.

Wenigstens waren keine Frage mehr offen bei den FIFA-Delegierten. Natürlich hatte Havelange alle seine »versteckten Feinde« aus den Ausschüssen geworfen, die echten wie die eingebildeten. Ein totales Revirement hatte er unter den einzigen Vollprofis in diesen ehrenamtlichen Gremien durchgeführt. Sämtliche Generalsekretäre flogen aus ihren FIFA-Kommissionen: Die Deutschen Gerhard Aigner (UEFA) und Horst R. Schmidt (DFB), der Ägypter Mustapha Fahmi (CAF), Peter Velappan aus Malaysia und CONCACAF-General Chuck Blazer. Nur die Generalsekretäre der Kontinentalverbände von Südamerika und von Ozeanien (OFC) durften bleiben. Letzteren mit seinem runden Dutzend an Landesverbänden administriert übrigens Josephine King, die Tochter von OFC-Chef Jack Dempsey. Der 76jährige ist ein sehr verläßlicher Freund des Präsidenten.

Auch den aufmüpfigen Schiedsrichtern wurde die Rechnung präsentiert. Casarin, Ponet und der Ungar Palotai, drei Experten von Weltrang in der Regelkunde, standen nicht mehr auf der Liste. Und Tschüß. Dafür bescherte Havelanges Handstreich dem Weltfußballverband nun einen anderen Experten in Sachen Fairneß und Überparteilichkeit: Ricardo Teixeira. Der gute

Junge wurde zweiter Vorsitzender der Schiedsrichterkommission. Vorsorglich drückte Havelange den Schwiegersohn auch gleich noch ins WM-Komitee für 1998, beides sind Schlüsselpositionen. Doppelt genäht hält besser. Damit war selbst für den Ahnungslosesten klar, welche Strategie der Patriarch künftig fahren würde. Die Macht über den Weltfußball sollte auch künftig im Hause bleiben, im Schoße der Familie. Der Rest der Welt durfte in diesem Schachspiel nur die Bauern stellen. Moderne Zeiten im Weltfußball? Es war, als hätte bei Tempo 200 der Airbag gezündet. Für viele war es der letzte Anstoß, sich abzuwenden von diesem Ränkespiel. Egidius Braun erklärte nach dem Rauswurf Schmidts in New York: »Ich stehe der FIFA für keine Aufgaben mehr zur Verfügung.« Da habe auch nicht mehr geholfen, daß Havelange ihn später wieder umschmeichelte: »Seien Sie so freundlich, wir brauchen Sie doch.« Für die Europäer galt sogleich als beschlossene Sache, daß sich derlei anarchische Szenarien nicht mehr wiederholen dürften – um keinen Preis. UEFA-Chef Johansson sollte sich nun positionieren, es mußte frühzeitig eine Gegenströmung her. Braun: »Wir drangen auf ihn ein, du mußt dich stellen. Nachdem die Sache mit Matarrese in die Hose gegangen war, sagten wir: So etwas darf nicht noch einmal passieren.«

Johansson stellte sich. Fortan häuften sich die Kampfansagen der Europäer an den starrsinnigen Autokraten Havelange. Johansson beschrieb die Exekutivsitzungen als Alibi-Veranstaltungen, die ein- oder zweimal im Jahr stattfinden, ohne daß die eigentlichen Entscheidungsträger wirklich Einfluß nehmen könnten: »Wir, die sechs Konföderationen, sind die FIFA. Und nicht ein, zwei Leute über uns.« Gemeint waren Havelange und Blatter. Auch für die inniglichen Geschäftskontakte dieses Duos mit der ISL und anderen Langzeitpartnern begannen sich die Europäer nun zu interessieren, unterstützt im übrigen von ihrem asiatischen Kollegen Chung Mong-Joon. Der FIFA-Vizepräsident aus Südkorea monierte öffentlich und wiederholt, daß die FIFA-Spitze ihre kommerziellen Entscheidungen »hinter geschlossenen Türen trifft. Das ist nicht hinzunehmen«. Die UEFA ging nun noch weiter, verwies schon früh in einem Konzept für die künftige Vermarktung der WM vielsagend darauf, daß das »aus dem Fußball erlöste Geld zurückfließen muß in den Fußball, und nicht an Agenturen und private Organisationskomitees«. Der Dino Havelange hatte den Bogen überspannt. Der wesentliche Teil der Fußballwelt machte mobil.

Selbst Horst R. Schmidt, der stille Technokrat an der Spitze der DFB-Administration, verpackte seinen Frust über den Rauswurf von New York nur mühsam in diplomatische Formeln. »Havelange hat sich geärgert, daß vor der Wahl nicht alle für ihn waren, und daraus dann einige Personalentscheidungen getroffen.« Als korrekt empfindet er die Alleingänge nicht: »Normalerweise werden die FIFA-Kommissionen so berufen, daß der Präsident vorschlägt und die Exekutive entscheidet. Nur war es eben leider so, daß die Exekutive immer nur nickt, wenn er was vorschlägt.« Deshalb »müssen demokratische Entscheidungen her, aber große Unternehmen wie die FIFA haben damit Probleme. Es kann schon mal passieren, daß der Tagesordnung die Tragweite einer Entscheidung nicht zu entnehmen ist«. Dummerweise pflegt das gern bei Entscheidungen zu passieren, die von erheblicher Tragweite sind – entweder für alle Fußballfreunde in der Welt (wie zum Beispiel beim Abschluß der Fernsehverträge), oder zumindest für den Chef.

Indes ging das Ausmisten im Hause Havelange weiter. Als nächstes war die FIFA-Zentrale in Zürich dran. Allgemeines Rätselraten hatte die Tatsache hervorgerufen, daß der vormals aufmüpfige Blatter der Säuberung nicht zum Opfer gefallen war. Dem Beziehungskünstler mit dem umfangreichen Insiderwissen zu den Geheimnissen des Hauses war es gelungen, den Kopf aus der Schlinge zu ziehen. Plötzlich wieder ein Herz und eine Seele mit Havelange, bezeichnete er sich nach dem mißlungenen Sturm auf den Präsidentensessel fortan als den »Kandidaten der Medien«. Alles nur ein großes Mißverständnis also. Opfer sollte es dennoch geben. Ganz schlechte Karten besaßen nun zwei Angestellte der nächsten Führungsebene. Nachdem bereits während der WM-Endrunde entsprechende Gerüchte die Runde gemacht hatten, wurden am 10. Januar 1995 die Leiter der Medien- und der Wettbewerbsabteilung, Guido Tognoni und Miguel Galan, fristlos gefeuert. Havelange begründete die Entlassung der beiden mit »mangelndem Vertrauen«. Tja. Vertrauen ist nun mal gerade im Innenleben der FIFA das oberste Prinzip. Die beiden Sündenböcke waren anerkannte und unbescholtene Fachleute, der Schweizer Tognoni hatte elf, der Chilene Galan 20 Jahre für die FIFA gearbeitet. Als Stellvertreter aber hatte sich Blatter zuvor schon einen Mann aus seiner Walliser Heimat ausgeguckt: Michel Zen-Ruffinen, vormals FIFA-Schiedsrichter. Schweizer Medien beschrieben dies neckisch als neue »Raclette-Connection«.

Was aber wurde aus den Kollegen, die sich in diesem ereignisreichen WM- und Wahljahr 1994 nicht gegen den großen Vorsitzenden gestemmt hatten? »Havelange hat auch eine unbekannte Seite«, lehrte die Leser des *FIFA Magazins* anno 1996 ein Brasilianer namens Paulo Godoy. Der Mann hatte den FIFA-Boß als enger Freund »mehr als sechzig Jahre lang begleitet« und war daher kompetent, die wahren Tugenden des Amigos umfänglich zu würdigen. Gesellig und herzlich ist demnach der echte Havelange, »von schrankenloser Kinderliebe« und beständiger Fürsorge für »Behinderte und Bedürftige, Arme und Waisen« – und überdies von »grenzenloser Generosität, in Wort und Tat, und stets hat er seine Hilfen diskret praktiziert«. Die

Hommage war fabriziert worden zu Havelanges 80. Geburtstag, und man kann derlei Texte lesen, wie man will. Ein Fünkchen Wahrheit steckt immer darin. In diesem Falle vielleicht die Tatsache, daß die Danksagung des stillen Gutmenschen an die alten Kampfgefährten im sportpolitischen Guerillakrieg ebenfalls sehr diskret ausgefallen sein dürfte? Es gibt ja nicht nur Mittel, sondern auch Wege. Wohin führte zum Beispiel der Weg des eifrigen Stimmensammlers Jack Warner? Wir werden ihm wiederbegegnen – zufällig im wichtigsten Entscheidungsgremium des Weltverbandes.

Zurück in die Zukunft
Wie Leo Kirch an die Fernsehrechte kam

Die ersten zaghaften Versuche des Widerstands waren also durch Have-langes grobes Gebaren jäh gestoppt worden. Gewonnen aber hatte der Feldherr den Krieg noch lange nicht. Er mußte jetzt andere Erfolge vorweisen, um sein Wahlvolk, das er über Jahrzehnte so sorgsam betreut hatte, für die nächste Periode zufriedenzustellen. Er brauchte mal wieder Geld. Viel Geld. Endlich sollte auch die FIFA von der Hausse profitieren, die den im Umbruch befindlichen weltweiten Sportmarkt in den neunziger Jahren erfaßt hatte. Nur blieb bis zum 50. FIFA-Kongreß im Juli 1996 in Zürich nicht mehr viel Zeit.

Erinnern wir uns: die FIFA hatte die TV-Rechte an drei WM-Turnieren (inklusive Frankreich 1998) für »nur« 340 Millionen Schweizer Franken vergeben und war dafür später schwer kritisiert worden. Wie müssen Havelange die sich nun häufenden Meldungen geschmerzt haben, die der Welt von der »größten Fehlkalkulation der Sportgeschichte« (dpa) erzählten und vorrechneten, wieviel andere Funktionärskollegen mit ihren Produkten erwirtschafteten? Die UEFA zum Beispiel erreichte mit ihrer Champions League die genannte FIFA-Summe allein in einer Saison. In England, Spanien, Deutschland wurde beim Verkauf der Ligarechte mit Milliarden operiert. Und Milliarden konnte auch Havelanges Dinosaurier-Kollege vom Internationalen Olympischen Komitee 1995 akquirieren. Samaranchs Marketingleute sicherten dem IOC in atemberaubenden Langzeitverträgen mit dem amerikanischen Fernsehsender NBC und der Europäischen Rundfunk-Union (EBU) fast fünf Milliarden Dollar für die Olympischen Spiele der Jahre 2000 bis 2008.

Und Havelange? Als IOC-Mitglied zollte er artig Beifall. Als FIFA-Präsident, als verantwortlicher Herr über die Fußballweltmeisterschaften, kratzte er sich den Kopf und schaute noch düsterer drein, als er es sonst zu tun pflegt. Ziemlich dumm gelaufen waren die Dinge damals. Oder nicht? Naja, vielleicht nicht unbedingt für seinen Freund, Stellvertreter und Mit-Unterhändler Guillermo Canedo, den Fernsehboß vom großen mexikanischen Sender *Televisa*. Niedrige Rechtegebühren kann man durchaus schätzen, wenn man auch auf der anderen Seite des Tisches sitzt. Daß übrigens auch Havelange eine Nähe zu *Televisa* hatte, behauptete der Eigentümer selbst. Emilio Azcarraga, so berichtete der Londoner *Times*-Reporter Rob Hughes, brüste sich damit, daß ihm Havelange beim Weiterverkauf seiner Programme nach Brasilien behilflich sei. Als Havelange seinerzeit mit der Aussage konfrontiert wurde, erwiderte er: »Die Leute sollen schreiben, was sie für richtig erachten, aber es ist unrichtig, zu suggerieren, daß ich in Brasilien mit einem Fernsehsender verbandelt bin. Mein Geschäft ist der Transport, und man kann Fernsehprogramme nicht im Bus transportieren.« Canedo saß daneben und lächelte breit.

Aus Sicht der FIFA jedenfalls wurde der Dumpingpreis-Deal von 1987 immer peinlicher. Und noch war kein Ausweg, keine unmittelbare Hoffnung in Sicht. Ausgerechnet in jenen Tagen, da die UEFA Havelange mit visionären Papieren traktierte, schien nicht mal mehr auf die alten Kameraden Verlaß zu sein. Denn die FIFA hatte mit der ISL ja einen langjährigen Marketingpartner, doch der war, anstatt sich mit frischen Konzepten unentbehrlich zu machen, mit eigenen Problemen befaßt.

Die ISL in der Klemme

Da gab es zum einen die strategischen Unstimmigkeiten mit der Werbegruppe *Dentsu* aus Japan, die seit Dasslers Zeit an der ISL beteiligt ist. Nach zähen Verhandlungen gab *Dentsu* 39 Prozent der Anteile an die *Sporis* Holding ab und behielt den eher symbolischen Rest von zehn Prozent. Zum anderen hatte sich die ISL, was nie richtig an die Öffentlichkeit drang, heftig mit ihrem Hauptgeschäftspartner überworfen, dem Internationalen Olympischen Komitee. Der profitorientierte Olympiakonzern stellte sich seit geraumer Zeit die Frage, ob man noch länger eine Firma alimentieren sollte, die seit dem Weggang ihrer Topmanager Hempel und Lenz eher innovationsfrei agierte. Sollte man das lukrative Maklergeschäft mit den Ringen nicht besser gleich mit eigenen Experten in die Hand nehmen? Schließlich hatte die ISL einige Entwicklungen, wie die komplexe Vermarktung von Fernseh- und Werberechten, schlicht verschlafen. Aber die ISL-Bosse sahen das gelassen. Sie lebten noch immer gut von den olympischen Tantiemen.

In der Zwischenzeit jedoch war die Marketingabteilung des IOC unter Führung des ehemaligen ISL-Mannes Michael Payne stark genug geworden, um die Arbeit mit den Sponsoren, den Nationalen Olympischen Komitees (NOK) und den Organisationskomitees der Spiele selbst zu übernehmen. Auch traf es sich gut, daß sich die TOP-Sponsoren erneut, diesmal sogar in einem gemeinsamen Schreiben, über den mangelnden Service und eine gewisse Arroganz der ISL beklagten. IOC-Präsident Juan Antonio Samaranch, in Geld- und Machtfragen mit einem fabelhaften Spürsinn ausgestattet, wollte den Kontrakt deshalb endlich beenden. Der Kanadier Richard Pound, im Exekutivkomitee verantwortlich für Sponsoren- und Fernsehverträge, war ebenfalls dafür. Also wurde ISL-Manager Christoph Malms, Schwager des verstorbenen Horst Dassler, zur Sitzung des IOC-Exekutivkomitees Anfang Dezember 1995 nach Karuizawa zitiert. Im fernen Japan konfrontierte ihn die IOC-Regierung ohne Umschweife mit einem Bündel von Vorwürfen. Zur allgemeinen Verblüffung von Beobachtern verteidigte sich Malms vor den Olympiern ungeschickt. Er zog etwa zwanzig Minuten lang vom Leder: Nicht nur die ISL habe Fehler gemacht, erklärte Malms, sondern vor allem das IOC. Richard Pound, ein gewiefter Anwalt aus Montreal, schwieg zunächst höflich. Dann zog er ein knappes, präzises Fazit, das nach Ohrenzeugenberichten so ausfiel: »Herr Malms, ich habe ihnen gut zugehört und stimme mit ihnen überein. Wir akzeptieren ihre Haltung, daß sie nicht mehr mit uns zusammenarbeiten möchten.« Es sollte das Ende einer im weltweiten Sportmarketing beispielgebenden Partnerschaft sein. Das IOC war einst mit der Hilfe der ISL reich geworden. Umgekehrt galt das natürlich genauso.

Ob Malms die Tragweite dieser Aussage sofort begriffen hatte, bleibt dahingestellt. Jedenfalls gestand er noch fünfzehn Monate nach Karuizawa den Verlust des bedeutendsten Geschäftspartners nicht ein. Der Markenname IOC schmückte weiterhin ein von ihm persönlich verfaßtes Fact File, eine Werbebroschüre der Sporis/ISL-Gruppe. Bei einem Gespräch im Savoy-Hotel in Zürich kritzelte Malms nervös in von ihm entworfenen Grafiken über das Sporis-Firmengeflecht. Den Fragen nach der vom IOC gegründeten Agentur Meridian wich er aus. Obwohl sein Unternehmen längst ausgebootet worden war, erklärte er tapfer, die ISL sei vom IOC »testweise« mit dem olympischen Sponsorenprogramm für die Winterspiele 1998 in Nagano und die Sommerspiele 2000 in Sydney beauftragt worden – Meridian dagegen, inzwischen zu großen Teilen mit ehemaligen ISL-Leuten bestückt, übernehme nur kleinere Aufgaben »in der Kundenbetreuung vor Ort«.

Tatsache ist, daß die ISL ihren Auftrag noch während der Olympischen Sommerspiele in Atlanta erfüllte. Danach war sie ihren prominentesten Klienten los. Nicht nur der Imageverlust war enorm, es fehlte damit jährlich auch eine hohe zweistellige Millionensumme in der Kasse der ISL – nimmt man die branchenüblichen 20 bis 25 Prozent Provision und die 500 Millionen Dollar zum Maßstab, die das IOC von 1997 bis zum Jahr 2000 von seinen elf weltweiten Sponsoren kassiert. Das IOC hatte schon im Dezember 1995 in Lausanne in aller Stille seine eigene Vermarktungsagentur *Meridian* installiert, die vom ehemaligen IOC-Angestellten Laurent Scharapan geleitet wird. Beim turnusmäßigen Kongreß der Vereinigung aller Nationalen Olympischen Komitees im November 1996 in Cancun stellte sich *Meridian* seinen künftigen Partnern vor. Im Nobelhotel »Fiesta Americana Coral Beach« hatte die dem IOC eng verbundene Agentur zwei Suiten bezogen, in unmittelbarer Nachbarschaft zum Marketingdirektor Payne.

Die Hintergründe der Trennung von der ISL und die Gesellschafterverhältnisse bei *Meridian* blieben, warum auch immer, weitestgehend im Dunkeln. In den wöchentlichen IOC-Pressemitteilungen gab es nicht eine einzige Information dazu, was verwundern muß, denn schließlich betreut *Meridian* das TOP-IV-Programm, eines der lukrativsten Pakete des Weltsports. Unter Brancheninsidern hatte sich die Nachricht von der Ausbootung der ISL jedoch bald herumgesprochen. »So ganz überraschend kam das für die ISL sicher nicht. Auf dem Markt waren die Probleme schon lange bekannt. Es genügt heute nicht mehr, sich nur einmal alle paar Jahre um die Sponsoren zu kümmern, die Firmen erwarten für ihre Millionen moderne Kommunikationskonzepte. Da hat die ISL offenbar etwas verpaßt«, sagte Günther Höpfner, der Manager der deutschen Olympiasponsoren.

Die etwa 200 nationalen Olympiakomitees, die offiziell seit dem 1. Januar 1997 von *Meridian* betreut werden, fragten schon deshalb nicht nach, weil ihnen *Meridian* noch in Cancun eine Verdoppelung ihres jährlichen Sockelbetrages auf 40.000 Dollar garantierte. Auch die zusätzlichen Anteile für die großen und einflußreichen Komitees wurden erhöht. So durfte das deutsche NOK laut Höpfner »je nach Marktlage mit fünf bis sechs Millionen Dollar« kalkulieren. Kaum jemand vermißte die ISL auf dem olympischen Terrain. Sang- und klanglos verabschiedete sich der einstige Marktführer, der offenbar gewaltig den Anschluß verpaßt hatte. Es gibt Unternehmen, die in solchen Fällen die verantwortlichen Manager zur Verantwortung ziehen. Nicht so in der als Familienbetrieb geführten ISL. Für die Firmenstrategie und Kommunikationsfragen ist dort Christoph Malms zuständig. Die Kritik mußte also zunächst einmal ihn treffen. Tapfer behauptete er noch lange Zeit, das IOC habe lediglich die »Verbindungen reduziert«. Wie in jedem anderen Busineß auch, sei die Frage gestellt worden, »was mache ich selbst, was gebe ich nach außerhalb. Also macht das IOC einen Teil der NOK-Verträge selbst. Man sagt uns deshalb nach, wir würden nur noch die FIFA haben. Aber das stimmt einfach nicht«, erklärte Malms. »Der Mann hat ein Wahrnehmungsproblem«, kommentierte ein Konkurrent. »Er kommt aus der Produktion, das Service-Element ist ihm fremd.«

Malms muß sich in der eigenen Firma und innerhalb der Branche immer wieder an Horst Dassler, dem großen *Adidas*-Herrscher, messen lassen. Vielleicht fällt es ihm deshalb unter hartem Konkurrenzdruck zunehmend schwerer, Niederlagen einzugestehen – nicht nur im Falle des IOC. So bringt er einfach nicht die sachliche Feststellung über die Lippen, daß die ehemaligen ISL-Chefs Hempel und Lenz mit der Champions League ein marktbestimmendes Konzept entwickelt haben. Malms sagt etwas anderes: »TEAM hat nur ein bestehendes Segment genommen und neu gestaltet. Sie haben Dinge früher integrieren können, die wir jetzt auch integrieren.« So kann man es auch sehen. Aber schaut es nicht viel eher so aus, daß TEAM Konzepte entwickelte, die Malms und Kollegen erst Jahre später kopierten? »In beiden Bereichen, Sponsoren und TV-Anstalten, ist TEAM neue Wege gegangen«, erklärte im Züricher *Sport* 1993 ein Autor, der schon deshalb als der Parteinahme für TEAM unverdächtig gilt, weil er inzwischen als Presse-Officer in den Dienst der FIFA eingetreten ist. Markus Siegler schrieb, TEAM habe dem »Konkurrenten ISL den Auftrag weggeschnappt«. Im Rahmen der Champions League trete »im Gegensatz zu ähnlichen Partnerschaften wie ISL-FIFA« bei Sponsoren und TV-Anstalten die UEFA als Partner auf. »Das heißt, die UEFA unterschreibt alle Verträge und weiß damit ganz genau, was im Markt umgesetzt wird. Damit wird die Transparenz für alle Beteiligten größer.« Ein verkappte, aber deutliche Kritik an der ISL.

Christoph Malms und ISL-Präsident Weber behaupten dennoch bis heute hartnäckig, die ISL hätte bei der UEFA eine Option auf die Vermarktung der Champions League besessen – dieses Recht jedoch großzügig an die Jungunternehmer von TEAM abgetreten. Malms: »Wir hatten eine Option darauf, aber wir haben es nicht gemacht, weil die WM in den USA wie ein Berg vor uns stand.« In der Tat war damals auch die in einer Vorzugsposition befindliche ISL gefragt worden, wie sie sich die Vermarktung des neustrukturierten Europapokals der Landesmeister vorstellen würde. Die UEFA gab damit nur ihrem Vertragspartner bei den Europameisterschaften die zugesicherte Chance. Der darauffolgende Vortrag von Christoph Malms hinterließ bei UEFA-Präsident Lennart Johansson allerdings wenig Eindruck. Inhaltlich hatte der ISL-Manager nichts mitzuteilen, was annähernd mit dem TEAM-Konzept konkurrieren konnte – dafür kam sich Johansson vor wie ein Schuljunge, als Malms eifrig mit Faserschreibern an einer Schautafel agierte. Diese schulmeisterliche Attitüde sollte später noch anderen Funktionären mißfallen.

Den »Starrsinn der Mitgesellschafter«, die »ihre selbstverschuldeten Niederlagen der vergangenen Jahre offenbar nicht vergessen können«, hatte schon Paulheinz Grupe in seinem Buch *Horst Dassler – Revolution im Welt-*

sport beschrieben. Die Kritik richtete sich vor allem an die Adresse von Christoph Malms, obwohl der Name Malms in der Biographie, die von Dasslers Kindern gefördert worden ist, nicht einmal mehr genannt wird. Worauf läßt das schließen? Es ist jedenfalls nur von einem »Familienmitglied« die Rede, unter dessen Führung die ISL an Schwung verloren habe, das also erhebliche Schuld an der unbefriedigenden Situation trage. »Bewährte Führungskräfte aus der Zeit von Horst Dassler verließen das Unternehmen in Scharen.« So sei auch die *Sporis*/ISL-Gruppe, »diese ureigene Schöpfung von Horst Dassler, nicht mehr das, was sie einmal war«.

Dabei gab und gibt sich Malms alle Mühe. Wer je seinen Monologen über »komplexe Kostenstrukturen«, »Event-Marketing«, »Produkt-Kategorien« und »Wertschöpfung« gelauscht hat, der erhält eine Ahnung davon, daß sich die unerschütterliche Treue der FIFA-Spitze zu diesem Schweizer Firmengeflecht auch aus anderen Überlegungen speisen könnte. Malms räumt sogar selbst ein, daß das Unternehmen einst eng mit den politischen Entscheidungsprozessen im Sport verquickt war – und daß sich daraus durchaus einschlägige Doppelpässe ableiten ließen. Worin besteht also der Unterschied zwischen dem raffinierten Wirken der damaligen Dassler-Fraktion und der heutigen ISL? »In den achtziger Jahren waren die sportpolitischen Verflechtungen intensiver, weil erst einmal die Rechte definiert werden mußte«, formuliert Malms nebulös. Es sei daher »legitim, daß man diesen Konnex für die damalige Zeit herstellt«. Ende der neunziger Jahre aber sei das ganz anders: »Heute konzentrieren wir uns auf den Teil, den wir zu verantworten haben. Wir haben sicher im Positiven daran mitgewirkt, daß die Aufgaben heute so klar verteilt sind zwischen uns und den Sportpolitikern.« Der einst von Horst Dassler verpflichtete und nach dessen Tod zum *Adidas*-Chef aufgestiegene René Jäggi mag nicht über die alten Zeiten reden. Er beruft sich auf das Geschäftsgeheimnis, schließlich saß er auch im ISL-Vorstand. »Was ich weiß, nehme ich mit ins Grab«, sagt Jäggi. »Vielleicht haben sich die Dinge seither geändert. Ich weiß es nicht, ich bin ja schon sechs Jahre nicht mehr dabei.«

Christoph Malms gibt zu, daß sein Geschäft vor allem noch ein »people business« sei, also eines der guten Kontakte und engen Beziehungen. Auf diesem Gebiet aber kennt sich der Wortführer des kleinen Konzerns überhaupt nicht aus, wie er unumwunden eingesteht. »Für die Kontakte zu den Sportfunktionären ist bei uns Jean-Marie Weber verantwortlich, ich bin ja in dem ganzen Zirkel nicht so drin.« Daß Weber ausschließlich ein Experte fürs Persönliche ist, daß also raffinierte Marktkonzepte nicht seine Stärke sind, ist indes mehr als nur eine Flüsterparole in der Branche. So referiert Malms in der Öffentlichkeit über neue Wertschöpfungsprozesse, während J. Weber, der einstige Dassler-Vertraute, im Hintergrund die Fäden spinnt. Fast zwanzig Jahre lang hatte sich der Elsässer als Referent, Sekretär, Kofferträger, Buchhalter und, wie es ein einstmals naher Zeitgenosse süffisant umschreibt, auch »Geldbriefträger« des *Adidas*-Zampanos betätigt. Selbstverständlich wurde und wird Weber auch von Dasslers Presseherold Huba gern hofiert: Die *sport-intern*-Spalten singen das Hohelied auf den gewieften Franzosen. Webers Verfügungsgewalt im Firmenkonglomerat dürfte allumfassend sein, wenn man folgende Funktionen betrachtet: Er fungiert als Direktor der *Sporis* Holding, er präsidiert dem ISL-Verwaltungsrat, und er hat die Gruppenleitung der *ISMM* Investment AG inne, einer der *Sporis* und ihrer Agentur ISL zwischengeschalteten Firma. Soweit die Verantwortlichkeiten und Strukturen. Aber wie hatte Malms gesagt? »People business«. Die Tuchfühlung zu den Entscheidungsträgern des Sports sei entscheidend. Da kann ihm nun wirklich niemand widersprechen. Und da trifft es sich günstig, daß Jean-Marie Weber seit Jahrzehnten zu den engsten Freunden von FIFA-Präsident Havelange gehört. »Die Verbindungen von damals sind noch immer die gleichen«, räumte Malms im Interview unumwunden ein. Das zeigt, wie wichtig die Liaison zwischen Havelange und Weber für die Geschäfte der ISL ist.

Der große Coup

Über die besondere Vertrauensbeziehung zwischen Havelange und Weber war in der Branche schon immer getuschelt worden. Manchmal machten fast schon ehrenrührige Geschichten die Runde – vor allem, als die FIFA am 3. Juli 1996 die Verwertung ihrer Fernsehrechte (außer USA) für die Weltmeisterschaften der Jahre 2002 und 2006 vergab. Nutznießer waren die *Sporis*-Holding und die *TaurusFilm* GmbH, ein Unternehmen aus der Firmengruppe des Münchner Medienmoguls Leo Kirch. Erstmals in der Geschichte der Fußball-WM wurde mit dieser Aufgabe also kein öffentlich-rechtliches Fernsehunternehmen mehr betraut. Laut schrien die Verlierer auf nach jener äußerst dubiosen Abstimmung des Exekutivkomitees Anfang Juli 1996. Die Nerven lagen blank. Am besten faßte die Konfusion ein Mitbewerber zusammen: »Das, was der Herr Kirch meint, gekauft zu haben, was die ISL meint, vermittelt zu haben, und was die FIFA meint, verkauft zu haben, sind drei verschiedene Paar Schuhe.«
Als schärfste Kritiker der FIFA traten plötzlich jene hervor, die mehr als zwei Jahrzehnte lang die WM-Fernsehrechte innehatten: Das Konsortium unter Führung der EBU, das in dem Bewerbungsprozeß als Vertreter sämt-

licher öffentlich-rechtlicher Anstalten des Erdballs aufgetreten war. EBU-Generalsekretär Jean-Bernard Munch wetterte über eine »nicht transparente Entscheidungsfindung« durch die FIFA. Er äußerte sogar den Verdacht, daß *Sporis* / ISL und die Kirch-Gruppe das EBU-Angebot kannten, bevor sie es um 600 Millionen Franken überboten. Munch sagte weiter, ISL-Geschäftsführer Jean-Marie Weber, der auch inoffizieller Berater von Havelange sei, sei der entscheidende Mann in diesem Geschäft gewesen. Zwar könne er es nicht beweisen, so der langjährige Insider, »aber es wäre mir unverständlich, wenn Weber unser Angebot nicht gesehen haben sollte«. Dagegen habe die EBU »bis zuletzt nicht gewußt, daß Kirch / *Sporis* dabei waren«, ergänzte Sportdirektor Richard Bunn. FIFA-Direktor Keith Cooper bezeichnete Munchs Vermutung eilig als »absurd«. Auch ISL-Sprecher Christoph Malms, der sonst die Kontakte Webers über alle Maßen lobt, wollte davon nichts wissen. Weber sei kein FIFA-Berater und man habe das EBU-Angebot nicht gekannt.

Auch mit einem Abstand von fast zwei Jahren hat sich die Verärgerung in der Branche nicht gelegt. Und sie fokussiert sich immer noch auf den heiklen Verdacht der persönlichen Seilschaften. EBU-Sportdirektor Bunn meint rückblickend, die FIFA habe »eine völlig unnormale Geschäftspraxis« bewiesen. Die Entscheidung sei auch deshalb »absolut merkwürdig« gewesen, weil sich das EBU-Angebot (2,2 Milliarden, Produktionskosten trägt der Sender) letztlich »in der gleichen Höhe bewegt hat wie das von *Sporis* und Kirch« (2,8 Milliarden, Produktionskosten trägt der Veranstalter). »Wir waren bereit, viel Geld auszugeben, und wir hatten ja bereits das gesamte Knowhow dazu. Außerdem hätte sich die FIFA den ganzen Ärger mit dem Pay-TV erspart.«

Die begünstigenden Umstände, unter denen *Sporis* / ISL in das für sie fremde Fernsehgeschäft eingestiegen sind, waren damals auch anderen Konkurrenten bekannt. Zwischenzeitlich sah sich die FIFA selbst zu der Erklärung genötigt, es habe keinerlei Vorabsprachen mit einer Firma gegeben. Angesichts der eigenartigen Konstellation hatte sich manch einer für den sofortigen Rückzug entschieden: Medienzar Rupert Murdoch etwa, wahrlich kein blutiger Anfänger auf diesem Sektor. Dessen *News Corporation* sprang vom Bieterkarussell ab, angeblich, weil Murdoch der FIFA nicht über den Weg traute und weil ihm der geplante Abschluß bis ins Jahr 2006 in dem schnellebigen Geschäft einfach zu lang erschien.

Wie Kirch und die *Sporis*-Tochter ISL zueinander fanden, ist ebenfalls ein gut gehütetes Geheimnis. Malms »weiß nicht mehr so genau, wie wir mit denen ins Geschäft kamen« – was von bemerkenswerter Vergeßlichkeit zeugt, nur ein Jahr nach dem Erhalt der Rechte. Eine wirtschaftliche Notehe sei es aber nicht gewesen, »wir hätten auch anders die finanziellen Garantien über die Banken bringen können.«Da verwundert ein wenig, daß es in den ersten Verlautbarungen nach dem Fernsehdeal zunächst Kirch alleine war, der für die Gesamtsumme von 3,4 Milliarden Mark bürgen sollte. Eingeweihte meinen sich erinnern zu können, daß Kirch und der verstorbene Horst Dassler schon in den achtziger Jahren über gemeinsame Projekte nachgedacht haben. Die beiden Bayern waren ja im CSU-Staat nicht allzu fern voneinander.

Weil Kirch dann unmittelbar nach der FIFA-Entscheidung sein Digitalfernsehprojekt DF 1 startete, hub in Deutschland sofort eine erbitterte Diskussion an: Werden die Spiele der Fußballweltmeisterschaften künftig exklusiv nur noch im Pay-TV übertragen – oder weiterhin in frei zugänglichen Kanälen? Medienexperten jeder Couleur wettern seither lautstark durcheinander. Kurioserweise schrien dabei immer wieder auch Kirchs CDU-Parteifreunde auf, die zuvor mit wachsweichen Mediengesetzen zur Ausbreitung seines Imperiums beigetragen hatten. Es ist viel Heuchelei im Spiel, auf allen Seiten. Nüchtern betrachtet ist es so: Die FIFA hat sich an den Fernsehfreibeuter Kirch verkauft. Und der Programmdirektor der Nation nutzt den Fußball, den jetzt so mancher Diskutant als Kulturgut geschützt sehen will, als Vehikel, um seine Herrschaft auf dem Fernsehmarkt weiter auszubauen. Selbst wenn der beträchtliche Betrag von 2,8 Milliarden Schweizer Franken (1,3 Milliarden für 2002 – 1,5 Milliarden für 2006), den *Sporis* und Kirch der FIFA garantieren, durch den Weiterverkauf der Rechte nicht gedeckt werden sollte – Kirch würde daran nicht zugrunde gehen. Zum einen hat er ja nur die Hälfte der Summe zu verantworten, zum anderen ist anzunehmen, daß er raffiniert genug sein wird, im Sog des Fußballs seine umfänglichen Filmpakete teurer zu verkaufen und damit mögliche Verluste im Rechtehandel wettzumachen.

FIFA-Präsident Havelange und Generalsekretär Blatter indes war ein hilfreicher Doppelpaß mit den alten Gefährten gelungen. Vor allem das Kontaktmonopol des Jean-Marie Weber bewahrte die ISL davor, nach dem IOC auch noch die FIFA zu verlieren. Dem einstigen Branchenführer ISL hatte immerhin der vollständige Abschied aus dem großen Sportgeschäft gedroht, nachdem die Trennung vom IOC beschlossene Sache war. Nun mußte die ISL, ein Neuling im Fernsehgeschäft, unbedingt den TV-Vertrag der FIFA bekommen – zumal es die ISL-Manager in jenen verwirrenden Monaten auch nicht geschafft hatten, ihre Option auf den *Marketing*vertrag mit der FIFA für 2002 / 2006 wahrzunehmen. Ein Versäumnis – oder eine Frage der Finanzierbarkeit künftiger Vorhaben? FIFA-Generalsekretär Blatter bestätigte sogar das Ende der Option im März 1996, was auf Konfusion innerhalb der *Sporis*/ISL-Gruppe schließen ließ. Denn immerhin lud Blatter nun andere Unternehmen zum Bieten ein. Aber auf die Marketingverträge kommen wir später zurück. Bleiben wir zunächst beim Fernsehgeschäft. Am 18. August 1995 hatten die *International Management Group (IMG)* und die Bertelsmann-Tochter *Ufa* das Rennen eröffnet. IMG-Vizepräsident Eric Drossart schrieb dem »lieben Sepp« Blatter, man wolle für die weltweiten Fernsehrechte der Weltmeisterschaft 2002 sowie die dazugehörigen Sponsoren- und Lizenzrechte eine Milliarde Dollar zahlen. Dies sei ein vorläufiges Angebot mit Verhandlungsspielraum nach oben, wie Drossart deutlich zu verstehen gab – obwohl die FIFA noch nicht einmal klare Angaben darüber gemacht hatte, welche Rechte sie unter welchen Bedingungen überhaupt ausschreiben wollte. Zugleich erbat die IMG erst einmal Auskunft über die Konditionen und den Zeitplan der Bewerbungsphase. Kopien des Briefes verschickte Drossart an seinen Partner Bernd Bauer, Geschäftsführer der *Ufa*, sowie an FIFA-Präsident Havelange und die Mitglieder der Exekutive. Sogleich geschah Erstaunliches: Blatter empörte sich über diesen informativen Geschäftsvorgang. Am 29. August teilte er IMG-Manager Drossart seine »Überraschung« mit, »daß der als streng vertraulich gekennzeichnete Brief per Fax an alle Mitglieder der FIFA-Exekutivkomitees und andere Adressaten verschickt wurde. Wir sind nicht überzeugt, daß dies die geeignetste Methode war«. Blatters Bauchschmerzen lassen deutlich erkennen, daß er um sein Informationsmonopol bangte. Es war (und ist, wie wir noch sehen werden) in der FIFA guter Brauch, daß Blatter im stillen Kämmerlein entsprechende Offerten sondiert und dann den Verantwortlichen Gremien wie der Finanzkommission und der Exekutive entscheidungsreife Empfehlungen vorlegt. Das Vorgehen von IMG brach mit dieser eigenartigen Tradition. Die von Drossart angeforderten Bedingungen der Rechtevergabe blieb Joseph Blatter schuldig. Man arbeite mit allen Kräften daran, erwiderte Blatter am 19. September 1995 nur. Gleichzeitig verlangte er eine Konkretisierung des IMG-Angebots, ohne auf die Fragen einzugehen, die Drossart in seinem ersten Brief aufgeworfen hatte – zum Beispiel, ob die FIFA neben den Fernseh- auch die Marketingrechte auszuschreiben gedenke. So konnte also Drossart am 9. Oktober nur wiederholen, was er bereits im August angekündigt hatte: Für eine Milliarde Dollar wollten IMG und *Ufa* sämtliche Rechte an der WM 2002 erwerben. Drossart bot der FIFA nun sogar an, eine Art Aufsichtsrat zu bilden, um die Tätigkeit von IMG/*Ufa* zu kontrollieren. Trotzdem empfand Blatter den zweiten Brief Drossarts offenbar als Affront. Der Ton wurde rauher. Am 15. November schrieb Blatter nicht mehr an den »lieben Eric«, sondern an »Mr. Drossart«. Wenigstens erklärte er nun aber, daß die FIFA die Fernseh- und die Marketingrecht der WM 2002 im Paket verkaufen wolle. Dabei sei man jedoch gewissen Zwängen unterworfen, denn der aktuelle Marketingpartner ISL besitze noch eine Option für Verhandlungen über die Marketingrechte, welche erst drei Monate vor der Abstimmung durch die FIFA-Exekutive über den neuen WM-Ort 2002 auslaufe. Die FIFA könne mit IMG / *Ufa* erst nach Ablauf der ISL-Option verhandeln. Von einer ähnlichen Option in TV-Fragen war in diesem Brief noch nicht die Rede.

Drossart sorgte sich nun erst recht, ausgedribbelt zu werden. Er wandte sich an den FIFA-Vizepräsidenten Chung Mong-Joon, der an der Spitze der südkoreanische WM-Bewerber für 2002 stand. Drossart schickte Chung »ein aussagefähiges Dossier unseres Rechtegebots, das für Sie und ihre Kollegen in der Exekutive nützlich sein sollte«. Dem Schreiben an Chung legte Drossart eine Kopie des Blatter-Briefes vom 15. November bei. Die Sache wurde verworrener, die Widersprüche häuften sich. Daß es in der FIFA durchaus Bestrebungen gab, die Entscheidungsgewalt von Blatters Tafelrunde einzudämmen, belegt auch ein internes Protokoll der IGM-Tochter *Trans World International* (TWI). Unter Berufung auf Gespräche mit Chung und mit dem afrikanischen Fußballpräsidenten Issa Hayatou unterrichteten die Manager einander, die FIFA-Exekutive habe sich schon im Mai 1995 ausdrücklich für eine transparente Bewerbungsprozedur zu TV- und Marketingrechten ausgesprochen. Europäische und afrikanische Exekutivmitglieder würden sogar eine Änderung der FIFA-Statuten anstreben: Auf dem FIFA-Kongreß im Juli 1996 sei die Einberufung eines neuen »Arbeitskomitees« geplant, dem lediglich Präsident Havelange und die Chefs der Kontinentalföderationen angehören sollten. Allein dieses Komitee, und nicht mehr die von Blatter und Havelange kontrollierte Finanzkommission sollte mit der Auswertung der TV- und Marketingangebote betraut werden und der Exekutive Empfehlungen unterbreiten. Dazu ist es zwar nie gekommen – im Dezember 1995 jedoch hofften die TWI/IMG-Manager noch sehr auf die Möglichkeit dieses rationalen Meinungsbildungsprozesses und hielten fest: »Wenn das tatsächlich der Fall wäre, sollte Chung von Blatter eigentlich Kopien aller Angebote fordern können, welche die FIFA bis heute erhalten hat.«

Soweit die interne IMG-Kommunikation. Offiziell bot Eric Drossart dem FIFA-Generalsekretär am 7. Dezember 1995 zum wiederholten Mal ein Gespräch über die Milliardenofferte an. Es sei eine weise Entscheidung der FIFA, Fernseh- und Marketingrechte im Paket zu verkaufen, lobte Drossart. Dann machte er Blatter erneut auf grundlegende Widersprüche in dessen Haltung aufmerksam. Am 15. November hatte Blatter erklärt, die FIFA schließe für 2002 die TV-Vermarktung im Bezahlfernsehen aus, gleichzeitig aber akzeptiere man sogenanntes »private viewing«. Drossart fragte nun: Was ist darunter zu verstehen? Nur »Privatfernsehen« oder mehr? »Wir verstehen die FIFA-Haltung so: Pay TV ist ausgeschlossen, private Fernsehsender aber sind erlaubt. Sehen wir das richtig? Können Sie uns das so bestätigen?« Drossart ging auch auf das Erstverhandlungsrecht der ISL ein. Man verstehe nicht, warum die ISL weltweite Exklusivität erhalte, obwohl sie lediglich für die USA gebündelte TV- und Marketingrechte besitze. Die übrigen TV-Rechte bis 1998 hielt bekanntlich das von der EBU angeführte Konsortium öffentlich-rechtlicher Anstalten. Blatter aber scherte sich nicht um die für die Bewerber elementar wichtigen Fragen. Er vermied ein Gespräch mit IMG / Ufa, bestätigte am 21. Dezember 1995 in dürren Zeilen den Erhalt des Drossart-Briefes und wünschte »fröhliche Weihnachten und ein glückliches neues Jahr«. Die Verhandlungsposition der ISL lief dann am 29. Februar 1996 ab, ohne daß die FIFA mit der Agentur übereingekommen war. Dies bestätigte Blatter per Pressemitteilung vom 19. März 1996 – und kurz zuvor hatte er dies bereits der IMG verkündet. In diesem Brief vom 15. März sprach Blatter erstmals davon, daß über die Rechte an der WM 2002 »und darüber hinaus« verhandelt werde. IMG-Mann Drossart erschrak. Nun mußte er annehmen, daß Blatter mit der ISL schon immer über die Titelkämpfe 2002 und 2006 verhandelt hatte, während die IMG mit ihrem Angebot für 2002 schon mehr als ein halbes Jahr vertröstet worden war. Drossart schrieb also an Blatter, er sehe sich von der FIFA als Rechtebewerber »nicht gleichberechtigt« behandelt. »Wir sind über viele Dinge verwirrt und bitten dringend um Klarstellung.« Drossart listete unter anderem folgende Punkte auf:

1. Im September 1995 hatte Blatter mitgeteilt, die FIFA arbeite hart an einem Zeiplan der Rechtevergabe. »Uns wurde nie gesagt, wie die Vergabe-Prozedur aussieht. Ist das System schon etabliert?« erkundigte sich Drossart.

2. Im November 1995 hatte Blatter behauptet, TV- und Marketingrechte würden nur im Paket vergeben. Im Frühjahr 1996 aber verhandelte die FIFA getrennt mi der ISL (offiziell nur über Marketing) und mit der EBU (über Fernsehen). Drossart wollte deshalb wissen: »Akzeptieren Sie jetzt getrennte und integrierte Vermarktungsangebote?«

3. »Uns war nicht bekannt, daß auch das EBU-Konsortium eine ähnliche Option wie die ISL hätte. Ist dies der Fall, und wenn ja, wann läuft sie aus?«

4. beschwerte sich Drossart nach einem halben Jahr, in dem er vergeblich auf die Beantwortung vieler Fragen gewartet hatte, darüber, hören zu müssen, daß nun auch die Rechte 2006 zur Disposition stünden.

Drossarts Brief endete mit einem sehr persönlich gehaltenen Absatz, in dem er an Blatters Integrität appellierte und an ein Versprechen erinnerte, das Blatter im Sommer 1995 gegeben habe, nämlich daß das Gebot der IMG gleichberechtigt behandelt werde. Das aber war schon lange nicht mehr der Fall. Auch Ende April, als Drossart nun nach Erhalt der offiziellen Ausschreibung (in der plötzlich nur noch von den Fernsehrechten die Rede war) erneut an Blatter schrieb, machte er auf »eklatante Widersprüche« aufmerksam: »Es fällt mir schwer zu glauben, daß die FIFA aufrichtig versucht, unser Angebot in einem fairen Wettbewerb zu behandeln.« Drossart wiederholte einen Teil seiner Fragen vom 29. März, die immer noch unbeantwortet waren. Diesmal aber wurde er, wohl schon ahnend, daß er ausgebootet worden war, deutlich schärfer im Ton. So hieß es unter anderem: »Da die FIFA jetzt nicht mehr über Marketingverträge redet, heißt das, man hat sich mit der ISL geeinigt, obwohl die exklusive Verhandlungsfrist überschritten war? Oder wurden die Marketingrechte zur späteren Vergabe zurückgezogen?« (Damit lag Drossart richtig, wie sich zeigen sollte, die Marketingrechte wurden im Dezember 1997 an die ISL vergeben – wieder gegen ein weitgehend ignoriertes Angebot der IMG.) »Hat sich die Marktsituation in den vergangenen Monaten so radikal geändert, daß die FIFA wieder zur alten, regressiven Struktur der getrennten Rechtevergabe zurückkehrt?«, wollte Drossart wissen, und er beschloß mit dem Hinweis: »Es fällt sehr schwer, zu einem anderen Schluß zu kommen als dem, daß hier zwei Sorten von Regeln angewendet werden. Eine für das EBU-Konsortium und für die ISL, und eine für alle anderen.« Blatters Zwischenbescheide seien lediglich kleine »kosmetische Übungen« gewesen, um die FIFA gegen »künftige Vorwürfe der unfairen und unsauberen Wettbewerbsführung zu schützen«, die zunehmend in der Presse erhoben worden waren.

Drossarts Gesamteindruck aus dem Versteckspiel war schlicht vernichtend: »Mir scheint, die FIFA hat für den Fußballsport und ihre Mitglieder eine Fürsorgepflicht, ihr kommerzielles Eigentum zum besten Vorteil dieses Sports und seiner Mitglieder umzusetzen. Momentan ignorieren Schlüsselfiguren der FIFA jedoch diese Anforderung, indem sie Wettbewerber abschrecken.« Diesen Beschwerdebrief verschickte Drossart wie schon sein erstes Schreiben vom August 1995 an alle Mitglieder des Exekutivkomitees und diesmal auch zusätzlich an alle Konföderations-Präsidenten. Geholfen hat es der Sache nicht. In der Zwischenzeit hatte die Blatter-Fraktion den alten Freunden von der ISL schon den Weg in die Zukunft bereitet. Auf der Strecke blieb dabei auch die EBU, die für die Fernsehrechte an den Endrunden 2002 und 2006 im Februar 1996 insgesamt 2,2 Milliarden Schweizer Franken geboten hatte und die zudem über langjährige erstklassige Erfahrungen bei der technischen (TV-Übertragung) und organisatorischen (Weitervergabe der Rechte) Abwicklung solcher Mammutprojekte verfügte. Auch hatte FIFA-Präsident Havelange dem Partner eine Vertragsverlängerung fest versprochen, wie der EBU-Vorsitzende Albert Scharf erklärte. Die FIFA aber, die offiziell mit der ISL eigentlich nur über die Marketingrechte (insgeheim aber über Fernsehfragen) verhandelte, ignorierte auch das zweite EBU-Angebot: Im Juni 1996 erklärte die EBU ihre Bereitschaft, den schon zehn Jahre zuvor ausgehandelten Preis für die WM-Endrunde 1998 in Frankreich von 135 Millionen auf 200 Millionen Schweizer Franken zu erhöhen – sofern ihr auch die Rechte für 2002/2006 zugesprochen würden. Die FIFA hatte auf dieser Erhöhung bestanden, nachdem sie das WM-Feld lange nach Abschluß des entsprechenden TV-Vertrages von 24 auf 32 Mannschaften erweiterte. »Havelange hatte die WM ja aufgestockt, ohne mit uns geredet zu haben, dann wollte er plötzlich mehr Geld«, erklärte EBU-Manager Richard Bunn. Man habe sich viel zu lange auf das Spiel der FIFA-Spitzen eingelassen. »Als wir die nachträgliche Aufbesserung des Vertrags in Aussicht stellten, war Havelange ein Held. Da hat es wieder geheißen, Havelange hätte den Fußball gerettet, und wir spielten mit. Dabei hat sich die FIFA ein neues Gebäude gebaut. Das ist im Grunde unser Gebäude. Unsere Fernsehgelder stecken nicht in den Klubs, sondern in dem Gebäude.«

Am 15. Mai 1996, um zwölf Uhr mittags, war die offizielle Bewerbungsfrist für die TV-Rechteinteressenten abgelaufen. Noch am Nachmittag gab die FIFA bekannt, sieben Offerten erhalten zu haben: »Von *ABC Television* (USA), CSI (Schweiz), CWL (Schweiz), IMG (USA), *Sporis* (ISL) / Kirch (Schweiz) und TEAM (Schweiz).« Dazu natürlich von der EBU. Die FIFA-Finanzkommission unter Vorsitz des Dänen Poul Hyldgaard werde die Angebote sorgfältig prüfen, so hieß es, und dem Exekutivkomitee am 31. Mai einen Bericht vorlegen. Die Tagung Ende Mai war dann erst einmal von der Vergabe der WM-Endrunde 2002 überlagert. Die verfeindeten Rivalen Japan und Südkorea hatten sich in jeder Hinsicht den extensivsten Wettbewerb aller Zeiten geliefert – jede Seite wurde von ihren Staatschefs unterstützt und soll 80 Millionen Dollar investiert haben. Präsident Havelange wollte die WM in Japan sehen; einer seiner Vizepräsidenten, der Südkoreaner Chung, war Finanzier und Wortführer der konkurrierenden Bewerbung. Die europäischen Vertreter im Exekutivkomitee hatten sich schon lange vorher für ein Co-Hosting, eine gemeinsame Ausrichtung, ausgesprochen. Diesem Vorschlag mußte sich Havelange zähneknirschend beugen, denn 14 der 21 Mitglieder hatten ein Papier für das Co-Hosting unterzeichnet und darin erklärt, sie würden für Südkorea stimmen, falls ihr Aufruf von der FIFA-Spitze ignoriert werden sollte. Zudem hatte UEFA-Präsident Johansson vorsorglich beantragt, eine eventuelle geheime Abstimmung von den FIFA-Rechnungsprüfern überwachen zu lassen. »Offensichtlich erschien es ihm zu riskant, das Stimmgut während zweier Stunden (zwischen der Abstimmung und der Resultatsverkündung) in die Obhut von Havelange und Generalsekretär Sepp Blatter zu geben«, kommentierte der Züricher *Sport*. Vertrauen ist eben nur der Anfang von allem ...

Da nach diesem beachtlichen Mißtrauensvotum offenbar auch Blatter keine andere Lösung mehr einfiel, verlas Havelange auf der Sitzung ein Statement für eine gemeinsame WM. Wenige Tage zuvor hatte er noch erklärt, im Sport gebe es nur Sieger und Verlierer, die FIFA-Regeln erlaubten kein Co-Hosting, und dies werde sich nicht ändern, solange er Präsident der FIFA sei. Nun sagte er kleinlaut: »Ich habe mich einem vom Exekutivkomitee einhellig unterstützten Vorschlag gefügt.« So war nach außen die Einheit gewahrt, die Funktionärskollegen applaudierten, und die Sache war entschieden. (Allerdings sollte diese Entscheidung noch viele Probleme mit sich bringen.) Havelange kochte vor Wut, hatte er doch eine seiner seltenen Niederlagen einstecken müssen. Die TV-Frage mußte also nun erst recht so gelöst werden, wie er persönlich sich das vorstellte, und zwar noch zum FIFA-Kongreß im Juli – nicht erst, wie irreführenderweise noch offiziell behauptet werden sollte, bei der Exekutivsitzung im Dezember. Vielleicht haben sich Havelanges Opponenten in diesen Stunden und Tagen ein wenig zu sicher gefühlt. FIFA-Vize Chung Mong-Joon erklärte jedenfalls abends an der Hotelbar, Havelange habe seine Haut nur vorerst gerettet. Die Opposition habe nun endlich die Gewißheit, erfolgreich »Hand anlegen zu können« an das brasilianische Monument.

Am 31. Mai 1996 gab die FIFA folgende Pressemitteilung heraus: »Das Exekutivkomitee pflichtet dem Vorschlag von Präsident Havelange bei, daß die TV-Rechte nur von der Finanzkommission, geleitet von Herrn Hyldgaard, und dem Generalsekretär zu analysieren sind.« Auf Blatter und dessen engen Freund Poul Hyldgaard, den Chef der Finanzkommission, konnte sich Havelange verlassen – er selbst wollte dann in Einzelgesprächen den Rest besorgen und die nötige Mehrheit in der Exekutive herbeiführen. Zu dieser Zeit war immer nur von einem Vertrag für 2002 mit einer Option für 2006 die Rede gewesen. Am 17. Juni offerierten die vier verbliebenen Interessenten (CWL, IMG/*Ufa*, das EBU-Konsortium und *Sporis*/Kirch) ihre Angebote noch einmal der Finanzkommission. ABC, TEAM und CSI stiegen aus.

Die Wochen vergingen mit geschäftigem Treiben auf allen Ebenen. Blatter und Hyldgaard bereiteten in der Finanzkommission den Vorschlag zugunsten von *Sporis*/ISL und Kirch vor – wie so etwas läuft, wird uns später noch ausführlich ein FIFA-Vizepräsident berichten –, und Havelange bestellte Exekutivmitglieder zum persönlichen Gespräch ein. Am Abend vor der entscheidenden Sitzung Anfang Juli 1996 dinierte der Brasilianer in seinem Apartment noch lange mit dem russischen Exekutivmitglied Wjatscheslaw Koloskow.

Auf der Sitzung des Exekutivkomitees ging Havelange frühmorgens siegessicher zur Sache. Hinter verschlossenen Türen kam er schnell auf den Punkt. Er schlug vor, die Rechte für 2002/2006 an *Sporis*/Kirch zu vergeben, obgleich er wußte, daß die Europäer, wenn überhaupt, dann nur über 2002 befinden wollten. Havelange beantragte die sofortige, offene und einzelne Abstimmung und überrumpelte damit seine Konkurrenten. Er fragte zunächst seinen langjährigen Mitstreiter Koloskow: »Bist du nicht auch der Meinung, wir sollten das Angebot akzeptieren, mein Freund?« Gospodin Koloskow, seit vielen Jahrzehnten in der Sportdiplomatie geschult, tat, worum er gebeten worden war. Er nickte. Dies war ein wichtiger Schachzug, weil das erste Jawort aus taktischen Gründen von einem Europäer kommen mußte. War deren Front erst einmal durchbrochen, würden auch die anderen wankelmütig werden.

Die Frage ging reihum und Generalsekretär Blatter notierte eifrig die Stimmenzahl. 21 Mitglieder hatte das Exekutivkomitee damals. Das deutsche Mitglied Gerhard Mayer-Vorfelder und der greise Milliardär Henry Fok aus Hongkong, der damals noch in der Finanzkommission war, fehlten. Von den verbliebenen neunzehn Mitgliedern antworteten nur neun mit Ja – also nicht einmal die Mehrheit. Sechs waren dagegen. Mit Mayer-Vorfelder wären es sieben gewesen, jedenfalls, wenn er seinen Auftrag im Sinne des DFB wahrgenommen hätte. Die übrigen drei unter den Verdutzten enthielten sich der Stimme. Gewiß kein überzeugendes Votum also für einen Milliardendeal, der die Öffentlichkeit wie kein Sportrechtshandel zuvor beschäftigen sollte. Havelange aber konnte trotzdem generös auf seine Stimmabgabe verzichten.

Später sollte er sagen: »Das nächstfolgende Angebot lag um 600 Millionen Schweizer Franken niedriger. Da gab es keine Diskussion.« Im Februar hatte Havelange noch erklärt: »Unsere Partner sind die öffentlich-rechtlichen Anstalten der *European Broadcasting Union*.« Warum dann aber diese Überrumpelungstaktik? Warum diese irreführende Informationspolitik? Warum wurde IMG an der Nase herumgeführt? Warum wurde erst der Vertrag in Windeseile durchgedrückt – und dann Kirch und ISL anderthalb Jahre Zeit gegeben, ihre Verkaufsstrategie auszuhandeln? Völlig überraschend sei die Abstimmung für die Hauptakteure im Fernsehgeschäft gekommen, empörte sich EBU-Präsident Albert Scharf. Er wollte »wie alle anderen erst aus den Nachrichten« davon erfahren haben. Ein unerhörter Vorgang? Tatsächlich hatte es in der an die Exekutivmitglieder verschickten Tagesordnung unter Punkt 3.1 nur geheißen: »Bericht der Finanzkommission über die Vergabe der Fernsehrechte«. Daß dies nichts besagen muß, zählt zur traurigen Tradition der Ära Havelange, in der den Weltfußball betreffende Grundsatzentscheidungen immer wieder ohne sachliche Diskussion und gründliche Analyse getroffen wurden. Der Beispiele gab es viele. Nur hatte sich die EBU, der langjährige Partner, nie dafür interessiert. Als man das erste Mal selbst benachteiligt worden war, regte man sich mächtig auf. Hilflos und viel zu spät.

Generalsekretär Blatter erging sich nach der Abstimmung in Formulierungen, die nach Erlösung klangen: »Dies ist eine neue Dimension. Erstens in finanzieller Hinsicht. Zweitens, weil die Zusammenarbeit mit dem Konsortium der öffentlich-rechtlichen Fernsehanstalten, die seit 1974 bestand, beendet wurde.« Drei Monate zuvor hatte er noch gesagt, man dürfe »sich nicht blenden lassen von den großen Summen, die da herumgehen«. Der Sport stehe zu sehr im Mittelpunkt der Finanzen, »und das gefällt mir gar nicht gut«.

9:6 war die Abstimmung ausgegangen, die drei Enthaltungen deuteten wohl kaum auf eine Zustimmung hin. Zunächst aber kursierten sogar unter den Bewerbern ganz andere Ergebnisse. »Das Verfahren bei der Vergabe war äußerst irritierend«, kritisierte der EBU-Chef. »Ständig wurden neue Bedingungen gestellt, bis schließlich die Entscheidung mit einer Stimme Mehrheit getroffen wurde.« Scharf, Intendant des Bayerischen Rundfunks und damals auch ARD-Vorsitzender, äußerte zugleich sein Unverständnis über das sehr »auffällige« Fehlen von Gerhard Mayer-Vorfelder – immerhin Vertreter des mitgliederstärksten Verbandes der Welt und mithin auch des für Kirch interessantesten Fernsehmarktes. Nicht nur in EBU-Kreisen wurde Naheliegendes vermutet: Der schwäbische CDU-Minister Mayer-Vorfelder habe sich angesichts der knappen Mehrheitsverhältnisse vor einer Entscheidung drücken wollen. Hätte er für die Öffentlich-Rechtlichen gestimmt, wäre die Situation für die ISL / Kirch-Offerte prekär geworden – er hätte sich ja dann in Havelanges Fragerunde als Deutscher gegen die deutsche Offerte erklären müssen und damit gewiß den einen oder anderen der drei Unentschlossenen noch abgeworben. Hätte er aber für seinen Parteifreund Kirch gestimmt, wäre er in Deutschland hart angegriffen worden. Er – nicht Kirch. So hat er gar nicht abgestimmt. Und dafür kaum Prügel kassiert.

Mit welcher Begründung aber fehlte der Finanzminister Baden-Württembergs überhaupt bei der Beratung dieser delikaten Angelegenheit, ausgerechnet bei der teuersten Entscheidung der FIFA-Historie? Nach Angaben seines Ministeriums hatte Mayer-Vorfelder am Vormittag des 3. Juli 1996 »dringende Haushaltsberatungen« in Stuttgart. Nachmittag unterstützte ier als CDU-Kreisvorsitzender die Kandidatin für die Oberbürgermeisterwahl. Angeblich will sich Mayer-Vorfelder noch einmal rückversichert haben, bevor er auf die Reise nach Zürich verzichtete. »Ich habe Blatter gefragt, ob über irgend etwas entschieden wird«, so erklärte er den Vorgang auf Befragen im Mai 1997. Mach dir keine Sorgen, es sei nur eine Orientierungsrunde, so habe dieser darauf geantwortet. Also seien ihm seine Ministertermine wichtiger gewesen. Später will er dann aus allen Wolken gefallen sein, als das Ergebnis verkündet wurde. War es so?

»Das ist das erste Mal, daß ich höre, daß Mayer-Vorfelder mich in dieser Angelegenheit kontaktiert hat«, widerspricht hingegen Blatter. »Er hat das ganz sicher nicht gemacht, sonst hätte ich ihm gesagt, daß das auf der Traktandenliste (= Tagesordnung) steht, die er auch erhalten hat.« Und was da drauf steht, das stünde eben nie einfach nur zur Diskussion, »sondern immer zu Diskussion und Entscheid.« Darüber wiederum gehen die Einschätzungen auch unter Exekutivlern auseinander. Wenn alles, was auf der Tagesordnung steht, automatisch zum Entscheid ansteht, wäre das schon fahrlässig – etwa, wenn sich dort wie so oft 40 oder 50 Punkte türmen und die Mitglieder sich gar kein Bild mehr machen können über die jeweilig in aller Eile abzuhandelnden Sachverhalte. Blatter jedenfalls bleibt bei seiner Darstellung: »Über das Thema haben Mayer-Vorfelder und ich nicht gesprochen.« Als Mayer-Vorfelder mit diesen Aussagen konfrontiert wird, grinst er. »Dann habe ich eben nicht mit Blatter, sondern mit seinem Sekretariat gesprochen. Das weiß ich doch nicht mehr genau.« Genaugenommen interessiert ihn ja die ganze Sache mit den Fernsehrechten kaum. Die angesichts der Kirchschen Pay-TV-Drohung so aufgewühlten Gemüter in Deutschland beruhigt er gerne mit dem lässigen Hinweis: »Wissen die Leute denn überhaupt, wie die Fernsehlandschaft im Jahr 2000 oder 2002 aussieht? Das weiß kein Mensch.« Da ist viel Wahres dran. Nur drängt sich die Frage dann um so mehr auf, warum die FIFA bereits Mitte 1996 in erkennbar allerhöchster Eile Fernsehverträge bis 2006 abschließen mußte?

Auf dem gleich nachfolgenden Kongreß der FIFA, der vierstündigen Mitgliedervollversammlung am 4. Juli 1996, versetzte Havelange seinen europäischen Rivalen um Lennart Johansson noch ein paar genüßliche Rippenstöße. Zunächst versprach er jedem der damals 198 nationalen Verbände aus dem Fernsehvertrag einen Grundbetrag von einer Million Dollar – eine Idee, die Johansson bereits in seinem ersten Visions-Papier vorgelegt hatte.

Für die gerade neu aufgenommenen Föderationen der Jungferninseln, von Montserrat und Guam hatte sich der erste Besuch beim Fußballpapst somit schon gelohnt. Der Kongreß beschloß mit 130 zu 41 Stimmen, die Zahl der Exekutivmitglieder um je einen Vertreter aus Afrika, Asien und Ozeanien von 21 auf 24 zu erhöhen. Die Europäer blieben bei ihren acht Plätzen. Havelange mußte keine Widerworte erdulden und bedankte sich anschließend für eine »ruhige und faire« Versammlung, die in einer »Atmosphäre des Friedens und des Fairplay« stattgefunden habe. »Sie haben sich perfekt verhalten«, lobte er in die Runde.

Weniger zufrieden war der DFB. Zwei seiner Anträge wurden abgeschmettert, darunter der für die Stärkung der nationalen Sportgerichtsbarkeit bei Entscheidungen, die eigene Wettbewerbe betreffen. Zurückziehen mußte er den dritten: Die Aufnahme einer Klausel, nach der in Zukunft die Vollversammlung die Vorsitzenden und deren Stellvertreter in den FIFA-Kommissionen wählen soll, an Stelle der bisher geübten Ernennung durch die FIFA-Exekutive. So blieb es bei einem winzigen Erfolg für die Europäer – sie ersetzten ihren Vertreter in der fünfköpfigen Finanzkommission (je ein Mitglied aus Europa, Asien, Afrika, Südamerika und Mittel / Nordamerika), den dänischen Blatter-Freund Poul Hyldgaard, durch den Italiener Antonio Matarrese. Mit Hyldgaards Leistung als Kommissionschef in der Vorbereitung der Kirch-Verträge war man nicht glücklich gewesen. Dafür aber büßten die Europäer nun ihren Chefstuhl in der Finanzkommission ein, was ein wenig verwundert, weil sie immerhin den Kontinent repräsentieren, aus dem der Weltfußball das weitaus meiste Geld erlöst. Wie der Zufall so spielt, waren nun die wichtigsten Gremien wieder fest in lateinamerikanischer Hand: Der Brasilianer Havelange als Boß der Exekutive und der Dringlichkeitskommission, der Argentinier Julio Grondona an der Spitze von Finanzkommission und des Komitees für die FIFA-Jugendwettbewerbe, Havelanges mexikanischer Busenfreund, der im Dezember 1996 verstorbene Fernsehmogul Canedo, als Chef des WM-Organisationskomitees sowie des zugehörigen FIFA-Büros.

Hyldgaard übrigens wurde noch am 4. Juli zum Ehrenmitglied der FIFA ernannt. Und auch Wjatscheslaw Koloskow, der ja eine Art Streikbrecher gespielt hatte innerhalb der Oppositionsfront der europäischen Exekutivmitglieder, hatte bald Grund zur Freude. Sicher war es Zufall, daß Koloskow in seiner Eigenschaft als russischer Verbandschef vier Monate nach der TV-Vergabe und dem persönlichen Gespräch mit Havelange einen lukrativen Vertrag unterschrieb – mit dem Sportartikelgiganten *Nike*, der auch die Auswahl Brasiliens unter Vertrag hat und sich zu jener Zeit bei Havelange sehr um einen Kontrakt mit der FIFA bemüht hatte. Bis zum Jahr 2000 treten zehn russische Auswahlteams der Männer, Jugendlichen und Frauen sowie sechs Topvereine der ersten Liga in *Nike*-Ausrüstung an. »Neben der Ausstattung beinhaltet der Vertrag mit *Nike* auch Barzahlungen«, erklärte Koloskow auf einer Pressekonferenz. Wieviel Dollars in den nächsten Jahren nach Moskau transferiert werden, wurde nicht bekannt. Muß auch nicht sein, im Rechtsstaat Rußland gelangen Devisen meist an die richtige Adresse.

Das Wirtschaftswunder
Von Strohmännern, Abwerbungen und Tarnfirmen

Die erste Aufregung über den neuen Fernsehvertrag sollte sich bald legen. Für Deutschlands Politiker begannen die Sommerferien. Die Sportfans freuten sich auf die Olympischen Spiele in Atlanta. Die Europäer leckten ihre Wunden, waren aber schon bald mit der Ausweitung der Champions League beschäftigt. Die EBU schließlich verzichtete dann doch darauf, wegen der undurchsichtigen Vorgänge bei der Rechtevergabe einen Anwalt einzuschalten. »Unglücklicherweise gab es keine Möglichkeit zu überprüfen, was da genau gelaufen ist. Aber in der Zukunft muß das korrigiert werden«, zeigte sich Sportdirektor Richard Bunn fast schon wieder milde gestimmt. Dann kehrte in Sachen WM-Fernsehen erst einmal Ruhe ein. In den *FIFA News* wünschte sich Generalsekretär Blatter nach all den aufregenden Wochen und dem »historischen Entscheid« über die WM 2002 in Japan und Südkorea, daß sich die große Fußballfamilie nun wieder auf den Sport konzentrieren möge. Die nächsten beiden Jahre sollten ausschließlich von Vorfreude auf die Weltmeisterschaft 1998 in Frankreich sein, schwärmte Blatter. Aber daraus wurde nichts. Denn mit Leo Kirch hatte sich die Bruderschaft FIFA / ISL einen Lotsen an Bord geholt, dessen Findigkeit und Expansionsdrang nicht einzudämmen waren und sind. Eigentlich war es keine neue Erkenntnis in der Branche, daß der schillernde Kirch gar nicht anders kann, als selbst das Ruder zu führen.

Das Sportgeschäft boomt. Kirch hat ein umfängliches Reich geschaffen. Über die Agentur ISPR versorgt er seinen Fernsehsender Sat 1 schon einige Jahre mit der Frischware Bundesliga. Als Resteverwerter dient das Deutsche Sportfernsehen. Er experimentiert mit dem Digitalkanal DF 1 herum. Die ISPR, die er gemeinsam mit dem Springer-Verlag unterhält, dealt zusätzlich mit Europapokal- und Tennisrechten, sie richtet Veranstaltungen (Grand-Slam-Cup) aus und begann damals noch dazu gerade mit der Einzelvermarktung von Athleten (vgl. Kapitel »Die neuen Herren«). Kirch aber hielt Fernsehanteile in aller Welt, und nun war er über die *Taurus* auch mit der Weltföderation FIFA verbandelt. Er hatte seine Pflöcke in die Verwaltungsbasis des Sports geschlagen. Als unersättlicher, geradezu gefräßiger Unternehmer wollte er die Flugbahn des Weltfußballs selbst bestimmen – so wie es ihm seine Glaubensbrüder Silvio Berlusconi und Rupert Murdoch an anderen Sportprojekten vorexerziert hatten. Der Partner ISL, der Leo Kirch erst den Zugang zur FIFA ermöglicht hatte, konnte diese knallharten Busineßpläne nur stören. Wie meinte Christoph Malms? »Die Rolle des Sports als soziales und kommunikatives Element muß erhalten bleiben. Daß es Auswüchse gibt, ist klar. Aber wir sind nur der kleine Marketingberater, wir können die Gefahren und Tendenzen nur aufzeigen.« Aber auch so ein Frühwarnsystem ist nicht nach Kirchs Geschmack. »Bisher war das alles nur eine Amateurliga, jetzt geht das Geschäft erst richtig ab«, beobachtete ein Insider die Maßnahmen des bajuwarischen Teamchefs. Und tatsächlich, die Post ging ab. Plötzlich betrat ein neuer Wettbewerber das Feld.

Am 3. Dezember 1996, genau fünf Monate nach der Abstimmung in Zürich, vermeldete die *Financial Times* die Gründung einer ambitionierten Sportmarketingagentur mit dem Namen *Prisma Sports & Media*. Pikant daran war, daß sich die Männer dieser ersten Stunde bei der *Prisma* – Peter Sprogis, Stephen Dixon und Thomas Hopkins – erst wenige Tage vorher von ihrem alten Arbeitgeber ISL verabschiedet hatten. Und bei diesen Managern handelte es sich nicht etwa um irgendwelche Mitarbeiter aus der dritten Reihe, sondern um genau die Strategen, die für die ISL den komplizierten WM-Deal mit der FIFA und Leo Kirch ausgehandelt hatten. Sprogis hatte zuletzt als Vizepräsident von *ISL* Television fungiert und hatte durch den Ankauf verschiedener Firmen großen Anteil daran, daß die ISL zu einem Marktführer im Bereich der virtuellen Werbeinblendungen wurde, einer Technologie, die künftig eine Schlüsselrolle in der Sportwerbung spielen soll. Dixon betreute von 1982 bis 1996 sämtliche Marketingprogramme von FIFA und UEFA und zog dabei einige der größten Sponsorenverträge des Sports an Land. Anwalt Hopkins schließlich war bei der ISL über viele Jahre der Topmann für die vertragliche Abwicklung der Partnerschaften gewesen. Gemeinsam konnten sie auf 35 Arbeitsjahre in vorzüglichen Positionen zurückblicken, wie sie potentielle Kunden in Angebotsschreiben wissen ließen. In diesen Briefen, die zum Beispiel an zahlreiche europäische Fußballvereine verschickt wurden, warben sie explizit mit ihren früheren Tätigkeiten für die ISL-Gruppe.

Die Gründung der *Prisma* sorgte auf dem Markt für vielfältige Gerüchte. *Prisma* war die große, Verwirrung stiftende Unbekannte. Über Monate blieb die Firma ein vollkommen mysteriöses Konstrukt. Deutlich war zunächst nur eins: Da versuchte nicht einfach ein Außenseiter auf Kopf und Kragen sein Glück. Denn dafür war schon zuviel Geld im Spiel. *Prisma* wurde geschwind zu einem global einsatzbereiten Unternehmen ausgebaut. Die

Firma mietete im Schweizer Steuerparadies Zug sowie in London groß-
flächige Büros und sollte wenig später bereits 30 Mitarbeiter beschäftigen,
ohne bis dahin auch nur einen Partner akquiriert zu haben – ein Abkommen
mit dem Internationalen Volleyballverband über die Beach-WM in Los
Angeles wurde erst Mitte Juli 1997 geschlossen. Zudem erklärten die *Prisma*-Chefs großspurig, die Finanzen ihrer Firma seien für die nächsten fünf
Jahre gesichert. Wer war so spendabel? Wozu war *Prisma* da und wer stand
dahinter?

Lange Zeit wies Geschäftsführer Peter Sprogis alle Spekulationen zurück,
Leo Kirch oder Rupert Murdoch seien im *Prisma*-Geschäft involviert. Er
hätte auch nichts anderes sagen dürfen, denn sein ehemaliger Arbeitgeber
ISL war gegen die drei *Prisma*-Mitarbeiter Thomas Hopkins, John Kristick
und Dominik Schmid (letztere stießen wenig später ebenfalls von der ISL
hinzu) vor Gericht gezogen – wegen unlauteren Wettbewerbs und des Ver-
dachts der Weitergabe von Geschäftsgeheimnissen. Sprogis also deutete nur
vage Ziele an. Man wolle sich vom großen Kuchen ein Stück abschneiden,
man habe Ideen und viel Erfahrung im Geschäft. Und er sagte noch diesen
verdächtigen Satz: »Es gibt heutzutage nur zwei Dinge, die Fernsehsender
interessieren: Fußball und Filme.« Demnach wäre er bei Leo Kirch genau an
der richtigen Adresse.

Es war das zweite Mal nach 1991, als sich Hempel und Lenz verabschiedet
hatten, daß der ISL die Topleute wegliefen. Nach diesem neuerlichen Ader-
laß stand die große Frage im Raum, ob die ISL überhaupt noch die Man-
power habe, um die Fußballweltmeisterschaften zu vermarkten. Und schnell
hieß es, Leo Kirch spiele wieder eine seiner üblichen Partien um Macht und
Milliarden, er habe die Manager aus der ISL abgezogen, um diese entscheidend zu schwächen und dann allein die WM-Vermarktung zu übernehmen.

Der Abgang ihres Expertentrios machte der ISL tatsächlich schwer zu
schaffen – extern und intern gleichermaßen, zumal sich Stephen Dixon am
14. November 1996 noch mit einem Brief an sämtliche ISL-Außenstellen
und den japanischen Partner *Dentsu* verabschiedet hatte. Darin warf er der
ISL-Führung um Weber und Malms »unkorrekte und irreführende« Aussagen vor. Zwei Tage zuvor hatten Weber, Malms und Pierre Woog ein Memo
an alle ISL-Angestellten in Umlauf gebracht, in dem sie die neue Firmen-
struktur erläuterten, ihre Erfolge feierten (ohne auf den Verlust des IOC
einzugehen) und auch auf die Trennung von Dixon & Co. zu sprechen kamen. Die sei wegen »grundlegender Meinungsverschiedenheiten« erfolgt.
Man wolle das Trio aber als gute Freunde in Erinnerung behalten. Wenig
später strengten die ISL-Bosse Klage an gegen ihre »guten Freunde«. So
wetterwendisch kann das Leben sein.

Der Winter zog ins Land, und die Gangart wurde rauher. *Sporis* / ISL strukturierten ihr weltweites Firmengeflecht neu, gründeten zahlreiche neue Ableger (für Firmenbetreuung, Sponsorenforschung, Filmarchiv, Videoproduktion, Rechtehandel) – und waren fleißig auf dem Personalmarkt aktiv. So kam etwa der neue Marketingdirektor Heinz Schurtenberger (ehemals *Jacobs Suchard* und *Mövenpick*), der mit einem für die ISL bemerkenswerten Satz aufwartete: »Mein Prinzip ist die Transparenz.« Für die in London ansässige Firma *ISL* Television wurden gleich eine ganze Reihe internationaler Experten verpflichtet, darunter als Direktor einer der führenden Manager aus dem Reiche Leo Kirchs: Daniel Beauvois, ein Belgier, der die ISPR seit 1991 zu einigem Ruhm und vielen Millionen geführt hatte. Den Zugang von Beauvois feierte ISL-Präsident Weber geradezu euphorisch: »Wir werden nun auch mit der Umsetzung unseres größten Neuprojekts im Bereich TV beginnen: die Vermarktung der weltweiten Fernsehrechte für alle FIFA-Anlässe nach 1998. (...) ISL TV unter Beauvois und ISL Football werden die FIFA-Fußball-WM inskünftig als erstes integriertes Medien- und Marketingkonzept eines weltweit ausgestrahlten Sportgroßereignisses vermarkten.« Wußte Weber da etwa schon wieder mehr als die Konkurrenz? Die Marketingrechte für die auf Frankreich folgenden Weltmeisterschaften hatte die ISL noch gar nicht erhalten. Havelanges Herzensbruder Weber ging aber schon fest davon aus.

Was immer aber die ISL versuchte, *Prisma* konterte – und hatte bis zum Frühjahr 1997 insgesamt ein Dutzend ISL-Kräfte abgeworben. Langsam fürchtete die ISL wirklich, vom offiziell noch unbekannten *Prisma*-Hintermann ausgebootet zu werden. Da half nur noch die Direktleitung ins FIFA-Hauptquartier. Präsident Havelange machte das Thema zur Chefsache. Eine delikate Aufgabe, sogar für einen ausgebufften Strippenzieher wie ihn: Denn einerseits mußten Kirchs Unternehmungen Grenzen gesetzt werden, andererseits aber durfte man nicht den gesamten Vertrag gefährden, der ja wegen der Unklarheiten in Bezug auf das Pay TV äußerst heikel war. Die FIFA verlangte also von Kirch Bankbürgschaften für den Fernsehvertrag – und dies ausgerechnet in einer Phase, in der er sich wieder einmal in größten finanziellen Nöten befand: Sein Digitalfernsehprojekt war ein riesiges Verlustgeschäft, die Negativbilanzen seines Imperiums kursierten in den Medien, und der Versuch, vermittels seiner CSU-Spezln an einen Landeskredit von 500 Millionen Mark zu gelangen, war nach Enthüllungen der *Süddeutschen Zeitung* gescheitert.

Anfang Mai fachte dann ISL-Manager Christoph Malms das Feuer an. Dem *Kölner Stadtanzeiger* sagte er: »Ohne unser Wissen und unsere Erfahrung hätte Herr Kirch niemals den Zuschlag bekommen.« Seit einiger Zeit seien nun »Eingriffe« zu beobachten. Der Münchner Kompagnon habe versucht, die Kontrolle an sich zu ziehen. Malms sprach auch von Bestrebungen Kirchs, den Vertrag mit der FIFA seinen Hausbanken als Sicherheit für Kredite anzubieten, die er für den Ausbau des digitalen Fernsehens und anderer Projekte benötigt. Die *Prisma* sei »ein Wirtschaftswunder der besonderen Art«, spottete nun auch der Newsdealer von *sport intern*. Kirch soll bei *Prisma* einen Strohmann, den Chef der Schweizerischen Kreditanstalt Karl Reichmuth, vorgeschoben haben, um das Stammkapital von einer Million Schweizer Franken einzuzahlen. Das Branchenblatt *Sponsor News* veröffentlichte den vermeintlichen Schlachtplan des Leo Kirch: Erst wurden die drei ISL-Topmanager abgeworben, auf daß sie die *Prisma* gründeten. Nun wolle Kirch, daß die FIFA als Partner die *Prisma* mit den Experten anstelle der ISL akzeptiere. Kirchs Statthalter Dieter Hahn wies diese Vorwürfe in einem geharnischten Schreiben samt Klageandrohung an den Herausgeber zurück. Nur ein paar Wochen später sollte er sich dann elegant zu revidieren wissen ...

Zunächst aber tagte das FIFA-Exekutivkomitee in Zürich, am letzten Wochenende des Mai 1997. Auf der Pressekonferenz berichtete Generalsekretär Joseph Blatter, Havelange habe der Exekutive Bericht erstattet in Sachen Kirch & Co. »Wenn es Zweifel gab, was die Bonität von Kirch angeht, so ist das jetzt durch Bürgschaften schweizerischer und deutscher Banken beseitigt.« Natürlich hat diese Bürgschaften kaum ein Mitglied der Exekutive gesehen – so, wie ja auch der Fernsehvertrag von Blatter streng behütet wurde. Er verteidigte dies mit der Behauptung, in keiner großen Firma gingen derartige Papiere durch sämtliche Hände des Verwaltungsrats. Das mag stimmen, nur ist die FIFA kein privates Wirtschaftsunternehmen, sondern eine öffentliche Organisation mit demokratisch gewählten, ehrenamtlichen Entscheidungsträgern – ähnlich wie die UEFA. Und die schickt ihre Verträge den einzelnen Nationalverbänden stets zu.

Kirch und *Prisma* trieben weiter ihr Unwesen und wilderten, wie FIFA und ISL behaupteten, nun in fremden Revieren. Alles paßte genau in das in der Öffentlichkeit gezeichnete Bild vom Kirch-Imperium, gegen das sich Manager Dieter Hahn vergeblich zur Wehr setzte: »Seit einigen Monaten wird offenbar sehr zielgerichtet über die Finanzen und die Solidität eines einzigen deutschen Medienunternehmens spekuliert. Das ist schon sehr ungewöhnlich. Was uns langsam sehr stört, ist der Eindruck, der hier erweckt wird: Da sitzt eine Bande von Spielern in München, und die zieht ihre letzte Karte. Das ist grundfalsch.«

In diesem Fall zog wohl eher die FIFA ihre letzte Karte. Anfang Juli entschied sie sich für den diskreten Gang an die Öffentlichkeit. Blatter setzte einen drohenden Brief an Hahn auf, dessen Inhalte umgehend in der *Financial Times* erschienen. Die Sache eskalierte, weil *Prisma*-Geschäftsführer Peter Sprogis nun endlich in einer Pressemitteilung bekanntgab, daß die Kirch-Gruppe 25 Prozent der Anteile an *Prisma* übernommen habe. Das Aktienkapital der Firma war auf fünf Millionen Schweizer Franken erhöht und *Prisma* von Kirch mit der Vermarktung der WM-Fernsehrechte beauftragt worden. Erstmals war die Verbindung zu Kirch offenbart worden.

»Wir wollen sehr eng mit der FIFA und ihren Partnern zusammenarbeiten«, schrieb Sprogis – woraufhin ihm Blatter in feurigen Worten mitteilte, daß er in dieser Sache gar nichts zu melden habe. »Die FIFA-Partner sind Kirch und *Sporis* (ISL) – und nicht *Prisma*. Wegen ihrer diesbezüglichen Behauptungen behält sich die FIFA rechtliche Maßnahmen vor.« Der Vorfall werde sich negativ auf jede mögliche künftige Zusammenarbeit auswirken, erklärte Blatter. Und aus Luzern ließ die ISL verlauten, sie unterstütze »unmißverständlich die Aussagen der FIFA, wonach jegliche Einschaltung eines Drittunternehmens bei der Vermarktung der Rechte nur mit Zustimmung beider Kooperationspartner erfolgen kann.« Man werde die Verträge mit der FIFA uneingeschränkt umsetzen. »Dies beinhaltet auch die weitere Kooperationsbereitschaft mit *Taurus*.«

Nun war Kirchs Geschäftsführer Dieter Hahn gefordert. Er bestätigte, daß die »Kirch-Gruppe *Prisma* damit beauftragt hat, ein Vermarktungskonzept auszuarbeiten und als ihre Repräsentantin die Vertriebsstrategie für die Rechte in enger Zusammenarbeit mit *Sporis* zu erarbeiten. Diese Vertriebsstrategie bedarf der Zustimmung der FIFA. Am Aktienkapital der *Prisma Sports & Media* beteiligt sich die Kirch-Gruppe mit 25 %.«

Also stimmte, worüber monatelang spekuliert worden war: Leo Kirch steckte hinter *Prisma*. Und die ISL sollte nun mit ehemaligen Mitarbeitern kooperieren, welche die selbe Arbeit noch ein Jahr zuvor auf der anderen Seite verrichtet hatten und gegen die m an sogar vor Geric ht gezogen war. Dixon, Sprogis und Hipkins seien wären des Bewerbungsprozesses um die Fernsehrechte diejenigen gewesen, »die für uns das Knowhow der ISL verkörperten«, gab Manager Hahn zu. Er hatte Sprogis in Verhandlungen über die TV-Rechte an der Leichtathletik-WM kennen- und schätzen gelernt. Da die *Kirch-Gruppe* keinen eigenen Sportrechtevertrieb unterhalte, sei es sinnvoll gewesen, sich Leute zu sichern, »von denen wir wissen, daß sie erstklassig sind«.

Nun war allerdings die Nicht-Einbeziehung eines weiteren Partners eine der fundamentalen Grundlagen des WM-Vertrages zwischen FIFA, *Sporis* (= ISL) und *TaurusFilm* (=Kirch) gewesen. Die ISL wollte damit verhindern, daß Kirch sich Unterstützung bei anderen Sportmarketingfirmen suchte.

Kirch wiederum mußte ausschließen, daß die ISL mit ihrem Rechtepaket zu finanzstarken Mediengiganten wie Rupert Murdoch oder Bertelsmann überlief. Kirchs Sprecher Hahn interpretierte die Vertragslage nun so: »*TaurusFilm* wie *Sporis* können eine Vermarktungsorganisation mit der Wahrnehmung ihrer jeweiligen Aufgaben im Rahmen des Joint Ventures beauftragen. *Sporis* läßt dies durch die Agentur ISL wahrnehmen, an der neben *Sporis* auch *Dentsu* beteiligt ist. *TaurusFilm* hat diese Aufgaben der *Prisma Sports & Media* AG übertragen und sich an dieser Agentur in diesem Zusammenhang auch beteiligt. Weder *TaurusFilm* noch *Sporis* haben ihren Vertragspartner um Zustimmung gebeten, noch müssen sie dies tun. Ebensowenig hat der gemeinsame Vertragspartner FIFA der Einbeziehung von ISL und *Prisma* widersprochen.« Der Partner sei also *Sporis* und nicht die ISL- ein gelungener Schachzug. War die ISL nun matt?

Die FIFA wollte diese rabulistische Unterscheidung nicht akzeptieren. »*Sporis* und ISL gehören zusammen«, erklärte Kommunikationsdirektor Keith Cooper. Wenige Tage später, am 14. Juli, scheiterte Hahns Versuch, mit der FIFA eine Klärung zu erzielen. Als die Kirch-Leute im FIFA-Hauptquartier eintrafen, ließ Blatter nur ausrichten, er habe keine Zeit für ein Gespräch. »Wer schmutzige Wäsche zu waschen hat, sollte das zu Hause tun und nicht auf dem Marktplatz«, soll er Hahn gesagt haben. Es war nur ein Muskelspielchen. Denn die Angelegenheit duldete keinen weiteren Aufschub, da sich unter den europäischen Vertretern in der FIFA-Exekutive immer größerer Widerstand gegen den Fernsehvertrag regte. Die Mitglieder fingen an, lästige Fragen zu stellen. Auch war mittlerweile die deutsche Öffentlichkeit für die Pay-TV-Pläne sensibel worden. Blatter mußte die Streithähne also möglichst schnell beschwichtigen – zumal die ISL nun zusätzlich auch mit den *Marketing*rechten für 2002 / 2006 betraut werden sollte. All dies galt es zu berücksichtigen.

»Die Ur-Konstruktion« des Vertrages habe »einen Kern gehabt, der irgendwann mal explodiert wäre«, sagte ISL-Manager Heinz Schurtenberger. Diese Explosion wurde, im Sinne aller Beteiligten, gerade noch verhindert. Im August verhandelten Daniel Beauvois (ISL) und Dieter Hahn (Kirch), die sich aus Münchener Zeiten bestens kennen, vier Tage lang in Zürich und brachten tatsächlich eine Einigung zustande. *Prisma* sollte nun den Verkauf der WM-Bilder in Europa übernehmen – die ISL im Rest der Welt, mit Ausnahme der USA (diese Rechte werden gesondert vergeben). Die ISL bestand darauf, daß Kirch sich *Prisma* als Mehrheitsaktionär (51 Prozent) einverleibt. Im Gegenzug übernahm die ISL nun die Bankbürgschaften für 1,4 Milliarden Schweizer Franken, die Hälfte der gesamten WM-Summe. Dadurch wurde der regelmäßig von Steuerfahndern und Staatsanwaltschaften verfolgte Kirch kräftig entlastet. Schließlich erklärte *Prisma*, sich aus anderen FIFA-Geschäften herauszuhalten, zum Beispiel aus dem WM-Sponsorenprogramm und der möglichen Ausrichtung von Beachfußball-Titelkämpfen. »Jetzt ist der Friede wieder da, alle gerichtlichen Klagen sind zurückgezogen worden«, frohlockte Heinz Schurtenberger. In gleichlautenden Presseerklärungen wurde der Waffenstillstand routiniert zur vorzeitigen Planerfüllung aufgebrezelt. Denn statt »unser Milliardendeal ist in letzter Sekunde gerettet worden« hieß es natürlich: »Bereits ein Jahr vor Beginn des WM-Zyklus 2002 ist das Projekt gesichert.« Davon hatte man eigentlich schon bei der Vergabe der WM-Rechte im Juli 1996 ausgehen sollen. Wenige Tage später feierte das Trio FIFA-ISL-*Prisma* ein erstes gemeinsames Projekt. Bei der Sportel-Messe in Monte Carlo wurde das Magazin »FIFA TV« vorgestellt. Ein veritables Joint Venture: Die jährlich 50 Folgen werden von ISL *Television Productions* produziert – und von der ISL, *Taurus* und *Prisma* finanziert und vertrieben.

Mit der heimlichen Joker-Karte *Prisma* hatte Kirch seine Pläne zwar nicht vollständig, doch immerhin zu großen Teilen durchgezogen: Er mußte jetzt nur noch für die Hälfte des Vertragsvolumens bürgen – hatte aber durch die exklusive Rechteverwertung auf dem lukrativen europäischen Markt erheblich größere Gewinnaussichten als die ISL. Die Frage bleibt indes, wie lange es ruhig bleibt zwischen den nur mit Mühe befriedeten Geschäftspartnern. Denn die jahrelange, wirklich heiße Phase steht noch bevor: Wenn die erste Zahlung an die FIFA fällig wird und wenn Kirch & Co. mit dem Verkauf der Fernsehrechte beginnen. Setzt er sich durch mit seinen Pay-TV-Plänen, wird sich dies wegen der geringeren Verbreitung nicht förderlich auf das Sponsorengeschäft auswirken. Spätestens dann wird es spannend. Wie meint Kirchs Parteifreund Gerhard Mayer-Vorfelder? »Der Kirch ist doch keine Sozialstation, der weiß genau, was er macht.« Man hätte also bloß den schlauen Mayer-Vorfelder fragen müssen. Nur hatte der die entscheidende FIFA-Sitzung ja leider wegen mysteriöser Kommunikationsstörungen mit dem Generalsekretariat verschwitzt.

Alles Vertrauenssache
Die kompetente Finanzkommission der FIFA

Viel war bislang die Rede vom undurchsichtigen, ja schon mysteriösen Geschäftsgebaren des Fußballweltverbandes. Das hat Tradition, wenngleich sich die Kritik bislang nie so klar artikulierte wie nach der Vergabe des Fernsehvertrages für die Weltmeisterschaften 2002/2006. Bevor wir uns also dem nächsten umstrittenen Kontrakt widmen, dem über die Marketingrechte, erfüllen wir unsere Sorgfaltspflicht und erkundigen uns bei den Entscheidungsträgern nach dem Stand der Dinge. Wie werden wirklich die Entscheidungen eingefädelt *for the Good of the Game*, wie die FIFA-Losung lautet? Gehen wir direkt zu den Experten: zur FIFA-Finanzkommission.

Die Lobby des Novotel/Sofitel in Marseille ist morgens um acht gut gefüllt. In einem Separée tagt bereits UEFA-Präsident Lennart Johansson mit seiner Führungscrew. Michel Platini, der Präsident des französischen WM-Komitees, schlurft vorbei. Er sieht übernächtigt aus, zerknittert, doch was soll er machen, die Pflicht ruft. *Adidas*-Boß Robert Louis-Dreyfus wuselt durch die Gänge. Und auch DFB-Präsident Braun nimmt erste Termine wahr. Nur Obe Ram Ruhee ist nirgends zu sehen. Dabei hatte der Fußballfunktionär aus Mauritius noch am Vortag mit freundlicher Stimme den Interviewtermin bestätigt. Sie wollen über die Finanzkommission reden? Um acht Uhr in der Lobby, seien Sie bitte pünktlich. Kein Problem.

Morgens um acht sieht die Welt anders aus. Erst ein halbes Stündchen später, läßt sich Ram Ruhee endlich blicken – allerdings im Frühstücksraum in einer oberen Etage. Im familiären Kreis labt er sich an Café Creme und frischen Croissants. Um 9.30 Uhr holt er leider immer noch Nachschub, nun werden die bestellten Interviewer langsam unruhig. Noch etwas später am Telefon, zurück auf seinem Zimmer, bestätigt Ram Ruhee dann endlich den Termin. »Ja, richtig!« Aber leider: »Das tut mir jetzt aber leid. Sie wissen, wie das ist. Hier trifft sich Gott und die Welt. Heute morgen hatte ich ein sehr, sehr, sehr wichtiges Meeting. Ich durfte nicht fehlen, vielleicht klappt es ja ein andermal. Wie wär's übernächste Woche in Riad?«

Die Männer des Finanzkomitees. Ra(s)tlos auf Achse für das Wohl ihres Spiels. Dieses eminent wichtige Gremium wurde vom 50. FIFA-Kongreß im

Juli 1996 personell neu besetzt. Es ist, seiner Bedeutung angemessen, ausschließlich mit Mitgliedern der Exekutive besetzt. Die beiden Führungspositionen nehmen sogar FIFA-Vizepräsidenten ein: Julio Grondona aus Argentinien und der Italiener Antonio Matarrese. Grondona, so heißt es, sei
nur wegen seiner engen Verbindungen zu Havelange, der ihn auch schon als
einen Nachfolger ins Spiel gebracht hat, an dieses Amt gekommen. Seine
Erfolge als Ehrenamtler jedenfalls dürften nicht dazu beigetragen haben,
denn Grondona präsidiert einem Nationalverband, dessen Erstligaklubs
nach Angaben der Zeitung La Nacion mit 215 Millionen Dollar bei Banken
in der Kreide stehen.

Grondonas Stellvertreter Matarrese wird zu den bemühten Vertretern seiner Zunft gezählt. Wenn seine europäischen Kollegen Johansson oder Braun
etwas vorschlagen, führt Matarrese das gern aus. Nur mußte er im Sommer
1996 seinen Platz an der Spitze des italienischen Verbandes räumen. Nach
dem frühzeitigen Aus der Azzuri bei der EM in England hatte Matarrese endgültig die Unterstützung der Ligapräsidenten verloren, weil er zu lange am
Nationaltrainer Arrigo Sacchi festgehalten hatte.

Das fünfköpfige Team wird komplettiert von dem vielbeschäftigten Obe
Ram Ruhee aus Mauritius, von Mohamed Bin Hammam (Katar) sowie von
einem guten Bekannten: Jack Warner (Trinidad & Tobago), Boß der mittel-
und nordamerikanischen Föderation CONCACAF – jenem Mann, der anno
1994 die Welt umrundet hatte, um für Havelanges Wiederwahl zu werben.
Inzwischen ist Warner selbst zum FIFA-Vizepräsidenten avanciert. Und auf
ihn ist Verlaß. Auf die Minute pünktlich steht er in der Lobby des Hotels.
Womöglich stimmt ja, was das FIFA Magazin schreibt: Daß er täglich von
morgens um fünf bis weit in die Dunkelheit selbstlos die Interessen des Fußballs verficht. Der 55jährige kommt auf das wildbewegte Wahljahr 1994 wie
automatisch zu sprechen. Es war nicht nur für Havelange, sondern auch für
ihn persönlich eine ereignisreiche Zeit. Denn damals hatte er seinen Beruf
als Dozent am Polytechnischen Institut der Universität von Port of Spain
aufgegeben, um sich ganz den ausufernden Aufgaben im Fußballsport widmen zu können. Trotz der enormen Belastungen des Ehrenamts konnte sich
der Geschichtslehrer recht zügig eine geschäftliche Unabhängigkeit erwirt-
schaften. Gemeinsam mit seinen Söhnen Daryan und Daryll betreibt er ein
Restaurant und einige Sportgeschäfte, nebenher ist er Eigentümer eines
Fußballklubs, der in der Profiliga des Inselstaats spielt. »Mein Verein nennt
sich Joe Public«, sagt Warner mit einigem Stolz. Er nahm sogar einen jugo-
slawischen Trainer unter Vertrag.

Weil Warner trotz aller unternehmerischer Verpflichtungen auch noch
»fast eine Million Meilen pro Jahr« rund um den Globus unterwegs ist, mit-

hin »fast so viel wie mein Freund Joao Havelange«, ist es praktisch, wenn sich der eine oder andere Termin unterwegs gleich miterledigen läßt. Sohn Daryll ist ständig auf Achse im FIFA-Hotel, wo es von Freunden und Bekannten wimmelt. »Erst vorhin«, sagt Warner, »traf ich den *Adidas*-Mann. Gute Geschäfte hier« Nicht nur der Sportartikelhändler in ihm, auch der Sportfunktionär Warner verspürt eine enge Bindung zu den drei Streifen. Sagt er ganz offen: »Ich bin ein *Adidas*-Fan, weil uns die Firma half, als es uns schlecht ging. Ich finde, man muß Loyalität zeigen.« Davon hat Jack Warner reichlich. Und so manches spricht dafür, daß es just diese Grundtugend ist, die ihn zum Funktionär mit der größten Ämterfülle in der FIFA hat heranreifen lassen. Er ist »die einzige Person, die in zehn Kommissionen sitzt. Das ist Rekord.«

Ständige Anbindung an das sportive Geschehen in der Welt hat der bedeutende Entscheidungsträger aus Rio Claro im Süden Trinidads vor allem über den amerikanischen Sportkanal ESPN. Die schmucke Karibikinsel selbst ist nun mal, was das sportliche Gewicht anbelangt, noch ein wenig ab vom Schuß. Um so leidenschaftlicher nutzt er die zahlreichen Gelegenheiten, sich in der Kommissionsarbeit fortzubilden. Am liebsten, erzählt Jack Warner, »ist mir die Spielerstatutenkommission. Das ist sehr interessant für mich, und jedesmal eine völlig neue Erfahrung.« Lehrreicher aber noch ist für Warner die Mitgliedschaft in der Finanzkommission, wo er mit seinen vier Kollegen alle wesentlichen wirtschaftlichen Entscheidungen für die Exekutive vorbereitet – und zwar bekanntlich, frag' nach bei Blatter und Mayer-Vorfelder: Abstimmungsreif. So fällt den Mitgliedern der Finanzkommission eine Aufgabe zu, die angesichts der zukunftsweisenden Milliardendeals mit Fernsehen und Sporen nicht nur permanente Aufmerksamkeit, sondern vor allem umfängliches Sachwissen sowie genaue Kenntnisse der Geschäftsentwicklung auf den jeweiligen Märkten erfordert. Eine eminent verantwortungsvolle Aufgabe sei das, so Blatter, der die Arbeit des Gremiums akribisch vorbereitet und betreut. »Wenn die Finanzkommission Vorschläge macht, dann werden die auch angenommen. Das ist bei allen anderen Kommissionen genauso. Vertrauen ist wichtig.«

Da stimmt ihm Warner, der unabhängige Finanzkontrolleur, zu: »Das Ganze ist vor allem eine Vertrauenssache, gegenseitiges Vertrauen ist das wichtigste bei unserer Arbeit in der FIFA.« Wobei er sich hauptsächlich als Brückenkopf der verbandsinternen Glaubensarbeit versteht: »Niemand kennt die FIFA besser als Sepp Blatter. Die Finanzkommission hat volles Vertrauen in ihn, und wir erwarten, daß die Exekutive auch volles Vertrauen in uns hat.« Das ist dann doch ein bißchen viel Goodwill auf Vorschuß. Bei einer solchen Konstruktion müßten die Regeln von Vernunft und demokratischer Entscheidungsfindung ja eigentlich voraussetzen, daß die Finanz-kommission nicht um Vertrauen wirbt, sondern Vertrauen schafft. Das wie-derum läßt sich nur einrichten, wenn sie stets und unerschütterlich auf der Höhe des Geschäftsgeschehens ist. Damit sie weiß, wie sie die Exekutive zu beraten hat und worüber sie abstimmen läßt.

Bleibt also die Kernfrage: Kennt sich die Finanzkommission aus in den Bereichen, in denen sie Entscheidungen herbeiführen läßt? Jack Warner war im Februar 1997 für den verstorbenen Mexikaner Canedo in die Fünfer-runde gerückt – und damit auch mitten hinein in die Debatten um den WM-Fernsehvertrag 2002 / 2006. Er hatte es nicht einfach, sagt Warner. »Manch-mal war ich frustriert.« Das kann man nachvollziehen. Es wäre in dieser stürmischen Zeit wohl jedem Verantwortlichen so ergangen, der von der Materie keinen blassen Schimmer hat. Aber zum Glück können sich Warner & Co. auf Sepp Blatter verlassen. »Im Mai zum Beispiel haben wir ihn nach der ISL gefragt, im September haben wir die Antworten bekommen«, teilt Warner Beruhigendes mit. Zur Vorbereitung auf die wichtigen Sitzungen läßt er sich die Informationen, etwa die Offerten für die Marketingverträge, »per Fax oder *Federal Express*« zustellen. Nein, nicht Wochen vorher, ein paar Tage genügen – schließlich ist er verdammt oft unterwegs. Vergan-genen Dezember etwa, in der angespannten Atmosphäre rund um die Be-ratungen in Marseille, jettete Warner zunächst nach Nigeria, wo er den Stand der Vorbereitungen auf die Junioren-WM inspizierte. Zurück ging es, eigentlich nur zum Wäschewechsel, über Trinidad nach Marseille. Dann drei Tage in der Heimat und gleich wieder ab zum nächsten wichtigen Ter-min: für zwei Wochen nach Saudi-Arabien zum »Confederations Cup«, wo die FIFA-Ehrenamtler in einem abgeschirmten Palast des saudischen Königs logierten. Noch vor Weihnachten hatte Warner in Paraguay zu tun, noch vor Silvester wartete Burkina Faso auf den Inspektor.

Als der Streit um die Fernsehrechte der FIFA eskalierte (mehr dazu im fol-genden Kapitel »Zeit des Erwachens«), stellten europäische Exekutivmit-glieder jede Menge peinliche Fragen zum Thema. Schließlich zitierten sie die Finanzkommission sogar zu einer nachträglichen Interviewrunde nach Zürich. Zuerst, sagt Warner, »war ich mindestens so sauer wie unser Kom-missionsvorsitzender Julio Grondona, daß die Europäer überhaupt nochmal eine Diskussion mit uns wünschten. So etwas hatte es noch nie gegeben, und ich hatte das Gefühl, die trauen uns nicht.« Aber am Ende sprang ein tolles Bildungserlebnis für Jack Warner heraus: »Ich weiß jetzt, was der Un-terschied zwischen Pay-TV und Pay-per-view ist. Die Europäer haben uns die Augen geöffnet, sie haben uns das alles erklärt.« Und damit also der Fi-nanzkommission der FIFA verklickert, was diese selbst eineinhalb Jahre zuvor zugunsten von Kirch und ISL eingefädelt hatte. So kollegial hilft man einander auf die Sprünge im Fußballweltverband.

Jack Warner hält das in der FIFA übliche Prozedere der Entscheidungsfindung für ausreichend. Daß es allein der Generalsekretär ist, der das Königswissen und damit die Fäden in der Hand hält, stößt ihm nicht unangenehm auf. Obwohl das auch in Vorbereitung der Marketingentscheidung für die Weltmeisterschaften 2002/2006 so war. Warner hat nach eigener Einschätzung auf der diesbezüglichen Sitzung in Kairo – über die noch zu reden sein wird –, »hart für die ISL gekämpft«, weil er die Agentur »gemeinsam mit *Adidas* zu den königlichen FIFA-Sponsoren zählt«. Der harte Kampf von Kairo war nicht ganz umsonst. Jack Warner nahm wie sein Finanzchef Grondona einen kleinen persönlichen Erfolg mit nach Hause: Die Junioren-WM im Jahr 2001 findet in Argentinien statt, die U-17-WM im selben Jahr wurde nach Trinidad vergeben. Drei Monate später wurde Warner in Marseille auch noch zum Chef jener Kommission ernannt, die sich mit der Einführung einer Klub-WM befaßt.

So verlaufen die Sitzungen der FIFA-Finanzkommission also in entspannter, freundschaftlicher Atmosphäre. Steht doch über der Arbeit der Experten stets allein das Arbeitsprinzip Nummer eins: Vertrauen in Joao und Sepp. Wer den rechten Glauben hat, braucht offenbar nicht mal genau zu wissen, mit wem er es überhaupt zu tun hat. So war Warner Ende 1997 noch der Ansicht, bei seinem Finanzexperten-Kollegen Ram Ruhee handele es sich um einen Geschäftsmann. Das war weit gefehlt, wenn man Ruhees offizielle Biographie aus dem Internationalen Olympischen Komitee zu Rate zieht. Denn auch in diesem Elitezirkel des Weltsports ist der 70jährige von der Paradiesinsel Mauritius unerläßlich. Laut Biographie firmiert er als Lehrer, der später ins Erziehungsministerium wechselte und inzwischen dem Fußballverband von Mauritius präsidiert. Ein freundlicher Wink des Schicksals: So könnten die Pädagogen aus Port Louis/Mauritius und Port of Spain/Trinidad durchaus ein paar berufliche Themen wälzen – etwa zwischen den Sitzungen, in denen sie als zwei von fünf Fachleuten die Milliardendeals zur zukünftigen Vermarktung des Weltfußballs einfädeln.

Ein wenig Abwechslung tut sowieso gut, schließlich haben die Kommissionen »manchmal 50 oder 60 Tagesordnungspunkte, da ist man irgendwann doch geistig abgespannt« (Warner). Ein sattelfester guter Glaube ist das wichtigste unterhalb der Führungsebene Havelange/Blatter. Der Rest wird über Komplementärtugenden geregelt, im Falle der Marketingverträge für 2002/2006 war es bei Warner ganz einfach eine tiefwurzelnde menschliche Anhänglichkeit: »Ich persönlich bin loyal zur ISL. Sie ist ein treuer alter Partner der FIFA.«

Gleiches gilt auch für Warner und den bewunderten Führer des Verbandes. Er hat sich stets persönlich stark gemacht für Havelange – und das nicht nur mit der Spaltungsdrohung von 1994 sowie mit der aufreibenden, so viele Flugmeilen fressenden Tagesarbeit. Sportsfreunde wie Warner denken über den Tagesbedarf hinaus, und so setzt er sich dafür ein, daß Joao Havelange auf seine ganz alten Tage endlich das bekommt, was ihm zusteht: Den Friedensnobelpreis. Einmal, im Jahre 1988, hatte er es schon auf die Vorschlagsliste geschafft. Damals hatte der Schweizer Verbandschef Heinrich Röthlisberger auf dem 46. FIFA-Kongreß den tränentreibenden Vorstoß gemacht: »Havelange ist die Verkörperung des universalen Sports, des Bandes zwischen den Menschen der verschiedenen Völker. Er ist der Förderer des Fairplay und wendet sich gegen die negativen Aspekte des Wettkampfsports.« Wie Schiedsrichter-Bestechung, zum Beispiel. Havelange sei völlig »überrascht« gewesen, berichteten damals arglos die Nachrichtenagenturen. Bestimmt würde er es auch diesmal wieder sein. Denn seit 1995 wird in den Korridoren der Fußballmacht ein neuer Anlauf genommen. »Eine brasilianische Gruppe kam mit dem Anliegen auf mich zu,« erzählt Warner, »und wir sagten natürlich zu, im Exekutivkomitee gab es nicht eine Gegenstimme.« Anführer der Nobelpreisfindungs-Gruppe sei der Brasilianer Abilio d'Almeida. »Er kam gemeinsam mit Havelange 1974 hoch«, sagt Warner über das heutige FIFA-Ehrenmitglied, das sich bei der WM 1994 in der Schiedsrichterkommission so elegant über den Widerstand der später aussortierten Experten hinweggesetzt hatte. Der alte Weggefährte hat im Laufe der Zeit erkannt, wovon auch Warner zutiefst überzeugt ist: »Das Werk von Havelange ist ein Katalysator für den Weltfrieden. Er wird ein Erbe für den Weltfrieden hinterlassen.« Und zwar ein ungleich größeres als der ewige PR-Störenfried und Sportkonkurrent Samaranch von der Lausanner Ortsgruppe Olympia. Daß der ebenfalls um die höchste gesellschaftliche Auszeichnung des Planeten buhlt, dabei sogar mit professioneller Werbehilfe vorging, haben Warner und Freunde zwar registriert, es hat sie aber nicht verunsichert. Denn wer allein den Nobelpreis verdient, steht für sie völlig außer Frage: »Havelange natürlich. Nicht Samaranch.« Die Gründe für diese klare Unterscheidung hat Warner auf Abruf parat: »Das IOC ist viel zu hoch kommerzialisiert. Die FIFA hingegen hat während ihrer WM-Endturniere 40 Milliarden Zuschauer, das schafft Olympia nicht. Und dann die vielen anderen Dinge, die der Präsident unterstützt, die SOS-Kinderdörfer und all das. Ich frage mich, was kann Doktor Havelange mehr tun?«
Jack Warner stellt sich diese Frage gewiß zu Recht.

Zeit des Erwachens
Die Europäer werden hellhörig

Ende August 1997. Die UEFA-Mitglieder trafen sich zur Auslosung der neuen Europacup- und Champions-League-Wettbewerbe im Genfer Hotel Noga-Hilton. Das beherrschende Thema hinter den Kulissen war aber nicht die Frage, ob Fortuna genügend packende Partien zusammenspannen würde. Debattiert wurde vor allem eine schier unglaubliche Mitteilung, die Vertreter eines großen europäischen Fernsehsenders den Versammelten gemacht hatten: Den Medienleuten waren gleich zwei Konzeptvorschläge zur Nutzung der WM-Rechte 2002/2006 ins Haus geflattert: Einer von der ISL, ein anderer von Kirchs *Prisma*. Die Nachricht verbreitete sich wie ein Lauffeuer. Groß war die Irritation bei den versammelten Fernsehschaffenden und Rechtehändlern, größer war nur noch das Unbehagen bei den Fußballfunktionären. Denn sie gerieten einmal mehr unter Erklärungszwang, ohne selbst genau zu wissen, was ablief.

Aber nun ging es ja auf Kairo zu, wo Anfang September bei der Außerordentlichen Sitzung des FIFA-Exekutivkomitees Klarheit geschafft werden sollte. Das Kernthema war den Verbandsführern zwar gerade eine Zeile wert unter dem Tagungsordnungspunkt 11.4 (Fernsehvertrag 2002/2006): »Ein interner Report wird der Exekutive vorgelegt.« Aber dieser dürre Satz barg auch das Zugeständnis, die laut Statuten handelnden Personen nun mit 14monatiger Verspätung teilhaben zu lassen an dem, was sie da selbst beschlossen hatten. So etwas muß man nicht an die große Glocke hängen.

Gespannt waren die Delegierten um Lennart Johansson auch, als sie auf der Tagesordnung einen Report der Finanzkommission zur Vergabe der *Marketing*rechte für die Weltmeisterschaften 2002/2006 entdeckten. Die Skeptiker hatten nämlich durch Indiskretionen erfahren, daß auch diesmal ein Beschluß durchgepeitscht werden sollte – wieder zugunsten der ISL. Für die Opposition aus mehreren Kontinenten, die sich mit dem Afrikaner Hayatou und dem Asiaten Chung nun um die Gruppe der europäischen Vertreter versammelt hatte, gab es keine drängende Notwendigkeit, ausgerechnet zum Zeitpunkt kollektiver Konfusion über die TV-Rechte bereits die nächste große Entscheidung bis ins Jahr 2006 zu fällen. Solange die Detailausarbeitung der Fernsehverträge nicht auf dem Tisch lag, so war ihr Bedenken, ließen sich die Marketingrechte noch gar nicht quantifizieren. Das Interesse der Sponsoren hängt ja weitgehend von der Frage ab, in welcher Form die Verbreitung der WM-Bilder stattfindet – flächendeckend oder im Pay-TV? Der Tagesordnungspunkt 11.1. der Agenda in Kairo, die Vergabe der WM-Marketingrechte 2002/2006, verhieß den Teilnehmern also jede Menge Spannung. Die FIFA-Finanzkommission kündigte an, die Marktlage sondiert zu haben und einen Vorschlag für die Vergabe vorlegen zu wollen. Das las sich flüssig, nur entsprach Teil eins dieser Ankündigung nicht ganz den Tatsachen. Dies meinte jedenfalls die renommierte Vermarktungsagentur TEAM, die sich prompt in einer Protestnote an Havelange und Blatter wandte. Die Experten argwöhnten, wie mittlerweile die gesamte Branche, daß sich die Vorfälle um die TV-Rechtevergabe wiederholen könnten, daß auch diesmal die zwei FIFA-Obersten ihre Geschäftsverbindungen pflegen und die WM-Marketingrechte den üblichen Weg nehmen würden: hopplahopp – hin zur ISL.

Tatsächlich hatte Blatter mit dem Dauerpartner zunächst exklusiv verhandelt. Das war auch seine vertragliche Pflicht, denn *Rofa*/ISL hatte in ihrem bis 1998 gültigen Marketingvertrag eine Optionsklausel. Allerdings war die Frist für die Wahrnehmung dieser Option bereits am 29. Februar 1996 abgelaufen, wie die FIFA am 19. März 1996 mitgeteilt hatte: »Der noch laufende Marketingvertrag (bis 1998) schreibt vor, daß FIFAs derzeitiger Marketingpartner, die ISL, eine Option auf exklusive Rechteverhandlungen mit der FIFA hatte bis zum 29. Februar 1996. Bisher wurde keine Einigung erzielt, und die Verhandlungen mit der ISL dauern an. Nun wird die FIFA auch Angebote prüfen, die von anderen interessierten Parteien eingereicht werden.« Die ISL-Option war demnach verstrichen. Die konkurrierenden Marketingagenturen sollten ihre Planungsarbeiten aufnehmen. Und das taten sie auch.

Zunächst ging alles den gewohnten Gang. Auf die Anfrage einer Firma nach den Bewerbungsunterlagen antwortete Blatters Stellvertreter Zen-Ruffinen am 23. Dezember 1996 mit der Bitte um etwas Geduld. Bei den WM-Veranstaltern, Japan und Südkorea, gebe es noch »technische Probleme und wirtschaftliche Aspekte« abzuklären. »Wir versichern Ihnen jedoch, daß Ihre Gesellschaft darüber informiert wird, sobald die Situation geklärt ist.« Von exklusiven Verhandlungen mit der ISL war also keine Rede mehr. Demnach galt immer noch, was die FIFA schon am 19. März erklärt hatte. Dann aber, Mitte 1997, muß die Option der ISL sich auf mirakulöse Weise von selbst erneuert haben: Die Firma erlebte einen zweiten Frühling, händchenhaltend mit der FIFA. Denn Blatter ließ den UEFA-Partner TEAM, der nun endlich in den Marketingbewerb einsteigen wollte, abblitzen, indem er am 30. Juli mitteilte, daß man »Angebote von dritter Seite« erst nach Ablauf der exklusiven Verhandlungsrunde mit der ISL werde prüfen können. Als Begründung gab er einigermaßen kryptisch die »neue Situation« mit den zwei WM-Veranstaltern in Fernost an.

Diese Wendung rief helles Erstaunen hervor. Hatte die FIFA nicht 16 Monate zuvor offiziell das Ende der Exklusivklausel verkündet und »andere interessierte Parteien« zum Bieten aufgefordert? Warum war die ISL nun plötzlich wieder allein im Rennen? Die abgewiesenen TEAM-Leute legten dem Duo Havelange / Blatter ihre Verwunderung in schriftlicher Form vor: »Dieser neue Kurs scheint im Gegensatz zu stehen zu Ihren früheren Mitteilungen. Offen gesagt, diese ganze Prozedur im Zusammenhang mit der Vergabe der Marketingrechte hinterläßt den Eindruck, daß das FIFA-Generalsekretariat vorhat, die betreffenden Rechte zu vergeben, ohne die Möglichkeiten des Marktes zu sondieren. Kann es sein, daß das FIFA-Generalsekretariat eine eilige Entscheidung sucht, um so Probleme zu beheben, die sich aus der Vergabe der Fernsehrechte für 2002 / 2006 ergeben haben?«

Dies war ein Verdacht, den alle hegten – und hegen mußten: Die FIFA mußte nun alle Anstrengungen unternehmen, um die von Fernsehpartner Kirch und seiner Strohmann-Firma *Prisma* so elegant umdribbelte ISL mit den Marketingrechten schadlos zu halten. Immerhin hatte die ISL personell gewaltig aufgerüstet, und die Frage ging um in der Branche, wie sie dies alles halten wolle, nach dem Verlust des olympischen Großkunden IOC, und ausgestattet nur noch mit den Fernseh-Teilrechten für 2002 / 2006, deren satter Gegenwert von 1,7 Milliarden Mark erst einmal refinanziert werden wollte in Ozeanien und Südafrika (der große Rest Afrikas hatte bereits kostenlosen Empfang versprochen bekommen), im kriselnden Asien und in Amerika – ohne die USA. (Zu bedenken ist dabei zusätzlich, daß die ostasiatischen WM-Spiele von 2002 im fußballverrückten Lateinamerika morgens und vormittags laufen werden – keine sehr quotenträchtige Übertragungszeit.)

Blatter reagierte zornig auf den Brief der Marketingleute – zumal diese Kopien ihres Schreibens »direkt an die Exekutivmitglieder geschickt (hatten) unter Verletzung elementarster Prinzipien der Höflichkeit (!)«. Doch es ging ja nicht um die Sitzordnung beim nächsten Festbankett, sondern um einen auch von der Öffentlichkeit mit Spannung verfolgten, neuen Milliardendeal. Da erscheint es legitim, wenn sich potentielle Geschäftspartner umfassend Klarheit zu schaffen versuchen bei allen involvierten Entscheidungsträgern – erst recht, nachdem der Verband selbst für die Irritationen gesorgt hatte mit den widersprüchlichen Erklärungen zur ISL-Option. Blatters Reaktion stand in der Tradition des Hauses: Statt sachdienlich Aufklärung zu leisten, wandte er das erste Havelangsche Prinzip an und beschäftigte sich mit Fragen des Stils: Eine Privatfirma gehe es nichts an, wie die FIFA mit ihren Rechten verfahre, über die »allein unsere Exekutivmitglieder zu befinden« hätten. Geschickt leitete er die Stoßrichtung der Vorwürfe, die direkt auf ihn gezielt hatten, nun auf die Exekutive um: »Ihr Verhalten ist daher völlig unangebracht und zeigt einen ernsthaften Mangel an Respekt gegenüber dem Gremium, das unsere Organisation führt, dem Exekutivkomitee.« Da freilich wirkte es noch befremdlicher, daß sich just diese Exekutivler wenige Wochen später in Kairo erst einmal schlau machen mußten über das, was sie im Vorjahr beschlossen hatten. War man ihnen denn im Sommer 1996 in der eigenen Organisation so respektlos begegnet, daß man sie ungenügend über die Fernsehrechte-Vergabe aufgeklärt hatte? Oder waren sie einfach etwas begriffstutzig, wie etwa Blatters *sport-intern*-Kumpel Huba kolportierte, so daß nun nachinformiert werden mußte? Blatter ließ sein Antwortschreiben an TEAM in der Feststellung gipfeln, daß gedankliche Verbindungen zwischen der Rechtevergabe in Sachen Fernsehen und der in Sachen Marketing »die Regeln des Anstandes« unterliefen. Auf den Inhalt der brisanten Fragen ging er nicht ein.

Dann kam Kairo. Vielleicht, um die lähmende Hitze der ägyptischen Hochsommertage zu umgehen, bekamen die Exekutivmitglieder erst in der Nacht vor der Sitzung zum Thema Rechtevergabe die entsprechenden Unterlagen unter ihren Zimmertüren im Sheraton Hotel durchgeschoben. FIFA-Vizepräsident David Will (Schottland), immerhin Vorsitzender der Rechtskommission, bestätigte dies und noch mehr: »Uns wurden nicht alle Zahlen vorgelegt.« Die Sitzung am nächsten Morgen war dann wieder einmal vollgepackt mit Themen aller Art. Ein guter Brauch in der FIFA – versäumen es Havelange und Blatter doch nie, auf ihren anschließenden Pressekonferenzen die Zahl der Tagesordnungspunkte zu erwähnen. So hatte man etwa auf der zurückliegenden turnusmäßigen Sitzung am 31. Mai 1997 in Zürich in 255 Minuten 31 Punkte durchgehechelt. Am 3. September in Kairo ging es sogar noch etwas schneller, drei Stunden und zwanzig Minuten blieben den 24 Exko-Mitgliedern für diese Themen: Probleme unlizenzierter Spielervermittler, die Play-Offs in der laufenden WM-Qualifikation, der Vorbereitungstand der Junioren-WM 1999 in Nigeria, die Vergabe der U-17-WM 2001 an Trinidad & Tobago, das Projekt einer Klub-WM, Probleme verschiedener Nationalverbände (Hongkong, Bosnien-Herzegowina, Bhutan und Palästina), die Frage, ob das Rauschmittel Cannabis auf die Dopingliste zu setzen sei, den bevorstehenden UEFA-Kongreß in Helsinki, neue, weltweit gültige Leitlinien für Fernsehübertragungen von Fußballspielen – und zu guter Letzt beschäftigten sie sich auch noch mit den wirklich brennenden Themen, den TV- und Marketingverträgen.

»Die Agenda war viel zu lang, wir konnten die Fragen nicht so diskutieren, wie wir es wollten«, sagte Vizepräsident Will. Kollege Johansson intervenierte bei Havelange und Blatter: Der Vorgang sei nicht akzeptabel, man benötige mehr Zeit, um die komplexe Situation zu studieren – die erwartungsgemäß auf einen neuen Superdeal mit der ISL hinauslief. Überhaupt war Johansson nun hellwach geworden. Vom Italiener Matarrese, der Europa in der fünfköpfigen Finanzkommission vertritt, hatte er wenig Beruhigendes über Kompetenz und Arbeitsweise dieses die Entscheidungen vorbereitenden Gremiums erfahren: Daß Matarrese mit den Ansichten und Wünschen der europäischen Mitglieder immer mal wieder alleine stehe, und daß der Generalsekretär die Kommission souverän dirigiere und dominiere. In Kairo konnte Johansson diesen Eindruck gleich einer Probe unterziehen. Von Matarrese war er informiert worden, daß Blatter die Finanzkommission bei deren Sitzung aufgefordert hatte, die Deckung einer Finanzlücke von 65 Millionen Schweizer Franken im Haushalt für das WM-Jahr 1998 »selbst zu schließen« (Blatter) – und zwar mit der fälligen ersten Kirch-Rate für 2002, also in haushaltsrechtlich fragwürdigem Vorgriff auf zukünftige Einnahmen Die Lücke war entstanden, weil sich das durch den überraschenden Coup mit Kirch restlos verärgerte öffentlich-rechtliche Fernsehkonsortium unter Leitung der EBU geweigert hatte, der FIFA für das Frankreich-Turnier die (ohnehin schon einmal aufgestockten) Zahlungen von 135 Millionen Franken auf 200 Millionen zu erhöhen. Das war auch peinlich deshalb, weil sich die FIFA nun auch in Frankreich unter dem aktuellen Marktwert verkaufen mußte: Dank der Teilnahme von 32 Mannschaften statt wie bisher 24 darf die EBU 64 Spiele übertragen statt 52, einen angemessenen Mehrwert aber kann die FIFA nicht einklagen. Havelange nämlich, der mit der Aufstockung der Frankreich-WM seinen Kopf gerettet hatte, hätte die EBU laut dem seit 1987 geltenden Vertragswerk erst um ihre Zustimmung bitten müssen.

Johansson also erbat in der Exekutivsitzung Aufklärung über die Deckung dieser Etatlücke. Blatter gab kühn zur Antwort, die Zahlung werde aus der Zusatzleistung der EBU gefüllt. Und aus der Finanzkommission, die er kurz zuvor ganz anders instruiert hatte, meldete sich niemand, um den Widerspruch aufzuklären. Dies war aber nur eine Arabeske im Vergleich zu dem, was Kairo noch zu bieten hatte. Die Finanzkommission unterbreitete den Vorschlag, daß die FIFA mit der ISL ein Joint-Venture eingehen solle, in welches der Weltverband seine sämtlichen Rechte einbringen solle. Der FIFA sollte eine knappe Mehrheit, der ISL der große Rest an dieser neuen Verwertungsfirma gehören (dazu später mehr). Die Exekutive zog die Notbremse: Ein solcher weitreichender Vorschlag war nach Ansicht der Opposition nicht kurzfristig per Abstimmung zu entscheiden. Havelange mußte den Exekutivmitgliedern die Möglichkeit zugestehen, einen Fragenkatalog zu den Marketingrechten nachzureichen. Als Fristende wurde der 15. Oktober gesetzt.

Bei der Abreise glaubte die Opposition noch, einen neuerlichen Überfall durch Havelange und Blatter in Sachen Marketingrechte abgewehrt und mehr Transparenz für ein offenes Auswahlverfahren geschaffen zu haben. Das ließ sich mit etwas gutem Willen auch aus der abschließenden Pressemitteilung herauslesen: Eine Entscheidung über die Marketingvergabe falle erst im Dezember bei der Tagung in Marseille. Andererseits gab es da auch den kryptischen Zusatz, die Exekutive habe dem Kontrakt mit der ISL »prinzipiell zugestimmt«. Was das wohl wieder heißen mochte? Schließlich hatte es diesmal gar keine Abstimmung gegeben. Also war für die Opposition klar, wir haben nichts entschieden, die Sache ist vertagt. Nur Havelange hatte zum Ende der Sitzung auf französisch erklärt, daß er eine Einigung im Prinzip festgestellt habe. Er spricht stets französisch, was zumindest dann, wenn es um klare Aussagen geht, ein wenig schwierig wird für die meisten Exekutivmitglieder – nur gut eine Handvoll der 24 Leute verstehen die Sprache, der Rest muß sich mit der Übersetzung per Kopfhörer begnügen. Wer also hakt da beim Schlußwort nochmal nach? Für die Opposition war klar, daß eine Einigung nur über das weitere Vorgehen erzielt worden sei. Mehr nicht.

Diesmal erfuhren die verantwortlichen FIFA-Funktionäre aus der Presse, daß sie schon wieder einen Mega-Deal verabschiedet hätten. Vier Tage nach der Sitzung stand in der *Zürcher Sonntagszeitung* zu lesen, daß »Havelange und Blatter ihre Kritiker, aber auch ihr Aufsichtsorgan, ein weiteres Mal ausgetrickst haben«. Denn Blatter hatte der Zeitung in einem schriftlichen Interview folgendes erklärt: »Das Exekutivkomitee hat der ISL-Gruppe in Kairo die Marketingrechte für die WM 2002 und 2006 zugesprochen.« Der neue ISL-Generaldirektor Heinz Schurtenberger bekräftigte diese Aussage sogar mit dem Wörtchen »definitiv«. Damit nicht genug, fanden die in eigenen Belangen stets akribisch um Stilfragen bemühten Havelange und Blatter auch nichts dabei, dem ihnen laut Satzung vorgeschalteten Exekutivgremium folgendes ins Pressekommuniqué zu schreiben: Es sei den Verantwortlichen bis zum 15. Oktober »erlaubt«, Fragen zum Thema nachzureichen.

Wieder umwehte der Ruch der Vetternwirtschaft den Zürichberg. »Attribute wie ›handstreichartig‹ und ›Vetternwirtschaft‹ sind deplaziert«, wehrte sich Blatter öffentlich. Man habe sich lediglich an vertragliche Vereinbarungen gehalten. Doch für die Branche wie für die oppositionellen FIFA-Vertreter stellte sich spätestens jetzt die Frage: Welche Hintergründe hat der auffällige Nibelungenpakt zwischen den Fußballfunktionären Havelange / Blatter und der ISL? Warum riskieren ein unabhängiger Präsident und ein tüchtiger Generalsekretär, sich durch mysteriöses Taktieren über die Schmerzgrenzen der eigenen Satzung hinaus immer wieder selbst dem Verdacht der Mauschelei auszusetzen? Sollten die Triebfeder nur ein paar alte, persönliche Seilschaften sein – wie die vielberaunte mit ISL-Firmenchef Jean-Marie Weber, dem gelernten Dassler-Adjutanten? Das Rätselraten wuchs – zumal das Hauptargument der ehernen Geschäftstreue, mit dem die beiden FIFA-Oberen ihr Verhältnis zu den Luzerner Vermarktern stets begründet hatten, ja nun auch nicht mehr zog: Es ist zwar im Geschäftsleben nachvollziehbar und oftmals sinnvoll, daß man lieber einer gewachsenen Verbindung die Treue hält, als neue Abenteuer einzugehen. Die Partner kennen sich, sie kennen das Personal und die Strukturen des anderen sowie dessen Denk- und Arbeitsweisen. Das bringt zusätzliche Vorteile für beide Seiten – und spräche insofern durchaus für eine Fortsetzung der Marketingarbeit mit der ISL. Warum aber haben die FIFA-Regenten dann nicht auch im wichtigeren (weil gut dreimal so kostbaren) Wettbewerb um die Fernsehrechte auf ihren alten, langjährigen und überhaupt einzigen eingespielten Partner zurückgegriffen – auf die Öffentlich-Rechtlichen Fernsehanstalten unter Führung der EBU? Zumal diese eine gleichwertige Offerte vorgelegt hatten, noch dazu aber mit der Garantie, daß es niemals Ärger über Pay-TV-Fragen geben kann – also mit einer automatischen Sicherstellung der von Blatter im Nachhinein so vehement an Kirch gerichteten Forderung zur »weitestreichenden Verbreitung der WM-Spiele«? Und warum war, neben Kirch, auch hier wieder die ISL Nutznießerin einer die eigene Exekutive überrumpelnden FIFA-Entscheidung – eine Marketingfirma überdies, die im Fernsehbereich bis dato keinerlei Erfahrung aufweisen konnte? Daß es den Leuten aus Luzern an einschlägiger Fachkenntnis ermangelte, hatte sich überdies gleich nach dem Fernsehabschluß gezeigt, als Partner Kirch plötzlich das Sahnestückchen Europa für sich herauslöste, mitsamt jenen Topleuten, die zuvor für die ISL verhandelt hatten. Es wurde geklagt und gestritten, Blatter hatte Kirch gar öffentlich Vertragsbruch vorgeworfen, und noch in der Juli / August-Ausgabe des Branchendienstes *Sponsor News* hatte der neue ISL-Fernsehrechtechef Daniel Beauvois von den ursprünglichen Margen geträumt: »Die Kirch-Gruppe vermarktet Deutschland, gemeinsam vermarkten wir Europa und darüber hinaus sind wir, die ISL, allein für die Rechte zuständig.« Pustekuchen.

Angesichts solcher Entwicklungen und Widersprüche war der Verdacht der Opposition aus Europa, Afrika und Asien, daß die ISL in Kairo mit den Marketingrechten entschädigt werden sollte, alles andere als aus der Luft gegriffen. Es konnte ja kein Zweifel mehr daran bestehen, daß nach oder aufgrund der überstürzten Fernsehrechte-Vergabe einiges gewaltig aus dem Ruder gelaufen war. Die zum Zuschauen verurteilte Fernseh- und Marketingbranche fühlte sich ohnehin längst für dumm verkauft.

In Kairo hatten die staunenden Funktionäre auch mitgekriegt, daß es zwei gleichwertige Offerten zu dem ISL-Angebot gab. Mark McCormacks IMG und die Schweizer Agentur CWL wollten mitbieten, kamen jedoch nicht über die Finanzkommission hinaus. Die IMG hatte ihren Brief vorsichtshalber sogar direkt nach Kairo gefaxt, laut Schurtenberger an alle Exekutivmitglieder. Es war eine Art Kampfofferte. In einem Klima von wachsendem Mißtrauen und Verdächtigungen müssen solche Sitten wohl zwangsläufig einziehen. Blatter hatte diese Offerten erst gar nicht zur Begutachtung freigegeben. Sie seien unaufgefordert eingegangen, erklärte er, und überdies gelte noch die Exklusivklausel mit der ISL.

Eine interessante Frage ist überdies, ob Havelange und Blatter zur anderen Seite hin volle Transparenz ausübten – nämlich zum eigenen Partner. ISL-Manager Schurtenberger, der erst seit 1997 für die ISL arbeitet, war jedenfalls verblüfft, als er erfuhr, daß die FIFA schon im März 1996 die Option der ISL auf exklusive Marketingverhandlungen für 2002/2006 für beendet erklärt hatte. »Wenn es eine solche Mitteilung gab«, erklärte er auf Befragen, »wäre das sehr unglücklich gewesen.« Man kann es jederzeit nachlesen, unter dem Datum vom 19. März 1996. Schurtenberger kann im übrigen auch den Vorwurf »nicht nachvollziehen, daß die FIFA-Finanzkommission einen Überfall geplant« habe in Kairo. Das muß man aus Sicht der profitierenden Firma wohl so einschätzen, bemerkenswert ist indes sein Verdacht: »Da lesen vielleicht einige die Protokolle nicht richtig.« Im Einzelfall wäre dies vielleicht denkbar, bei der FIFA aber müßte dies nun schon auf eine chronische Kollektiv-Legasthenie ihrer Vorstandsmitglieder seit gut zwei Jahrzehnten schließen lassen. Im weiteren wird noch zu sehen sein, wie solche Sitzungsprotokollen ausschauen können.

Die Marketing-Geschichte aber geriet nun für die Exekutivmitglieder allmählich in einen deutlichen Zusammenhang. Sie hatten ja in Kairo bereits feststellen müssen, daß Blatter einen geradezu revolutionären Vorschlag in petto hatte: Das Joint-Venture der FIFA mit der ISL. Erwogen wurde in der braven Finanzkommission die Gründung einer gemeinsamen Vermarktungsfirma, in welche die FIFA sämtliche Rechte eingibt und an der sie 51 Prozent Anteile hält. Die restlichen 49 Prozent sollten bei der ISL liegen.

Ein denkwürdiger Autonomieverlust hätte daraus resultiert für den Fußballweltverband, der sich so ohne jede wirtschaftliche Not mit einem Privatunternehmen verbandeln und sein einziges Gut verpfänden würde. Immerhin: Das gesamte vorhergegangene Hin und Her erhielt so einen tieferen
Sinn, nämlich den einer Salami-Taktik: Erst gingen die Fernsehrechte an die
ISL, dann die Marketingrechte, und schließlich stellte sich die Frage: Wenn
schon alles so zusammenpaßt, wollen wir nicht gleich zusammengehen?

Die Exekutive sagte nein. So wird man leider nie erfahren, wer Vorsitzender dieser mächtigen Firma geworden wäre, die nach den ursprünglichen
Plänen nichts weniger als die Kronjuwelen der FIFA hätte verwalten dürfen – und zwar in der Ära nach Havelange. Geplant für das gemeinsame Unternehmen war der Firmenname »Intersoccer« – so hatten auch die von
Horst Dassler und Patrick Nally entwickelten ersten FIFA-Programme geheißen. Für die ISL war das Veto der Exekutive sicherlich nicht ganz das, was
man sich versprochen hatte. Schurtenberger erklärte: »Die FIFA hat eine unheimlich breite Palette von Marken. Die Idee war, daß man das alles in eine
Kapitalgesellschaft bringt, die am Markt operiert, und daß die FIFA der ISL
gewisse Rechte überträgt. Die FIFA hätte eine 51:49-Mehrheit behalten. Das
Ganze hätte eine gewisse Garantie für die Sponsoren gebracht, es wäre insofern eine zukunftgerichtete Lösung gewesen.« Zumindest aus Sicht des
Wirtschaftsunternehmens.

Andere große Verbände wie das IOC oder die amerikanischen Superligen
haben sich Vermarktungsexperten ins eigene Haus geholt – auf die Idee
aber, ihre wertvollen Rechte *en bloc* mit einer Privatfirma zu teilen, waren
sie nie gekommen. Nur einmal angenommen, der Sportverband FIFA und
das Privatunternehmen ISL würden sich in zehn Jahren zerstreiten und
voneinander trennen wollen, wem würde dann was zustehen? Zu welchem
Preis würde die FIFA womöglich ihre eigenen Rechte vom mit 49 Prozent
ausgestatteten Wirtschaftspartner zurückkaufen müssen? Es sind fraglos
bemerkenswerte Denkmodelle, die sich da auftun. Und die steuerrechtlichen
Fragen, die sich überdies für die Non-Profit-Organisation ergeben hätten,
läßt man besser gleich ganz außen vor.

Alle Hoffnung hatte Schurtenberger noch nicht fahren lassen, als er
sich im Dezember 1997 in Marseille zur neuen Entwicklung äußerte: »Bestimmte Mitglieder des Exekutivkomitees hatten Bedenken angemeldet,
vielleicht auch, weil alles zu schnell ging. Das nahm die FIFA ernst, sie will
nichts gegen den Willen ihrer Mitglieder machen. Also wurde eine Lösung
mit ähnlicher Wirkung gesucht. Nun soll es so sein, daß die FIFA der ISL
eine Lizenz zur Auswertung aller Rechte überträgt, und ein Beirat überwacht das Konzept und den Markeneinsatz. Die FIFA gewährt aber der ISL

auch den Freiraum, daß die Garantiesumme erarbeitet werden kann.« Auf
die Ausgestaltung dieses Freiraums wird zu achten sein. Interessant ist
nebenbei die Einschätzung, daß die ganze Entwicklung »bestimmten Mitgliedern« wohl zu rasch gegangen sei. Zu diesen bestimmten Mitgliedern
zählen ehemalige Konzernführer, Politiker und Unternehmer aus Europa,
Afrika und Asien, wohingegen etwa der in der vorbereitenden Finanzkommission sitzende Lehrkörper aus den Inselwelten von Trinidad und Mauritius offenkundig keine Mühe hatte, in dem ursprünglich beabsichtigten
Joint-Venture eine tiefere wirtschaftliche Notwendigkeit zu erkennen. Die
Pädagogen wurden allerdings später eines besseren belehrt.

In der letzten Septemberwoche 1997, bei ihrem Kongreß in Helsinki,
setzte die UEFA nochmals ein deutliches Signal gegen die schwer durchschaubaren Machenschaften der FIFA. Lennart Johansson stellte sein neues
Visions-Programm mit den Worten vor: »Die FIFA muß als die UNO des
Weltfußballs die Demokratie nach innen und außen stärken.« Als tragende
Säulen seines Programms nannte er den Ausbau der Demokratie, der Solidarität und der Transparenz in der FIFA. Dies erfordere modernere Strukturen sowie die Mithilfe »all derer, welche die Ideale von Solidarität und
Demokratie unterstützen«, aber auch eine stärkere Einbeziehung der Kontinentalverbände in die Entscheidungsprozesse. Unmißverständlich machte
er seine Position deutlich, als er sein altes Visions-Versprechen wiederholte,
das Havelange inzwischen kopiert hatte – daß nämlich jedes der 198 Mitgliedsländer der FIFA alle vier Jahre eine Million Dollar aus dem Erlös der
Weltmeisterschaften erhalte. Allerdings, so seine wesentliche Einschränkung, müsse diese Summe »für konkrete Projekte zur Förderung des Fußballs eingesetzt werden, etwa im Entwicklungs- oder Erziehungsbereich«.
Das Geld soll also nicht mehr auf irgendwelche Verbandskonten überwiesen
werden – was gerade dem Fußballsport in solchen Ländern dienen würde, in
denen Korruption und wirtschaftliches Elend eine wirkungsvolle Kontrolle
der Mittelverteilung von innen erschweren. In Bezug auf die zunehmenden
Enthüllungen über Korruption im Fußball, so Johansson weiter, wolle er
»einen detaillierten Ethik-Code einführen für alle Teilnehmer an diesem
Spiel.«

Die UEFA hatte ihre Fernsehrechte an der Europameisterschaft in Holland
und Belgien im Jahr 2000 erneut an die EBU vergeben. Im Oktober 1997 bekannte sie sich, im Gegensatz zur FIFA, ein weiteres Mal zum Fußball im frei
zugänglichen Fernsehen. Auch die Übertragungsrechte an den Endspielen
im Europapokal der Pokalsieger, im UEFA-Cup und im europäischen Supercup in den Jahren 1998 bis 2000 verkaufte sie an die EBU. Der deutsche
UEFA-Generalsekretär Gerhard Aigner (»Es darf nicht darum gehen, die

schnelle Mark zu machen«) verwies dabei auf die Tatsache, daß sich die Systeme Pay-TV und Pay-per-view noch nicht bewährt hätten, daß sie zu hohe Kosten für die Abonnenten verursachten, die Senderechte nicht ausreichend definiert seien und sich die Stationen deshalb gegenwärtig allenfalls als Zusatz zum frei empfangbaren Fernsehen eigneten.

Das Programm war also umfassend, und die Aussagen waren so klar, daß es sich der Kandidat Johansson anders als früher leisten konnte, plakative Nachfragen mit diplomatischem Understatement abzuwiegeln. Er betonte, daß er in keinerlei Opposition zu Havelange stehe; das gehäufte Auftreten der Begriffe »Demokratie« und »demokratisch« beziehe sich nicht auf dessen Führungsstil.

Die UEFA hatte die Führung übernommen, was Innovation und den Ausbau der Strukturen im Fußball anbetraf. Sie definierte ihre Stellung innerhalb der FIFA durch eine Statutenänderung. »Die UEFA ist eine anerkannte Konföderation der FIFA«, heißt jetzt der neue Artikel 3 des Statuts – mehr als eine juristische Spitzfindigkeit, denn die FIFA zählt nach wie vor keine Kontinentalföderation, sondern nur nationale Verbände zu ihren Mitgliedern. Die UEFA besteht aber darauf, ihre Beziehung zur FIFA vertraglich zu regeln. Als Kampfansage an den Weltverband war auch die Ankündigung der Europäer zu verstehen, sich der Gerichtsbarkeit des 1993 vom Internationalen Olympischen Komitee geschaffenen Internationalen Sportgerichts (TAS) in Lausanne zu unterwerfen. Diese Institution wurde vom Schweizer Bundesgericht als hinreichend unabhängig eingestuft, um bei Streitigkeiten als rechtsprechende Instanz akzeptiert zu werden. 50 der insgesamt 51 europäischen Verbände versicherten Johansson ihre Unterstützung bei der FIFA-Präsidentschaftswahl im Juni 1998, nur der dänische Kollege zögerte – was Insidern sogleich in Erinnerung brachte, daß Paul Hyldgaard, ein altgedienter Weggefährte von Havelange und Blatter, ja zufällig Chef jener Finanzkommission war, die den Fernsehvertrag mit der ISL und Kirch lanciert hatte.

Auch Blatter war in Helsinki anwesend und meinte, er wäre glücklich, neben einem Präsidenten Johansson weiterarbeiten zu dürfen. Schließlich läuft sein Vertrag als Generalsekretär zum Jahresende 1998 aus. Auf den Gängen war allerdings auch zu hören, daß er sich selbst auf eine Kandidatur vorbereite. Und natürlich wurde das Thema Havelange eifrig diskutiert. Der hatte verbreiten lassen, die Südamerikaner, einige Afrikaner und auch einige Europäer hätten ihn gebeten, noch zwei Jahre dranzuhängen. Bekannt war zu der Zeit bereits, daß er mit einem entsprechenden Bittbrief seines alten Sportskameraden Jack Dempsey herumlief, des 76jährigen Präsidenten der Ozeanischen Konföderation. Immerhin ein Anfang. Doch dann traten neue Probleme auf.

Bildstörungen
WM-Spiele nur im Pay-TV?

Anfang Oktober 1997 gab Joseph Blatter dem deutschen *Sportinformationsdienst* ein Interview, in dem er sich klar auf die Seite von Kirch schlug. Pay-TV-Übertragungen von den Weltmeisterschaften 2002 und 2006 seien laut Fernsehvertrag durchaus möglich, erklärte der Generalsekretär der verdutzten Öffentlichkeit, lediglich Eröffnungs- und Endspiel sowie die Halbfinals seien davor geschützt. Kirchs Leute schickten triumphierende Aussagen nach. Und es trat ein, was der »völlig alarmierte« Egidius Braun seinen Kollegen im DFB sogleich prophezeit hatte: »Als diese Blatter-Äußerungen kamen, habe ich gesagt, wenn nun Kirchs Leute erklären, daß Menschen von den Übertragungen der deutschen Spiele bei der Fußball-Weltmeisterschaft ausgeschlossen werden, wird das eine politische Welle auslösen, die schwer in Griff zu kriegen ist.« So kam es.

Den öffentlichen Gedankenspielen der Kirch-Gruppe zu verschlüsselten WM-Spielen der deutschen Mannschaft setzten die Ministerpräsidenten der Länder, die für das Medienrecht zuständig sind, eilig ihre Krisenstäbe entgegen. Sie klammerten sich an die Hoffnung, über die von der Europäischen Union angeregte Erstellung einer Liste mit Sportereignissen, die für alle Bürger frei empfangbar bleiben müssen, das Ruder herumreißen zu können. Dem aber begegneten Kirchs Sprecher mit der Drohung, in einem solchen Falle wegen Enteignung vors Verfassungsgericht zu ziehen. Schließlich habe der Konzern die Rechte bereits 1996 erworben, daran lasse sich nachträglich nicht mehr rütteln. Die Rundfunkkommission der Bundesländer unter dem Vorsitz des rheinland-pfälzischen Ministerpräsidenten Kurt Beck, dem kein sehr gespanntes Verhältnis zum Hause Kirch nachgesagt wird, versuchte, die Situation zunächst mit einem Bauerntrick zu umdribbeln. Als Ergebnis ihrer Sitzung am 9. Oktober gab sie bekannt: Zu den zu sichernden Großereignissen zählten »bei Fußball-WM und -EM das Eröffnungsspiel, die Halbfinals und das Endspiel (ggfls. auch das Viertelfinale bei deutscher Beteiligung)«. Ein famoser Beschluß, der sich allerdings voll mit den Inhalten des umstrittenen WM-Fernsehvertrages deckte. Das Problem lag anderswo. Also nahm nicht nur der öffentliche, sondern auch der innen-

politische Druck zu. Heiner Geißler nannte die Pay-TV-Pläne »eine Unver-
schämtheit«, die schleswig-holsteinische Ministerpräsidentin Heide Simo-
nis erklärte, die FIFA habe den Deal mit Kirch »unter Vorspiegelung falscher
Tatsachen« vollzogen. Ihre Schlußfolgerung, die immer mehr Menschen
teilten: »Die Öffentlichkeit wurde belogen.«

Sepp Blatter lernte nun erstmals das Gefühl kennen, vor der Masse der
Fußballfreunde als böser Bube dazustehen. Dummerweise nämlich strahlte
die ARD-Sendung *Monitor* nun auch noch ein Interview mit dem FIFA-General aus, das dieser im Juli 1996 gegeben hatte, kurz nach der Rechtevergabe an Kirch und ISL. Darin sagte Blatter: »Für uns ist alles, was Pay-per-
view und Pay-TV betrifft, total ausgeschlossen. Wir sind gerade dabei, diese
kleinen Details abzuklären, und daran wird nichts geändert.« Als ihn die
hartnäckigen Reporter mit Nachfragen traktierten, erklärte er genervt:
»Wenn Sie immer wieder zurückkommen auf das Pay-TV, ich will nicht Ihren Zuschauern ständig das gleiche wiederholen: Dann trauen Sie doch der
FIFA und den Anbietern zu, daß wir das Problem so lösen, daß auch die deutschen Zuschauer den World Cup 2002 und 2006 ohne Pay-TV und Pay-per-
View sehen können.«

Klarer geht's nicht. Aus diesen Aussagen, die Blatter nach dem Vertragsabschluß 1996 in ungezählten Zeitungsinterviews wiederholte, ließen sich
nur zwei Möglichkeiten ableiten: Entweder hatte die FIFA die Öffentlichkeit
nach der Rechtevergabe gezielt getäuscht – oder sie hatte damals keinen
blassen Schimmer, welche Verwertungsrechte sie da gerade abgetreten
hatte. Anfangs behalf sich Blatter mit flapsigen Scherzchen: »Deutschland
muß 1998 einfach nur Weltmeister werden. Dann bestreiten sie 2002 das Eröffnungsspiel. Wenn sie dann noch ins Halbfinale und Endspiel kommen –
macht schon drei von sieben WM-Spielen im Free-TV.« Doch als er dann
Monate später zurückzurudern begann, fand er keine dritte, alles erklärende
Deutung seiner ursprünglichen Äußerungen mehr. Er verwies auf die Flä-
chendeckung, die oberstes Prinzip sei, und auf die noch anstehende Ausarbeitung des Verteilungsplans (*Distribution Policy*) im Detailvertrag. Doch
seine hinreichend dokumentierten Aussagen hatten an Deutlichkeit nun
einmal nichts zu wünschen übrig gelassen.

Der Rummel, der sich an der Pay-TV-Frage entzündete und in Deutschland monatelang die Schlagzeilen beherrschte, bereitete auch dem bislang
allzu gutgläubigen Egidius Braun einige Ernüchterung – schon weil nun
landauf, landab wieder darüber diskutiert wurde, warum wohl just der DFB-
Vertreter Gerhard Mayer-Vorfelder bei jener FIFA-Sitzung im Sommer
1996 nicht versucht hatte, die verhängnisvollen Verträge zu verhindern.
Der Multifunktionär hatte die Sitzung ja leider versäumt. Daneben wurde

Braun (»Ich bin ein strenger UEFA-Mann, ohne Wenn und Aber«) aber auch mit anderen betrüblichen Tatsache konfrontiert – zum Beispiel damit, daß ausgerechnet sein DFB-Vize Mayer-Vorfelder unter den acht europäischen Vertretern in der Regierung des Weltverbandes als Unsicherheitsfaktor galt. Da war ja nicht nur sein merkwürdiges Fehlen bei jener Sitzung, zu welchem die Erklärungen von ihm und Blatter diametral auseinander gingen. Der schwäbische Finanzminister, dessen Tochter gelegentlich für den Weltfußballverband arbeitet, hatte denn auch in Kairo mehr den Ausgleich zwischen Europäern und FIFA-Spitze gesucht statt die Konfrontation. Er warb um Vertrauen in die Arbeit der Finanzkommission; wo Johansson Gas gab, hantierte MV mit der Bremse.

Der Zwiespalt, in dem sich Mayer-Vorfelder befand, wurde bald nur zu offenkundig: Als beauftragter Repräsentant des deutschen Fußballs mußte er in der FIFA nämlich eine Haltung vertreten, die seinen persönlichen Überzeugungen zuwiderlief. Erhellendes hierzu drang aus einer Anhörung von DFB-Vertretern und Fernsehvertretern bei der Rundfunkkommission der Länder in Bonn. Dort, in der Auseinandersetzung mit der Politik und den Rechteverwertern, schlugen sich Mayer-Vorfelders Pay-TV-Mitstreiter bedingungslos auf die Seite der Totalvermarkter ISL und Kirch. Egidius »Pater« Braun, der zunächst geglaubt hatte, daß seine Leute ganz auf seiner Linie lägen, war zwar einig mit ihnen, was die Schlußforderung anging (»Wir brauchen kein Gesetz, das uns die Art der Fernsehvermarktung vorschreibt«), doch aus völlig unterschiedlichen Gründen. Das folgende Fallbeispiel belegt, wie groß die Abseitsgefahr für Ehrenamtliche mit lauteren Absichten ist, wenn sie sich auf allzu engagierte Profis im eigenen Stab verlassen müssen.

Behalten wir Brauns Statement im Hinterkopf, das im Oktober 1997 sogar zu einer DFB-Resolution führte:»Uns braucht kein Gesetzgeber zu verdonnern. Es ist eine moralische Selbstverständlichkeit und daher völlig klar, daß Länderspiel-Übertragungen auch weiterhin für alle Menschen frei bleiben werden. Ich als DFB-Präsident könnte mich überhaupt nicht mit einer Verschlüsselung der Nationalmannschaft abfinden. Ich kann nicht akzeptieren, wenn aus Gründen des Geldes die Nationalmannschaft nicht mehr frei zu sehen wäre. Und alles nur, damit ein paar Reiche noch reicher werden.« Wie nun wurde diese Position des DFB-Chefs von dessen Angestellten und von seinem Vize Mayer-Vorfelder vertreten?

Am 13. Februar 1997 in Bonn ging es der Rundfunkkommission um »die auf der Ebene der Europäischen Union eingebrachten Regelungsinitiativen« – sprich: die berühmte Liste – für frei empfangbare Spitzensportereignisse. Die DFB-Vertreter Wilfried Straub (Ligadirektor) und Goetz

Eilers (Chefjustitiar) stießen dabei munter ins Horn der Rechteverwerter ISL und Kirch – gegen die Ansichten etwa des Vertreters des Deutschen Sportbundes (DSB), Holger Niese, der sich für unverschlüsselte Live-Übertragungen von Olympia, Fußball-WM und Fußball-EM aussprach. Schaun mer mal ins Sitzungsprotokoll, wer hier mit wem Seite an Seite focht:

»Der Vertreter der Kirch-Gruppe betonte die wirtschaftliche Bedeutung von Pay-TV als Hauptentwicklungsfaktor der audiovisuellen Industrie. Insoweit gelte es, bei der Vergabe von Übertragungsrechten Wettbewerbsnachteile gegenüber amerikanischen Mitbewerbern im Hinblick auf die Refinanzierungsmöglichkeiten zu vermeiden. In der aktuellen Diskussion werde nicht hinreichend berücksichtigt, daß der Sport als Teil der Entertainment-Industrie und damit als wirtschaftliche Tätigkeit anzusehen sei. Der These, Pay-TV könnten sich nur Reiche leisten, sei zu widersprechen. (...) Der Vertreter der *Ufa* sah ebenfalls keinen Regelungsbedarf und führte aus, es gebe kein Menschenrecht auf Live-Übertragung. Aus Sicht der Vertreter des DFB kommen keine Spitzensportereignisse in Betracht, die für jedermann im Fernsehen live und ohne zusätzliches Entgelt empfangbar sein sollten. Es dürfe keine gesetzliche Verpflichtung geben, den (medialen) Zugang von Zuschauern zu bestimmten Spitzensportereignissen zu gewährleisten. Die Entscheidung für die duale Rundfunkordnung umfasse auch die Entscheidung für die Ermöglichung von Pay-TV. (...) Darüberhinaus sprachen sich die Vertreter des DFB ausdrücklich gegen freiwillige Absprachen zur Sicherung des freien Empfangs von Ereignissen aus.«

Egidius Braun wäre vermutlich die Hutschnur geplatzt, hätte er da schon die Zusammenfassung der Kommission gekannt:

»Während die öffentlich-rechtlichen Rundfunkanstalten (...) und der DSB einige Spitzensportereignisse (Olympische Spiele, Fußball-WM und -EM) benannten, die für jedermann live und ohne zusätzliches Entgelt empfangbar sein sollten, vertraten der DFB, die sonstigen Sportrechteagenturen, die Vertreter von *Premiere* und Kirch-Gruppe die Auffassung, daß es generell keine solche Sportereignisse gebe. Ein Anspruch der Öffentlichkeit auf Live-Berichterstattung bestehe nicht. Die Entscheidung darüber, in welchen Verwertungsketten ein Sportereignis vermarktet werde, sei allein Sache des Rechteinhabers und der Rundfunkveranstalter, die die Rechtekosten refinanzieren müßten (...) Nach Aussagen des DFB könne eine gesetzliche Regelung, wonach die Erstverwertung von Spitzensportereignissen im Pay-TV unzulässig wäre, die Wettbewerbsfähig-

keit der Spitzensportverbände um die Austragung internationaler Spitzensportereignisse (z.b. Fußball-WM) schwächen.«

Freie Fahrt für furchtlose Totalvermarkter – kann dies der gesellschaftliche
Auftrag einer Non-Profit-Organisation wie dem Fußballverband sein? Der
Deutsche Sportbund hat seine Verpflichtungen gegenüber Millionen Sporttreibenden und -interessierten anders interpretiert. So nämlich, wie das
Braun auch von seinen DFB-Experten erwartet hätte. Und auch die Kommission selbst zeigte Bedenken. Ihr war ein Defizit in der Argumentation
aufgefallen: »Weniger Aufmerksamkeit fand (...) die Tatsache, daß die
Sportereignisse, deren kommerzielle Verwertung in Rede steht, regelmäßig
in Stadien oder sonstigen Sportstätten stattfinden, die ausschließlich oder
zu einem wesentlichen Teil aus öffentlichen Mitteln der Länder oder Ge-
meinden finanziert wurden.« Also nicht von den privaten Medienkonzer-
nen, sondern von jenen Steuerzahlern, die nun via Pay-TV das von ihnen
bereits subventionierte Gesamtereignis ein zweites Mal als Zahlprodukt an-
gedreht bekommen sollen. Von geradezu erschütternder Verstandeskraft
getragen war zudem die Feststellung der Kommission zum Punkt »Ziel
einer rundfunkrechtlichen Regelung«. Sie entlarvte die Scheinheiligkeit der
Radikalvermarkter, die ja eine alle befriedigende Ersatzlösung in der Zweit-
verwertung von Pay-TV-Liveübertragungen durch das frei empfangbare
Fensehen erkennen wollen: »Ein wesentlicher Reiz von Spitzensportereignissen liegt in deren Ergebnisoffenheit. Im Vergleich zur zeitgleichen ver-
mag die zeitversetzte Übertragung eines sportlichen Ereignisses dessen
Authentizität und Spannung jedenfalls nur eingeschränkt zu vermitteln.
Dies gilt in der Regel um so mehr, je größer der zeitliche Abstand ist, und
tendiert gegen Null, wenn das Ergebnis zum Zeitpunkt der Übertragung
bereits allgemein bekannt ist.« Daran, daß letzteres insbesondere bei Fuß-
ball-Länderspielen der Fall wäre, erst recht bei einer WM, dürfte kein Zweifel sein: Wofür gibt es das gute alte Dampfradio, und welche Nachrichten-
sendung auf allen verfügbaren Free-TV-Kanälen würde nicht pünktlich mit
dem Schlußpfiff das Ergebnis des deutschen WM-Gruppenspiels gegen
USA, Iran oder sonst jemanden vermelden? Auch insofern verwundert, daß
die DFB-Emissäre mit dem gewichtigen Sozialauftrag zunächst stramm an
der Seite von Kirch und Co. marschierten.

»Ich war in den Fernsehverhandlungen nicht dabei«, erklärte Braun,
»aber es wäre völlig falsch, dabei von der Position des DFB zu reden.« Konkret angesprochen auf die Haltung seiner Kollegen Mayer-Vorfelder (»Herr
Braun will alle Länderspiele im freien Fernsehen haben, gut, das ist seine
Meinung«) und Straub, den Diener zweier Herren, sagte Braun: »Bei uns im

DFB können die Leute ruhig ihre Meinungen haben. Entscheidend ist für mich, was in der Resolution steht.« Diese Resolution boxte der Präsident am 25. Oktober durch: Einstimmig wurde verabschiedet, daß deutsche Länderspiele frei empfangbar bleiben müssen. Mitgestimmt hatte auch Mayer-Vorfelder, der kurze Zeit zuvor sogar so weit gegangen war, eine finanzielle Entschädigung für Vereine und Verbände zu fordern, falls die Länder die Ausstrahlung bestimmter Spiele im Abo-TV verbieten wollten. Ein paar Wochen später, Mitte Dezember 1997, legte Mayer-Vorfelder das nächste Solo hin, als er gegenüber der Zeitung *Die Woche* äußerte:»Egidius Braun hat gesagt, es sei eine moralische Frage, daß Spiele der Nationalmannschaft im freien Fernsehen gezeigt werden. Ich sage, es gibt keinen Rechtsanspruch auf Live-Berichterstattung. Dabei bleibe ich.« Braun indes nahm nun auch Blatter an die Kandare:»Wir gehen bis heute davon aus, daß Blatters Wort von damals noch gilt: Kein Pay-TV von unseren WM-Spielen.« Und er grummelte:»Es ist ein unglaublicher Wust von Aktivitäten, den dieser einzige Mann ausgelöst hat.« Künftig gehe es darum, die FIFA-Spitze »besser zu kontrollieren« und auf die Gestaltung von Fernsehverträgen mehr Einfluß zu nehmen. Nur hatte der FIFA-Spitzenmann Blatter auch ein paar ehrgeizige Anspielpartner. Vor allem im DFB.

Lennart Johansson, der seine europäischen FIFA-Kollegen Mitte Oktober zur Besprechung über den Fragenkatalog zu Kairo (und nun auch zum Thema Pay-TV) versammelte, mußte beim DFB nachfassen, um Mayer-Vorfelder als Gast gewinnen zu können. Der CDU-Politiker kam zwar in die Schweiz, wurde aber erneut nicht als kritischer Fragensteller auffällig. Er redete von Mißverständnissen, die sich doch gesprächsweise mit dem FIFA-General aus der Welt schaffen ließen. Insgesamt speckten die Europäer ihren Katalog auf knapp 40 Fragen ab. Auf Mayer-Vorfelders Einwand, man solle nicht den Anschein erwecken, daß man der FIFA-Administration nicht vertraue, wurde auch das Vorhaben fallengelassen, alle Exekutivmitglieder über die Sitzung schriftlich zu informieren. Das wichtigste war schließlich, daß die eigenen Reihen fest geschlossen blieb. Und der Fragenkatalog war dicht genug, um einige Klärung herbeizuführen. Zudem bestand Johansson darauf, daß aus den Kairoer Protokollen der Begriff einer »prinzipiellen Übereinkunft« zur Marketingvergabe ersatzlos gestrichen werde. Die Formulierung sei viel zu weitreichend für das, was wirklich vereinbart worden war. Wir erinnern uns: Irgendwas von einer »prinzipieller Übereinkunft«, die er erkennen könne, hatte zum Sitzungsende in Kairo der Präsident Havelange auf französisch gebrabbelt. Doch sollte so etwas von Bedeutung sein – eine Entscheidung gar? Oder wie sonst war die Formulierung ins Protokoll gelangt? Wer hatte ein Interesse daran? Und: Ist es nicht verständlich, wenn Geschäftspartner wie die ISL glauben müssen, es seien Entscheidungen getroffen worden – und sich dann über die vermeintliche Leseschwäche der Exekutivmitglieder wundern, die andere Behauptungen aufstellen, weil sie auf den Sitzungen selbst dabei gewesen sind?

Es begann die Zeit gespannten Wartens auf die interne Fragerunde mit Blatter und der Finanzkommission. Für Gesprächsstoff gesorgt hatte der FIFA-Generalsekretär derweil nicht nur in Europa mit der Pay-TV-Kehrwendung. Weltweite Empörung löste er mit einer Ankündigung aus, die das Spiel auf dem Rasen selbst betraf – daß im Fußball demnächst das Tackling abgeschafft werden solle, jene für das athletische Kampfspiel unerläßlich Abwehrgrätsche also, ohne die ein im Laufen befindlicher Spieler gar nicht vom Ball getrennt werden kann (es sei denn, er kickt ihn dem Gegner vor die Füße). Blatters Absicht war anerkennenswert: Brutale Tritte und Fouls, welche die Verletzung des Gegenspielers einkalkulieren, gehören rigoros unterbunden. Darüber herrscht allerdings längst Einigkeit in der weltweiten Kikker-Gemeinde, und das Wesentliche gilt ja schon seit Jahren: Tacklings von hinten und von der Seite sind verboten. Die Regel muß eben von den Schiedsrichtern konsequent angewandt werden. Gegen den abwegigen Gedanken, das Grätschen völlig abzuschaffen, liefen die Fußballer in aller Welt Sturm. Das Thema war sogleich wieder vom Tisch, doch im Kontext wurden wiederum eigentümliche Widersprüche auffällig in Blatters Vortrag über die angeblichen Arbeitsinhalte einer FIFA-Kommission. Während der FIFA-General (»Beim ersten Mal gab es ein abweisendes Hüsteln, beim zweiten Mal wurde schon diskutiert und beim nächsten Mal wird das Thema ausführlich behandelt«) den Eindruck erweckte, die Abschaffung des Tacklings sei bereits nur noch Formsache innerhalb der zuständigen Technischen Kommission, konnte sich etwa das deutsche Kommissionsmitglied Hans-Hubert Vogts an nichts Derartiges erinnern. Andernfalls hätte sich der DFB-Bundestrainer auch mit ganzem Gewicht dagegen gestemmt. Vorsorglich aber schlug er vor, »künftig ein Netz zu spannen und körperlos zu spielen«.

Die absurde Debatte versandete so rasch, wie sie begonnen hatte. Es war nicht die erste dieser Art, die im FIFA-Hauptquartier angezettelt wurde. Jahre zuvor war dort erwogen worden , die Fußballtore um einige Zentimeter aufstocken zu lassen, damit das Spiel mehr Offensivgeist, Treffer und Rasanz erhalte. Darauf hatten sachkundige Satiriker, freudig assistiert von Egidius Braun, amüsiert entgegnet, es könne womöglich ein paar Milliarden zuviel kosten, alle Fußballtore dieser Welt abzutakeln, um zehn Zentimeter höhere aufzustellen. Sinnvoller sei es also, wenn Torhüter künftig die lichte Körperhöhe von 1,60 Meter nicht überschreiten dürften. Zur Ehrenrettung des FIFA-Generals sei gesagt, daß er auch bei echten Regelverbesserungen Pate stand, etwa bei der Verschärfung der Rückpaßregel.

Hinter den sportpolitischen Kulissen indes wurde nun nicht nur immer verbissener um Transparenz bei den Rechteentscheidungen gerungen, sondern auch um Stimmen für die anstehende Präsidentschaftswahl im Juni 1998. Diesmal entwickelten sich die Dinge ganz anders als weiland 1974. Johansson hatte sich frühzeitig der Unterstützung des afrikanischen Kontinentalpräsidenten Issa Hayatou versichert. Der 52jährige Sportlehrer aus Kamerun, ein Bruder des früheren Premierministers, verschaffte sich unter anderem durch klare Positionierungen und furchtloses Auftreten gegenüber höheren Instanzen – auch in FIFA-Sitzungen – Profil. Seit 1988 an der CAF-Spitze, besuchte er sämtliche Länder des Kontinents und ihre Sportführer, ehe er an die Modernisierung von Regeln, Wettkämpfen und rudimentären Organisationsformen ging. Hayatou griff gerne Ideen der Europäer und Südamerikaner auf, er schuf den afrikanischen Supercup, den CAF-Cup und eine afrikanische U-17-Meisterschaft, und 1997, nach dem Vorbild der europäischen Champions League, auch den Gold Cup – ein Machertyp, der sich nicht mit einer Nebenrolle als klagender, die Hand aufhaltender Bittsteller abgeben mag. Mit Johansson arbeitet er eng zusammen, die Nachfolge des Schweden dereinst an der FIFA-Spitze kann er sich gut vorstellen: »Ich bin interessiert, aber noch nicht so weit. Jetzt ist Afrika erst einmal mit den Europäern.«

Herbststürme
Havelange und Blatter in der Defensive

Die Fußballwelt hatte sich neu strukturiert – auch wenn es weiterhin Begleiterscheinungen gab, die Johansson an die alte Kunst des neokolonialistischen Zuckerlverteilens erinnerten. Immer auffälliger tummelten sich die Wahlkämpfer, die offenen wie die verdeckten, nun in der Umgebung der Vertreter des Schwarzen Kontinents. Die FIFA und Kirch hatten bereits nach dem Abschluß der Fernsehverträge erklärt, daß Afrika, mit Ausnahme Südafrikas, die WM-Endturniere umsonst sehen dürfe. Das klang generöser, als es war: Die vorherige Regelung hatte vorgesehen, daß Afrika inklusive Südafrika ein Prozent der Fernsehsumme aufzubringen habe, und tatsächlich hatte die EBU auch das meist noch selbst bezahlt. Gleichzeitig wurde mit der Erklärung ein potentieller Brandherd geschaffen: Was, wenn nun die vielen anderen Bedürftigen in der Welt – Mitgliedsländer von Bangladesh bis Guatemala – kommen und eine Gleichbehandlung für sich einfordern würden?

Ende Oktober 1997 lud die FIFA 25 Generalsekretäre und Fußballadministratoren aus frankophonen afrikanischen Ländern für zwölf Tage zu einem Lehrgang an die Universität Neuchâtel ein. Mit der arbeitet sie seit einigen Jahren eng zusammen, geplant ist die Einführung eines Lehrstuhls für Fußball. Ob der dann auch bald Ehrendoktorhüte für verdiente Funktionäre zu vergeben hat? Höhepunkte des Programms für die Afrikaner bildeten eine Eröffnungszeremonie sowie ein rauschender Abschluß mitsamt der Verleihung von Diplomen an die Teilnehmer, im Palais du Peyrou sowie in Gegenwart »hoher FIFA-Offizieller«, wie der Weltverband in seiner Ankündigung verhieß. Die Presse war herzlich dazu eingeladen, »Cocktails zu genießen und das folgende Mittagessen«. Auch UEFA-Boß und FIFA-Exekutivmitglied Johansson, der mit seinem Verband ein paar Kilometer weiter in Nyon angesiedelt ist, sowie seine sieben europäischen FIFA-Exekutivkollegen erfuhren erst durch die Pressemitteilung von der aufwendigen Fortbildungs-Veranstaltung, die immerhin einen satten sechsstelligen Betrag verschlang. Sie war zuvor in der Exekutive nur andiskutiert worden. Vielleicht hatten sie das aber nicht richtig mitbekommen.

Es häuften sich nun die Manöverübungen im weiten Feld der Präsidentschaftskandidatur. Von Beginn an hatte Havelange versucht, die Phalanx der Europäer mit immer neuen Gegenvorschlägen zu irritieren. Erst war es die Nennung von Franz Beckenbauer als möglicher Nachfolger, dann, ernsthafter, versuchte er den Argentinier Julio Grondona aufzubauen, der ein guter Freund ist und Chef der fabelhaften Finanzkommission. Als er merkte, daß es ernst wurde, brachte Havelange dann plötzlich Blatter als Nachfolger ins Gespräch. In Zürich bat er einige Journalisten in sein Büro, und der Tunesier Faouzi Mahjoub, Mitglied der FIFA-Medienkommission, erinnert sich, wie Havelange die Presseleute zur Unterstützung von Blatter aufforderte – das sei der Mann, den er sich als Nachfolger wünsche. Der Generalsekretär selbst will seinen Chef daraufhin um Zurückhaltung gebeten haben:»Ihr Vertrauen ehrt mich, aber bitte wiederholen Sie den Vorschlag nicht mehr in der Öffentlichkeit.« Dortselbst erklärte er sogar definitiv seinen Verzicht auf eine Kandidatur für 1998:»Nein, ganz sicher nicht. Es wird keinen Kandidaten Blatter geben.« Bei gleicher Gelegenheit bestritt er auch, den französischen Fußball-Heros und WM-Organisator Michel Platini auf den Schild gehoben zu haben. Das biß sich allerdings mit der Darstellung des Franzosen. Platini nämlich rief Ende Oktober bei Brasiliens Sportminister Pelé an und erklärte, Blatter habe ihn zur Kandidatur ermuntert. Nun wollte er wissen, ob Pelé ihn bei einem Anlauf aufs höchste FIFA-Amt unterstützen würde. Zudem brachte das alte Dinosaurier-Kampfblatt *sport intern* erneut den Italiener Franco Carraro ins Spiel, ein IOC-Mitglied. Auffällig an dieser Gemengelage im Kandidatenrennen erschien hauptsächlich, daß es drei Europäer – Blatter, Platini, Carraro – waren, die ins Feld geschickt wurden gegen den noch immer einzigen offiziellen Kandidaten, Europachef Johansson. Es sah stark nach Aktionismus aus, immerhin hatte keiner der Gerüchte-Kandidaten ein Programm vorzuweisen. Wie wenig gewogen Blatter dem Kandidaten Johansson tatsächlich war, offenbarte er in einem beliebten Frage-und-Antwort-Spiel mit dem Züricher *Sport*. Erlaubt sind darin die Antworten Ja oder Nein, nur einmal darf der Befragte einen Joker setzen. Blatter setzte ihn bei der Frage:»Wäre Lennart Johansson ein würdiger Nachfolger von FIFA-Präsident Havelange?«

Endlich, Mitte November, saßen die Europäer mit Blatter und der Finanzkommission beisammen. Es ging um die Beantwortung ihres im Monat zuvor eingereichten Fragenkatalogs. Der Generalsekretär hatte ihnen zunächst nur eine Gesprächsrunde vorgeschlagen, doch die Europäer beharrten auf einer schriftlichen Beantwortung ihrer Fragen. Sicher ist sicher. Erst dann waren sie bereit, sich mit Blatter zu treffen – und vor allem natürlich mit den Experten aus der Finanzkommission. Da half auch Blatters Versicherung nicht, er habe bei der schriftlichen Beantwortung bereits den Kommissions-Vorsitzenden Grondona aus Argentinien zu Rate gezogen.

Im Zentrum der Auseinandersetzungen stand zunächst der arme Matarrese, dem seine Finanzkollegen in einer Vorbesprechung die Vertrauensfrage stellten. Zweifelte er womöglich an ihrer Kompetenz? Jack Warner hatte ihn mit den Worten empfangen, er sei »persönlich verletzt«. Doch die Wunde verheilte schnell. Anderntags, nach dem Ende der Veranstaltung, empfanden Warner und Kollegen das Hearing, das sie in der Rolle von Schulbuben miterlebt hatten, als äußerst »lehrreich« – warum, das wurde im Kapitel »Vertrauenssache« ausführlich geschildert. Die Sitzung verlief nur anfangs in gespannter Atmosphäre. Johansson wollte keinen Eklat, nur Informationen. Die gab der Generalsekretär. Zum Fernsehvertrag erklärte Blatter, daß das Geschäft mit Kirch noch platzen könne. Die FIFA habe sich ein Veto-Recht gegen Pay-TV gesichert. Die Europäer hielten fest, daß sie die Ausarbeitung der Verteilungspläne, die sogenannte Distribution policy, erst sehen wollten, bevor sie unterschrieben werde.

Auf dem Tisch lag nun auch die ominöse, einst nach Kairo gefaxte Marketing-Offerte von IMG für die WM-Endturniere 2002 / 2006. Blatter versicherte, dieses Angebot laufe auf eine Art Rechte-Ausverkauf hinaus, überdies sei ja die exklusive Verhandlungsoption mit der ISL noch nicht abgelaufen. Nach Lektüre der umstrittenen Vorzugsklausel in dem bis 1998 gültigen Vertrag gingen die Beurteilungen gleichwohl auseinander. Zwar bezieht sich die Vertragsformulierung auf einen dreimonatigen Zeitraum um jenes Datum herum, zu welchem im Veranstalterland 2002 das nationale Organisationskomitee ernannt ist – und weil die Japaner dies nicht einmal bis Ende 1997 auf die Beine gebracht hätten, so Blatter, sei der Zeitraum noch nicht abgelaufen. Die Europäer neigten jedoch zu der weitaus sinnvolleren Interpretation, daß das entscheidende Datum mit dem Zeitpunkt der Vergabe des WM-Turniers an einen nationalen Verband eingetreten sei, also etwa Mitte 1996. So hatte es Blatter den ausgebooteten Mitbewerbern ja einst auch mitgeteilt. Wenigstens aber war das denkwürdige Joint-Venture mit der ISL nun vom Tisch – nach der Begründung, mit der Blatter die IMG-Offerte abgelehnt hatte, wäre ein solcher tatsächlicher Rechte-Ausverkauf wohl schlecht vermittelbar gewesen. Der Generalsekretär legte einen neuen Vorschlag für die Zusammenarbeit vor, nach dem die Rechte nun wieder ganz im Besitz des Weltfußballverbandes verbleiben.

Die Finanzkommission hatte während der knapp dreistündigen Sitzung im FIFA-Hauptquartier so gut wie keinen Vorschlag beigesteuert, kaum eine Wortmeldung gab es von ihrem Mitgliedern. Sie hörten mit großen Augen zu. Am Ende richtete Matarrese einen Appell an seine Kollegen: Er hoffe, daß die Finanzkommission künftig ihre Aufgaben voll wahrnehme, man habe ja nun gesehen, daß sie keine Antworten geben könne. Und er wies auf eine revolutionäre Entwicklung hin, die sich für die Zukunft bereits abzeichne – daß nämlich bald wirklich die Fach-Ausschüsse in der FIFA entscheiden werden. Solche für die FIFA-Spitze völlig unbekannten Prozeduren wie bei der Sondersitzung in Zürich – Aufklärung statt Verkündigung, Nachfragen statt Kopfnicken, Nein-Sagen statt Ja-Sagen, sachliche Meinungsbildungsprozesse also – ziehen unweigerlich kleine Spitzen nach sich. So streute *sport intern*-Herausgeber Huba zeitgleich mit markigen Worten die Sicht seiner Schweizer Herren in die internationale Geschäftswelt des Sports: »Sie predigen Demokratie und praktizieren Meinungsmanipulation. Einige Wortführer des europäischen Fußballs betreiben eine perfide Kampagne gegen den Fußball-Weltverband FIFA und seine Partner.« Auf die Wahrheit komme es dabei gar nicht mehr an, wehklagte der alte Leihliterat. Die entscheidende Pointe sei, so wollte er glauben machen, daß Havelange es gewesen sei, »der eingeladen hatte, doch Fragen einzureichen, wenn die Herren um UEFA-Präsident Lennart Johansson etwas nicht begriffen hätten«. Und weiter im Text, der sich las wie vom Generalsekretär persönlich aufgesetzt: »Was dem FIFA-Vorstand in einer angeblichen Nacht-und-Nebel-Aktion in Kairo vorgelegt wurde, war das Produkt der Arbeit der damit beschäftigten Finanzkommission, der immerhin drei FIFA-Vizepräsidenten angehören. Was dieses Gremium ausgearbeitet und vorgeschlagen hatte, wurde vom Exekutivkomitee im Prinzip angenommen, es blieben lediglich einige Fragen offen. Demokratie pur, wenn man so will.«

Alles klar? Wenn man so will, ist es Demokratie pur, daß der gewählte Präsident einer Non-Profit-Sportorganisation seinen Kollegen gestattet, Fragen nach Milliarden-Deals zu stellen. Demokratie pur ist, wenn kurz vor der Sitzung via Türritze Unterlagen zugespielt werden, anhand deren dann hopplahopp Milliarden-Entscheidungen gefällt werden sollen – und wenn selbst Mitglieder der Finanzkommission einräumen, wenig Ahnung besessen zu haben vom Inhalt und noch weniger über die Tragweite ihrer Vorschläge. Wenn die »prinzipielle Annahme« eines Vertragsabschlusses wieder aus dem Protokoll gestrichen werden soll und für die Verantwortlichen »lediglich« rund 40 Fragen offen bleiben – dann ist das Demokratie pur.

Die Umtriebe des Newsdealers Huba, der Medien, Sponsoren und Funktionäre füttert und den Chefjuror über den deutschen Sportjournalismus spielt, sind ausgesprochen erhellend – nicht für die Wahrheitsfindung, wohl aber zur Einschätzung der Stimmungslage in der FIFA-Chefetage. Einen Monat zuvor hatte sich Huba den angeblich so begriffstutzigen Johansson schon einmal vorgeknöpft. Der alte Faulpelz nämlich, »designierter Kandidat für das Amt des FIFA-Präsidenten, ließ sich nur wenig mehr als eine Stunde Zeit, der FIFA 2002 World Cup Planning Group vorzusitzen, weil er am gleichen Abend ein Spiel der Champions League besuchen wollte. Zu dem Meeting waren mehrköpfige Delegationen aus Japan und Korea, der Italiener Antonio Matarrese und aus Kalifornien US-Soccer-Präsident Alan Rothenberg nach Zürich gereist. Ein Delegierter aus Asien zu *sport intern*: ›Wir sind für fast nichts einen weiten Weg gekommen. Keine der anstehenden Fragen konnte erschöpfend diskutiert werden, weil der Vorsitzende zu wenig Zeit hatte.‹« Ein Skandal – wenn es so gewesen wäre. Tatsächlich aber hatte der Hofpoet damit ein weiteres Schulbeispiel seines (hoffentlich) unvergüteten Lobby-Service geliefert: Tatsächlich war es der Amerikaner Rothenberg, der nur eine gute Stunde Zeit mit nach Zürich gebracht hatte, die Sitzung am 1. Oktober 1997 dauerte rund zweieinhalb Stunden und Johansson war danach noch knapp drei Stunden im FIFA-Quartier anzutreffen. Erbost über die Diffamierung, schrieb er einen geharnischten Brief – interessanterweise nicht an Huba, sondern an Joseph Blatter. Johansson war überzeugt, daß die Attacke aus dessen Umfeld kam und wollte wissen, was der Generalsekretär dagegen zu tun gedenke. Man wendet sich mit grundsätzlichen Beschwerden eben sinnvollerweise gleich dorthin, wo man den Urheber der Sünden weiß – oder aufgrund bester Insiderkenntnisse und aus Überzeugung vermutet.

Die Hunde bellten, die Karawane zog weiter: Nach Marseille, zur Auslosung der acht WM-Gruppen und zum letzten großen Konvent vor dem FIFA-Kongreß im Juni 1998. Zwar hatte Sepp Blatter das Ruder in der Pay-TV-Debatte tief erschrocken herumgerissen, indem er nun in einem Interview mit der *Süddeutschen Zeitung* in aller Deutlichkeit erklärte, die FIFA habe definitiv ein Veto-Recht gegen Kirchs Pläne. Falls ihm das nicht behage, könne der Medienmogul ja wieder aussteigen, bevor der Detailvertrag unterzeichnet werde; es stehe bereits »mehr als eine Organisation auf der Warteliste, um zu gleichen Bedingungen zu übernehmen.« Starker Tobak im Umgang mit einem Geschäftspartner, den man zwar nicht mögen muß, der aber immerhin Milliarden bezahlt. Überdies holte Blatter nun auch die sonst so gemiedenen Politiker mit ins Boot, nach dem Motto: Rudert doch ihr den havarierenden Kahn zurück, wenn uns im Weltverband die See zu stürmisch wird. In die Detailausarbeitung des Fernsehvertrags werde noch aufgenommen: »Nationale und internationale Gesetzgebung ist dem Vertrag übergeordnet.« Denn: »Wir werden nie etwas gegen die Gesetzgebung eines Landes tun.« Diese Kehrtwende, kombiniert mit der Zusage, daß die FIFA nicht ihre Rechte, sondern nur deren Verwertung an Kirch veräußert habe, schuf schlagartig eine neue Situation für den deutschen Fernsehmarkt. Just am selben Tag hatten die fürs Medienrecht zuständigen Regierungen der Bundesländer noch einen letzten, vergeblichen Versuch gestartet, sich mit Kirch auf eine Freigabe zumindest aller deutschen WM-Spiele zu einigen. Und nun bekamen sie, die gerade noch ihre Bücklinge gemacht hatten, den Marschallstab plötzlich in die Hand gedrückt. Sie brauchten den WM-Fußball nur noch in die von der EU empfohlene Liste der allgemein zugänglichen Sportereignisse aufzunehmen. Das taten sie auch.

In Marseille stand schon zu Beginn der Sitzung eine markante Neuerung fest: Dribblings und flotte Alleingänge der Verbandsspitze waren vom Spielplan gestrichen. Es ging nun um die Aufklärung über vielerlei Kleingedrucktes. Zweimal trafen sich die Europäer vor der Exekutivsitzung mit Blatter. Beim zweiten Mal, unmittelbar vor Sitzungsbeginn im Palais de Pharo auf den vom Herbststurm Mistral umtosten Klippen vor Marseille, waren es die Kontinentalführer Johansson, Hayatou und Chung, und sie protokollierten die Äußerungen ihres eigenen Generalsekretärs – um ihn später nötigenfalls damit konfrontieren zu können. Eine ganz neue Art der Vertrauensarbeit hatte Einzug gehalten. Es muß eine lautstarke Auseinandersetzung in aufregendem Ambiente gewesen sein. »Regen und Sturm prasselten gegen die Fenster«, sagte Pressechef Keith Cooper. Im Kongreßzentrum de Pharo wurde Blatters Stimme fast »vom Mistral verweht«, wie er sagte, nachdem er mit 90 Minuten Verspätung zur Pressekonferenz erschienen war.

Festgehalten von den Kollegen wurden Blatters Ausführungen zum Fernsehvertrag mit Kirch, der bei dieser Gelegenheit zwar endlich auf den Tisch kam, aber nur von Blatter eingesehen wurde zwecks zitierender Lesung aus den strittigen Punkten. Daraus ging hervor, daß die FIFA Eigentümerin der Rechte bleibe und sich bei der Einigung mit Kirch und ISL im Vorjahr ein Zustimmungsrecht bei jeder einzelnen Rechteweitergabe gesichert habe. Blatter ergänzte: »Sicher ist schon mal, daß niemand die Rechte weiterverkaufen kann, weil wir sie besitzen.« Protokolliert wurde aber auch Blatters Erklärung, nach der ein Abschluß der Marketingverträge mit der ISL dem Weltverband finanziell dienlicher sei als die Offerte von IMG. Damit war der Weg frei für die FIFA-Oberen, endlich den Vertrag mit den alten Partnern von der ISL abzuschließen. Der Preis für das Geschäft war allerdings ziemlich hoch geworden, man hatte mehrfach nachbessern müssen. Eine bemerkenswerte Summe mußte die Agentur am Ende garantieren, bedingt durch den ständigen Druck der argwöhnisch nachrechnenden Europäer, die der FIFA erst zeigten mußten, welchen Wert das Marketingpaket wirklich hat, sowie durch das Störfeuer der Konkurrenzfirmen, die nie die Chance bekommen hatten, in einer offenen Bewerbungsphase die effektiven Marktwerte der WM 2002 und 2006 zu ermitteln. Die ISL garantierte – für das gesamte Marketingpaket der FIFA – 420 Millionen Schweizer Franken bis 2002 und weitere 470 Millionen bis 2006. Betrachtet man die Gesamtentwicklung, läßt sich vermuten, daß dies ein sehr politischer, also zu hoher Preis ist. Es dürfte nicht ganz einfach sein, diese Summen zu refinanzieren. Noch für die Frankreich-WM 1998 wurden im Marketingbereich 110 Millionen Franken an die FIFA erstattet. Nun, bei der mit vielerlei Fragezeichen versehenen Doppel-Weltmeisterschaft in den neuerdings krisengeschüttelten Wirtschaftsregionen Südkorea und Japan, muß fast das Vierfache erbracht werden. Wie seriös also die Planungen aller Beteiligten tatsächlich waren, wird sich vielleicht erst in den nächsten Jahren ermessen lassen. Die Euphorie der Sponsoren aus Werbe- und Geldwirtschaft um die im Grunde nur fiktiven, weil ideellen Werbewerte des Fußballs könnte bis dahin abflauen – besonders, wenn die mehr und mehr zur Kasse gebetenen Fans zu murren beginnen. Nur wird dann Havelange nicht mehr FIFA-Boß sein. Der nutzte die Schlußpressekonferenz in Marseille zu einem weiteren Seitenhieb auf den ungeliebten Kronprinzen Johansson. »Herr Blatter wäre ein hervorragender Präsident für die FIFA«, meinte Havelange vor der versammelten Weltpresse, »er spricht viele Sprachen, ist ein guter Mathematiker und kennt sich in Finanzfragen und vielen anderen Bereichen sehr gut aus«. Falls Blatter also doch kandidieren würde, dann »würde ich ihn beglückwünschen, wenn er gewählt wird, und wäre traurig, wenn er nicht gewählt wird«. Zu dem Zeitpunkt war Johansson längst der offizielle europäische Kandidat, unterstützt auch von der Mehrheit der Mitglieder in der Exekutive.

Um die Auslastung seines Generalsekretär brauchte sich Havelange indes keine Sorgen zu machen. Zwar befand sich die Vorbereitung der Fußball-WM in Frankreich schon in der heißen Phase, doch Blatter steuerte mit scheinbar leichter Hand allerlei andere Projekte nebenher. So hatte er im Herbst die Einführung einer Klubweltmeisterschaft ab 1999 proklamiert. Teilnehmer sollen die Meister der Kontinente, der Landesmeister des Gastgebers sowie der Sieger eines zusätzlichen Duells zwischen Europa und Südamerika sein. Fernsehen und Sponsoren, so fügte er an, hätten schon jetzt »sehr starkes« Interesse an diesem Wettbewerb signalisiert. Davon war nur nichts zu hören, wie auch der Mitte Dezember in Saudi-Arabien ausgetragene »Confederations Cup«, der Wettstreit der Kontinentalmeister (ohne die deutsche Europameister-Elf, die sich nicht mitten aus der Bundesliga-Saison rausreißen ließ) kein Publikumserfolg wurde. Eines der Hauptprobleme für diese Veranstaltung bleibt die Suche nach einem geeigneten Termin. Der Januar böte sich zwar an, doch da herrscht Ramadan bei den Saudis. Einen Rückzieher mußte die FIFA-Spitze schließlich auch im olympischen

Fußball machen. Zwar hatte sie verkündet, daß die Teilnahme von drei über 23jährigen Spielern pro Mannschaft, wie in Atlanta geschehen, nur als Probelauf für die Spiele 1996 vereinbart gewesen sei, und man sich künftig wieder auf reine Unter-23-Teams beschränken wolle. Doch war der Vorstoß nur von Havelange gekommen, und Hintergrund war dessen zunehmend gespanntes Verhältnis zu seinem olympischen Zwilling Samaranch. Der IOC-Boß unterstützte nämlich nicht nur den Kandidaten Johansson, er wohnte auch im Herbst 1997 in Rom einer Preisverleihung für Havelanges Intimfeind Pelé bei. Pelé erhielt dort den »Flambeau d'Or« des italienischen Olympiakomitees CONI, unter anderem für sein »leidenschaftliches, entschiedenes Engagement als Sportminister für die Abschaffung anachronistischer Privilegien, die den Fußballsport beherrschen«. War wirklich nicht sehr respektvoll, da auch noch hinzugehen und zu applaudieren.

Ob die Olympiakicker deshalb wieder auf Junioren-Niveau zurückgestuft werden sollten? So oder so, tatsächlich hatte das Olympiakomitee der FIFA unter Führung des Afrika-Chefs Hayatou ganz anders beraten, als der Weltverband hinterher verlauten ließ. Die Mitglieder waren noch weiter gegangen: Wenn bei Olympia ohnehin pro Fußballteam drei ältere Akteure mitspielen dürfen, sollte dies künftig auch bei den Qualifikationsspielen gestattet sein. Nur Havelange, der der Sitzung als Gast beiwohnte, hatte dann in einer Wortmeldung erklärt, daß er von einer Rückstufung auf die U-23-Regel ausgehe.

Verwicklungen wie diese warfen allerdings auch für Blatter heikle Fragen auf. Schließlich wirbt der oberste Angestellte des Fußballweltverbandes auch mit großem persönlichen Engagement für die Olympiastadt Sion 2006. Bei den Bewerbern im heimischen Wallis präsidiert er dem Organisationskomitee, dessen bunte Broschüren in alle Welt verteilt wurde, überdies warb er monatelang lächelnd von Schweizer Plakatwänden. Als sportpolitische Interessenkollision empfand Blatter dies nicht. Immerhin buhlen neben Sion noch andere europäische Länder um die Winterspiele in acht Jahren, da könnte man sich mit den verschiedenen Ämtern womöglich heftig in die Quere kommen, wenn es dereinst um die Bewerbungen für die Fußballweltmeisterschaft im Jahr 2006 geht. Wie schnell das passieren kann im eng vernetzten Weltsport-Geschäft, hatte ja gerade das Problem mit den Olympiakickern gezeigt. Wie verhält sich ein Generalsekretär, der zwar der Linie seines Verbandes folgen muß, zugleich aber als Olympiawerber und profilierter Hoffnungsträger einer Sportregion Bonuspunkte beim IOC schinden muß? Daß die Walliser Raclette-Connection dabei keine Peinlichkeit scheute, bewies dann im Januar 1998 Blatters Sion-Kamerad Alfred Ogi. Der nicht ganz uneitle Schweizer Sportminister, der sogar schon mal abklären ließ, ob sich sein Amt mit einer IOC-Mitgliedschaft vertrüge, verkündete stolz: »Ich habe Blatter so weit!« Nämlich, für Havelanges Nachfolge zu kandidieren. Es war dann allerdings nicht so, daß die Fußball-Welt erzitterte – die fragte sich nur: wer ist Ogi? Johansson setzte Blatters seltsamen Zweitjob für Sion auf die Gesprächsliste der nächsten Exekutivsitzung.

Das Jahr 1997 aber hatte mit zwei großen Siegen für den brasilianischen Fußball und einer Niederlage für den Havelange-Clan geendet. In Riad gewannen Ronaldo, Romario und Kollegen den »Confederations Cup« mit einem 6:0-Sieg über Australien, doch bekamen der FIFA-Boß und sein Schwiegersohn den Triumph nur aus der Ferne mit – und zwar nicht etwa, weil das Gesamtereignis von Riad in der Tat kein sehr nennenswertes war, sondern weil sich zuhause in Brasilien ziemlicher Ärger für die beiden zusammenbraute. Das Unterhaus des Parlaments verabschiedete dort das neue Fußballgesetz von Sportminister Pelé, das unter anderem die Umwandlung der Klubs in Firmen (zwecks besserer Kontrolle der Vereinsführung), mehr Rechte für die Spieler und neue Wechselmodalitäten vorsieht. Nach der Abstimmung ließ Pelé erst seinen Glückstränen Lauf (»Dies ist mein 1001. Tor!«), dann erklärte er: »Dies war ein Sieg aller Brasilianer und der Moral, nicht nur ein Sieg Pelés. Wir haben der Sklaverei im brasilianischen Fußball ein Ende gesetzt.«

Das Fehlen des CBF-Chefs Teixeira erörterten die in Riad versammelten Sportfunktionäre nun vor allem unter humoristischen Gesichtspunkten. Ernsthafte Aufmerksamkeit erforderte hingegen eine nagelneue Farbbroschüre, deren 22seitiger Innenteil einem »Who is Who« des Sports glich und dessen Titelblatt einen gütig lächelnden älteren Herrn zeigte, neben der Ankündigung: Lennart Johansson for FIFA-President. Fußballgrößen wie Franz Beckenbauer, Pelé, Bobby Charlton und Roberto Bettega unterstützten darin die Kandidatur Johanssons, aber auch die Kontinentalpräsidenten von Afrika, Asien und Ozeanien, der IOC-Präsident Samaranch, der Adidas-Chef Robert-Louis Dreyfus und sogar der Bundesliga-Boß Mayer-Vorfelder stellten sich auf die Seite des Mannes, der sich durch die Schaffung der Champions League weltweit profiliert hatte. Von den 51 europäischen Verbänden enthielt ihm nur der dänische Präsident und vormalige FIFA-Finanzkommissionschef Poul Hyldgaard die Unterstützung vor. Johansson legte in seinem umfassenden Zukunftsprogramm den Finger auf so ziemlich jede Wunde. »Der Erfolg der Vergangenheit hat wenig Bedeutung, wenn es darum geht, Entscheidungen für die Zukunft zu fällen. Die vor uns liegenden Herausforderungen«, schrieb er sich selbst ins Stammbuch, »können nicht von einer Person allein in ihrer Eigenschaft als FIFA-Präsident erfolgreich gemeistert werden.« Eine radikale Abkehr also von der Tradition des

Hauses. Doch sie soll nicht die einzige sein. Das Programm listete eine Fülle aktueller Mißstände auf, die nach Ansicht des UEFA-Chefs bereinigt gehören:

- Sicherung eines gerechten Anteils an der Führung der FIFA. Die Amtsdauer des Präsidenten ist in den Statuten zu begrenzen.
- Die Mitglieder des Exekutivkomitees sollen ihren spezifischen Fähigkeiten entsprechend den Vorsitz einer Kommission der FIFA übernehmen.
- Alle Nominierungen von Kommissionsmitgliedern sind vom Exekutivkomitee zu billigen.
- Das Exekutivkomitee entwickelt die Grundsätze des Finanzplans sowie der Marketingstrategie der FIFA.
- Auch die Generalsekretäre der Konföderationen sollen wieder in die Sitzungen der Exekutive eingebunden werden.

Einer Europaliga sowie anderen »künstlichen« internationalen Vermarktungsgebilden erteilte Johansson eine Absage: »Grundlage des Wettbewerbsfußballs sind die nationalen Meisterschaften, in denen die Mannschaften auf- und absteigen. Die Leidenschaft der Fans gründet auf den Rivalitäten zwischen Ortschaften, Städten und Regionen.« Und nicht zwischen einzelnen Industrie-Unternehmen, so ließe sich noch ergänzen.

Während er die »Schaffung eines U-20-Wettbewerbs für Frauen auf Weltebene« ankündigte, hielt sich Johansson bei den zuletzt von Havelange mit viel Aktionismus und wenig Erfolg betriebenen Projekten wie »Confederations Cup« oder der Klub-Weltmeisterschaft merklich zurück. Sein abwartender Standpunkt: »Schaffung der logistischen und finanziellen Grundlagen für interkontinentale Wettbewerbe auf Nationalmannschafts- sowie Klubebene.« Auch dies läßt sich als kleiner Kontrollgriff in die Glücksradspeichen der Medien- und Sponsorwirtschaft interpretieren.

Jenseits von Afrika
Der Präsident schießt Eigentore

Nicht nur der Kandidat und das Programm standen nun, sondern auch die entscheidende Allianz. Es mag wie eine Ironie des Schicksals erscheinen, daß sich im Abendrot der Havelange-Ära just jene Parteien verbündeten, aus deren Zerwürfnis der Brasilianer einst seinen entscheidenden Vorteil beim Sprung auf den FIFA-Thron gezogen hatte: Europäer und Afrikaner. Johansson und seine Mitstreiter hatten nach dem Desaster von 1994 erkannt, daß man den Autokraten Havelange nur mit dessen eigenen Waffen würde bezwingen können. Man mußte sich also dort messen, wo der geschickte Puppenspieler seine Punkte sammelte und beständig die Gefahr einer von Europa dominierten Fußballwelt beschwor. Mithin fand sich in Johanssons erstem Visions-Papier von 1995 ein Vorschlag, der ursprünglich vom afrikanischen Verband CAF gemacht worden war: Das Rotationsprinzip für das Amt des FIFA-Präsidenten, welches im Wechsel an die Präsidenten der Konföderationen gehen solle. Ernstgenommen wurde die Überlegung bezeichnenderweise allerdings erst jetzt, nachdem die Europäer sie wiedererweckt hatten.

Es folgte Vision II: Ein Papier, das den Afrikanern mehr Geld verhieß, weil es gestaffelte Prämienausschüttungen schon für das Erreichen verschiedener WM-Qualifikations-Ebenen vorsah. So hatten verschiedene afrikanische Länder aus Geldmangel an den WM-Ausscheidungsspielen gar nicht teilnehmen können. Schließlich unterzeichneten Johansson und CAF-Präsident Hayatou einen Kooperationsvertrag, in welchem sich die Europäer verpflichteten, den afrikanischen Fußball finanziell, technisch und mit Material zu unterstützen. Hayatou erklärte dazu überaus blumig: »Von jetzt an laufen beide Konföderationen auf der Straße der internationalen Fußballentwicklung. Sie sind die Säulen der FIFA, der Brennpunkt des Fußballs auf diesem Planeten.« In der Tat stellen sie zusammen bereits 102 Stimmen von den 200 im Weltverband.

Im Herbst 1996 war es allerdings noch zu einem Zwischenfall gekommen. Nach einem Interview mit der Stockholmer Zeitung *Aftonbladet* geriet Johansson wegen angeblicher rassistischer Äußerungen in die Kritik. Über eine Reise zum afrikanischen Fußballkongreß hatte er gesagt: »Der ganze Raum war voller Blackies. Es wurde verdammt dunkel, als sie da alle zusammen saßen, und außerdem kann das verdammt ungemütlich werden, wenn die in Rage geraten.« Johansson wollte sich zunächst nicht an die Aussage erinnern – nachdem er mit dem Tonband des Interviews konfrontiert worden war, erklärte er: »Es war als Scherz gemeint, es war keine Beleidigung. Ich bitte jeden um Verzeihung. Ich bin kein Rassist.« Havelange kam dieser Vorfall natürlich zugute. Er hatte die Bedrohung durch die neue Allianz Europa / Afrika frühzeitig registriert und eine Liaison zu verhindern versucht. Wie Weiland 1974 war er über den Kontinent getingelt und warb schon wieder um Stimmen für seine Wiederwahl über 1998 hinaus. Er konnte immerhin darauf verweisen, daß sich die Zahl der afrikanischen Teilnehmer unter seiner Präsidentschaft von einem auf fünf (ab 1998 in Frankreich) erhöht hatte – bei einer Verdopplung der Turnierteilnehmer von 16 auf 32. Havelange stellte überdies sein Amt, das ihneigentlich zu Neutralität verpflichtet, in den Dienst der persönlichen Sache und schlug selbst vor, daß Südafrika das WM-Endturnier 2006 ausrichten solle. Da war sie wieder, die Jokerkarte Südafrika – diesmal allerdings in ganz anderem Sinne als 1974. Der FIFA-Boß spekulierte dabei auch auf die Unterstützung von Nelson Mandela, dem wohl einflußreichsten Politiker des Kontinents. In Europa, wo sich Deutschland und England bereits als WM-Bewerber zu formieren begannen, wurde Havelanges Vorstoß für Afrika prompt als schamloser Stimmenfang verstanden – und als Versuch, die frisch erblühte Allianz zwischen UEFA und CAF zu sprengen. DFB-Präsident Egidius Braun zur (Ver-)Schaukelpolitik des Brasilianers: »Havelange hat mir gesagt, es gebe kein besseres Land für die WM 2006 als Deutschland. Monate später lese ich dann in der Zeitung, er sagt, es gebe kein besseres Land als Südafrika.« Gewundert hatte sich auch UEFA-Präsident Johansson über seinen Widersacher: »Ich erfahre aus der Zeitung, daß die FIFA die Weltmeisterschaft 2006 nach Südafrika vergeben hat. Als ich am nächsten Tag zum Afrika-Cup in Johannesburg lande, werde ich angestarrt wie ein seltenes Tier, weil ich von alledem nichts wußte. Wie sollte ich auch – erst im Jahre 2000 wird das Exekutivkomitee über die Vergabe entscheiden. Südafrika die WM zu versprechen, war wieder einer der selbstherrlichen Alleingänge von Präsident Havelange.«

An derlei Winkelzüge hatte man sich gewöhnt. Aber der Achtzigjährige verdribbelte sich nun mehr und mehr auf einem politisch verminten Terrain. Das lag in Nigeria, und die Art und Weise, wie er sich dort aufführte, trug ihm nicht nur bei Mandela, sondern weltweit Mißkredit ein. Nigeria war von der FIFA für die Ausrichtung der U-20-WM des Jahres 1995 erkoren worden. Doch dann hob der Weltverband den Veranstalterstatus kurzfristig wieder auf und vergab das Turnier an Katar. Als Begründung wurden zu hohe gesundheitliche Risiken für die Spieler in diesem Teil Westafrikas genannt, nachdem dort Cholera ausgebrochen war. Vor allem die europäischen Teams hätten angeblich keine Krankenversicherungen beibringen können. Tatsächlich trug wohl auch die politische Instabilität im Lande zu der Entscheidung bei.

Weil der Hauptwiderstand gegen Nigeria von den Europäern gekommen war, sah Havelange eine Möglichkeit, sich die Situation zunutze zu machen und seine Position auf Johanssons Kosten zu verbessern. Im November 1995 besuchte er Lagos und traf sich mit dem Chef der Militärjunta, General Sani Abacha. Der huldigte ihm prompt wie einem hochrangigen Staatschef, man verstand sich prächtig. In einer sehr gelungenen Lobrede auf die waffenklirrenden Gastgeber entschuldigte sich Havelange für die Aberkennung der Junioren-WM 1995 und versprach sie Nigeria für 1997 aufs Neue. Dieser Alleingang barg allerdings ein paar üble Fußangeln, denn dummerweise war das Turnier 1997 schon Malaysia zugesagt worden. Der dortige Verband geriet nun in Aufruhr, und das Renommee des greisen Präsidenten sank auch innerhalb der asiatischen Konföderation rapide. Außerdem hatte Havelange glatt übersehen, daß Entscheidungen dieser Art nicht von ihm allein im tête à tête mit einem Blutherrscher, sondern immer noch von der FIFA-Exekutive getroffen werden müssen. So wurde der kleine ex-officio-Ausflug zum Werbeschlager für Johansson und dessen Verbündete, die zu dieser Zeit ohnehin gerade begonnen hatten, den diktatorischen Führungsstil des Präsidenten öffentlich zu geißeln. Schließlich schaffte es Havelange, mit seiner Affäre einen bemerkenswerten Keil quer durch die Exekutive zu treiben. Acht Europäer und drei Asiaten stimmten schließlich für Malaysia, jeweils drei Vertreter aus Afrika, Südamerika sowie Nord- und Zentralamerika für Nigeria. Damit war Malaysia mit 11:9 Stimmen durch. Und der Boß düpiert.

Das größte Problem ergab sich für Havelange allerdings aus der Außenwirkung seiner Nigeria-Visite. Genau einen Tag, nachdem er Abachas Regime zu neuer Reputation verholfen hatte und sich mit einem Staatsorden hatte ehren lassen, gab der Militärdiktator den Befehl, den Dichter Ken Saro Wiwa und acht weitere Dissidenten vom Stamm der Ogoni hinzurichten, die sich gegen die Übernahme ihres traditionellen Stammlandes durch den Mineralölkonzern *Shell* wehrten. Die kleine Fußballentwicklungshilfe für Nigeria wurde so zu einer einzigartigen PR-Katastrophe für Havelange, wie man sie sonst nur aus schlechten Drehbüchern kennt. Als erstes überzeugte Nelson Mandela den südafrikanischen Verband von der Notwendigkeit, Nigeria wieder von einem Vier-Länder-Turnier auszuladen, das im Dezember

1995 am Kap stattfand. Holland und Israel folgten dem Beispiel und unter-
sagten Nigeria, Trainingscamps in ihren Ländern zu beziehen. Und nur
durch Havelanges persönliche Intervention gestatteten es die französischen
WM-Organisatoren, daß nigerianische Repräsentanten eine vorbereitende
Sitzung mitverfolgen durften – er hatte den Franzosen mit der Absetzung
des Termins gedroht. Die Lage verschärfte sich, als Nigeria, der Afrikameister von 1994, in letzter Minute seine Teilnahme am Afrika Cup 1996 zu-
rückzog, der in Südafrika ausgetragen wurde. Konsequenz aus dem Rückzug: Die CAF sperrte Nigeria für die nächsten zwei Turniere und verhängte
eine Geldstrafe in Höhe von rund 30.000 Mark. Einer der Hauptsponsoren
des Titelkampfes war übrigens *Shell* ...

Havelanges Ruf in Afrika war nachhaltig ramponiert. Dies dürfte ihn wesentlich darin bestärkt haben, Ende 1996 den Verzicht auf eine weitere Präsidentschaft zu erklären. Im Februar 1998 kündigten die Afrikaner dann offiziell an, für Johansson stimmen zu wollen. »Auch wenn Freunde beobachten, daß Havelange manchmal Traurigkeit überkommt, wenn er an den
näherrückenden Abschied denkt«, wie *sport intern* mitfühlend registrierte –
es blieb fortan nurmehr jene Trauerarbeitsvariante, durch Störaktionen
über immer neue Kandidaten-Nennungen zu versuchen, die Reihen der
Europäer zu spalten. Nur wenn sich in Paris 1998 ein mittleres Kandidaten-
chaos herbeiführen ließe, wäre eine letzte Chance gegeben, daß ihn aus den
Reihen seiner noch immer zahlreichen Gefolgsleute einer zum Weitermachen für ein zweijähriges Interregnum bitten könnte. Und bitten ließ er
sich schon immer gern. Dies war die eine Variante. Die andere, auf die er
schließlich überwechselte, sah vor, Blatter als Gegenkandidaten aufzubauen
– den Mann, der für eine ganz bestimmte Kontinuität stünde.

Protegierte Havelange seinen General zunächst vor allem in Kreisen
handverlesener Journalisten, so war er im Dezember 1997 in Marseille richtig in die Offensive gegangen. Im Januar setzte sich das Machtspiel fort: Der
amtierende Präsident machte offen Personalpolitik gegen seinen ehrenamtlichen Vizepräsidenten Johansson und für den FIFA-Angestellten Blatter.
Wenigstens tat er es auf unterhaltsame Weise: »Sepp ist ein sehr tüchtiger
Mann mit allen Qualitäten, das hat er in den letzten 23 Jahren bewiesen. Er
kommt immer um sieben Uhr morgens zur Arbeit und geht abends um sieben«, so lobte Havelange den alten Vasallen bei einer Pressekonferenz für
Auslandskorrespondenten in Rio. Für all jene, die meinen, eine ähnlich um-
werfende Präsenz am Arbeitsplatz vorweisen zu können, legte er die Latte
noch etwas höher: »Sepp Blatter spricht Französisch, Englisch, Spanisch,
Italienisch, Portugiesisch und Deutsch, und er schreibt auch in all diesen
Sprachen.« Hört, hört. Schwitzerdütsch parliert er fraglos auch. Und sonst?

Ein essentielles Qualifikationskriterium für die Fußballpräsidentschaft diagnostizierte Havelange wie folgt:»Blatter war Oberst der Schweizer Armee.« Weil aber strammes Marschieren allein nicht schnurstracks ins höchste FIFA-Amt führt, hat der Sieben-bis-Sieben-Uhr-Generalsekretär auch an der Weiterbildung gearbeitet.»Er hat Kurse in Verwaltung und Sport absolviert«, teilte Havelange der andächtig lauschenden Korrespondentenschar mit. Das muß erstmal einer nachmachen.

Ganz anders hingegen Havelanges Urteil über diesen Windhund an der Spitze des brasilianischen Sportministeriums, diesen Pelé:»Übt er irgendein Amt aus? Er macht Werbung für zwei Firmen. Ich übe ein Amt aus. Ich werbe für niemanden.« Glatt vergessen hatte Blatters 82jähriger Werbehelfer dabei, daß ihn der unterbeschäftigte Lebemann Pelé gerade mit einer umfänglichen neuen Gesetzgebung zum nationalen Fußballsport sauber abgegrätscht hatte.

Havelanges Vorstoß für Blatter hatte den Hintergrund, daß der FIFA-General gerade in Europa mächtig unter Druck geraten war. Bei der EM-Auslosung für 2000 hatten die UEFA-Mitglieder Blatter aufgefordert, endlich Farbe zu bekennen. DFB-Chef Braun rügte:»Es geht natürlich nicht, daß der Generalsekretär zum Präsidenten gewählt wird. Er kann nicht den gesamten FIFA-Apparat nutzen, um für sich Lobby zu machen. Wenn er das Amt will, muß er sofort als Generalsekretär zurücktreten.« Havelange reagierte gereizt. Er attackierte im Februar 1998 den DFB und versuchte, die Europäer gegeneinander auszuspielen:»Deutschland ist sehr ambitioniert und versucht, über die UEFA, den Weltfußball zu dominieren. Gegen diesen Versuch müssen die südeuropäischen Länder (...) rebellieren.« Sieh an, der Diktator entdeckt auf seine alten Tage plötzlich das Wort»Rebellieren« in seinem Wortschatz ... DFB-Chef Braun konterte die Havelange-Attacke kühl mit der Klassifikation»unwürdiges Ränkespiel«. Der Italiener Matarrese, der Johansson im Oktober 1998 an der UEFA-Spitze nachfolgen dürfte, wurde noch deutlicher:»Wenn Blatter das ernst meint, hat er den Boden unter den Füßen verloren. Irgend etwas hat ihm wohl den Kopf verdreht. Wenn er aber den Mut hat, gegen Johansson anzutreten, so wird ihn das den Kopf kosten.« Klartext. Da scheint sich doch allerhand aufgestaut zu haben in den letzten Jahren. Die acht europäischen FIFA-Exekutivler forderten Blatter nun brieflich zur Erklärung auf. Ein»Ultimatum«, wie Blatter jammerte?»Von einem bezahlten Angestellten eine klare Antwort zu fordern, hat nichts mit Ultimatum zu tun«, erklärte Matarrese. Selbst der gemütvolle Johansson ließ nun durchblicken, daß er Blatters Taktiererei nicht länger akzeptieren könne. Tatsächlich war das Tischtuch spätestens jetzt so zerschnitten, daß eine Zusammenarbeit zwischen einem FIFA-Chef Johansson und einem Sekretär Blatter kaum mehr denkbar, auf jeden Fall aber nicht mehr glaubwürdig ist. Plötzlich konnte nicht mal mehr der alte Fußballgott helfen. Bei einem Treffen der südamerikanischen Konföderation Conmebol in Asuncion/Paraguay wollte Havelange den Generalangriff einleiten, legte den zehn südamerikanischen Verbänden ein Papier zur Unterschrift vor, in dem sie sich für Blatter als Kandidaten aussprechen sollten. Doch nur der ferngesteuerte Schwiegersohn Teixeira, Chef des brasilianischen Verbandes CBF, wollte seinen Vinzenz darunter setzen. Eine brüske Verweigerungshaltung seiner südamerikanischen Freunde hatte Havelange da erlebt. Blatter, der seinen Patron nervös umtänzelte, ging Johansson und den Europäern derweil in Asuncion aus dem Weg. Sein Taktieren hielt auch Ende Februar 1998 noch an, als er in einem Fernsehinterview auf die Frage, ob er kandidiere, kokett erwiderte: »Ich selbst habe meine Entscheidung getroffen, aber ich werde sie heute nicht mitteilen.«

Daß es natürlich auch ganz andere Sichtweisen auf Havelanges und Blatters Wirken gibt, soll dem Leser nicht verschwiegen werden. So verbreiteten die *FIFA*-News im Vorjahr einen Text, den die *New Strait Times* in Kuala Lumpur veröffentlicht hatte. Anlaß war die im Juni 1997 in Malaysia stattgehabte Junioren-WM. »Von verschiedener Seite wurde beklagt, daß Havelange die FIFA mit eiserner Hand führe, doch sorgt er damit immerhin für Ordnung und Entwicklung und verhindert Chaos, wie es andere Sportarten beeinträchtigt«, hieß es da, und überhaupt:»Seit ihrem Beginn steht er an der Spitze der weltumspannenden Fairplay-Kampagne gegen Korruption, Rassismus und Doping im Fußball. Wenn die FIFA wie ein gutgeöltes multinationales Unternehmen funktioniert, so deshalb, weil von verantwortlicher Seite her für eine solide finanzielle Basis mit modernem Gebaren im Bereich der Marketing- und Fernsehrechte über den World Cup gesorgt wurde.«

Kaiser, Pater und Minister
Wem gehört der deutsche Fußball?

Der Kaiser saß im Wohnzimmer. Die Fernbedienung locker in der Hand, lobte er ausgiebig das ganz besondere Programm: Großer Gott, was man im Pay TV von *Premiere* alles an spannenden Fußballübertragungen erleben kann, liebe Sportsfreunde, das ist schon echt und live und schlicht fantastisch. Kaum hatte er ausgesprochen, da überfiel eine Horde fröhlicher Buben in Fußballtrikots den Superstar im Fernsehsessel. Die Bengel wollten natürlich alle Bundesliga gucken. Es war nur ein Werbespot. Aber der wird sehr bald Wirklichkeit sein. Und nicht Franz Beckenbauer muß die siebzig, achtzig oder noch mehr Mark monatlich plus Decodermiete zahlen, die das familiäre Fußballvergnügen Pay-TV dann kostet, sondern die vielen Papas der fröhlichen Knabenschar. Und in deren Haushaltskassen sieht es ein wenig anders aus als bei Kaiser Franz.

Anfang Dezember 1997 hatte Bertelsmann begonnen, diesen Werbespot für seinen Pay-TV-Sender, den er gemeinsam mit Kirch betreibt, in den Äther zu schicken. Wenige Tage später wurde er schon wieder abgesetzt. Daß es soviel Pech mit dem Timing geben würde, hatten die Medienkonzerne nicht ahnen können. Sie hatten alle Hebel in Bewegung gesetzt, von Kaiser Franz bis Kanzler Kohl, um ihre Geschäftsinteressen durchzuboxen. Aber dann bremsten gleich zwei Hiobsbotschaften aus Zürich und aus Brüssel den Generalangriff aufs Portemonnaie des Bürgers. In Zürich hatte FIFA-Generalsekretär Blatter verlauten lassen, daß Geschäftspartner Kirch mit seinen Pay-TV-Plänen für die Weltmeisterschaften 2002 / 2006 von der ersten in die dritte Reihe strafversetzt wird. Zuerst, so konzedierte nun die FIFA angesichts der anschwellenden Proteste im bedeutendsten Fernsehfußball-Land der Welt, zuerst dürften die für die Mediengesetze zuständigen Länderregierungen entscheiden (was die, wie erwähnt, auch sogleich taten, indem sie alle deutschen WM-Spiele auf ihre Pflichtenliste für das frei empfangbare Fernsehen setzten). Außerdem besitze auch die FIFA selbst einen Verfügungsanspruch, weil sie ja nicht ihre WM-Rechte an Kirch verkauft habe, sondern nur deren Verwertung. Oberstes Prinzip der Non-Profit-Organisation FIFA muß aber das möglichst für alle Menschen empfangbare

WM-Live-Ereignis bleiben. Und das ist hierzulande bis zum Jahr 2002 nicht über das Abonnentenfernsehen herbeizuführen; vielleicht nicht einmal bis 2006. An dieser Aussage muß sich der Weltfußballverband auch künftig messen lassen. Denn was könnte dem Fußball mehr schaden, als daß künftig ein großer Teil seiner Fans ausgesperrt bleibt – und die dann allmählich den Bezug zu diesem Sport verlieren?

Es war schon hart genug für die Konzerne, das marktwirtschaftliche Druckmittel Weltmeisterschaft so plötzlich aus der Hand geschlagen zu bekommen. Vielleicht noch schlimmer jedoch war die Kunde aus Brüssel. Dort stoppte Karel van Miert, Wettbewerbskommissar der Europäischen Union, vorläufig den Verkauf der sogenannten d-Boxen, die Kirch und Bertelsmann über ihren Sender *Premiere* auf den Markt gebracht hatten. Das Verbot schmerzte insbesondere, weil sich die Konzerne gerade im lukrativen Weihnachtsgeschäft einen reißenden Absatz ihrer Decoder versprochen hatten. Öffentliche Hochrechnungen pendelten sich bei einer Verkaufszahl von bis zu hunderttausend ein. Das hätte das Geschäft mit der Abo-Glotze gewaltig vorangebracht. Insgesamt haben sich bislang nur rund 1,5 Millionen der ca. 38 Millionen deutschen Haushalte mit Pay-TV ausgerüstet.

Der unbeirrbare Kurs von Wettbewerbshüter van Miert wirkt besonders respektabel vor dem Hintergrund, daß ihn der listenreiche Kirch hatte aushebeln wollen – indem er nämlich Helmut Kohl bei van Mierts Vorgesetztem Jacques Santer, dem Präsidenten der EU-Kommission, intervenieren ließ. Doch nicht mal der Freund und Bundeskanzler konnte mit seinen zwei Vorstößen die EU von dem Beschluß abbringen, Kirchs Decoder vorläufig aufs Eis zu legen. Der wackere Van Miert empörte sich, Kohls Einmischung sei »nicht akzeptabel«. Und es war in der Tat eine äußerst ungewöhnliche Begleiterscheinung bei einem Kartellverfahren. Politisch heikel wurde der Eingriffsversuch des Bonner Regierungschefs vor allem, als ruchbar wurde, daß sich der Privatunternehmer Kirch gegenüber dem skandinavischen Elektronikkonzern *Nokia* vertraglich zur Abnahme von einer Million Decoderboxen zum Preis von mehr als 700 Millionen Mark verpflichtet hatte. Dank des von der EU-Kommission verfügten Boxenstopps saß Kirch demnach auch finanziell in der Klemme – denn 600.000 Decoder, so hieß es im Vertrag mit Nokia vom 25. August 1995, werde ihm der Hersteller schon bis 1997 liefern. Und der sieht gern Bares: »Rechnungen von Nokia sind innerhalb von 30 Tagen nach Erhalt ohne Abzug zu zahlen.« Mithin wären rund 440 Millionen Mark fällig gewesen. Das könnte Kohls Engagement erklären helfen, über das sich der FDP-Ehrenvorsitzende Lambsdorff nur wundern konnten: »Ich verstehe nicht, warum er jetzt für Kirch und Bertelsmann interveniert, was einfach nicht geht, denn die Kommission ist unabhängig.«

Am Kampf um den Zukunftsmarkt Fernsehfußball hierzulande läßt sich verdeutlichen, welche Strategien auf den Sport insgesamt einwirken. Längst vorbei ist die Zeit des partnerschaftlichen Miteinanders von Sport und Geldgebern, entbrannt ist ein veritabler Stellungskrieg. Der Sport ist dabei nur willkürliches Mittel zum Zweck, weil er für die höchsten Einschaltquoten bürgt, der Kampf aber tobt um neue Fernsehmärkte. Und er wird mit dem gewaltigsten Druckmittel von allen geführt, dem Fußball. Denn der deutsche Sportzuschauer ist kein Freund des Pay-TV, sowenig wie der amerikanische. In den USA, die sonst ja gern für jede Zukunftsentwicklung auf dem Fernsehmarkt herangezogen werden, sind alle großen vier Sportarten ohne Pay-TV beziehbar: Football, Baseball, Basketball, Eishockey. Und auch in Deutschland, dem größten Fernsehmarkt Europas, gilt, daß die Menschen ohnehin eine Fülle von frei empfangbaren Sendern zur Auswahl haben, mehr als in jedem anderen Land des Kontinents. Die Frage aus Sicht des Fußballkonsumenten ist also: Muß der Fußball ohne Not verschlüsselt und exklusiv verteuert werden? Daß dies nur als Präzedenzfall gedacht ist, der baldmöglichst Kettenreaktionen in allen telegenen Sportarten nach sich ziehen soll, lehrt nicht nur Kirchs Attacke auf den WM-Fußball, sondern allein schon der gesunde Menschenverstand. Oder gibt es Grenzen für den Totalvermarktungswahn?

Der Wille der Allgemeinheit ist bereits artikuliert, jedenfalls in Ansätzen. Zwar hat nicht jeder der Regierungschefs der Bundesländer, die für die Mediengesetze in Deutschland zuständig sind, Ende 1997 mit letzter Überzeugung an der Erstellung einer Liste für frei empfangbare Sportereignisse mitgewirkt. Doch wollen Volksvertreter wiedergewählt werden, und Fußball ist nun einmal ein zentrales gesellschaftliches Ereignis. Da hilft irgendwann kein Taktieren mehr. Die Frage ist auch, inwieweit sich die Sportgemeinde selbst gegen ihre beginnende Ausplünderung wehren kann. Zwei Wege stehen ihr offen: Einmal über die Politik, die für kommerzielle Sportunternehmungen, die sich vor der Allgemeinheit verschließen, jede Zuwendung der öffentlichen Hand streichen kann. In einigen Bundesländern wurde bereits über die Streichung der kostenlosen Bereitstellung von Sportstätten und der Übernahme von Sicherheitsaufgaben, in anderen über die Streichung kostenloser Serviceleistungen in den Bereichen Transport und Infrastruktur nachgedacht. Ein zweiter, noch kaum ausgearbeiteter Weg führt über die Zuständigkeit und die Regelwerke der Sportverbände. Diese haben gerade wieder ihre Gemeinnützigkeit vom Bundesrat bestätigt bekommen, als es um die Ausnahmeregelung für die deutschen Profiligen vom Kartellverbot ging. Entscheidend gewürdigt wurde dabei die Wahrnehmungspflicht der Sportverbände für ihre »gesellschaftlichen und sozialen Aufgaben«.

Zurück in die Gegenwart, in der zwei Philosophien allmählich unversöhnlich aufeinander stoßen. Die beiden Pole lassen sich hierzulande plakativ an den Stichworten »Kaiser« und »Pater« festmachen. Den Kaiser kennen alle, den Pater Egidius Braun immerhin auch die meisten. Hier der Bonvivant des Fußballsports, ein Erfolgsmensch, für den ein zweiter Platz der größte anzunehmende Unfall ist und den die vereinigte Wachstumswirtschaft allein schon dafür in Bronze gießt. Dort der katholische Kartoffelhändler, der sich als DFB-Präsident prächtig auf die Nutzung von Beziehungsgeflechten versteht, der aber auch versucht, ein paar Werte zu verteidigen, die sich sonst durchaus in verlockende Bilanzposten umrechnen ließen. Das hat ihm den milden Spott der Medien eingetragen, dem Mann, der sonntags gern die Orgel spielt im Sankt-Augustinus-Kloster nahe seiner Heimatstadt Aachen. Doch Pater Braun lenkt weiter jede Rede unerschütterlich auf seine Lieblingsthemen, seine globalen Hilfsprojekte für Waisen, Straßenkinder und Kriegsopfer von Mexiko bis Osteuropa. Daß dem DFB-Präsidenten nebenher so manche staatsmännische Pose mißlingt, ist zwar unterhaltsam, verschiebt jedoch ein wenig die Akzente, weil hinter des Paters frommen Reden auch sehr konkrete Leistungen stehen. Und eine Grundtugend, die vielen wie von vorgestern erscheint, weil sie sich mit den Anforderungen der modernen Marktwirtschaft nur sehr bedingt verträgt: Ein manchmal ziemlich strenger Hauch von Gemeinsinn. Wo gibt's denn sowas, daß einer notfalls sogar »auf eine Milliarde verzichten« würde, bloß damit die Deutschen ihre Nationalmannschaft weiterhin frei im Fernsehen empfangen können? Und daß er es schafft, sein manchmal anders denkendes Personal auf diese puritanische Linie zu zwingen? Als Konzernlenker wäre dieser altertümliche Herr wohl untragbar. Doch zeigt Braun die unzeitgemäße Haltung nur als Chef des größten nationalen Fachverbandes der Welt, und da gehört sie hin. Nicht aus Sicht der paar Handvoll Millionenverdiener, wohl aber aus Sicht des Sports und seiner Anhänger ist Brauns Gegenkurs schon wieder modern. Klingt seltsam? Also schaun mer mal ins Kaiserreich.

Der Fernsehschaffende Franz Beckenbauer lebt hier sein Leben mit unangestrengter Repräsentationskunst, Millionen gucken ihm dabei zu und bewundern grundsätzlich alles, was er sagt und tut. Das nennt man Aura, Charisma. Dahinter verschwimmt, daß Beckenbauer kein Anwalt der Fußballfans mehr ist. Aber der Ausnahmesportler aus dem Münchner Arbeiterviertel Giesing hat sich nun mal mit seinen Erfolgen einen derart exponierten gesellschaftlichen Stellenwert erstritten, daß er etwa auf die Frage, wie er seine eigene Wichtigkeit einschätzt, schon zur allerletzten Antwort greift: »Ich brauche nur nachts an den sternenklaren Himmel zu schauen, ich schau mir unser Sonnensystem an, die Erde ist mit der kleinste Planet, von diesem Sonnensystem gibt's noch Milliarden andere. Und da fragen Sie, wie wichtig ich bin?« Offenbar ein eher kleines Licht also – wiewohl ein Normalsterblicher zur Klärung dieser Frage nicht gleich ins Universum, sondern nur bis zur nächsten Bushaltestelle zu blicken braucht.

Immerhin hat Beckenbauer, trotz galaktischer Vergleichsmaßstäbe, nie vollständig abgehoben. Was so leicht gar nicht ist, als Supernova der Unterhaltungsindustrie mit einem weltweiten Bekanntheitsgrad sind schon ganz andere durchgeknallt. Kommt also nicht von ungefähr, daß der normal gebliebene Erfolgsmensch vor allem um seiner selbst willen geliebt wird. Für das Fußballvolk ist er der Größte, seine legendären Leistungen in diesem Sport rechtfertigen das. Der bunte Teil der Medien aber hat diesen Unfehlbarkeitsanspruch längst auf alle weltlichen Lebensbereiche ausgedehnt. Er überhöht jede Banalität, verzeiht jeden Aussetzer, jede Inkonsequenz, jeden Kurswechsel, für den ein anderer am Pranger landen würde. Die sonst so um eherne Imagewerte bemühte Werbewirtschaft jubelt bedingungslos mit. Sie lädt den Kaiser sogar zu atemraubenden Dribblings quer durch ihre Produktpaletten. In flotter Folge für die Automarken *Lancia, Audi, Mercedes, Mitsubishi* oder *Opel* Gas geben zu dürfen, das kann sich nur ein Beckenbauer leisten. Geht es um ihn, so ist zwanghaft die Rede vom magischen Handaufleger, vom unwiderstehlichen Türöffner, von der Lichtgestalt. Nach den ersten drei Jahren seiner Präsidentschaft hat sich beim FC Bayern München der Mitgliederstand verdoppelt. Ein wahrer Segen, daß »der Franz« kein Sektenführer ist. In Beckenbauer wird seit Beginn der neunziger Jahre einem deutschen Übermenschen gehuldigt, einer Art Messias, was dem Betroffenen selbst zuweilen unheimlich ist. Am wohlsten fühlt er sich in seinem Bergbauernhof am Fuß des »Wilden Kaisers«.

Umgekehrt hat auch er erst Anfang der neunziger Jahre sein Faible für das große Einmaleins der werbenden und vermarktenden Industrie richtig ausleben und vergolden können. Zwar hatte er seine Schäfchen im Trockenen, doch galt der Teamchef noch bis zum WM-Titelgewinn 1990 in Italien hauptsächlich als Deutschlands bestverdienender Golfspieler nach Bernhard Langer. Das große Geld kam erst später, nach seinem unersprießlichen Intermezzo als Trainer und Direktor bei Olympique Marseille, dem Klub jenes charmanten Verbrechers Bernard Tapie, der seinerzeit auch die Firma *Adidas* regierte. Danach legte Beckenbauer richtig los. Er nutzte das symbiotische Beziehungsgeflecht aus Reklamefigur, reger Medienrepräsentanz und ehrenamtlicher Vereinsarbeit (erst als Vizepräsident, seit 1994 dann als Klubchef).

Daß er das Tag- und Nachtgestirn der sportiven Unterhaltungsindustrie ist, steht außer Frage, ein Glücksfall ist er auch für den FC Bayern, dem er in wechselnden Funktionen die Titel bescherte. Und überdies nun Hoffnungsträger der Nation, weil er als Fußballdiplomat die Weltmeisterschaft 2006 nach Deutschland holen soll. Eingedenk dieser Sonderbefähigung, im Fußball mehr als jeder andere bewegen zu können, wenn er wirklich will, drängt sich vielleicht die Frage auf: Was bleibt, neben Umsatzrekorden und prallvollen Trophäenschränken, am Ende übrig für seinen Sport?

In Zeiten des Goldrauschs, da der Spaß mit dem Ball zum Vehikel gewinnsüchtiger Marketender verkümmert und seine Sachwalter trotz gigantischer Ressourcen erkennbar die Kraft zur Selbststeuerung eingebüßt haben, wird es unglaubwürdig, länger für zwei rivalisierende Lager plädieren zu wollen: Mal für den Sport, dann wieder für die attackierende Wirtschaft. Das schafft nicht einmal des Fußballvolkes Lichtgestalt. Beckenbauer liest zwar gerne die Philosophen, im richtigen Leben inspirieren ihn jedoch Manager wie Robert Schwan oder gewiefte Unternehmensberater. Der Fußballkaiser trommelt für Großsponsoren und Medienkonzerne , er wirbt für Aktiengesellschaften und eine Europaliga, bei der womöglich niemand mehr auf- oder absteigen kann. Der Mann, dem jedermann unbesehen einen Gebrauchtwagen abkaufen würde, ist zur Speerspitze der Gewerbetreibenden geworden. Was ihm vielleicht nicht allzusehr auffällt, weil es ja nicht ein quecksilbriges, gesichtsloses Gesamtgebilde Marktwirtschaft ist, das ihn umgarnt, sondern lauter freundliche, alerte Herren. Die schätzen ihn nicht nur für seine Ausstrahlung, sondern auch für seinen etwas indolenten »Schau-mer-mal«-Habitus. Es ist dies nicht ganz zufällig der Slogan, mit dem er ins Volksvokabular eingegangen ist.

Auf die Geschäftswelt läßt der nette Kaiser so wenig kommen wie auf seinen alten Lordsiegelbewahrer Schwan. Der Mann, der Beckenbauer schon in jungen Jahren den Doppelpaß mit Männern wie Horst Dassler lehrte (der Name *Rofa* / ISL zeugt bis heute davon), ist nach jahrzehntelanger Absenz vom Vereinsgeschäft nun aus den Kletterwänden der Alpen zurückgekehrt und regelt die Geschäfte für den Bertelsmann-Ableger *Ufa* beim Bundesligisten Hertha BSC Berlin. Wie gute Freundschaft den Blick auf Realitäten verklären kann, zeigte Beckenbauer selbst in einer Boulveardkolumne zum 70. Geburtstag des Freundes: »Rückgrat bewies Schwan 1977. Als man ihn beim FC Bayern vorwarf, ich wäre nur nach New York gegangen, weil er dadurch Geld verdient, kündigte er seinen Manager-Vertrag.« Tatsächlich wurde Schwan dies nicht nur vorgeworfen, wobei die Provision auf satte 1,4 Millionen Mark geschätzt wurde, sondern man hatte ihn darob auch rausgeworfen. »Die Kündigung hat mich hart getroffen«, erklärte Schwan im April 1977. Im Sommer mußte er gehen, sein Arbeitsvertrag wäre noch bis 1979 gelaufen. Lang ist's her.

Das Geschäft rund um den Ball frißt einen auf, und so widmet der rastlose Geschäftsreisende Beckenbauer dem Sport nur selten seine dann allerdings merkwürdig nostalgischen Gedanken: »Es gibt keine Freude mehr im Fußball. Die Torschützen schreien heute einen Frust hinaus, als ob sich Wut entladen müßte. Alles wirkt nur noch verbissen: Der Umgang mit den Schiedsrichtern, den Zuschauern, den Gegenspielern. Ich frage mich: Geht es heute um zu viel? Spielt zu viel Geld eine Rolle? Ist Profifußball kein Sport mehr?« Er kennt die Antworten. Doch wenn er sie gibt, fallen sie meist so platt aus wie die Gebetsmühle der vereinigten Vermarkter-Allianz: Daß Wachstum eben keinen Stillstand kennt, daß innere Gesetzmäßigkeiten von gestern heute nichts mehr taugen, daß man nur über immer mehr Geldressourcen sportlich konkurrenzfähig bleiben kann. Und auch das große Täuschmanöver der Wirtschaft – daß der Fußball ohne ständig steigende Geldzuflüsse nicht würde überleben können. Dies ist, wie bereits ausgeführt, die wohl sinnfreieste Losung. Wer, wenn nicht Straßenfußballer wie Franz Beckenbauer, können unterscheiden zwischen den großen Teilbereichen des Volkssports, die auch ohne immer mehr Millionen weiterlaufen würden, und dem, was bei gemäßigt steigenden Einnahmen tatsächlich auf der Strecke bliebe! Fernsehübertragungen etwa mit 26 Kameras, die noch den neu gefärbten Haaransatz des Mittelstürmers in Großaufnahme und Superslowmotion in die Wohnstube funken, wären nicht mehr bezahlbar, auch nicht hochempfindliche Richtmikrophone, die jede Verbalinjurie der Akteure live übermitteln. Sie stimulieren immer neue, immer teurere Bedürfnisse. Auch nach innen: Das luxuriöse Alltagsambiente (allwöchentliche Hotels, Flüge, Trainingsquartiere) für Kicker, Coach und Zeugwart sowie die Millionengehälter, die viel zu viele Hasardeure an immer mehr junge Männer dafür bezahlen, daß sie in hoher Laufgeschwindigkeit mehr oder weniger geschickt gegen eine Plastikkugel treten. Nur weil die Prasserei nicht korrigiert wird und daher die Profiklubs bei den Banken heute bereits mit insgesamt mehr als einer halben Milliarde in der Kreide stehen, muß man die Dinge nicht als Naturgesetz hinnehmen. Um also mit Pater Braun zu predigen: Es darf nicht auf die letzte Mark ankommen. Der Ball würde auch mit weniger Marktgetöse weiterrollen – weil sich das für die sportliche Grundversorgung erforderliche Geld stets von den Millionen Fußballtreibenden und -fans aquirieren ließe; und überdies von der öffentlichen Hand, die den Bedürfnissen überwältigender Mehrheiten Rechnung zu tragen hat. Doch der freie Markt, dies ist nun wirklich Naturgesetz, kann gar nicht eher ruhen, als bis der ganze Goldschatz ausgeschlachtet ist.

Auch Beckenbauer sieht die konkrete Bedrohung, die von den Geister ausgeht, die er rufen half. Er meistert das Problem mit dem bewährten Zwiedenk: Einerseits wirbt er unverdrossen fürs Pay-TV, als Mann des Sports aber warnt er zugleich davor, daß diesem bei einer schleichenden Übernahme durch die Pay-TV-Sender allmählich die Basis wegbrechen könnte: »Ob das dem Fußball gut tut? Ich weiß es nicht. Ich halte die Entwicklung für nicht unbedenklich. Fußball ist ein Massensport, wir leben von der Masse, und wir dürfen die Masse nicht aussperren.« Die Frage sei doch: »Wie reagiert der Fernsehzuschauer? Es ist schon möglich, daß durch eine Entwicklung in Richtung Pay TV ein Teil der Kundschaft verlorenginge.« Zwar verweist sein Münchner Kollege Uli Hoeneß zu Recht auf den Umstand, daß die ins Haus stehenden künftigen Live-Übertragungen der Bundesligaspiele keine alten Sehgewohnheiten verletzen, da die Liga ja bislang auch nur zeitversetzt in Free-TV-Zusammenfassungen von ARD-Sportschau und später Sat 1-ran zu sehen war. Für ihn ist deshalb »eine Pay-TV-Liveübertragung mit sofort nachfolgender Zusammenfassung im frei empfangbaren Fernsehen das Äußerste, was ich akzpetieren würde.« Ahnt er schon was von dem Kommenden? Stark anzuzweifeln ist nämlich, daß die Pay-TV-Betreiber da lange mitspielen werden. Die machen nur dann richtig Kasse, wenn ihre teuren Live-Ereignisse weitestgehend exklusiv bleiben, wenn ein möglichst großer Abstand zur kostenlosen Zusammenfassung geschaffen wird. Wenn sie also beispielsweise die freie Bundesliga-Zusammenfassung im Kirch-Sender Sat 1 auf einen späteren Zeitpunkt verschieben, auf neun oder zehn Uhr am Samstagabend, dann würden sie die Fernsehgemeinde gewaltig unter Druck setzen: Bundesliga-Spannung – ja oder nein? Auf der anderen Seite kennt die moderne Spaßgesellschaft immer mehr Möglichkeiten, sich preiswerteren Vergnügungen zuzuwenden als einem »verbissenen« (Beckenbauer) und verschlüsselten Spitzenfußball. Freizeitwissenschaftler wie der Hamburger Sozial- und Zukunftsforscher Horst Opaschowski warnen vor einem Strukturwandel durch das Pay-TV: »Dann würde der Boom zum Bumerang werden. Das wäre für mich der Tod des Bundesligafußballs als Massensport. Der Fußball kann nur so massenattraktiv bleiben, wenn er gleichzeitig, parallel vom Fernsehen so verbreitet wird, daß er für alle zugänglich ist. Eines bedingt das andere. Fußball bleibt nur im Gespräch, wenn die Informationen überall ankommen. Wird das Geld als Barriere eingeschaltet, verliert er seine Massenattraktivität und die Zuschauer würden auf andere Trend- und Eventsportarten ausweichen. Der größte Konkurrent des Fußballs ist ja die gesamte Konsum- und Freizeitszene drumherum. Erinnern wir uns: Mitte der achtziger Jahre war der Fußball fast out, die Stadien leer. Dann setzte

das Privatfernsehen ein und machte daraus eine Show. Ohne Ereignischarakter ginge es wieder bergab.«

Eine nachvollziehbare These. Dieser »Ereignischarakter« aber wird auch
noch durch andere geplante Innovationen bedroht – etwa durch neue Superligen auf europäischer Ebene, in welchen der Abstieg für die teilnehmenden
Fußball-AGs schon aus Gründen der wirtschaftlichen Absicherung ausgeschlossen werden muß, sprich: der Wettkampfcharakter wird abgeschafft.
Man trifft sich halt und kickt ein wenig, und falls nicht gerade alle Teams
von München bis Manchester, von Mailand bis Madrid gleichauf an der Ta-
bellenspitze rangieren, kann das Ganze auf Dauer ganz schön öde werden.
Beckenbauer ist gleichwohl überzeugt: »Wir kriegen die Europaliga. In spätestens zehn Jahren haben wir sie.« Künftig dürften dann also ein paar Millionen Kids weniger mit der allgegenwärtigen Fußballbegleitung heran-
wachsen, weil das Ereignis verschlüsselt und weil in neuen Superligen ohne
umfassenden Wettkampfgedanken (und breitere journalistische Begleitung)
umhergerannt wird. Das könnte sich womöglich auf den Zulauf auswirken.

Fußballdeutschlands Schlüsselfigur, bekannt bislang als Seiteneinsteiger
mit kurzer Verweildauer, geht neuerdings Unternehmungen an, die einen
langen Atem erfordern: Als exponierter WM-Werber für Deutschland im
Jahr 2006, vor allem aber als Vereinspräsident, der sich den Bau eines vereinseigenen Stadions zum großen Ziel gesetzt hat. Beide Projekte würden
erst Gestalt annehmen, wenn Beckenbauer schon über sechzig Jahre alt ist.
Man kann sie mithin als Lebensaufgaben betrachten. In der Rolle als WM-
Bewerber kooperieren nun der Kaiser und der Pater. Der Global Player mit
Egidius Braun – dem Mann, der sich als Basisarbeiter im Fußball versteht,
der sich gegen Kirchs Pay-TV-Pläne für den WM-Fußball stemmte und in
dessen Frankfurter Präsidentenbüro sich Papiertüten stauen mit Präsenten
für die Teilnehmer an Kinderturnieren, die seinen Namen tragen und die er
wochenends immer noch am liebsten aufsucht. Der Funktionär, den »fast
jede Nacht eine neue Idee« überkommt zu der spannenden Frage, wie er die
Fußballhelden der Nation »für meine soziale Aktivitäten mißbrauchen«
kann – und der selbst einräumt: »Ich weiß, das klingt jetzt wieder so, als lege
ich Wert darauf, morgen heiliggesprochen zu werden.« Ganz so schlimm ist
es dann doch nicht. Drei Ehrendoktorhüte hat er bereits abgelehnt, der
72jährige, der sich jede Menge Kritik einhandelte, weil er im Vorjahr den
Mut aufbrachte, sich »öffentlich mit der Lichtgestalt Beckenbauer anzu-
legen. Das war nicht leicht«. FIFA-Chef Joao Havelange war auf der Suche
nach europäischen Kandidaten gegen seinen Intimfeind Johansson darauf
verfallen, den Bayern-Präsidenten als seinen Nachfolger zu benennen.
Während Beckenbauer kokett reagierte (»Ich weiß von nichts, aber die FIFA

hat ja meine Telefonnummer«), lief die Medienmaschine heiß. Beckenbauer als Weltpräsident – wäre dies nicht der ultimative Vermarktungsknüller, der größte Renner der Saison? An den Reaktionen war seinerzeit abzulesen, wie schwer der Stand im Unterhaltungsgewerbe Profifußball geworden ist für Leute wie Braun, die gern auch auf Programme statt nur auf Personen setzen. Beckenbauer, so stellte Braun blasphemisch klar, »hat keine Unterstützung. Die Vertreter der europäischen Fußballverbände haben sich auf Johansson geeinigt«. Franz Beckenbauer, der Werbepartner vieler Herren, müßte erst einmal das mühselige verbandspolitische Einmaleins erlernen, um Eignung für eine solche Tätigkeit zu erlangen. Klang frevelhaft – zumal ja das bisherige Wirken der FIFA-Oberen nicht unbedingt den Verdacht fördert, daß man dazu über ganz besondere Talente verfügen müßte. Doch hatte Braun dabei vor allem den Hintergrund des populistischen Vorschlags im Auge: »Wir tun alles, um zu verhindern, daß Havelange Störfeuer macht.« Der plötzlich um berühmte Nachfolger bemühte FIFA-Boß war zum Beispiel nie auf die Idee gekommen, seinen Landsmann Pelé aufs Schild zu heben, der als dynamischer Sportminister im krisengeschüttelten Brasilien ein paar Erfahrungen mehr ins FIFA-Amt einbringen könnte als der Bayern-Chef. Vor allem aber sah Braun keinen Anlaß, das von ihm und den europäischen Kollegen erstellte Demokratisierungskonzept für den Weltfußballverband wegen ein paar PR-Manövern in Frage zu stellen.

Im Ringen mit England um eine europäische Kandidatur für die WM 2006 haben sich Kaiser und Pater zusammengerauft. Die Briten, wohlwissend, daß sie aufgrund früherer Absprachen zugunsten des DFB kaum Rückhalt innerhalb der UEFA besitzen, verlegten sich auf andere Strategien: Sie trommeln nun in englischsprachigen Ländern. Eine Besucherdelegation unter Leitung von Bobby Charlton nahm 1997 in New York Tuchfühlung auf zu einer weltweit operierenden Werbeagentur, so wie man das bereits aus olympischen Städtekandidaturen kennt. Ob das Werberduo Kaiser und Pater allerdings bis zur Entscheidung über den WM-Ort 2006 zusammenbleibt, erweist sich erst im Herbst 1998, wenn im DFB die Präsidentenwahl ansteht. Braun macht eine Amtsverlängerung von seiner Gesundheit abhängig. Als Kronprinz gilt sein Vize Gerhard Mayer-Vorfelder. Und das gilt es zu verhindern. Der Hansdampf mit der seltsamen Ämtervielfalt – Finanzminister in Baden-Württemberg, Chef des DFB-Ligaausschusses, Vereinspräsident des VfB Stuttgart, Exekutivmitglied in der FIFA – hat sich selten als gute Wahl für den Sport erwiesen.

Mayer-Vorfelder, Branchenkürzel MV, ist nicht der Typ Volksvertreter, den sich eine breite Sportgemeinde wünschen kann. Dazu mußte er schon zu oft seine Talente als Stehaufmännchen bemühen. Affären pflastern den

Weg des Flankengebers von der rechten Außenbahn. Im Steuerfall Steffi Graf wurde ihm hartnäckig unterstellt, er habe die Ministerhand über den Vater der Tennisspielerin gehalten, die Opposition im Landtag berief einen Untersuchungsausschuß ein. Der brachte nichts Entscheidendes zutage, ein »Gschmäckle« aber blieb. Ebenso war es in der Geldverschwendungs-Affäre um die Stuttgarter Toto-Lotto-GmbH, deren Aufsichtsratschef er war und die mit einem Strafbefehl gegen den früheren Geschäftsführer endete. Die Staatsanwaltschaft Stuttgart leitete auch ein Ermittlungsverfahren gegen den Minister ein, das aber wieder eingestellt worden ist.

Wofür der Mann steht, ist schwer zu sagen. Nerven wie dicke Spätzle hat der schwäbische Ministeriale, der gern im Boss-Anzug daherschlendert, mit Rolexuhr, Goldkettchen und stets gebräuntem Teint. Da prallt so manches an ihm ab, auch die Kritik, die immer mal wieder aus der Fußballbranche selbst kommt. Etwa wenn ihm Topleute wie Bayern-Manager Uli Hoeneß bescheinigen, es sei »schwierig, wenn ein solcher Mann Politiker ist und zugleich einen Verein führt, und die Gesetze in eine Richtung lenkt, wo sein Verein Vorteil hat«. Was schon häufiger zu bestaunen gewesen sei: »Etwa bei der Aufteilung der Fernsehgelder von der UEFA. Die war anders, als sein VfB noch drin war.«

MV, der DFB-Vize, bevorzugt eindimensionale Lösungen. Obwohl ein ehrenamtliches Oberhaupt des Fußballverbandes, sieht er »kein Anrecht der Leute auf bewegte Fußballbilder, nur ein Informationsrecht über die Ergebnisse«. Die neue Erpreßbarkeit der Klubs durch das Bosman-Urteil nimmt er gelassen hin: »Wenn du als Präsident mithalten willst, mußt du mitbieten.« Die Preisspirale aufdrehen also und erst einmal abwarten, »bis der Leidensdruck auf die Klubs groß genug ist.« Von schlichter Eleganz ist auch sein Erklärungsmodell für die Zwickmühle mit den Fernsehverträgen, in welche sich die FIFA manövriert hat: »Havelange hat eben gesagt, er wolle jedem Verband der Welt eine Million Dollar geben. Also, wie will er die denn anders finanzieren?« Das ist die Frage, jedenfalls, wenn man das Pferd beim Schwanz aufzäumt. Sollte man nicht erst einmal nachrechnen, bevor man teure Wahlversprechen gibt?

Der bayrische Kaiser, der rheinische Pater, das schwäbische Schlitzohr – Fußballdeutschland bleibt dieses folkloristische Dreigestirn noch eine Weile erhalten. Mit schlimmerem könnte später zu rechnen sein. Wenn die MVs allein das Spiel gestalten, als Goldschürfer im Pelz der gewählten Ehrenamtlichen, oder falls der Kaiser feststellen müßte, daß er nicht genügend Kleider anhat.

Teil 3 Der Krieg der Schuhe

Bestechen, Mogeln, Manipulieren
Sittengemälde eines sauberen Sports

Fairplay ist ein edles Wort. Es steckt in jedem Sportvokabular, es klingt wie eine Komposition aus Gold, Wahrheit und Greenpeace, und es taucht die Grundwerte des Fußballsports in priesterliches Weiß. Damit auch niemand vergißt, worum sich die Plastikkugel im eigentlichen dreht, hat die FIFA die Definition des Fairplay in ihrem Ehrenkodex mit Liebe zum Detail festgehalten. Der Weltverband legt sogar »die Hand ins Feuer« dafür, daß diese zehn Gebote ihm selbst als »Leitplanken für tägliches Handeln« dienen. Das Thema Fairneß ist der FIFA so wichtig geworden, daß sie im September 1997 den »ersten weltweiten FIFA-Fairplay-Tag« ausrief. Alljährlich soll nun über ein Wochenende hinweg von Chile über Vietnam bis Ruanda der edle Sportsgeist Flagge zeigen. Und zwar konkret das FIFA-Fairplay-Banner, das beim Einlaufen der Teams auf die Spielfelder überall in der Fußballwelt vorangetragen werden muß. Einen Aufmarschplan hat die FIFA ihren Verbänden übermittelt für den heiligen Tag – von Stadion-Durchsagen (»Laßt uns niemals vergessen, daß es Fairplay braucht«) bis zum ausgeklügelten Fahnenzeremoniell: »Sechs Kinder, die ein FIFA-Fairplay-Leibchen, blaue Shorts, gelbe Socken und *Adidas*-Schuhe tragen, betreten das Spielfeld und tragen in ihrer Mitte eine Fairplay-Fahne …« – bis die Kinder endlich auf ihren *Adidas*-Absätzen sitzen, um die Fahne im vorgeschriebenen »45-Grad-Winkel zum Boden« zu bringen.

FIFA-Ehrenregel Nummer sieben besagt: »Lehne Korruption, Drogen, Rassismus, Gewalt und andere Gefahren für unseren Sport ab.« Nummer neun fordert in milder Blockwartmentalität: »Prangere jene an, die versuchen, unserem Sport zu schaden. Schäme Dich nicht, jeden, von dem Du sicher bist, daß er andere korrumpiert, anzuzeigen. Es ist besser, solche Leute bloßzustellen und zu entfernen, bevor sie Schaden anrichten können.« Aber wo werden solche Anzeigen behandelt? Wer geht den Dingen auf den Grund? Wer überwacht die Einhaltung der frommen Regeln? Und wieso meint der UEFA-Präsident Lennart Johansson, der den FIFA-Stuhl erklimmen will, der Fußball brauche einen neuen ethischen Kodex?

Beginnen wir am Ende der Kette. Profispieler lassen die Verantwortung

für ihr Verhalten gern in der Kabine liegen, im Bedarfsfall ist der Schiedsrichter schuld. Zeternde und tobende Trainer und Funktionäre liefern ihnen
allwöchentlich das Vorbild für diese Haltung, denn in deren Tagesgeschäft
ist Fairneß ohnehin nur eine exotische Fußnote. Das färbt ab. Für diese Erkenntnis stehen sogar die Träger des FIFA-Fairplay-Preises, der seit 1987
ausgelobt wird. 1988 wurde der Kölner Bundesliga-Profi Frank Ordenewitz
geehrt, der sich wenig später dabei erwischen ließ, wie er aus strategischen
Gründen einen Platzverweis provozierte. Weniger lustig war der Fall
George Weah (AC Mailand). Kurz vor der Ehrung rastete der liberianische
Stürmer bei einer Partie in Lissabon aus und brach seinem Gegenspieler im
Kabinengang mit einem brutalen Kopfstoß das Nasenbein. Wie reagierte die
FIFA, für die ihr Ehrenkodex ja weit »mehr als fromme Wünsche« beinhal-
tet? Gar nicht. Sie erhob den Knochenbrecher trotzdem zum Fairplay-Preis-
träger 1996. Alles andere hätte ja nur unschönen Wirbel verursacht.

Der Spagat zwischen Predigt und Praxis ist schon öfter mißglückt. Der
wohl berühmteste Fall datiert von 1986, bei der WM in Mexiko. Die FIFA
hatte ganze Hundertschaften von Fans aktiviert, die gelbe Karten mit dem
Aufdruck »Fair Play, please« in die Lüfte reckten. Dann trat leider der Ernstfall ein. Diego Maradona setzte, für eine halbe Miliarde Fans auf dem Bildschirm gut sichtbar, die »Hand Gottes« ein, um sein Team gegen England ins
Halbfinale zu schießen. Fairplay? FIFA-General Blatter unterwarf sich dem
Gottesurteil, formulierte honigsüß im offiziellen Nachrichtenblatt: Maradona verkörpere »das neue Bild des perfekten Fußballprofis. Geschicklich-
keit kombiniert mit unersättlichem Kampfgeist und gekrönt von exempla-
rischer Fairness.« Weshalb gelte: »Die Tatsache, daß dieser argentinische
Spieler möglicherweise ein Tor mit der Hand statt mit dem Fuß erzielte,
sollte von geringerer Bedeutung sein, verglichen mit seinem korrekten Verhalten auf dem Platz und außerhalb des Fußballfeldes.« Auch diesbezüglich
sollte der biegsame Gralshüter noch von der Realität Lügen gestraft werden.

Erstaunlicherweise ist es dem Fußball gelungen, sich bis heute ein Sau-
bermann-Image zu bewahren – obwohl die Einnahmen der Klubs und damit
der Anreiz zum Betrug in den letzten Jahren durch Fernsehverträge und ein
aggressives Marketingverhalten explosionsartig gestiegen sind. Mit dem
Hinweis, daß so etwas heute nicht mehr vorkommen könne, verweist man
beispielsweise in Deutschland stets auf den Sündenfall der frühen Jahre, den
Bundesliga-Skandal, bei dem in der Saison 1970/1971 reihenweise Spiele
ge- und verkauft worden waren. 52 Spieler und zwei Trainer wurden damals
teilweise bis zu lebenslänglich gesperrt und zu hohen Geldstrafen verurteilt,
einige Schalker Meineid-Kicker schrammten knapp an Gefängnisstrafen
vorbei, sechs Funktionäre wurden mit Amtsentzug und Arminia Bielefeld

und Kickers Offenbach mit dem Zwangsabstieg bestraft. Erschütternder für die Branche aber war die Außenwirkung: Die betrogenen Fans pfiffen fortan auf Fußball. In der Saison 71/72 kamen 800.000 Zuschauer weniger in die Stadien, in der Spielzeit 72/73 sank der Besucherschnitt auf die bis heute gültige Minusmarke von 16.372. Was beweist: Der Konsument macht nicht alles mit. Doch leider liegt auch der Umkehrschluß nahe: Im Zweifelsfalle wird die Branche wohl immer abwägen zwischen Recht und Imageverlust. Ganz besonders heute, da reines Kommerzinteresse den Gang der Dinge bestimmt. Sport und Fairplay werden zu schmückenden Begleiterscheinungen, wenn es um Milliarden geht.

Doch auch heute ist die Bundesliga keine Insel der Seligen. Allein 1997 wurden drei renommierte Vereine von Affären und Gerüchten um interne Geldschiebereien erschüttert. In Kaiserslautern wie in Karlsruhe ging es um Geschäfte zwischen Verein und Vorstandsebene. Am dicksten kam es in Hamburg. Dort wurde am Lack von Uwe Seeler gekratzt, der größten nationalen Ikone neben Fritz Walter und Franz Beckenbauer. Seelers Freunden und Vorstandskollegen, Schatzmeister Jürgen Engel und Vizepräsident Volker Lange, wurden unter anderem anrüchige Immobiliengeschäfte im Namen des Vereins vorgeworfen, bei denen auch Spielern Beteiligungen angeboten wurden. Beide traten zurück. Engel wurde Ende 1997 wegen Untreue angeklagt. Die Staatsanwaltschaft Hamburg wirft ihm vor, bei der Immobiliengeschichte im Auftrag des Vereins 993.000 Mark Provision kassiert zu haben, ohne den HSV zu informieren.

Trotz der Tatsache, daß derzeit wohl in jedem wichtigen Fußball-Land der Welt Fußballfunktionäre oder Hauptamtliche hinter Gittern sitzen, erscheint schon die bloße Erwähnung des Begriffs Korruption für viele Verbände abschreckend und ehrenrührig. Die FIFA hat ihren Anti-Korruptionsausschuß vorsichtshalber sanft wieder einschlafen lassen und verkündete 1997: »Korruption fällt in die Bereiche Sicherheit und Fairplay« – edle Begriffe, die sich tapfer gegen die Realitäten stemmen. Die UEFA hat 1996 ein Anti-Korruptionsgremium installiert, mit dem Schweizer René Eberle und dem DFB-Sicherheitsbeauftragten Wilfried Hennes als ständigen Mitgliedern. Die hatten im Vorjahr eine besonders peinliche Geschichte zu regeln – peinlich deshalb, weil die beweiskräftigen Unterlagen zu dem Fall fünf Jahre lang irgendwo in den Aktenkisten des Verbandes geschlummert hatten. Der belgische Renommierklub RSC Anderlecht hatte 1984 vor dem UEFA-Cup-Halbfinale gegen Nottingham Forrest den spanischen Schiedsrichter Gurizeta Muro bestochen. Anderlechts Präsident Constant Vanden Stock hatte dem Referee mehr als 50.000 Mark zukommen lassen. Im September 1997 verhängte die UEFA eine einjährige Europapokal-Sperre gegen den belgischen Rekordmeister, obwohl der Skandal 13 Jahre zurücklag. Doch die UEFA wollte sich nicht vorwerfen lassen, den Fall bis zur Verjährungsfrist verdrängt zu haben, deshalb bestrafte sie Anderlecht mit Hinweis auf Artikel 28 der Verbandsstatuten »aus moralischen Gründen«. Ein denkwürdiges Urteil. Jan Peeters, der Generalsekretär des belgischen Verbands, kommentierte verblüfft: »Die UEFA hat ihr Regelwerk geändert, um Anderlecht zu bestrafen. In meinem früheren Beruf als Jugendrichter habe ich noch nie erlebt, daß ein Urteil nach ethischen und moralischen Gesichtspunkten getroffen wurde, ohne die Rechtsregeln zu beachten.« In der Tat: Es überrascht, wenn der Spruch einer Sportrechtsinstanz plötzlich einen moralisch-ethischen Kontext erhält, wenn also der Geist, der hinter den Paragraphen steht, plötzlich in den Vordergrund rückt und nicht verhackstückt wird von findigen Winkeladvokaten. Doch hat der belgische Verband dann bald Ruhe gegeben, was damit zusammenhängen könnte, daß sich im Zuge der alten Affäre auch neueres Material fand. Nachdem herumkam, daß er Vanden Stock jahrelang erpreßt und um einen sechsstelligen Betrag erleichtert hatte, packte der Antwerpener Spielervermittler René van Aeken aus: Belgiens Meisterschaft sei zwölf Jahre lang von Anderlecht verfälscht worden, pro Saison seien fünf, sechs Spiele gekauft worden.

Ein Netz aus Betrug, Korruption und Vetternwirtschaft durchzieht den Fußball also auch dort, wo man ihn längst für salonfähig hält und mit ausgeklügelten Marketing- und Medienstrategien an besser verdienende Kreise andockt: In Europa. Hasardeure und Geschäftemacher jeder Art zieht er vor allem deshalb an, weil er nach wie vor unter Ausnahmerecht läuft. Dies ist die Erblast einer Sportwelt, die vom Zeitalter des hausbackenen Vereinslebens übergangslos ins Big Busineß gesprungen ist – ein Quantensprung, bei dem der Fußball seine Strukturen nicht verändert hat.

In Frankreich wanderte 1997 der schillerndste und bis dahin erfolgreichste Klubchef hinter Gitter. Bernard Tapie hatte für Olympique Marseille (OM) Punkte gekauft – etwa den 1:0-Sieg im letzten Auswärtsspiel der Saison 1993 bei US Valenciennes, sechs Tage vor dem Champions-League-Triumph Ende Mai in München gegen den AC Mailand. Der schmutzige Sieg über Valenciennes sparte den OM-Kickern nicht nur Kräfte für das Europacup-Finale, sondern schaffte auch die Basis für den Titelgewinn weitere drei Tage später beim letzten Saisonspiel gegen den Rivalen Paris St. Germain. Die Sache mit Valenciennes trug Tapie, damals noch Chef von *Adidas*, allein acht Monate Gefängnis ein. Eine weitere Haftstrafe über drei Jahre verhängte das Gericht in Marseille unter anderem wegen der Unterschlagung von Gesellschaftsvermögen. Dabei ging es um rund 30 Millionen Mark, die auf dunklen Wegen aus den Kassen von Olympique verschwunden waren.

Während der Verhandlung gegen Tapie und 19 Mitangeklagte, darunter sämtliche Verantwortlichen von Olympique Marseille und der betreuenden Werbeagentur, kam ans Tageslicht, was wohl als verbreitet gelten darf in der europäischen Fußballhochfinanz: Die Dribblings und Doppelpässe in der Buchhaltung. Frappierende Details landeten auf dem Richtertisch. Demnach wanderten Millionenbeträge für Spielertransfers unkontrolliert über Ländergrenzen, verschwanden in Steuerparadiesen oder auf Schweizer Nummernkonten. Steuerfreie Kredite bis zu einer Million Schweizer Franken an prominente Kicker kamen zum Vorschein, Transfersummen ohne Transfers, Überweisungen an Scheinfirmen in Steueroasen zwecks »Imagepflege«, Kommissionen an dunkle Mittelsmänner wie den später von Interpol dingfest gemachten Kroaten Ljubomir Barin. Die Beweislast war erdrückend. Olympiques Generaldirektor Jean-Pierre Bernes gab schließlich zu, daß auf Anweisung Tapies jährlich fünf bis sechs Millionen Francs für die »Organisation« europäischer Spiele zur Verfügung zu stehen hatten. Organisation? Das harmlose Wort bedeutete nach Auffassung der Richter nichts anderes als die »Verfälschung des sportlichen Wettkampfs«. Beispielsweise bei Marseilles Europacupspielen gegen AEK Athen (1989), Spartak Moskau (1991) und den FC Brügge (1993); nach letzterem gewann OM das Finale gegen Milan. Gute Verwendung fand hierbei ein Geständnis, das der dubiose Spielerhändler Barin zwei Jahre zuvor gegenüber den französischen Ermittlern für Wirtschaftskriminalität abgelegt hatte. Darin hatte er nicht nur die Aussage von OM-Manager Bernes bestätigt, daß sieben Millionen französische Francs in schwarze Kassen geflossen seien. Der professionelle Falschspieler gab auch zu Protokoll, daß Korruption im internationalen Fußball generell üblich sei. Er muß es wissen. Schließlich hatte er selbst mehr als 20 Jahre lang für renommierte Klubs als Vermittler gearbeitet, auch, um schmutziges Geld von und auf Schweizer Banken zu transferieren.

Die Verteidiger des ehemaligen Geschäftsmannes und Ministers Tapie stellten die Praktiken ihres Mandanten als gängige Methode im internationalen Fußball hin. Der Fall Tapie lag schließlich wie eine Lunte nicht nur am europäischen Fußball, sondern auch an Politik, Justiz und Medien: Noch während der Skandal dem Gipfelpunkt entgegenstrebte, wurde Bernard Tapie in der französischen Öffentlichkeit als politischer Heilsbringer gehandelt und lag in Umfragen für die Präsidentschaftskandidatur im April 1994 deutlich vorne. Für Christophe Bouchet, den Autor einer kritischen Tapie-Biographie, hat Olympique Marseille jahrelang in einem rechtsfreien Raum gespielt, sorgfältig gedeckt von Ministern: »Ungestraft hat man dem Klub die Mittel zugestanden, die sein Präsident gebraucht hat, um Frankreich den Europapokal zu bescheren, als Symbol zur Wiederherstellung des Nationalstolzes.« Scharf beobachtet. Drei Wochen nach dem Champions-League-Triumph hatte sogar Staatspräsident Francois Mitterrand seinen politischen Ziehsohn Tapie vehement verteidigt, passenderweise in der Ansprache zum Nationalfeiertag. Wie sich die Bilder gleichen, zeigt ein Blick über die Ländergrenzen. Wir bleiben bei Europas Edeladressen, bleiben sogar beim Landesmeister-Finale von 1993. Tapies Kollege Silvio Berlusconi, allmächtiger Chef des AC Mailand, befindet sich ebenfalls zwischen den Mühlsteinen der Justiz. Auch ihm wird Korruption und Bestechung angelastet, auch er ist über das Fußballpräsidentenamt und im Schutz mächtiger Gönner nach oben gekommen. Mit den Legenden, die auf dem Fußballrasen geschaffen wurden, erlangte Berlusconi das notwendige Siegerimage, und 1994 gelang ihm sogar das, was Sportsfreund Tapie nicht mehr vergönnt sein sollte: Der Mailänder Fernsehmogul bestieg dank seiner hauseigenen Medienmaschinerie den Sessel des Regierungchefs. Bezeichnenderweise hörte die von ihm gegründete Partei auf einen Fußball-Schlachtruf: »Forza Italia«. (In Deutschland müßte eine entsprechende Partei wohl etwa »Deutschland vor!« heißen.) Es war eine ebenso gigantische wie kurze Seifen(blasen)oper. Nachdem Berlusconi abdanken mußte und die Staatsanwaltschaft zu ermitteln begann, war bald nicht mehr zu erkennen, mit wem es schneller bergab ging: Mit seinem Ruf oder mit dem des AC Mailand. Dummerweise waren nämlich in Berlusconis Finanzholding *Fininvest* 1997 Akten aufgetaucht, die bei der Mailänder Staatsanwaltschaft den Verdacht erregten, ein Dutzend Stars des AC Milan hätten Schwarzgelder in Millionenhöhe erhalten. Die Ermittler begannen, die Kontenbewegungen Richtung Schweiz nachzuverfolgen. In den Akten stehen chiffrierte Abkürzungen von Spielernamen, hinter denen jeweils Millionenbeträge in Dollar notiert sind. Unter dem Eintrag »Cosi« etwa für Libero und Kapitän Franco Baresi war der Betrag von 3,7 Millionen Dollar vermerkt. Ausgerechnet Baresi, der in Italien als Saubermann der Nation galt. 1,2 Millionen Dollar zierten die Chiffre von Stefano Eranio, und die Supersumme von 28 Millionen Dollar war hinter den Namen des niederländischen Traum-Trios Ruud Gullit, Marco van Basten und Frank Rijkaard notiert. Auch Jean-Pierre Papin tauchte in den Unterlagen auf. Den Spielern war auf Nachfrage von alledem nichts bekannt. Bekannt ist dafür, daß Berlusconis *Fininvest*-Gruppe ein Hort der Korruption ist, gegen fast alle Spitzenmanager inklusive des Präsidentenbruders Paolo liefen oder laufen Ermittlungen, auch mafiose Verbindungen werden dem großen Silvio mittlerweile nachgesagt. Allerdings hält Berlusconi ein Trumpf-As in Händen, das ihn von allen Amtskollegen auf der Welt mit ähnlichen Problemen unterscheidet: Eine geballte Medienpower. Als Chef des Fernsehsenders Tele 5 und zahlreicher Zeitungen kann er teilweise mitbestimmen, welche Skandale in welcher Form an die Öffentlichkeit kommen – und welche nicht. Überdies nimmt sich im Korruptionsgesamtkomplex der *Fininvest* jener Teil, der sich mit den Steuersünden der Milan-Kicker befaßt, aus Sicht der fußballverliebten Tifosi als kleineres Übel aus. Schmutzige Geschäfte sind zumindest in der jüngeren Vergangenheit ein fester Brauch in Italiens Serie A gewesen, vor allem Bilanzfälschungen waren an der Tagesordnung während der sogenannten ersten Republik. Nachdem die Steuerfahndung endlich erwacht war im ehemaligen Lire-Paradies, fanden sich viele Klubchefs in der Gefängniszelle wieder.

Natürlich hat auch das Mutterland des Fußballs seine Bestechungs- und Schmiergeldskandale. Der größte wurde 1997 im Crown Court von Winchester verhandelt. Im Zentrum der Anklage stand Bruce Grobbelaar, ehemaliger Torwart in Liverpool und Southampton sowie Nationalkeeper von Simbabwe. In 25 Spielen, so ergab die Beweisaufnahme, hatten Grobbelaar und dessen Torwartkollege Seghers (FC Wimbledon) im Auftrag eines indonesischen Wettsyndikats absichtlich Tore zugelassen. Ihre Elf sollte verlieren, damit das Wettsyndikat, das hohe Summen auf die Niederlagen gesetzt hatte, gewinnt. Die Keeper gaben zwar zu, Geld kassiert zu haben, doch hätten sie »nur Tips gegeben«. Dafür allerdings war das Trinkgeld beträchtlich. Kronzeuge Christopher Vincent schilderte Größenordnung und Geldübergabe mit bemerkenswerter Liebe zum Detail: »Grobbelaar steckte 40.000 Pfund cash in eine Aktentasche aus Elefantenleder.« Zwischen 400.000 und 800.000 Pfund habe der als Vermitler eingeschaltete John Fashanu (Ex-Stürmer von Aston Villa) aus Fernost erhalten, so schätzte Vincent, Seghers »mehr als 100.000«. Der Prozeß wurde allerdings zur Farce, weil sich die Geschworenen nicht auf einen Spruch einigen konnten. Er mußte im Sommer 1997 wiederholt werden und endete schließlich unter kuriosen Begleitumständen mit einem Freispruch dritter Klasse: In dubio pro reo. Drängende Fragen blieben aber unbeantwortet. Immerhin waren die intensiven Kontakte zwischen den Kickern und ihrem Buchmacher bewiesen, überdies hatte das Gericht ein Videotape zur Kenntnis nehmen müssen, auf welchem Grobbelaar sein Bedauern ausdrückte über zwei »verdammte Blindparaden«: »Ich bin absichtlich falsch runtergetaucht, aber der Ball knallte beide Male gegen meine verdammte Hand.« Ungeklärt blieben auch andere spektakuläre Bewegungen – die auf den Spielerkonten nämlich, in unmittelbaren zeitlichen Zusammenhängen mit den fraglichen Partien. Man einigte sich mit dem Gericht darauf, daß die Kicker das viele Geld nur für ihre persönlichen Wett-Tips erhalten hätten. Praktiziertes Fairplay – da wollte dann auch der englische Verband FA nicht zurückstehen. Grobbelaar und Segers wurden im Dezember 1997 für jeweils sechs Monate suspendiert, die Strafe aber für zwei Jahre zur Bewährung ausgesetzt. Auch die rund 30.000 Mark Bußgeld, die jeder zu zahlen hatte, waren da zu verschmerzen. Der Prozeß war nicht der letzte auf der Insel. Das »Serious Fraud Office« (SFO), das Betrugsdezernat der britischen Regierung, untersucht fleißig Fälle von illegalen Zahlungen bei Spielertransfers. Anfang 1997 waren sogar norwegische Polizeibeamte mit ihren englischen Kollegen zusammengetroffen, um das Abkassieren mehrerer prominenter britischer Teammanager bei Spielertransfers von Ausländern sowie Fälle von Steuerhinterziehung zu untersuchen. Obwohl die finanzielle Beteiligung von Managern (=Trainern) bei Transfers in England offiziell nicht erlaubt ist, sichern sich einige gern per Vertragsklausel Anteile am Geldsegen, den ein etwaiger Spielerverkauf erzeugt. Etwa George Graham vom FC Arsenal London. Der war 1996 von der FIFA zu einem Jahr Berufsverbot verurteilt worden, weil er für die Transfers der norwegischen Spieler John Jensen und Pal Lydersen hohe Schmiergeldzahlungen angenommen hatte. Arsenal entließ ihn, das Berufsverbot aber überbrückte Graham einfach als gutbezahlter Fernsehkommentator. Kaum war die Sperre abgelaufen, berief ihn Leeds United.

Besonders aber Wettskandale wie der um Grobbelaar und Kollegen liegen hoch im Trend. Gerade in Südostasien herrscht manisches Interesse an der Premier League. Illegale Syndikate nehmen Millionenbeträge ein mit den hochriskanten Einsätzen zum Ausgang einzelner Spiele – da empfiehlt sich als Geschäftsprinzip, gewinnträchtigen Überraschungsergebnissen ein wenig nachzuhelfen. So wie es die Wettmafia bei der U-20-Weltmeisterschaft 1995 in Katar tat. Spieler der Mannschaften von Portugal, Kamerun und Burundi bestätigten Bestechungsversuche, einige waren regelrecht erpreßt worden – zum Beispiel mit Photographien, die sie mit Prostituierten zeigten. Gesetzt wurde in Katar nicht auf Sieg oder Niederlage, sondern auf bestimmte Ergebnisse – mit manchen ließen sich 80.000 Dollar pro Spiel verdienen. Und natürlich wurde auch der malayische Fußball selbst bereits einmal restlos korrumpiert. 1995 kam ein Betrugsskandal ans Licht, der alles Dagewesene in den Schatten stellte. Rund 85 Prozent der Erstliga-Spiele waren von den Buchmachern entschieden worden, und mehr als 70 Kicker wanderten zeitweise in Haft. Manipuliert worden war so ziemlich alles, bis hin zum Endspiel der Meisterschaft zwischen Singapur und dem Team des ostmalayischen Bundesstaats Pahang (Endstand 4:0 für Singapur). Am Tag nach dem Finale war aufgefallen, daß sich die Spieler der unterlegenen Mannschaft mit einer Sammelbestellung von neuen Sportautos zu trösten versuchten.

Wem kann man noch vertrauen in diesem Sport? Vielleicht den Unpar-

teiischen? Wohl auch ihnen nicht – spätestens seit das Fußballstadion zum
Busineß-Center geworden ist. Zwischen Sponsoren, Fernsehsendern,
Klubs, Managern, Spielern und Dachverbänden ist ein höchst profitabler
Handel entstanden, nur die Schiedsrichter verdienen nicht mit. Sie sind eine
Schwachstelle im System, als ständig bedrängte und relativ armselig hono-
rierte Regelhüter. FIFA-Generalsekretär Joseph Blatter predigt seit Jahren
über die Notwendigkeit, endlich den professionellen Schiedsrichter ein-
zuführen. Doch mit frommen Verkündigungen alleine läßt sich nichts
bewegen. Vielleicht müßte der mit neuen Milliarden aus der Wirtschaft ge-
segnete Weltverband einmal selbst vorangehen und ein paar Dutzend Be-
rufsreferees anstellen, die er zu Spielen ins Ausland verschickt. Aktuelle
Brennpunkte sind ja nicht allzu schwer zu ermitteln. Dann bestünden auch
bessere Chancen darauf, daß sich Fälle wie der von Kurt Röthlisberger nicht
wiederholen. Der weltbekannte FIFA-Schiedsrichter wurde 1997 wegen Be-
stechungsversuchs lebenslänglich gesperrt. Er hatte dem Direktor des Zürcher Fußballklubs Grashopper (GC) das Angebot unterbreitet, den weißrus-
sischen Schiedsrichter Wadim Schuk vor dem Champions-League-Spiel
gegen AJ Auxerre im Oktober 1996 mit 100.000 Franken zu beeinflussen.
    Die Affäre zog Kreise. Ausgerechnet in einem Land, das sich wie kein an-
deres mit dem Mythos der Neutralität zu verbinden sucht, war der Nimbus
der Unparteiischen ins Wanken geraten. Plötzlich machte die größte
Schweizer Boulevardzeitung publik, daß Röthlisberger einem ihrer Sport-
redakteure vor dem WM-Qualifikationsspiel Schweiz – Norwegen einen
ähnlichen Vorschlag unterbreitet habe, nämlich die Bestechung des spanischen Referees Manuel Diaz Vega. Regelexperte Röthlisberger konterte. Er
beschuldigte einen früheren Chefreporter des Blattes, daß er gewußt habe,
daß der rumänische Schiedsrichter im entscheidenden EM-Qualifikations-
spiel der Schweiz gegen die Türkei im Dezember 1994 manipuliert worden
sei. Nur konnte Röthlisberger dies nicht belegen. Was ein generelles Problem ist bei korrupten Absprachen – solange nichts Schriftliches existiert,
ist brisanten Anschuldigungen sowieso kaum wirkungsvoll nachzugehen.
Und wer läßt sich schon eine Betrugsofferte oder eine Bestechungssumme
quittieren? Die Vorgänge um das WM-Qualifikationsspiel der Schweiz gegen Norwegen, das in die Zuständigkeit der FIFA fiel, wurden ziemlich ge-
räuschlos geklärt. Ein Untersuchungsausschuß der Disziplinarkommission
unter Senor Rafael Salguero Sandoval aus Guatemala fragte bei den Beteiligten brieflich nach, ob sie von den Vorwürfen etwas wüßten. Nach Ein-
gang der negativen Antworten war der Fall erledigt. Der kleinen Schweiz
also, dem generösen Gastgeber für fast alle bedeutenden internationalen
Sportverbände, blieb Schlimmeres erspart. Am Ende sprachen alle vom

branchenüblichen »Einzelfall«. Auch der eidgenössische Nationaltrainer Rolf Fringer, der das glückliche Ende der Geschichte mit einer eigenen kleinen Korruptionsstory zu würzen wußte. Vor einem Privatspiel des FC Aarau in Malaysia hatte ihm ein Wettbüro Geld für ein bestimmtes Resultat angeboten. Fringer habe den Telefonhörer einfach aufgelegt.

Es gäbe endlos vieles zu berichten. Über mörderische Zustände in Osteuropa, wo die Ligen in mafiöser Hand sind wie in Rußland, Weißrußland oder der Ukraine, wo Funktionäre auf der Tribüne mitunter Kopfschüssen erliegen. Über den Bestechungsfall in Kiew, als Dynamo vor einem Champions-League-Spiel gegen Panathinaikos Athen versucht hatte, den spanischen Referee zu schmieren, was die UEFA letztendlich bewog, ihren Anti-Korruptionsausschuß zu gründen. Kiew wurde für mehrere Jahre international gesperrt. In Zypern wetteten Nationalspieler erfolgreich auf ihre eigene Niederlage gegen Bulgarien. Und der komplette Kader des spanischen Erstligisten Sporting Gijon kassierte 1997 im Fußballtoto 115.000 Mark. Die kickende Wettgemeinschaft hatte zufällig ihr eigenes Ergebnis richtig getippt – ein 0:0 gegen Real Oviedo. Aus Holland stammt die Anekdote über Top-Schiedsrichter Dick Jol. Der hatte in einem Den Haager Gemüseladen sinnvollerweise gleich auf Partien gesetzt, für die er selbst eingeteilt war. Portugals Verbandschef Gilberto Madail mußte 1996 gar zum Rapport bei FIFA und UEFA antreten, weil seine erste Liga nach einer Welle von Korruptionsfällen am Rande des Zusammenbruchs lavierte.

In Rumänien ermittelte 1997 Premierminister Victor Ciorbea persönlich, auf Drängen seines Sportministers Sorin Stanescu. Hier ging es um Provisionszahlungen, welche die Klubs an den nationalen Verband FRF zu leisten hatten. Sieben Erstligavereine, darunter Rekordmeister Steaua Bukarest, hatten den FRF beschuldigt, zehn Prozent aller Auslandstransfer-Erlöse einzustreichen. Laut Steaua-Präsident Puscas mußte allein sein Verein seit 1995 die Summe von 920.000 Dollar überweisen. Als das Parlament eingreifen wollte, um die »Mafiastrukturen« aufzubrechen, wie es der Abgeordnete Gheorghe Ionescu ausdrückte, setzte sich FRF-Boß Sandu mit jenem Argument zur Wehr, das Drahtzieher des manipulierten Fußballs in aller Welt stets parat haben, wenn ihnen die Staatsgewalt zu Leibe rücken will: Die Politik sei nicht befugt, seinen Verband zu kontrollieren. Es ist dies dasselbe Argument, mit dem FIFA-Boß Havelange die Hand über das korrupte Gesamtwerk seines Schwiegersohnes Teixeira in Brasilien hält.

Und es ist dieselbe Begründung, mit der sich ein weiteres Schattengewächs der internationalen Fußballwelt viel länger im Amt hielt, als dem Sport bekömmlich war. In Südafrika hatte 1996 ein von Staatschef Nelson

Mandela persönlich eingesetzter Untersuchungsausschuß dem Verbandschef Solomon Morewa üble Machenschaften auf dem Felde der Selbstbereicherung nachgewiesen. Dabei war Morewa 1993 bei der South African Football Association (SAFA) als Saubermann angetreten, nachdem sich schon sein Vorgänger großzügig aus der SAFA-Kasse bedient hatte. Laut Untersuchungsbericht hatte Morewa einen Fonds für arme Kinder geplündert, Schmiergelder von Werbeagenturen angenommen und Millionen von SAFA-Geldern in die Schweiz und nach Irland verschoben. Die Empfehlung des Reports, den Mandela abgesegnet hatte, ließ keinen Spielraum mehr: Morewa sei ungeeignet und müsse zurücktreten. Doch Mandela und Mitstreiter hatten die Rechnung ohne die FIFA gemacht. Kaum war der Druck der Regierung auf den korrupten Verbandschef in der internationalen Sportwelt publik geworden, ließ Zürich verlauten: »Hände weg von Morewa!« Der Weltverband dulde keine Einmischung von Staatsseite in die Belange des Fußballs. Prompt drohte er mit dem Ausschluß Südafrikas von der WM-Qualifikation. Nun wurde es grotesk. In Lissabon nahm Morewa noch Ende Januar 1997 für Südafrika die FIFA-Ehrung als »Aufsteiger des Jahres 1996« entgegen, wenig später trat er zurück. Es war übrigens dieselbe Gala, bei welcher der Nasenbrecher Weah den Fairplaypreis empfangen durfte.

Bleiben wir in Afrika und beim bereits erwähnten FIFA-Fairplay-Tag. Zu dessen Höhepunkt hatte der Weltverband 1997 das Finale der »Unter 17«-WM in Ägypten erkoren. Bei diesen Jugendwettkämpfen, die hauptsächlich gigantische Sichtungsturniere für Spielermakler sind, ist eine ganz besondere Betrugsvariante zu beobachten, die längst guter Brauch ist im internationalen Fußballgeschäft: Die Altersmanipulation. Kreativer Umgang mit Geburtsurkunden und Reisepässen wird besonders gern in solchen Ländern gepflegt, wo es an administrativen Einrichtungen hapert und man es mit dem Papierkram generell nicht so genau nimmt. Mexiko und Bolivien etwa waren Anfang der neunziger Jahre schon bei Jugendturnieren einschlägig aufgefallen. Vor allem aber manche Länder Afrikas stehen immer wieder im Verdacht, sich die Geburtsdaten ihrer Kicker so zurechtzustricken, wie es gerade paßt. Auch deutsche Auslandtrainer bestätigen dies unter der Hand. Brasiliens Nachwuchstrainer Carlos Cesar, der sein Team 1997 in Kairo zum Titelgewinn im Endspiel gegen Ghana führte, hatte es vor den Gruppenspielen gewagt, den Verdacht offen auszusprechen, daß Ghanas Spieler älter als 17 aussähen. Als er seine Meinung eine Woche später nach zermürbenden Kritiken abschwächte (»Das ist nichts für mich, sondern für Ärzte«), werteten dies Szenekenner vor Ort auch als Anzeichen eines Maulkorb-Erlasses durch die FIFA. Der Weltverband scheint jedenfalls eher gewillt, das Problem unter den Teppich zu kehren, als es endgültig aus der

Welt zu räumen. »Das ist für uns kein Thema mehr«, antwortete Sepp Blatter in Kairo bündig auf die Frage nach möglichen Altersmanipulationen. Vier Jahre zuvor war es noch eines gewesen. Die FIFA hatte damals sogar erwogen, vor jeder Nachwuchs-WM Röntgentests zur Altersbestimmung durchzuführen.

Der Extra-Kick
Fußball und Doping

Die kleine Studie im Spannungsfeld zwischen Fairplay und Korruption erhebt keinen Anspruch auf Vollständigkeit. Doch um das gesamte Spektrum der Manipulationsarten anzutippen, kann ein Thema nicht ausgespart bleiben, daß im Fußball noch konsequenter totgeschwiegen wird als in fast jeder anderen Sportart. Die Rede ist von Doping. Der französische Sportmediziner Professor Jean-Paul Escande sagt dazu: »Vielleicht wird man eines Tages feststellen, daß im Fußball das Korruptionsphänomen im Vergleich zum Doping nur sekundär ist.« Doping im Fußball? Das gibt es nicht, sagt die Szene in einmütiger Geschlossenheit. Von den üblichen verwirrten Einzeltätern, die es in jeder Sportart gibt, mal abgesehen. Das ist ein ebenso großer Irrglaube wie die stets gern angeführte Behauptung, Doping im Fußball bringe nichts. Denn natürlich bringt die Verbesserung athletischer Leistungsfähigkeit im Kraft- und Ausdauerbereich auch im Fußball Vorteile, und natürlich können gerade Stimulanzmittel im Hexenkessel Fußballstadion besonders wichtige Helfer sein. Wilfried Kindermann, Teamarzt des Deutschen Fußball-Bundes, meint: »Es ist durchaus möglich, einen Spieler mit einer richtigen Dosierung für ein Spiel so zu stimulieren, daß er über die natürliche Leistungsgrenze hinausgehen kann. Mit Stimulanzien kann man ein Spiel entscheiden, etwa im Europapokal. Das geht nur nicht während einer ganzen Saison, weil der Leistungsabfall bei fortgesetztem Doping immer krasser wurde.« Auch Franz Beckenbauer (»Doping bringt im Fußball nichts«) räumte 1997 bei einem seiner RTL-Fernsehtermine vorsichtig ein: »Für bestimmte Wettbewerbe kann man es sich vorstellen. Auch nach Verletzungen würde es Sinn machen. Aber in der Bundesliga fällt mir kein einziger Fall dazu ein.«
Einer der wenigen Bundesligaprofis, die sich als Dopingbenutzer geoutet haben, hat exakt die von Kindermann beschriebenen Symptome erlebt. Peter Geyer, der für Dortmund, Berlin, Nürnberg und Braunschweig insgesamt 258 Erstliga-Spiele sowie neun Einsätze in der B-Nationalmannschaft absolvierte, hat über Jahre hinweg das Aufputschmittel Captagon benutzt: Es sei in der Kabine jederzeit dagewesen, »und ich habe es genommen.« Es

habe kurzfristig die Agression geschürt, er habe aber »in der Endphase der Spiele körperlich und geistig stark abgebaut«. Nun beginnt die Doping-Chronik des Fußballs nicht mit Peter Geyer. Und auch nicht mit Toni Schumacher, der in seinem Buch *Anpfiff* ausführte: »Was gar nicht kontrolliert wird, kann also auch gar nicht existieren. (…) Auch in der Fußballwelt gibt es Doping – natürlich togeschwiegen, klammheimlich, ein Tabu. Beim Training habe ich ein Medikament mit Dopingeffekt ausprobiert. Captagon heißt das Zeug.« Mit leichter Verzögerung entwickelte es auch in Schumachers Fall katapultartige Wirkung: Schumacher flog raus aus der Nationalmannschaft und beim 1. FC Köln – ein Bauernopfer war gebracht. Immerhin: Ein Jahr nach dem Erscheinen des nestbeschmutzenden Werks begann der DFB 1988 mit ersten zaghaften Kontrollen in den Bundesligen.

Nicht auszumachen ist, wann und wo eine *chronique scandaleuse* beginnen müßte. Zusammengenommen aber ergäben alle Fälle, Indizien und Gerüchte ein daumendickes Standardwerk. Soll man mit Ferenc Puskas beginnen, dem ungarischen Wunderstürmer, der bei der sensationellen 2:3-Niederlage im WM-Endspiel von Bern 1954 die deutschen Weltmeister mit Schaum vorm Mund durchs Wankdorfstadion rasen sah? Puskas erhob den Dopingvorwurf und sah sich später bestärkt durch den Umstand, daß nach dem Finale etliche der Berner Helden eine rätselhafte Gelbsucht befiel. Bei der WM 1974 in Deutschland wurde Ernst Jean-Joseph, der Torwart von Haiti, des Dopings mit Aufputschmitteln überführt, 1978 erwischte es den Schotten William Johnston. Und Diego Maradona schließlich ist nicht nur bei der Weltmeisterschaft 1994 in den USA wie eine Apotheke auf zwei Beinen über den Rasen getorkelt, sondern die Fahnder überführten ihn auch danach wiederholt, zuletzt 1997 – und ließen ihn aus dubiosen Gründen stets wieder laufen. Mal war die Urinprobe zu alt, mal die Menge zu gering, um den für eine Sperre notwendigen Gegentest, die sogenannte B-Probe, durchzuführen. Die unendliche Maradona-Affäre, die schnurstracks in die höchsten Dealer-Kreise von Buenos Aires und, auf dem Umweg über seinen Berater und mutmaßlichen Versorger Coppola, sogar bis in den Präsidentenpalast führt, ist zu verlogen, als daß sie weiter ausgebreitet gehört. Jedenfalls aber hat Maradonas offenes Bekenntnis zum Kokain-Gebrauch längst Vorbildfunktion in Argentinien erlangt. Auch 1997 wurden wieder zwei Kollegen von Independiente Buenos Aires mit dem weißen Pulver erwischt.

Dafür, daß auch im europäischen Fußball keine flächendeckenden Tests stattfinden, ist bereits eine erstaunlich breite Palette von Fällen archiviert. Oft ist es der individuelle Griff ins Arzneiköfferchen, manchmal jedoch deutet sich ein systematischer Mißbrauch an. Schon Sportsfreund Geyer hatte ja aus der guten alten Zeit erzählt, das Captagon habe zur Selbstbedienung nur so in der Kabine »rumgelegen«. Trainer Christoph Daum wurde in Stuttgarter Diensten einst aktenkundig mit der später widerrufenen Meldung, beim VfB werde zur Rekonvaleszenz der Wirkstoff Clenbuterol eingesetzt. Das ist jenes Kälbermastmittel, mit dem schon die Leichtathletin Katrin Krabbe ins Abseits gesprintet war. Jürgen Rollmann, einst Bundesliga-Torhüter bei Werder Bremen und dem MSV Duisburg und nun Vorsitzender der Vereinigung der Vertragsfußballer (VdV), beschreibt in seinem Buch *Beruf: Fußballprofi*, wie ihn sein Trainer Ewald Lienen von der Wunderkraft der Kreatin-Pille zu überzeugen versuchte. Kreatin ist ein wissenschaftlich umstrittener Muskelmacher, der nach Ansicht vieler Experten auf die Dopingliste gehört. In der Leichtathletik gilt Kreatin als Turbo-Mittel, unverzichtbar für Stars wie Sprint-Olympiasieger Linford Christie aus England oder auch den deutschen Meister und Mitläufer Marc Blume, der es nach den Sommerspielen von Atlanta allerdings absetzen mußte, weil sein »Muskeltonus einfach nicht mehr runterging«. Der chemische Wirkstoff vergrößert den Energiespeicher und erhöht kurzfristig die Muskelkontraktion – »wirklich ein Wahnsinnszeug«, sagt Diskuswerfer Michael Möllenbeck, »ich würde mich nicht wundern, wenn es bald auf der Dopingliste steht«.

Seltsamerweise steht es dort nicht. Mithin fand Kreatin eine rapid wachsende Anhängerschar, darunter findige Fußballtrainer, wie Rollmann beschreibt:

»Lienen verteilt in der Kabine kleine, blaue Päckchen mit der Aufschrift ergomax c 150: Creatine-Pillen. Jeder Spieler wird von ihm in scharfem Ton angehalten, die Pillen vor dem Bayern-Spiel einzunehmen. Nach seiner Ansprache zieht Ewald mich in seine Trainerkabine und schwärmt mir vor, daß Creatine die Ermüdungszeit der Muskulatur vermindern würde, diese Pillen in Deutschland noch nicht erhältlich seien, aber bereits von diesem und jenem Leichtathleten erfolgreich getestet worden seien. Aber das sind doch alles keine Fußballer, sage ich ihm und kann mir dabei das Lachen nicht verkneifen. Lienen kriegt ein Flattern ins Gesicht und bellt zurück: Ach, geh doch raus, mit dir kann man doch über so etwas gar nicht reden!«

Wilfried Kindermann, der Arzt der deutschen Fußballnationalmannschaft, hält ein solches kollektives Anwendungsgebot des Trainers für »das ungünstigste, was man machen kann: Weil jeder Körper, also jeder Spieler anders reagiert. Wenn im Umgang mit Kreatin nicht individualisiert wird, gibt es eher negative Erfahrungen.« Auch Kindermann behagt das Thema nicht. Er weiß, daß Kreatine mit im Spiel sind – »im Einzelfall, was man so hört« – und er weiß auch, daß der Wirkstoff Probleme schaffen kann: »Der Muskeltonus kann sehr stark ansteigen. Das erhöht die Verletzungsgefahr. Ich glaube schon, daß manche Verletzung damit zu tun hat, deshalb wird mir dieser Aspekt auch viel zu wenig beachtet in der Fachliteratur.« Alles in allem hält er das »Verfüttern von Kreatinen für sehr negativ«. Andererseits ist es ja nicht verboten. Und Kreatine gelangen – in geringeren Dosierungen – auch über die tägliche Fleischnahrung in den menschlichen Körper. Deshalb erinnert der Sportmediziner auch daran, daß er sich »nicht in den Elfenbeinturm zurückziehen« kann: »Wenn ein Spieler darüber mit mir spricht, kann ich das nicht verhindern. Man kann nur allgemein über die möglichen Gefahren durch den erhöhten Muskeltonus aufklären und individuell beraten, die Entscheidung muß der Spieler für sich selbst treffen.« Für den DFB-Doc persönlich gibt es allerdings noch eine kleine Differenzierung: »Bei jungen Spielern würde ich mit Vehemenz sagen, nutze du erst einmal deine eigenen Leistungsreserven, das Zeug brauchst du nicht. Wenn ich in diesem Alter schon anfange, zu substituieren, wie soll das dann weitergehen?«

Interessant an Rollmanns Insider-Studie ist (neben der radikalen Dosierungsphilosophie des Übungsleiters) zweierlei. Einmal zeigt sie, daß es gute Informationsflüsse gibt zwischen den verschiedenen Sportarten, was Themen der Leistungsverbesserung und -unterstützung anbelangt. Und zudem wird klar, daß der Branche liebstes Argument, nach welchem muskelaufbauende Substanzen nichts brächten im Fußballsport, in dem Moment außer Kraft tritt, da eine muskelbildende Substanz nicht auf der Dopingliste steht, sprich: nicht verboten ist. Doping, die Bereitschaft zur künstlichen Leistungsverbesserung, ist eben in erster Linie eine Haltung. Deshalb erzeugt es eine Gegenhaltung. Die wird von Verbandsfunktionären, Managern und auch Ärzten scheinheilig eingenommen, sobald ein Einzelfall die Dopingdebatte wieder anfacht. Denn Leistungsmanipulation ist ein Tabuthema. Besonders im Fußball und im Tennis, wo der Verteilungskampf um Macht und Moneten am heftigsten wütet. Es rumpelt und rumort allerdings immer mal wieder. Schon Franz Beckenbauer hatte in den 70ern Dopingvorwürfe erhoben, war aber nach den heftig einsetzenden Protesten aus der Szene rasch zurückgekrebst. Dasselbe Phänomen ließ sich bei Boris Becker und Steffi Graf beobachten. Beide waren nach deutlichen Aussagen zu Dopingumtrieben unter den Kollegen von ihren Spielergewerkschaften zurückgepfiffen worden.

Um eine sachliche Auseinandersetzung mit Doping haben sich die beiden telegenen Spitzensportarten bisher stets gedrückt. Merkwürdig aber wird es, wenn die Verdrängungsmechanik in pure Verweigerung umschlägt. 1996, vor den Sommerspielen in Atlanta, hatte das Nationale Olympische

Komitee für Deutschland (NOK) festgelegt, daß alle an Olympia teilnehmenden Sportverbände sich Dopingtests durch die Anti-Doping-Kommission (ADK) des Deutschen Sportbundes unterziehen müssen. Allein Fußballer und Tennisbund erteilten der ADK nur eingeschränkte Kontrollaufträge, und auch die erst zur letztmöglichen Frist. Der DFB war ganz schnell wieder draußen aus dem Kontrollprogramm, nachdem seine U-21-Auswahl in der Qualifikation für Atlanta gescheitert war. »Die Fußballer«, wunderte sich ADK-Geschäftsführer Jürgen Barth, »haben ihre eingeschränkte Erlaubnis daraufhin sogar ausdrücklich zurückgezogen.« Und ADK-Mitglied Professor Dirk Clasing ergänzt: »Es gab damals harte Debatten mit dem NOK, in die Richtung, daß die Kicker so nicht mitgekommen wären.«

Zwei Stichproben pro Aufgebot und Spiel läßt der DFB in den Profiligen vornehmen. Das Risiko bleibt einigermaßen kalkulierbar. Vor allem aber fehlen Trainingskontrollen – also Dopingtests am eigentlichen Arbeitsplatz, dort, wo es für Rekonvaleszenten, formkriselnde Stammspieler und ehrgeizige Reservisten um die Plätze in der Topformation geht. Die ADK hat sich auch über diese besondere Situation mit dem NOK beraten, doch wie wollen diese Institutionen schon in den großen Fußball eindringen? »Der Tenor«, sagt Barth, »war der: Wenn die Fußballer ein adäquates System haben, können wir das akzeptieren.« Man muß es eben. Dabei sind auch schon in Bonn Stimmen lautgeworden zum Thema. »Wir haben dem DFB nie über den Weg getraut«, erklärte der sportpolitische Sprecher der SPD, Wilhelm Schmidt. »Für mich ist es klar, daß der Fußball ein wirksameres Kontrollsystem haben muß.« Die Crux ist nur: Während andere Sportverbände mit dem Druckmittel der öffentlichen Förderung zu einheitlichen Linien gezwungen werden konnten, sind die Politiker gegenüber dem DFB machtlos. Denn der ist, anders als alle anderen, finanziell unabhängig.

International gesehen, wird das Problem nicht geringer, wie ein kleiner Streifzug durch Europas Ligen in den Monaten kurz vor der WM 1998 belegt. In Rumänien beschloß die Profiliga, nach hartnäckigen Gerüchten um ein kollektives Doping beim Spitzenklub FC Arges Pitesti, daß sich sämtliche Spieler einmal jährlich einem Dopingtest unterziehen müssen. Immerhin ein Anfang. Konsequenzen zog die FIFA aus dem Dopingfall des Ukrainers Nagornjak, der beim WM-Qualifikationsspiel zwischen Kroatien und der Ukraine (2:0) mit dem Stimulanzmittel Bromantan erwischt worden war: Der Kicker wurde bis Ende 1999 gesperrt. England feierte endlich seinen ersten offiziellen Dopingfall in der Premier League: Verteidiger Dean Jones vom Schlußlicht FC Barnsley hatte zu Stimulanzmitteln gegriffen. Eigentlich war ihm ja Shane Nicholson von Zweitligist West Bromwich Albion zuvorgekommen, aber der englische Verband ließ sich noch einmal überzeugen, daß dem Profi die ermittelten Amphetamine bei einer Party in den Drink gemischt worden seien. Die Suspendierung wurde aufgehoben und man empfahl dem Spieler, Bars zu meiden, in denen Drogenkonsumenten verweilen. Vergessen war da schon wieder, daß sich Monate zuvor ein anderer ständiger Thekenbesucher öffentlich zu seiner Droge bekannt hatte. Teamkapitän Tony Adams gestand, der Trunksucht verfallen zu sein. Mit seinem Coming-Out beendete er immerhin schlagartig die Debatten über den Nationalmannschaftskollegen Paul Merson. Der hatte zuvor gerade öffentlich über seine Kokain-Abhängigkeit referiert.

In Italien geht's mehr um die Physis. Dort wurde nicht nur Juventus Turin dafür bekannt, auf die Wirkkraft des schon beschriebenen Kreatins zu vertrauen. Dem schon erwähnten Pariser Dopingexperten Escande kam 1997 auch zu Ohren,»daß große italienische Fußballvereine EPO benutzen, um die Leistung beim Training zu erhöhen. Das wundert mich nicht, wenn ich sehe, wie die Burschen nach zwei Stunden intensiven Trainings rennen.« EPO steht für den Wirkstoff Erythropoietin, ein Blutverdicker, der den Transport des Sauerstoffs verbessert, indem er die Anzahl der roten Blutkörperchen erhöht. Unsachgemäße Anwendung, so geht die (ziemlich gut belegbare) Rede, hat Ende der achtziger Jahre zu Todesfällen im Radsport und im Nordischen Skisport geführt. Tatsache ist auch, daß EPO vor allem in Italien zum Spitzenpräparat der Drogensportler herangereift ist.

Was aber tut sich in Frankreich, im Land, das als WM-Gastgeber wohl unter höherem Leistungsdruck steht als alle anderen? Hier ist der Drogenkonsum geradezu explodiert. Im Herbst vor der WM brach die Dopingkrise aus, als nacheinander acht Erstligakicker als Dopingsünder überführt wurden. Gefunden wurde das Anabolikum Nandrolon bei Vincent Guerin (Paris St. Germain), Antoine Sibierski (AJ Auxerre), Dominique Arribage (FC Toulouse), Cyrille Pouget (Le Havre) und David Garcion (Olympique Lille). Zudem war Frankreichs früherer Fußballer des Jahres, Stephane Paille, nach der erwiesenen Einnahme von Amphetaminen beim schottischen Klub Hearts of Midlothian gefeuert worden. Andere, wie Stephane Ziani (SEC Bastia) oder der frühere Nationalspieler José Touré, bezichtigten sich selbst des Dopings.

Ob die epidemische Leistungsmanipulation mit dem ansteigenden WM-Fieber in Zusammenhang gebracht werden darf? Aus dem olympischen Sport kennt man Analogien hierzu. Vor und bei den Sommerspielen in Barcelona 1992 flogen besonders viele Spanier auf. Und vor den Spielen von Atlanta hat das amerikanische Olympiakomitee USOC sicherheitshalber – und mit dem Segen des IOC, das aus Imagegründen nicht Doping, aber Dopingfälle scheuen muß wie der Teufel das Weihwasser – ganz auf Dopingtests bei seinen Athleten verzichtet. Echte Sportnationen geben eben stets ihr Bestes. Und noch ein bißchen mehr, wenn die ganze Welt auf sie schaut. »Bei den vielen Fällen der Franzosen habe ich gestutzt«, sagt DFB-Arzt Kindermann. »Wenn so etwas gehäuft auftritt, werden sich andere doch fragen, möglicherweise wissen die mehr als wir über die Vorteile von Anabolika im Fußball. In dem Bereich herrscht große Sensibilität. Diese Fragen kommen nun mit Sicherheit.« Dessen war sich bald auch das Sportministerium in Paris bewußt. Und so ließ es just am Weihnachtstag 1997 beim familiär-festlichen Miteinander von 29 französischen Nationalkickern in den Alpen seinen Dopingkontrolleure einmarschieren – unangekündigt, versteht sich. Sechs Kicker wurden zum Urintest gebeten, Funktionäre und Familien tobten.

Die Drogenszene im französischen Fußball hat außerdem eine interessante Entwicklung offenbart. Mit Bernard Lama (Paris St. Germain), Fabien Barthez (AS Monaco) sowie dem Ersatzkeeper von Bordeaux, Fontan, wurden gleich drei Ballfänger des Cannabis-Konsums überführt. Danach wurde der Expertenstreit, ob Haschisch und Marihuana als Dopingmittel behandelt gehören, rasch beendet: Ende 1997 wurde Cannabis von der FIFA in die Klassifizierungsgruppe eins der Dopingliste gerückt. Das Thema war einfach zu brisant geworden, besonders im WM-Land, wo man sich nun angesichts der neuen Manipulationswelle intensiv mit den neuesten Rennern der Saison zu befassen begann. Geht es etwa nach der Sportmedizinerin und Psychiaterin Claire Carrier, sind Hasch und Marihuana eindeutig Doping: Auf bestimmte Menschen kann Cannabis eine doppelte Wirkung haben. Charakteristisch sind Ruhe und Hyperaktivität, und beides stimmt mit den Bedürfnissen eines Torwarts perfekt überein. Carriers Analyse zufolge sind die Torhüter besonderen Streßsituationen ausgesetzt: Sie müssen ihren Körper quasi ungeschützt gegen Kanonenkugeln einsetzen, gegen Ballgeschosse nämlich, die mit mehr als 100 Stundenkilometern auch aus kürzester Distanz abgefeuert werden. »Es tut weh, es macht Angst,« sagt die Wissenschaftlerin. »Die Angst kann paralysieren. Und der Gebrauch von Cannabis kann helfen, sie zu überwinden, euphorischer zu sein, im Spiel präsenter zu sein. Es ist überhaupt nicht idiotisch, den Cannabis-Gebrauch mit Doping gleichzusetzen.« Der Torwart muß bis zum Abpfiff hellwach sein. »Er ist allein, ohne unmittelbare Unterstützung, unersetzbar und verantwortlich für das Resultat seiner Mannschaft. Das ist eine große Streßquelle. Und Cannabis kann den Streß wegnehmen. Nicht nur vor dem, sondern auch während des Spiels.« Davon abgesehen gibt es Biochemiker, die sagen, daß Cannabis in hoher Konzentration auch den Gebrauch anaboler Steroide maskieren könne.

Patrick Laure, Sozio-Pharmakologe aus Nancy, hat unter den Wirksubstanzen der Zukunft viele attraktive Helferlein für den Fußball-Megasport von morgen entdeckt. Leistungssteigernde Arzneien etwa, die direkt aufs Zentralnervensystem wirken. »Nicht altbekannte Stimulanzien wie Amphetamine, sondern Medikamente, die eine Verbesserung der geistigen Fähigkeiten zum Ziel haben: Gesteigerte Motivation, bessere Voraussicht, höheres Einprägungs-, Erinnerungs- und Sehvermögen, bessere psychomotorische Koordination.« Derzeit werde in Tierversuchen an Präparaten gearbeitet, die die Augenbewegung beschleunigen sollen. Man stelle sich die Vorteile vor, die laut Laure »grundsätzlich alle Sportler hätten, die es mit beweglichen Objekten zu tun haben: Fußball, Basketball, Baseball und so fort«.

Im Zeitalter von Klonschaf Dolly ist auch denkbar, daß Fragmente von gentechnisch gewonnener Erbsubstanz, die das Wachstum anregt, direkt in jene Muskel gespritzt werden, die man vergrößern oder heilen will. In ähnlicher Weise ließen sich demnach auch Bänder im Knie oder Fuß verstärken – die größten Problemzonen des Fußballspielers. In Lüttich, sagt Laure, »haben Forscher ein verändertes Myostatin-Gen gefunden, das Kühe bei normaler Nahrung zu Super-Muskelkühen wachsen läßt. Die Anwendung dieses Gens wäre sehr schnell auch beim Menschen möglich«.

Die Rede von der »Droge Fußball« kann man auffassen, wie man will. Wie schwierig es ist, die frommen Fairplay-Gebote in einer mehr und mehr von Drogen und Korruption bedrohten Praxis hochzuhalten, zeigt der Fall des Anthony de Avila. Der kolumbianische Stürmer hatte 1997 die Heimat in Entzücken versetzt, als er das entscheidende Tor in der WM-Qualifikation gegen Ekuador erzielte. Nach Spielschluß trat er eine Lawine internationaler Proteste los, als er seinen Treffer den Brüdern Orejuelas widmete. Das sind die Bosse des Drogenkartells von Cali. Beide sitzen inzwischen im Gefängnis, Kolumbiens Fußball ist gleichwohl fest in der Hand der Drogenmafia. Bei Mißerfolgen müssen Kicker nicht selten um Leib und Leben fürchten. Die nächtliche Hinrichtung des Verteidigers und Eigentorschützen Andres Escobar im Juli 1994, gleich nach dem frühen Scheitern der Nationalelf bei der WM in den USA, ist nicht die letzte gewesen. Damals hatten die Drogenkartelle Riesensummen auf ein Weiterkommen ihrer Auswahl gesetzt. Allein in Medellín gab es seither zwei Auftragsmorde an Profis, unter anderem traf es den Nationalspieler Felipe Perez. Dafür stand dessen Namensvetter und Nationalmannschaftskollege Wilson Perez auf der anderen Seite: Kurz vor Weihnachten 1997 wurde der Verteidiger, der zum aktuellen WM-Kader Kolumbiens gehörte, wegen Drogenhandels zu mehr als vier Jahren Haft verurteilt. Perez war mit Kokain erwischt worden. Der besagte Anthony de Avila aber sah sich außerstande, seine öffentliche Huldigung für die Drogengangster zurückzunehmen: »Sie haben mir meinen Weg geebnet.« Der führte ihn übrigens direkt in die FIFA-Weltauswahl, die Ende 1997 in Marseille vor der WM-Auslosung mit Fairplay-Flagge und kleinen Buben an der Hand ins Stadion einzog und eine europäische Auswahlmannschaft 5:2 schlug. Der getreue de Avila schoß das erste Tor für seine Elf. Wenigstens hat er diesmal für sich behalten, wem der Treffer galt.

Die Fußsoldaten
Nike und sein Fußball-Feldzug

Hereinspaziert ins Wunderland des Sports. In Halle 7 der Münchener ISPO werden Illusionen verkauft. Der größte Sportartikelhersteller der Welt, die *Nike Incorporation*, hat einen Traumtempel errichtet. Ewiglicher Jubel klingt heraus. Draußen wuselt lächelnd das Gesinde herum, in anthrazitfarbenen Anzügen und mit Namensschildern am Revers – wie eine Armee junger Broker. Drinnen beklagt Lars Ricken, nachdenklicher Jungdynamiker des Weltpokalsiegers Borussia Dortmund, in einem *Nike*-Werbespot mit herb-frisch angewiderter Stimme den Untergang der sportlichen Werte: »Ich sehe Typen in Nadelstreifen und Geschäftemacherei ohne Ende.«

Hinter Gazevorhängen lauern zunächst einmal nur Pappkameraden. Fünf Heilige vom Dienst, sorgfältig erwählt und mit messianischem Eifer zu Megastars geformt. Eine Marketingmaschine überschüttet die Menschheit mit radikaler Werbung, bei der Emotionen und nicht mehr Produkte im Vordergrund stehen. Tennisroboter Pete »perfect« Sampras, die ewige Nummer eins der Weltrangliste. Wunderknabe Eldridge »Tiger« Woods, jüngster Golf-Masters-Sieger aller Zeiten. Seine Hoheit Michael »Air« Jordan von den Chicago Bulls, der reichste Sportler der Welt. Nur bei Michael Johnson, der die Stadionrunde zwar überaus erfolgreich in goldenen Spikes herunterstampft, den aber trotzdem kaum jemand kennt, hinkt die Vermarktung noch ein wenig. Doch der fünfte Unterhaltungsbuddha im Pavillon, ein glatzköpfiger brasilianischer Jüngling, befindet sich auf allerbestem Weg. Ronaldo Luiz Nazario de Lima, gerade 21 Jahre alt, schießt Tore am laufenden Band, darf sich schon Weltmeister nennen (obwohl der damals 17jährige 1994 in den USA nie eingesetzt worden ist) und wurde bereits zweimal zum Weltfußballer des Jahres gekürt.

Ronaldos gelb-grünes Nationaltrikot ruht im Zentrum der Halle, in einem Schrein unter einer monströsen Lupe, durch die der Besucher jede Faser des kostbaren Leibchens erkennen kann. Auf dem Bildschirm davor läuft eine Dauerschleife mit dem passend gestrickten Trailer. Das moderne Werbemärchen handelt von der Copa America, der Südamerikameisterschaft 1995 in Uruguay. Im Halbfinale gewann Brasilien damals 1:0 gegen die USA.

Eigentlich kaum der Rede wert, wäre es da nicht nach dem Spiel zur ganz wundersamen Fühlungnahme gekommen. Beim Trikottausch mit den Amerikanern ließen sich die Brasilianer »von der Qualität und den innovativen Details« (Originalton im Video) der gegnerischen Wäsche auf der Stelle verzaubern. Fortan, so die von den Illusionisten verbreitete Saga, wollten die Weltmeister nur noch in den *Nike*-Hemden spielen, und sie haben ihre Verbandsfürsten deshalb mächtig genervt.

Siebzehn Monate nach dem Tag, an dem sie Kontakt aufnahmen, wurde der verzehrende Wunsch der Kicker erfüllt. Im Dezember 1996 besiegelten *Nike* und der brasilianische Fußballverband CBF eine zehnjährige Zusammenarbeit. Sie schlossen den bis dahin teuersten Sponsorenvertrag der Sportgeschichte, der eine neue Ära im Sportmarketing einleiten soll. Etwa 400 Millionen Dollar, so wurde weltweit kolportiert, überweist der Konzern mit Hauptquartier in Beaverton/Oregon bis zum Jahr 2006 an den CBF: Jährlich 20 Millionen in bar, weitere 200 Millionen gibt es in Sachleistungen und in Gestalt eines neuen Verwaltungs- und Sportzentrums in Barra da Tijuca, einem noblen Vorort von Rio. Eine womöglich nicht ganz problemfreie Konstellation. Denn dummerweise »weiß niemand, wohin genau die Dollars wandern«, wie etwa der Insider Pelé betrübt feststellte. Laut dem Sportminister von Brasilien besitzt keine unabhängige Kontrollinstanz Kenntnis über den Verbleib und die Zweckverwendung der Millionen. »Aber diese Probleme«, sagt Pelé, »begannen schon 1990 bei der WM in Italien.« Und zwar gleich nachdem Ricardo Teixeira, der Schwiegersohn von FIFA-Boß Havelange, an der CBF-Spitze neu installiert war. Pelé: »Es ging um *Coca-Cola*-Werbeverträge, die Teixeira unterschrieben hatte. Die Geldsumme, aus der die Spieler Prozente erhielten, war manipuliert worden. Also: Wurde der Vertrag für acht Millionen Dollar abgeschlossen, so wurden den Spielern nur vier Millionen genannt und nur diese Prozente ausgezahlt.« Als die Spieler dies während der WM erfuhren, gab es Streit und öffentlichen Protest: Bei der Nationalhymne verbargen sie stets mit der Hand das Emblem des Verbandes. Das von Trainer Sebastio Lazaroni geführte Team ließ im Achtelfinale gegen Argentinien ein Dutzend Chancen aus und letzte Konzentration vermissen, am Ende verlor es durch ein Tor von Claudio Caniggia 0:1. Pelé spricht über eine traurige Tradition, die nun begann: »Seit dem Geschäft damals fragt jedenfalls keiner im Verband mehr nach Gründen. *Cola, Umbro, Nike* – und keiner sagt, ich zeige euch die Finanzen: Das haben wir ausgegeben, soviel bleibt uns.«

Dem Vertragsabschluß mit *Nike* war ein rüdes Ringen hinter den Kulissen vorausgegangen. Denn Teixeira mußte zunächst mit dem Ausrüster *Umbro* brechen, einer englischen Firma, die noch bis 1998 einen gültigen

Kontrakt besaß. Der Verband kaufte sich mit zehn Millionen Dollar frei. Die Briten wiederum waren bei einem weiteren Wettbewerb gegen *Nike* kurz zuvor bis an ihre Grenzen gegangen. Für 90 Millionen Pfund sicherten sie sich die Rechte an Manchester United, hatten aber nach diesem Kraftakt dem Weltmarktführer in Brasilien nichts mehr entgegenzusetzen. Anschließend wollte *Nike* dem Konkurrenten auch das Aushängeschild Pelé ausspannen. »Sie sagten, nennen Sie einfach eine Summe. Und sie ließen nicht locker, als ich ihnen erklärte, ich wolle keine laufenden Verträge brechen. Das interessierte sie nicht.« Pelé ließ sich nicht erweichen, so daß ein Schmuckstück in *Nikes* brasilianischer Edelkickerkollektion fehlt.

Die Abmachungen zwischen *Nike* und dem CBF werden auch aus anderen Gründen mißtrauisch beäugt. Der CBF trat den Gringos umfängliche Rechte an der Vermarktung seiner Nationalmannschaften (Männer, Frauen, Nachwuchs und Olympiateam) ab. *Nike* hat viel mehr als den Mythos und die Leidenschaft der Brasilianer aufgekauft. Die Kicker werden zum Tournee-Ensemble. Allein der Weltmeister »muß in den zehn Jahren insgesamt 50 Spiele für uns machen«, erläutert Jim Small, PR-Direktor des neuen Machthabers. Dies ist die vor zwei Jahren gegründete Firma *Nike Sports Entertainment* (NSE). »Wir haben alle Rechte, an Sponsoren, Fernsehübertragungen und Ticketverkauf.« Ausgenommen sind nur die Fernsehrechte für Brasilien, die weiterhin, was wirklich nicht verwundert, über die Teixeira-nahe Firma *Traffic* gehandelt werden. NSE aber stürzt sich auf das Geschäft mit den Devotionalien und organisiert die brasilianischen Länderspieltourneen als weltweite Unterhaltungsshows, als sportiven Karneval aus Rio.

»The Brazil World Tour« heißt das Produkt, dessen Copyright nicht beim Fußballverband liegt. NSE-Präsident Ian Campbell, zuvor als *Nikes* weltweiter Marketingchef und für die Basketball-Liga NBA aktiv, preist seinen neuen Coup als umwälzendes Geschäft: »Diese Tour revolutioniert die Art, wie Fußball bisher weltweit präsentiert worden ist.« Eine Revolution auf typisch amerikanische Art. So wie im Oktober 1996 die ersten beiden NSE-Einsätze in Tokio und Yokohama – eine Basketballeinlage mit Michael Jordan und Charles Barkley, begleitet von knackigen Rhythmen und tonnenschweren Sumo-Ringern – die Präsentation des Basketballs auf fremden Kontinenten reformieren sollte. Andere NSE-Projekte widmen sich Tennis, Golf und Beach-Volleyball. Leichtathletik-Meetings in Melbourne und Sydney (die Verträge laufen von 1998 bis zu den Olympischen Spielen 2000) sollen die olympische Kernsportart umkrempeln – was auch immer die Marketing-Cowboys darunter verstehen.

Die Organisation von Wettkämpfen und die Komplettvermarktung des vierfachen Weltmeisters liegen nun in einer Hand. Eine völlig neue Qualität, weil es sich nicht um eine Rand- oder Funsportart handelt, sondern um den Fußball und sein legendärstes Team. Die Popularität der brasilianischen Auswahl, der Selecáo, sprengt weltweit alle Grenzen, soviel wußten sogar die im Fußball unbedarften Amerikaner schon. Jim Small: »Mit Nigeria oder Italien ginge das noch nicht. Die könnten in einem Spiel gegen Brasilien zwar gut aussehen, vielleicht sogar mal gewinnen, aber generell gibt es doch nur ein Team, ein Franchise in der Welt, mit dem sich so eine Show aufziehen läßt. Der brasilianische Fußball ist mystisch. Unsere Marktforscher sagen, Brasilien ist jedem Nichtbrasilianer auf der Welt das zweitliebste Team, wenn nicht sogar das liebste.«

Eigentlich hatte *Nike* seinen Vermarktungs- und Veranstaltungsarm als Joint-Venture-Unternehmen mit starken, erfahrenen Partnern gestalten wollen. Dies überrascht ein wenig, denn weder *Nike* noch die angesprochenen Agenturen ISL und die *International Management Group* IMG sind für ihre Kooperationsbereitschaft berühmt. Tatsächlich lehnten ISL und IMG das Angebot ab. *Nike* zog die Sache solo durch und gründete die NSE, die eine ideale Ergänzung für die bereits vorhandene Betreuungsagentur *Nike Sports Management* sein kann. Und *Nike* rächte sich für den ausgeschlagenen Verlobungsantrag: Man warb eine Reihe von IMG-Managern ab, darunter den Spitzenmann Ian Todd, dem bereits gute Chancen auf die Nachfolge von IMG-Boß Mark McCormack nachgesagt worden waren.

Zur ersten Etappe der »Brazil World Tour« im April 1997 in Miami spielten Carlos Santana, drei mexikanische Mariachibands und eine 200köpfige Sambatruppe für die 51.000 Fans in der Orange Bowl. Vor dem Stadion organisierte NSE ein Streetsoccer-Turnier. Die Hauptakteure, die Fußball-Weltmeister, waren zur Feier der neuen Partnerschaft gut drauf. Sie schlugen Mexico mit 4:0, wobei Romario, offiziell der beste Spieler der vergangenen Weltmeisterschaft, drei Tore schoß. Bilder von diesem Spiel hat NSE an Fernsehstationen in mehr als 200 Ländern verkauft. Ähnliche Folkloreabende arrangierte das Unternehmen im August 1997 in Südkorea und Japan, kurz vor Weihnachten dann auch in Südafrika. Dabei wurde bald mit einer »brasilianischen Tradition« gebrochen, wie Pelé erzählt. »Nach dem Spiel darf kein Journalist mehr in die Umkleidekabine des Teams. Sie werfen alle raus.« Auf unfruchtbare Diskussionen mit der Presse will sich Jim Small gar nicht einlassen. Das störe nur in der Konzentration auf das eigentliche Ziel. »Fußball als Weltklasse-Ereignis mit phantastischen Kameraperspektiven und insgesamt einer völlig neuen Qualität der Fernsehübertragungen.« Irgendwann, sagt Small, müßten das auch die Neider akzeptieren. »Es ist nicht so, daß wir den Brasilianern sagen, wo und gegen wen sie spielen sollen. Das sind Unterstellungen. In Wirklichkeit ist es so, daß uns der CBF

sagt, was er vorhat. Dann suchen wir gemeinsam nach einer Lösung. Oder glauben sie ernsthaft, Nationaltrainer Mario Zagalo oder Präsident Ricardo Teixeira würden sich von uns vorschreiben lassen, was sie tun sollen?«
Natürlich rückt der NSE-Manager nicht mit den Bilanzen der ersten vier Brasilienspiele heraus. Man muß schon auf andere Informationen ausweichen: In den vergangenen beiden Jahren hat *Nike* seinen Umsatz an Fußballartikeln verachtfacht. Sogar, als die Firma im Dezember 1997 einen leichten Wachstumsknick einräumen mußte, waren die Umsätze in der Region Nord- und Südamerika (ohne USA) noch um 40 Prozent gestiegen – im zweiten Quartal 1997 gar um 60 Prozent. In Brasilien selbst erwartete die *Nike*-Tochter *Footline* 1997 einen Zuwachs von 30 Prozent. Da sollten eigentlich ein paar Cents Gewinn für die Firmenkasse in Portland abfallen, selbst wenn man berücksichtigt, daß *Nike* noch etwa zehn Millionen Dollar in begleitende Werbemaßnahmen auf dem Subkontinent steckt. Die neue Marktidee hat noch einen anderen Hintergrund: Daß sich der brasilianische Verband für die Fußball-WM 2006 interessiert, bestätigte FIFA-Generalsekretär Joseph Blatter schon im Oktober 1996, übrigens kurz nachdem der CBF und *Nike* ihren Vorvertrag unterzeichnet hatten. Im April 1997, vor dem ersten Match der »Brazil World Tour«, wurde dann die Bewerbung bei der FIFA eingereicht. Wer könnte das Mammut-Turnier bezahlen im wirtschaftlich maroden Brasilien? Wer will die WM und wer zieht welche Fäden, die Confederacao Brasileira de Futbol oder deren neuer Partner aus den USA? Das fragt sich seitdem nicht nur die besorgte Konkurrenz, darunter auch der DFB. Sogar Brasiliens Sportminister Pelé, der ebenfalls die WM 2006 im eigenen Land will, sieht nicht ganz durch: »Ich weiß nur, daß die viel Geld in den Sport stecken. Soweit ich hörte, wollten sie auch die Merchandisingrechte der FIFA. Aber das Ganze ist schwierig zu durchschauen.«
»Für Firmen, die in der Kommunikation arbeiten, ist das eine sehr lukrative Sache, sich rechtzeitig eine Mannschaft zu sichern, Geld zu investieren und im Laufe der Zeit sehr viel wieder rauszuholen«, sagt der Soziologe Gunter Gebauer. »Das ist zwar ein hohes Risiko, aber es gibt ja auch kapitalistische Formen, bei denen man mit Risikokapital arbeitet, das sich wunderbar verzinst. Und wenn es nicht klappt, kann man es immer noch abschreiben. Der Verlust wird gering sein, es kommt ja viel an zusätzlicher Vermarktung dazu. Für Wirtschaftsunternehmen ist das also wirklich keine schlechte Lösung, sich ihre Mannschaften zu kaufen.« Die Theorie wird durch die Praxis gestützt. Im Durchschnitt gibt jeder Amerikaner jährlich zwanzig Dollar für *Nike*-Produkte aus, jeder Japaner vier, jeder Deutsche drei Dollar. Und jeder Chinese gerade einmal zwei. Zwei Cent. Es gibt also viel zu tun. Alles ist möglich, und NSE-Veranstaltungen sind für *Nike* dabei

»der perfekte Weg, unsere Produkte weltweit zu präsentieren«, wie Jim Small sagt. Er muß es wissen, er hat das Geschäft studiert. »Das ist viel wirkungsvoller als jede Anzeige oder der beste Werbespot.« Die immer lauter werdende Kritik aber, seine Firma bediene sich dabei hemmungslos am Potential der attraktivsten Fußballmannschaft der Welt, kann und will Öffentlichkeitsarbeiter Small nicht verstehen. »Wir haben genau die Rechte, die jeder andere Veranstalter auch haben würde. Da ist eigentlich nichts Besonderes dabei.« Natürlich stimmt auch CBF-Dirigent Teixeira in die Jubelarien ein: »Die Tour bringt viele neue, kreative Ideen. Das alles wird uns helfen, die Stellung des Fußballs als Sportart Nummer eins auf dem Planeten auszubauen.« Die Nummer eins auf dem Planeten. Die Fußballfunktionäre müßten eigentlich kollektiv frohlocken angesichts des globalen Ziels. Jene aber, die nun mit NSE anstatt mit dem CBF verhandeln müssen, geraten ins Grübeln. Vieles deutet darauf hin, daß der Gigant aus den Vereinigten Staaten seine in anderen Sportarten erprobten Killerstrategien auch im Fußball verfolgt. Der spanische Fußballverband verzichtete jedenfalls schon auf eine Begegnung mit den Brasilianern, weil er deren Forderungen nicht erfüllen wollte. Als Ersatz lud man sich die genügsamen Marokkaner ein.

Der Deutsche Fußball-Bund – seit Jahrzehnten daran gewöhnt, in solchen Verhandlungen die Bedingungen zu diktieren – wunderte sich mächtig, als sich herausstellte, daß der Rekordweltmeister nicht mehr so leicht zu haben ist. Wer früher mit den Brasilianern verhandelte, der hatte zwar ein halbes Dutzend Ansprechpartner, die alle ihre Hände aufhielten, doch das ließ sich mit herkömmlichen Maßnahmen regeln. Plötzlich aber wurden die Gespräche mit einem Partner geführt, der sich als ebenso smart wie hartnäckig erwies. DFB-Pressesprecher Wolfgang Niersbach schimpfte im September 1997 noch über ein »sehr umfangreiches Forderungspaket, daß wir so nicht akzeptieren können«. Das Spiel in Stuttgart, für den März 1998 terminiert, geriet in Gefahr. Denn natürlich wollte NSE nicht auf den organisierten Jahrmarkt rund um die Arena verzichten, und daran, daß der ausrichtende DFB wie üblich die Vermarktung der Werbebanden im Alleingang übernähme, war ebenfalls nicht zu denken. »Der DFB sollte *Nike* deshalb sagen: Leckt uns am Arsch«, empfahl Bayern Münchens Manager Uli Hoeneß. Dazu kam es nicht. Die deutschen Funktionäre feilschten tapfer weiter und legten Fallen. Nachfragende Medienvertreter verwiesen sie gern an ihre norwegischen Kollegen. Die könnten »schlimme Geschichten« über *Nikes* Praktiken berichten. Den totalen Ausverkauf habe es da gegeben. Die Norweger aber, die im Mai 1997 in Oslo ein sensationelles 4:2 über den Weltmeister feierten, waren nach Auskünften von Verbandspräsident Per Ravn Omdal und des stellvertretenden Generalmanagers Svein Mundal sehr zufrieden. »Ich habe auch schon gehört, daß man im DFB so etwas erzählt«, sagte Omdal. »Aber es war ein ganz sauberer, klarer Deal.« Kollege Mundal gab zu bedenken: »Vielleicht hatten wir einfach Glück. Wir haben noch mit dem CBF verhandelt und keinen Vertrag mit *Nike* gemacht.« Demnach behalf sich der DFB mit ein wenig Desinformation. »Kein Wunder,« kommentierte *Nike*-Manager Dohmen, »sollten sie etwa zugeben, daß sie einen schlechten Vertrag gemacht haben?« Aber eine Einigung war auch im Interesse der deutschen *Nike*-Niederlassung. Deren Marketingchef Rolf Dohmen, ein ehemaliger Bundesligaprofi des Karlsruher SC, erklärte in *Nike*-Diktion: »Da spielen die beiden geilsten Mannschaften der Welt gegeneinander. Wir brauchen dieses Spiel, wenn wir den Markt mitbestimmen wollen.« Das laute Wehklagen des DFB in der Verhandlungsphase rief bei Dohmen jedoch Erstaunen hervor. »Man sollte ehrlich bleiben. Da treffen zwei Giganten aufeinander. Im Grunde spielt auf der deutschen Seite *Adidas* mit. Der DFB kann sich nicht beschweren, daß er mit *Nike* verhandeln muß, denn andererseits läßt er immer wieder *Adidas* die Fäden ziehen.« Wenngleich DFB-Sprecher Niersbach weiterhin wetterte, »wir halten an dem Prinzip fest, mit Landesverbänden zu verhandeln, nicht mit Agenten oder Agenturen«, kam man nach zähem Ringen endlich überein. Im Stuttgarter Daimler-Stadion durfte NSE vor der Haupttribüne seine eigenen Werbebanden anbringen. Von Kameras auf der Gegenseite wurde ein zweites Fernsehsignal extra für die amerikanische Firma produziert. Die NSE profitierte mächtig von diesem Spiel, und es wird in den nächsten Jahren weitere Testbegegnungen mit den Südamerikanern geben. Bestandteil des Vertrages sind zwei deutsche Auftritte 1999 in den USA (gegen die *Nike*-Teams Brasilien und USA) sowie im Jahr darauf ein Match zum 100jährigen Bestehen des DFB.

Der Weltverband FIFA hat das umtriebige Werkeln des neuen Global Players NSE aufmerksam verfolgt. Vielleicht nicht ganz so argwöhnisch wie die Deutschen, wenn man sich etwa die symbiotischen Bande von FIFA-Präsident Havelange und CBF-Boß Teixeira in Erinnerung ruft. Auch deshalb nicht, weil die FIFA verschiedene Angebote von *Nike* gütig entgegennahm. Andererseits dominieren innerhalb der FIFA die Verbindungen zu *Adidas*. Dies wird ein Grund dafür gewesen sein, daß sich die Arbeitsgruppe »for the good of the game«, die sich unter anderem mit Korruptionsfällen befaßt, demonstrativ des Themas *Nike* annahm. Die Arbeitsgruppe soll die »Untergrabung der Autorität von Sportverbänden durch kommerzielle Unternehmen« untersuchen, wurde offiziell erklärt. Eine reine Vorsichtsmaßnahme. Im November 1996 hatte die FIFA bereits Anfragen von Agenturen abgelehnt, welche die Vermarktung von Beachfußballturnieren übernehmen wollten. »Daß uns verbandsexterne Instanzen zunehmend etwas vorschreiben wollen, ist doch klar«, sagt FIFA-Sprecher Andreas Herren. »Noch aber sind wir von keinem nationalen Verband offiziell um Hilfe gebeten worden.« Was sich jederzeit ändern kann.

Die sieggewohnten Amerikaner, Neulinge im Fußballbusineß, wurden von den Widerständen etwas überrascht. Jim Small, PR-Mann von NSE, drückte es noch diplomatisch aus: »Man muß mehr Hürden überspringen, als wir es auf anderen Märkten gewohnt waren. Wir navigieren in unbekannten Gewässern. Das ist kompliziert und manchmal sehr gefährlich.« Weniger zurückhaltend äußerte sich NSE-Präsident Ian Campbell, den die Vorwürfe mächtig nerven, *Nike* setze sich über alle Gesetze hinweg und strebe nach der organisatorischen Macht im Weltfußball. Campbell plazierte daher in der *Financial Times* eine für jedermann gut sichtbare Tretmine: »Wir wollen saubere Geschäfte machen. Wir sind aber nicht an Hinterzimmerdeals mit Schweizer Nummerkonten interessiert, wie das hier oft abgezogen worden ist.« Ein kurzer, knallharter Hinweis darauf wohl, daß man pikante Kenntnisse besitzt von Gepflogenheiten, über welche die Branche seit Jahren tuschelt – und daß man auch ganz andere Saiten aufziehen kann. Die Botschaft dürfte angekommen sein bei jenen Funktionären und Konkurrenten, die sich über *Nike* echauffieren, gleichzeitig aber monopolistische Bruderschaften pflegen, und zwar seit Jahrzehnten.

Ganz anders als einst der hart am Funktionär operierende *Adidas*-Chef Horst Dassler hat sich der 60jährige *Nike*-Firmengründer Phil Knight nie so recht begeistern können für die diskrete Kunst der internationalen Sportdiplomatie. Dieses Feld überließ er anderen. *Nike* konzentrierte sich außerhalb Amerikas über viele Jahre vornehmlich auf die Aquisition von Einzelsportlern oder kleinen Gruppen. Konflikte mit Funktionären rief zwar auch das zu jeder Zeit hervor, schon wegen *Nike*s Rigorosität und der Stärke der *Adidas*-Fraktion, doch jetzt muß man leider ein gänzlich anderes Match spielen. Ein für die Amerikaner fremdes Spiel, in dem man die Regeln nicht einfach von Beginn an bestimmen, mißachten oder umdeuten kann. Gegenüber dem *Wallstreet Journal* wunderte sich Phil Knight, wieviel Politik beim Fußball im Spiel ist. »Es ist die politischste aller Sportarten. In einigen Ländern ist Fußball existentiell und rangiert in seiner Wichtigkeit gleich an zweiter Stelle hinter Krieg.« Ein zynischer Gedankenschluß, der etwas verwirren mag, aber solche drastischen Vergleiche sind typisch für den *Nike*-Impressario. Knight, einer der reichsten Männer der Welt, betrachtet sein Tätigkeitsfeld durchaus als einen Kriegsschauplatz. Was auch Mißtrauen gegenüber den eigenen Reihen impliziert, wie vor einigen Jahren ein in Buchform veröffentlichter Insiderreport eindrücklich dokumentierte. In

Knights Nähe, so ist dort nachzulesen, muß demnach schon um seinen Posten fürchten, wen der Boß nur ansatzweise zu den Bedenkenträgern zählt. Wer gar aus eigenem Antrieb die vorderste Front verläßt, den strafe er sein Leben lang mit Nichtachtung, der wird als Verräter gebrandmarkt. Knight schwört sein Heer gern mit martialischen Worten auf die globalen Auseinandersetzungen ein. Im »Krieg ohne Kugeln«, dem Sportartikelgeschäft, sollen Nike-Angestellte »grausam sein«. Traditionell aggressiv ist deshalb auch das Nike-Design. Zahlreiche Werbespots wurden in den vergangenen Jahren scharf kritisiert. Es gibt Basketballschuhe, die Kampfbombern nachempfunden sind. Vielleicht aber war es auch umgekehrt, wer weiß das schon so genau in der Weltmacht des Scheins?

»Der Mann, der aussieht wie eine Kreuzung aus Yassir Arafat und Reinhold Messner, ist für seine Leute nicht bloß Boß, sondern Führer, Prophet«, berichtete der ZDF-Journalist Wolfgang Herles, nachdem er einige Tage bei Knight in dessen Zentrale verbracht hatte. Auf dem »World Campus« in Beaverton, einem Vorort von Portland, wurden ein Dutzend Gebäude wie Tempel um einen künstlichen See gruppiert. Jeder Schrein, in dem fleißige Menschen unermüdlich für den Ruhm des Ganzen ackern, ist einer der Nike-Ikonen gewidmet. Knight liebt diese klobige Symbolik, darauf baut er sein nach der griechischen Siegesgöttin benanntes Reich. Den »Swoosh«, das einem Haken ähnelnde Firmenlogo, hat sich der Meister irgendwann einmal auf den linken Knöchel tätowieren lassen. Tausende Mitarbeiter machten es ihm nach. Der Binnenstruktur einer Sekte vergleichbar folgten sie ihrem Chef, der wiederum stets beteuert, niemanden aufgefordert zu haben, ihm zu folgen. Der Swoosh zählt mittlerweile zu den bekanntesten Symbolen der Gegenwart, neben dem christlichen Kreuz, dem Coca-Cola-Schriftzug, den olympischen Ringen und dem Logo der McDonalds-Buletenbraterei. Darauf ist man stolz. Spötter meinten, der Swoosh gehöre als 27. Buchstabe ins Alphabet oder wenigstens ins Periodensystem der Elemente. Nachdem Sports Illustrated, die weltweit größte Sportzeitschrift, Nikes Siegeszug in einer Glosse als »Swooshifizierung der Welt« umschrieb, zögerten die Nike-Manager keinen Moment, Ironie hin oder her, dieses Wort in ihren Jahresbericht aufzunehmen. Swooshifizierung. Ein passender Begriff. In den Niketowns, den Verkaufs-Sakralbauten, in denen sich die Mitarbeiter wie in New York des morgens vor der Ladenöffnung gern zum beschwörenden Kreis versammeln und die es demnächst auch in Europa (London, Berlin) geben soll, in diesen Konsumpalästen sind sogar die Griffe der Klotüren dem Swoosh nachempfunden. Einem Logo, das immer mal leicht verändert wurde, und das dem Godfather der Company anfangs gar nicht zugesagt hat. »Nun ja, es gefällt mir nicht, aber das kann ja noch kommen«, maulte Knight, als ihm die Graphikerin Carolyn Davidson 1972 den ersten Swoosh vorlegte. 35 Dollar verlangte die Dame dafür. Einen Preis, den Knight noch herunterhandeln wollte. Sein Swoosh gefiel ihm nicht. Das hat sich geändert, und wie.

Knights Geschichte ähnelt der des Computergiganten Bill Gates. Nur hat er es im Gegensatz zum Microsoft-Gründer wenigstens zu einem Universitätsabschluß gebracht. Seine Diplomarbeit schrieb der Wirtschaftsstudent in Stanford zum beziehungsreichen Thema: Wie läßt sich die Herrschaft von *Adidas* und *Puma* auf dem amerikanischen Markt brechen? In erster Linie natürlich, in dem die Produktion in Dritte-Welt-Länder ausgelagert wird, aber auch mit einem energischen, riskanten Marketing. Etwa zehn Prozent des Firmenumsatzes steckte Knight in die Werbung. Mit feinem Gespür nutzte er Trends wie die Joggingwelle in den siebziger Jahren, und stieg 1990, als *Adidas* stagnierte, zum Weltmarktführer auf. Allein in den vergangenen drei Jahren steigerte *Nike* seine Umsätze jeweils um etwa 40 Prozent. Von 4,8 Milliarden Dollar (1995) auf 6,5 (1996) und 9,2 Milliarden (1997). Die Gewinne (vor Steuern) stiegen in diesem Zeitraum von 650 auf 900 Millionen und 1997 dann auf 1,3 Milliarden Dollar. Für das am 31. Mai 1998 ablaufende Geschäftsjahr wurde ein Umsatz von mehr als zehn Milliarden und ein Überschuß von etwa einer Milliarde Dollar erwartet.

Nike war also schon lange die Nummer eins. Doch die Entscheidung, in den Fußball zu investieren, fiel, kaum zu glauben, erst vor kurzer Zeit. Noch die Weltmeisterschaft 1994 vor der eigenen Haustür ließ *Nike* nahezu ungenutzt vorüberziehen. »Wir waren einfach noch nicht so weit. Wir hatten kein Distributionssystem installiert, die Produkte waren noch nicht top, und die Politik in der Firma war auch noch nicht klar«, sagt Jim Small. »Die WM war dann für uns der Startschuß.« Wohl unterhielt man damals schon Einzelverträge mit einigen Spielern, darunter drei Brasilianern, doch die Firma rüstete nicht eines der 24 Fußballnationalteams aus. Phil Knight beobachtete das Achtelfinalspiel zwischen Brasilien und den USA (1:0) und soll vom späteren Weltmeister und der Samba-Atmosphäre auf den Rängen sehr angetan gewesen sein. Sein Stellvertreter Thomas Clarke hatte ihm einen Plan eingehaucht: »Phil, diese Mannschaft muß es sein!« Knapp zwei Wochen später wurden beim WM-Finale zwischen Brasilien und Italien in Los Angeles 70.000 *Nike*-Baseball-Caps in den brasilianischen Nationalfarben verschenkt. »Das Stadion war ein *Nike*-Meer«, erinnern sich Mitarbeiter des Sportministers Pelé. »Obwohl *Umbro* damals brasilianischer Sponsor war. Über Nacht wurden überall auf dem Gelände auch Plakate aufgehängt, die müssen heimlich über Zäune gestiegen sein.«

Sie stiegen seitdem nicht nur über Zäune. Phil Knight entwarf seiner

Truppe einen großen Schlachtplan, seinen letzten vielleicht, den er per E-mail an die Divisionen weitergab: Wie kann *Nike* auch auf dem Fußballsektor weltweit zur Nummer eins aufsteigen? Etwa so: Akzeptiert Geschichte und Tradition des Fußballs. Organisiert Straßenfußballturniere und fördert den Nachwuchs. Nehmt die berühmtesten Klubs und besten Nationalmannschaften unter Vertrag. Seid freundlich zu den nationalen Verbänden. Investiert in Forschung und Produktion, um den besten Fußballschuh anzubieten. Stellt Deutsche, Brasilianer und Japaner ein, und laßt euch von deren Instinkten leiten. Setzt weniger auf gewalttätige Werbespots, das kommt nicht so gut an in dieser anderen Welt. Mischt US-Sport-Ikonen mit denen anderer Kontinente. Schafft neue, globale Helden. Vertraut auf die Zauberkraft der Veranstaltungen von NSE. Und zeigt den Burschen gefälligst unser gutgefülltes Portemonnaie.

In den traditionellen amerikanischen Sportarten sind die Steigerungsraten für den Marktführer begrenzt. Die Claims in den vier großen Profiligen, also im Basketball (NBA), American Football (NFL), Baseball (MLB) und Eishockey (NHL), sind abgesteckt. Bis zum Jahr 2000 aber will *Nike* die Hälfte seines Umsatzes außerhalb der USA erzielen. Deshalb werden 640 Millionen Dollar jährlich in das globale Marketing gesteckt. Der internationale Schlüsselbereich soll der Fußball sein. »*Nikes* Schuhsoldaten erobern die Welt und gewinnen den Schuhkrieg«, urteilte frühzeitig das *Wallstreet Journal* und gab der Branche einen gutgemeinten Rat: »Europäer, Asiaten und Latinos, verbarrikadiert eure Stadien, versteckt eure Trophäen und kauft euch ein paar gute Deodorants, denn jetzt wird's heiß.« Schuß um Schuß soll die Vorherrschaft der Kontrahenten gebrochen werden. Insgesamt hat *Nike* in den letzten drei Jahren in Europa etwa 1000 neue Kräfte für das Fußballgeschäft engagiert. Natürlich fand Phil Knight für den neuen Kampf einen passenden Spruch: »Aus dem Rebell wird ein Tyrann.«

Auf fremdem Terrain startete *Nike* von Null auf Hundert durch, ganz in seiner an Superlativen reichen Tradition. In Deutschland nahm die Firma zwar schon vor einiger Zeit Borussia Dortmund unter Vertrag, was sich als echter Glücksgriff erwies, jedoch kümmert man sich flächendeckend erst seit 1996 um Fußball. Schon zählen weitere drei deutsche Profivereine sowie fast 40 Regionalligisten zur Familie. Eine breite Basis für den Verkauf der Produkte an Fans ist also geschaffen. Regional zeigt *Nike* Präsenz, und der neue Deutschland-Chef Stefano Caroti nimmt zugleich Abstand vom Kollisionskurs seiner Vorgänger, die von den Händlern verlangten, die gesamte Produktpalette zu führen. Im Verkauf setzt Caroti jetzt auch auf Partnerschaft. Sagt er zumindest. »Wir werden immer noch als die amerikanischen Imperialisten gesehen, die die Nummer eins sein wollen, diktieren und pushen. Das waren wir vielleicht in der Vergangenheit. Jetzt sind wir es nicht mehr.« Seit 1994 hat *Nike* in Deutschland seinen Umsatz verdoppelt. Der Marktanteil an Fußballausrüstungen soll von neun auf 25 Prozent gesteigert werden. Schon jetzt verkauft *Nike* jeden sechsten Fußballschuh. Was seinen Anteil an den weltweit mit Fußballartikeln umgesetzten neun Milliarden Dollar pro Jahr angeht, peilt *Nike* 1998 zunächst die Fünf-Prozent-Hürde an. Die Marketingpläne sind auch im Heimatland äußerst komplex. Unter Kindern und Jugendlichen zählt der Soccer inzwischen zu den attraktivsten Sportarten, fast 20 Millionen junge Amerikaner und Amerikanerinnen versuchen sich daran, selbst Präsidententochter Chelsea Clinton – der Ober-Amerikaner allerdings joggt lieber, und zwar in *Adidas*-Klamotten.

Natürlich kann kein *Nike*-Manager an den vielen Fußballfeldern der Suburbs vorbeifahren, ohne sich auszurechnen, wie viele Schuhe und Trikots in dieser Sportart zu verkaufen wären. »In zehn Jahren werden wir sagen, Soccer ist eine in den Vereinigten Staaten kulturell fest verwurzelte Sportart«, vermutet Knight-Intimus Thomas Clarke. Dann will *Nike* die Früchte ernten. Für diesen strategischen Zeitraum wurde deshalb der amerikanische Fußballverband mit allen Nationalmannschaften (die Frauen sind Olympiasieger) verpflichtet. Kostenpunkt: 120 Millionen Dollar, aufs Jahr gerechnet das Hundertfache dessen, was bis 1994 *Adidas* zahlte. Etwa die Hälfte der Vertragssumme investiert *Nike* in Basisprogramme für die nachwachsende Klientel. Ganz im Zeichen des Swoosh steht auch die nächste Frauen-WM 1999 in den USA, wie sich der Konzern ohnehin verstärkt auf Frauensport konzentriert.

»Was *Nike* in wenigen Monaten erreicht hat, dafür haben andere 40 Jahre gebraucht«, glaubt Rolf Dohmen. Europaweit betreut *Nike* Teams wie PSV Eindhoven, Paris St. Germain, Arsenal London, die Glasgow Rangers, den SSC Neapel und Sparta Prag. Das Portfolio ändert sich rasant, bald kommt auch der ruhmreiche CF Barcelona hinzu. 1997 statteten die Illusionisten aus Beaverton bereits zehn Nationalmannschaften aus. Aus dieser Gruppe verpaßten lediglich Portugal, Polen, Rußland und die Slowakei die WM-Qualifikation. Italien, Holland, Nigeria, Südkorea und die USA sind in Frankreich dabei – und natürlich Brasilien, die Wunderwaffe beim Kreuzzug des Swoosh.

Der virtuelle Held
Ronaldo – der beste Schuhverkäufer der Welt

Der Vertrag mit dem CBF war ein Meilenstein in *Nikes* Fußball-Historie. Vermittelt wurde dieser Kontrakt von dem Holländer Cees van Nieuwenhuizen, einem ehemaligen Sportreporter der Tageszeitung *Het Parool*. Van Nieuwenhuizen verdiente sich mit dem Import brasilianischer Fußballer zunächst ein paar Gulden nebenher – bis die Geschäfte so florierten, daß er seinen Beruf aufgab und zu *Nike* wechselte. Er vermittelte Romario, der bereits während der vergangenen WM *Nike*-Schuhe trug, an den CF Barcelona und war 1994 am Ronaldo-Transfer zum PSV Eindhoven beteiligt. Sechs Millionen Dollar zahlte der *Philips*-Werksverein für Ronaldo, was damals der teuerste brasilianische Export und der verwegenste niederländische Import aller Zeiten war. Van Nieuwenhuizen diente sich hoch im Konzern, fortan spielte er eine Schlüsselrolle in *Nikes* Fußballkonzept. Er fädelte im Jahr darauf den Ausrüstervertrag mit dem holländischen Verband ein, wurde *Nikes* Top-Mann in den Niederlanden und wechselte schließlich nach Rio, um dort die ganz große Nummer perfekt zu machen.

Als der CBF endlich einverleibt war, besorgte van Nieuwenhuizen seinem Freund Ronaldo noch einen Rentenvertrag. Zehn Jahre lang soll der brasilianische Torjäger fast drei Millionen Dollar jährlich erhalten, zusätzlich ist ihm eine Beteiligung an den Merchandising-Umsätzen garantiert. Den außerirdischen Status erteilt ihm nicht nur *Nike*:»Balljonglage, Dribbeldiabolik, krachende Schüsse und Tor auf Tor« attestierte ihm die *taz*. Hat Ronaldo einen Fußball am Fuß, wird er urplötzlich »gefährlich wie eine Viper, die den Kopf hebt«, staunte die *Neue Zürcher Zeitung*. Auch der spanische Schriftsteller Manuel Vasquez Montalban umschwärmt den jungen Löwen »mit der Figur eines Boxchampions und den Füßen von Fred Astaire«. Euphorisierte brasilianische Sportmediziner errechneten, daß Ronaldo der perfekte Athlet des Jahres 2000 sei. Seine Konstitution soll es ihm theoretisch erlauben, die 100 Meter in neun Sekunden zu laufen (der Weltrekord steht bei 9,84 Sekunden) und den Ball mit einer Geschwindigkeit von 200 Stundenkilometern aufs Tor zu jagen.

Was für ein Kerl. Die Ronaldomania ist ausgebrochen. Schon ähnelt die

Aufregung um Ronaldo, dessen Website im Internet binnen eines Jahres eine halbe Million Mal angeklickt wurde, dem Kult um Michael Jordan. Auch Jordan war noch ein Kindskopf, als er bei *Nike* einstieg. Nach der Goldmedaille bei den Olympischen Spielen 1984 hatte der Schlaks von der University of North Carolina sich endlich einen Vertrag mit *Adidas* erhofft. Von seinen geliebten drei Streifen mochte er sich um keinen Preis trennen. Bloß wollten ihm Dasslers Schuhsoldaten einfach nicht mehr als 100.000 Dollar zahlen, während ihn *Nikes* Kopfjäger bereits liebevoll umsorgten. Sie offerierten dem Frischling und seiner Familie jährlich das Zwanzigfache sowie die Beteiligung an der eigenen Kollektion. Jordan unterschrieb, zunächst für fünf Jahre. 1989, noch vor dem ersten der fünf NBA-Titel mit den Chicago Bulls, wurde der Vertrag bis ans Ende seiner Laufbahn verlängert. Wieviel er wirklich verdient, weiß der populärste Sportler aller Zeiten wohl selbst nicht genau. Jordan sprengt alle Dimensionen. Als er 1995 nach anderthalbjähriger Pause, in der er sich im Baseball versuchte, wieder mit dem Basketball begann, stiegen die Aktienwerte seiner fünf Werbepartner binnen zwei Wochen um 3,8 Milliarden Dollar. Sein Hollywood-Film »Space Jam« spielte 250 Millionen ein, hinzu kam eine Milliarde aus dem Devotionalienverkauf. Der personifizierte Wirtschaftsfaktor sitzt mittlerweile im *Nike*-Aufsichtsrat. Vom Wirtschaftsmagazin *Forbes* wird Jordan mit derzeit 137 Millionen Dollar als bestbezahlter Sportler der Welt geführt. Das Fachblatt *The Sporting News* hat mit ihm zum Jahreswechsel erstmals einen Athleten zum mächtigsten und einflußreichsten Mann der Branche gekürt. Seine Vorgänger als »most powerful people in sports« waren Phil Knight, Ted Turner, Rupert Murdoch und Dick Ebersol, der Sportchef von NBC, jenes Senders, der die Fernsehrechte an den Olympischen Spielen bis zum Jahr 2008 erwarb – dies mag einen Eindruck davon vermitteln, in welchen Sphären sich der Überflieger der Chicago Bulls bewegt.

Dem finanziellen Vergleich mit Jordan kann Ronaldo noch nicht standhalten. Er steht erst am Anfang, er hat noch Zeit. Seinen Mephisto, der ihn Jordan näherbringen wird, hat Ronaldo, der »Messias des Fußballs« (*El Pais*), jedenfalls gefunden: Phil Knight, der da sagt, er wolle »von dem Athleten, mit dem wir zusammenarbeiten, nicht nur die Füße gewinnen, sondern auch seine Seele«. Ronaldo ist *Nikes* grandiosester Einzelkämpfer auf dem Fußballmarkt. Ein kräftiger Bursche, der bis vor kurzem noch eine Zahnspange trug. Dem 21jährigen Kindsgesicht, der gern Lollibälle lutscht, wird die Genialität von Pelé und Maradona sowie die Torgefährlichkeit Gerd Müllers nachgesagt. Im Durchschnitt erzielte er bisher fast ein Tor pro Spiel – eine Quote, die zwei Jahrzehnte als unerreichbar galt. Wie der Athlet bei der WM in Frankreich zu agieren gedenkt, hat er einem weltweiten

Publikum bereits demonstriert. Vor der WM-Gruppenauslosung in Marseille dominierte Ronaldo das Spiel einer Weltauswahl gegen ein europäisches Team. Für das Match hatten alle 32 Nationen je einen Profi abgestellt. Beim 5:2-Sieg seiner Equipe schoß Ronaldo binnen einer halben Stunde zwei Tore und bereitete die restlichen drei Treffer vor. Er traf noch zweimal das Torgestänge und legte seinen Kameraden großmütig Bälle auf. Es hatte viel Spaß an diesem Nachmittag. Nach einer Stunde verließ das eiskalte Milchgesicht dann beifallumtost das Feld.

Ronaldo Luiz Nazario da Lima ist ein moderner Gladiator. Obwohl Brasilianer, wurde er zu Europas Fußballer des Jahres 1997 gekürt. Einer, der die Koordinaten von Zeit und Raum längst ausgehebelt hat. Gewissermaßen ein virtueller Held. Heute in Mailand, morgen in Tokio, übermorgen in Saudi-Arabien, zwischendurch in Rio, und dabei mit einem Knopfdruck via TV immer verfügbar. Oder per Mausklick abrufbar im Internet. Es ist kein Zufall, daß man ihn auf der Titelseite seiner Website über einem Stapel Papier brüten sieht, das aussieht wie ein Vertrag. Paßt gut zusammen, schließlich tänzelt Ronaldinho mal hier und mal da und verheddert sich mitunter, trotz (oder wegen) vieler Berater, im Paragraphengestrüpp. Kaum gewöhnt man sich an ihn, verschwindet er schon wieder zum nächsten Ort. Ronaldo surft um den Planeten. Seine Odyssee begann 1991 in der Favela Bento Ribeiro im Südwesten Rios, als die Spielervermittler Aleixandre Martins und Reinaldo Pitta für 7500 Dollar den Spielerpaß des vierzehnjährigen Knaben erwarben. Sie schickten ihn zunächst zu Sao Cristavao in die zweite Division. 1993 wechselte er für zwei Millionen Dollar zu Cruzeiro Belo Horizonte. Im Jahr darauf ging es zum *Philips* Sportverein nach Eindhoven, 1996 zum CF Barcelona. Im vergangenen Jahr landete er nach monatelangen Vertragsstreitigkeiten bei Inter Mailand.

So oft wie Ronaldo zieht kaum einer um. Wenn er dabei nicht aufpaßt, verliert er ganz schnell den Überblick. Dann weiß er nicht mehr, wer und wo er überhaupt ist. Zaghaft beklagt sich Ronaldo bereits. »In den letzten zwei Jahren hatte ich keine Ferien. Ich spiele immer wieder irgendwo auf dieser Welt oder werde irgendwo mit einem Titel oder einer Trophäe ausgezeichnet«, sagte er dem in Zürich erscheinenden *Sport.* »Ich wollte ein guter Spieler werden, und dafür habe ich hart gearbeitet, und ich werde hart weiterarbeiten. Aber manchmal wird mir das Ganze schon zuviel. Dann spiele ich am liebsten Tischtennis, sitze zu Hause vor dem Fernseher oder surfe im Internet.« Sage niemand, der Bursche wäre besonders naiv. Er mag das, was anderen in seinem Alter auch angenehm erscheint. Nur bestimmt Ronaldinho nicht mehr selbst, was er tut.

»Nicht viel anders als die Heiligen der kirchlichen Legenden haben die

Sporthelden eine Aura. Menschen wie du und ich, werden sie nach einem unscheinbaren Leben während der frühen Kindheit mit ihrer ersten Wundertat hochgewirbelt in den Stand des Heiligseins«, schreibt der Soziologe Gunter Gebauer. »Ihr eigentliches, wirkliches Leben beginnt mit der Legende: Im Medium der Erzählung blühen ihre Taten auf, wachsen in den Himmel und fordern zur Nachahmung heraus. Das Medium transformiert das Leben der Heiligen in eine Folge von Wundern, erhöht ihre Freunde und Wegbereiter, verleiht den von ihnen getragenen Kleidungsstücken reliquienhafte Würde.« Diese Umstände nutzt Ronaldos Werbepartner konsequent aus: Ronaldo wirkte in Eindhoven – der PSV wird inzwischen von *Nike* ausgestattet. Ronaldo verzauberte Barcelona – der CF geht eine Ehe mit *Nike* ein. Ronaldo kickt in Mailand – *Nike* bemüht sich massiv um Inter, eine italienische Bastion. Es scheint, als schicke die Company ihren Dressman gezielt durch die Welt. Zum Hemdenwechseln. In nur einem Jahr in Barcelona betrug der Anteil der Barca-Fanartikel, die mit Ronaldo verbunden waren, 57 Prozent. Im Sog Ronaldos versammelt *Nike* eine Mannschaft nach der anderen unter dem Swoosh und baut parallel dazu die Vertriebszentren für Fußballausrüstungen auf. Mit dieser Taktik könnte die mächtige Firma, die soviel Umsatz macht wie die Verfolger *Adidas* und *Reebok* zusammen nicht, noch viele regionale Märkte erobern. Ronaldo ist schließlich jung genug für dieses außergewöhnliche Spiel.

Doch gerät der ambitionierte Ausrüster zunehmend in Konflikt mit anderen Interessen, vor allem mit denen der drei Manager Ronaldos. Die Herren Martins, Pitta und Bianchini, allesamt nicht sonderlich gut beleumundete Gesellen, denken weniger strategisch. Sie setzen auf das schnelle Geld. »Die sind gefräßig«, wetterte Barcelonas Trainer Bobby Robson, der das Theater um Ronaldos Wechsel zu Inter nicht ertragen konnte. »Warum muß Ronaldo jedem dieser Typen wohl zehn Prozent Provision zahlen?« UEFA-Generalsekretär Gerhard Aigner bezeichnete die Agenten als »Marionettenspieler, die ganz nach Belieben die Fäden ziehen können«. Tendenziell betrachteten viele Spielervermittler »Verträge und Loyalität als unproduktiv«, so Aigner. Lieber raten sie ihren Klienten, »jeden Sommer den Umzugswagen reservieren zu lassen, da jeder Ortswechsel eine saftige Kommission einbringt«. Der Transfer nach Mailand wurde ein absurdes Theater, das fast ein dreiviertel Jahr die Seiten der Gazetten füllte. Erst im September 1997 sprach die als Rechtsinstanz eingeschaltete FIFA das letzte Wort. Grob skizziert lief der Plot ungefähr so: Wochen nach seiner Ankunft in Barcelona, Ronaldo war gerade für die Wahl zum Weltfußballer des Jahres 1996 im Gespräch, wurde dem Jüngling eingeflötet, daß er viel zu wenig verdient. Also bat er seinen Präsidenten Josep Lluis Nunez, einen Immobilienhändler, um ein ernstes Gespräch. Statt umgerechnet 2,8 Millionen Mark netto pro Jahr verlangte Ronaldo nun 5,7 Millionen und für seine Unterschrift zudem ein Handgeld von 24 Millionen Mark. Obgleich mehrfach vermeldet wurde, Barcelona sei auf die Forderung eingegangen und habe den Vertrag bis zum Jahr 2006 verlängert, passierte bis März 1997 nicht viel. Dann erlaubte sich Barcas-Vizepräsident Joan Gaspart, den Supermann nach ein paar schwächeren Auftritten zu kritisieren. »Der soll erst mal Leistung bringen, bevor er mehr Geld verlangt.« Ronaldos italienischer Berater Giovanni Bianchini schwang sich fortan auf zum Wortführer des beleidigten Clans: »Uns reicht's. Wir verhandeln nicht mehr. Ronaldo geht.«

Bianchini wurde auf anderen Ebenen aktiv, und bald gab es auf dem Informationsbasar keinen namhaften Verein mehr, mit dem sein Schützling nicht in Verbindung gebracht worden war. Die Gerüchtebörse brummte. Lazio Rom bot angeblich ein Nettogehalt von zehn Millionen Dollar im Jahr. Und wann immer Barcelonas Präsident Nunez erklärte, der neue Vertrag mit Ronaldo sei unterschrieben, oder so gut wie, legten die anderen eine Schippe Kohlen nach. Schließlich verkündete Nunez, die Ablösesumme für Ronaldo sei auf umgerechnet 182 Millionen Mark festgelegt. Eine angemessene Zahl, meinte der Präsident des mitgliederstärksten Klubs der Welt (92.000). Prompt versuchte Corinthians Sao Paulo mit einem Gebot von 155 Millionen sein Glück, und auch die Direktoren Real Madrids regten sich, allerdings aus einem anderen Grund. Denn den hauptstädtischen Verein verbindet mit Barca eine innige Feindschaft. Somit neideten die Madridistas den Katalanen sogar diese eine ominöse Zahl. 182 Millionen. Nunez hatte, unbeabsichtigt, den Wettbewerb um den teuersten Spieler der Welt eröffnet: Dieses Kronjuwel nämlich wähnte Real gerade sicher in eigenen Reihen, nachdem der Vertrag mit dem damals 19jährigen Stürmer Raul verlängert und die Ablösesumme auf 72 Millionen festgelegt worden war. Zuvor galt der Argentinier Daniel Ortega vom FC Valencia als teuerster Kicker des Erdballs. Nach der Attacke aus Barcelona aber schlugen die stolzen Madrilenen zurück. Während sich abzeichnete, daß Ronaldo keinesfalls so kostbar war, wie Nunez behauptet hatte, sondern für nur etwa 50 Millionen Mark nach Mailand wechseln würde, verlängerte Real die Verträge weiterer Leistungsträger. Der Brasilianer Roberto Carlos und der Argentinier Fernando Redondo wurden mit schlappen 170 Millionen taxiert. Der Holländer Clarence Seedorf, dessen größte sportliche Tat bislang darin bestand, im EM-Viertelfinale 1996 gegen Frankreich einen Elfmeter zu verschießen, war nun gleich eine Viertelmilliarde wert – und der Jugoslawe Pedrag Mijatovic noch ein bißchen mehr: 264 Millionen. Die Königlichen hatten ihren Weltrekord. Randnotizen in einem wahnwitzigen Spiel.

Derweil hatte der Hauptdarsteller, wie um die Verwirrung komplett zu machen, ein Papier bei Inter Mailand unterschrieben und besaß damit zwei gültige Verträge. Die letzte Möglichkeit einer Einigung mit Barca scheiterte, als seine Manager verlangten, ihm das erwünschte Gehalt für zehn Jahre, also 57 Millionen Mark, in einer Rate auszuzahlen. Unterdessen rechneten die Anwälte in Mailand die Zinsverluste hoch, denn die Italiener hatten für ihren Wunschspieler 27 Millionen Dollar beim spanischen Verband hinterlegt und mußten dann fast vier Wochen auf die Freigabe warten. Ronaldo, der Barca gerade zum Europacupsieger der Pokalsieger geschossen hatte, mochte diese Summen überhaupt nicht erläutern. »Ich sage nur soviel: Daß ich finanziell das bekommen will, was ich verdiene.«

Von Inter Mailand, das ist verbürgt, erhielt er zunächst 27 Millionen Dollar, womit er sich selbst – so sah es ein Passus im Anstellungsvertrag mit Barca vor – vom CF Barcelona freikaufen konnte. Dies bestätigte die vom baden-württembergischen Finanzminister Gerhard Mayer-Vorfelder geführte Spielerstatuten-Kommission der FIFA, die als Schlichtungsinstanz aufgetreten war. Allerdings verblüfften die Funktionäre mit ihrer Unterscheidung, daß es sich bei dieser Ausstiegssumme nicht um eine Transferentschädigung handele. Die Ablöse, bitteschön, sollten die Vereine selbst aushandeln. Natürlich kam es nicht dazu, weil Barcelona knapp 15 Millionen Dollar verlangte, und Inter nur 660.000 zu zahlen bereit war. Im September setzte ein Adhoc-Ausschuß der FIFA-Exekutive schließlich den Betrag auf 1,8 Millionen Dollar fest. Ronaldos Crew hat dies schon nicht mehr interessiert. Der Spieler hinterließ eine obligatorische Abschiedsträne – »Der CF Barcelona ist ein fantastischer Klub mit tollen Fans, aber der Verein wird schlecht gemanagt. Es war ein Fehler, mich gehen zu lassen« – dann kassierte er von Inter ein Begrüßungsgeld von vierzehn Millionen Dollar, steuerfrei zum Netto-Gehalt von drei Millionen. Berater Bianchini ließ sich eine schwerverdiente Provision von acht Millionen Dollar überweisen und setzte zum nächsten monetären Dribbling an: Beim Versuch, von Barca gar die doppelte Provision zu kassieren, soll er jedoch gescheitert sein.

Und *Nike?* Deren spanische Sprecherin Laura Alsina hatte immer wieder verkündet, man sei »Besitzer von Ronaldos Image«. Ob die Firma aber, wie sie behauptet, wirklich für den Verbleib Ronaldos in Barcelona eingetreten war, kann bezweifelt werden – auch wenn Senora Alsina in der Öffentlichkeit natürlich nicht sagen konnte: Liebe Freunde, wir haben in Barcelona in wenigen Monaten viel erreicht. Der Verein ist unser, nun können Ronaldos Manager abkassieren, wir kümmern uns dann in Mailand wieder um ihn. Und um den nächsten Markt. Während also der Superstar Fersengeld gab in Katalonien, holten *Nike*s Schuhsoldaten den CF Barcelona ins Reich des

Swoosh. Auch um diese Familienerweiterung ranken sich viele Legenden. Eine enthüllende Story über die Geschäftsverbindungen zwischen der Clique um Präsident Nunez und *Nike*, die von der Zeitung *El Triangle* geplant war, ist nie erschienen – angeblich hatte der amerikanische Ausrüster mit der Stornierung sämtlicher Anzeigen gedroht. Rekonstruiert man die verschiedenen Meldungen jener Monate, so ergibt sich etwa folgendes Bild: In einem Nobelrestaurant am Berg Montseny, etwa eine halbe Autostunde von Barcelona entfernt, sollen sich *Nike* und der Fußballklub Anfang Juli 1997 über einen Zehnjahresvertrag einig geworden sein. Demnach erhält Barca insgesamt 140 Millionen Dollar sowie fünfzehn Prozent Gewinnanteil am Fanartikelverkauf. Im vereinseigenen Kaufhaus, das direkt neben dem Nou-Camp-Stadion errichtet wird, ist ein 5000 Quadratmeter großer *Nike*-Store geplant. Inzwischen hat *Nike* nahe dem Flughafen von Barcelona sein Vertriebszentrum für Spanien und Portugal eröffnet – im Beisein des IOC-Präsidenten Juan Antonio Samaranch.

Die Mitbewerber *Umbro*, *Adidas* und *Reebok* waren ausgebootet. Blieb noch das zum *Benetton*-Imperium gehörige *Kappa*, eigentlich bis 1999 an Barcelona gebunden. Um den Vertrag mit *Kappa* vorzeitig zu lösen, offerierte *Nike* den Barca-Bossen umgerechnet zehn Millionen Dollar. Die ehrenamtlichen Bemühungen der Nunez-Vertrauten sollen mit einer zusätzlichen kleinen Aufwandsentschädigung, als »Kommissionsgebühr« umschrieben, von zwei Millionen Dollar abgegolten werden. Die für *Kappa* tätige Anwaltskanzlei Folchi bestätigte, daß Präsident Nunez in dieser Zeit überraschend Rechnungsprüfer geschickt hat, um die Verkaufsziffern der Lizenzprodukte zu überprüfen. Über die ihm hörigen Medien ließ Nunez danach verbreiten, *Kappa* habe die Zahlen gefälscht und außerdem die Prüfer in ihrer Arbeit behindert. So ist das in Spanien. Es wäre deshalb keine Überraschung, wenn der CF Barcelona schon 1998 in *Nike*-Klamotten aufläuft. Die Fortsetzung der Geschichte? Demnächst wohl bei Inter Mailand. Oder doch nicht? Im Januar 1998 präsentierte die Gerüchtebörse dann die nächste Kapriole mit Überschlag: Geplant sei der Re-Transfer Ronaldos zurück zum CF Barcelona.

Der Herausforderer
Adidas und sein neuer Chef

Laserstrahlen durchschneiden Nebel und Dunkelheit. Bässe dröhnen aus den Boxen. Eine schmachtende Stimme verkündet, Fußball sei alles im Leben, in Zukunft und Vergangenheit. Sei Liebe, Frieden, Freundschaft, Leidenschaft. Dann der Höhepunkt: Böllerschüsse. Ein improvisiertes Bühnenfeuerwerk. Stürmischer Beifall, wie einstudiert. Endlich, endlich – der Vorhang hebt sich. Und es steigt auf aus dem Nebel: der Held der nächsten Fußball-Weltmeisterschaft.

Der Ball.

Kein schnödes Spielgerät, sondern ein Hightech-Produkt mit dem Namen »EQT Tricolore«. Ausnahmsweise sei sie gestattet, die Anleihe aus der Werbedokumentation: Der *Tricolore* ist der erste offizielle WM-Spielball mit einem farbigen Aufdruck, gehalten in den französischen Nationalfarben blau, weiß und rot, bestehend aus einem neu entwickelten syntaktischen Schaum, einer dichten, ebenmäßigen Matrix aus gasgefüllten, individuell verschlossenen, in die Oberfläche eingearbeiteten Mikrobällen, die dem Gerät sofort nach dem Schuß seine Form zurückgeben und so eine genaue Flugbahn garantieren, zudem sind eine schnellere Beschleunigung, Robustheit und ein besseres Ballgefühl garantiert, nicht zu vergessen, daß der *Tricolore* durch die Einarbeitung eines kombinierten Designs aus dem gallischen Hahn, dem Hochgeschwindigkeitszug TGV, der Spitzentechnologie und Innovation versinnbildlicht, sowie einer Turbine, die für Kraft, Schwung und Tatendrang steht, Eigenschaften, die für Frankreich mit seiner überschäumenden Energie und Lebensfreude charakteristisch sind, zusammen mit den drei Farben schließlich, die auf die Revolution von 1789 zurückgehen, eine einzigartige Ausstrahlung von Geschichte, Kraft und Geschwindigkeit erhält. Alles klar? Oder doch etwas viel auf einmal? Das ist nicht ungewöhnlich, wenn *Adidas* ein neues Produkt präsentiert. Dabei basiert der *Tricolore* noch nicht einmal auf der Balltechnologie des 21. Jahrhunderts, wie man erstaunt erfährt. Denn daran werkeln Designerteams erst noch in ihren Forschungslabors.

Als sich in der Messehalle acht des Parc Chanot von Marseille der Rauch gelegt hatte, und ruhige, leise Rhythmen erklangen, traten Joao & Sepp, das Duo infernale aus dem FIFA-Hauptquartier, sowie ihr Gegenspieler Lennart Johansson von der UEFA nebst anderen wichtigen Menschen zur offiziellen Ballübergabe an. Es war ein unglaublich festlicher Akt. Derjenige aber, der als Zeremonienmeister die Herrschaften und zwei Dutzend Weltstars des Fußballs aufmarschieren ließ, hielt sich diskret fern vom Scheinwerferlicht: Robert Louis-Dreyfus, der Vorstandsvorsitzende der *Adidas AG*. Ihm sieht man nun wirklich nicht an, daß er mit Milliarden jongliert. Zur hollywoodartig inszenierten Ballpräsentation trug er zerbeulte Jeans, hatte sich aber immerhin für Straßen- statt der obligatorischen Turnschuhe und für ein Sakko über dem zerknitterten Polohemd entschieden. Vor der Veranstaltung vertrieb er sich die Zeit im Foyer. Stand breitbeinig da, ließ beim Smalltalk seinen Oberkörper langsam, aber unablässig schaukeln und hatte seinen Rucksack über die rechte Schulter gehängt. Hunderte Gäste flanierten festlich gekleidet vorbei und kamen kaum auf die Idee, daß der große Mann mit den zarten Löckchen auf dem markant geschnittenen langen Schädel ihr Gastgeber sei. Für Nichteingeweihte war er nur in jenen Momenten als Mann von Bedeutung zu erahnen, wenn ihm Mitarbeiter einen der Ehrengäste zur Begrüßung vorführten, oder wenn der elegant gewandete Beckenbauer Franz ihm ein herzliches »Servus Robert« zuwarf.

Louis-Dreyfus hat durchaus einiges mit seinem großen Gegenspieler Phil Knight gemein. Als der *Nike*-Oberst einstmals in Atlanta Eintritt begehrte zu seiner eigenen, fürstlich arrangierten Party, versperrte ihm ein mißtrauischer Wachmann den Weg. Dieser kauzige, faltige Typ mit Vollbart, Basecap und verspiegelter Sonnenbrille hat hier unmöglich was zu suchen, dachte sich der arme Tropf. Die Sache wurde schnell geklärt, und Knight hat sich darüber mächtig amüsiert. Für Leute, die ihren Job versehen, hat er was übrig. Louis-Dreyfus hätte an so einem Zwischenfall wohl auch seinen Spaß. Der 51jährige Franzose, Sproß einer steinreichen Handelsdynastie, entschied sich beizeiten, aus Opposition gegen die Standesdünkel des großbürgerlichen Elternhauses, für die Rolle des Nonkonformisten. Nie mehr werde er in das Geschäft der Familie zurückkehren, hat Louis-Dreyfus oft betont. Seine beruflichen Erfahrungen machte er vor allem als Sanierer vom Dienst in Amerika, Brasilien und England. Im Frühjahr 1993 übernahm er über seine Firma *Matinvest* zunächst fünfzehn Prozent der *Adidas*-Aktien und kurz darauf den Vorstandsvorsitz. »Ich erinnere mich noch gut an unser erstes Board-Meeting: Es war wirklich wie im Mittelalter. Die Leute wußten zwar genau, wieviel Paar Schuhe *Adidas* verkauft. Aber keiner hatte ein Ahnung davon, ob wir mit einem bestimmten Schuh auch Geld verdienten. Das deutsche Berichtswesen schien mir nicht ganz auf der Höhe zu sein«, berichtete er dem *Manager-Magazin*, das ihm zum Manager des Jahres 1997 ausrief.

Da Louis-Dreyfus kein Wohltäter ist, sondern Kapitalist, räumte er bei *Adidas* mächtig auf. Er hat Bürokratie abgebaut, die Eigenverantwortung der Mitarbeiter gestärkt, logistische Probleme in Vertrieb und Herstellung gelöst und dem Unternehmen in der Produktion Internationalität verschafft.»Die Marke war ja nicht nur deutsch, sie war fränkisch. Es ist ja nichts Schlechtes daran, fränkisch zu sein. Wenn man aber seine Produkte in der ganzen Welt verkaufen will, muß man auch wissen, was in dieser Welt vorgeht.« Der Weltenbürger führte die Amtssprache Englisch ein und schmiß, auch in den Führungsetagen, eine Menge Leute raus. Er heuerte frische Kräfte an, denen er durch Bonuszahlungen einen zusätzlichen Anreiz verschafft. Die Produktion wurde fast vollständig in asiatische Billiglohnländer verlagert.»Ich habe eigentlich nur das getan, was *Nike* und *Reebok* uns vorgemacht hatten. Die Probleme waren doch offensichtlich.« Und der Erfolg war immens. In den ersten vier Jahren seiner Amtszeit stiegen die Konzernumsätze von 2,6 auf 4,7 Milliarden Mark. Der Aktienwert hat sich binnen zweier Jahre nahezu vervierfacht. 1996 feierte *Adidas* mit einem Gewinn von 314 Millionen Mark das erfolgreichste Jahr der Firmengeschichte. Doch das Ergebnis wurde 1997 noch übertroffen: Allein in den ersten neun Monaten steigerte man den Umsatz um 42 Prozent auf knapp 5,3 Milliarden und den Überschuß um 40 Prozent auf 449 Millionen Mark. Für einen Kaufpreis von 2,4 Milliarden Mark kündigte *Adidas* nun die Übernahme des französischen Skiherstellers *Salomon* an. Der Plan wurde im Dezember zunächst auf der Aktionärs-Hauptversammlung und dann auch vom Bundeskartellamt bestätigt. Das neue Unternehmen soll *Adidas-Salomon AG* heißen. Louis-Dreyfus und sein Freund und Partner Christian Tourres verlängerten inzwischen ihre Verträge um weitere fünf Jahre. Zuvor haben sie jedoch so richtig Kasse gemacht. Knapp ein Fünftel ihrer Aktien stießen sie ab – für insgesamt etwa 250 Millionen Mark.

In einer Welt des Scheins zählt Louis-Dreyfus zu den ausgebufftesten Sonderlingen. Er meidet Journalisten, wo es geht. Einerseits schwebt der Harvard-Absolvent von seinem Wohnsitz im schweizerischen Davos gern mit dem Privathubschrauber zu Terminen ein, andererseits sitzt er im Hochsommer bei Wettbewerben der Leichtathletik-WM auch mal mit freiem Oberkörper auf der Ehrentribüne. Den Festen der internationalen Sportdiktatoren, mit denen er verhandeln muß, bleibt er lieber fern. Zu seinem 50. Geburtstag aber lud er 160 Freunde und Geschäftspartner – darunter DFB-Präsident Egidius Braun und Bayern-Präsident Franz Beckenbauer, seine wichtigen deutschen Verbündeten – in ein Flugzeug und verfrachtete sie für drei Tage nach St. Petersburg, in die Heimat seiner Frau Margarita. Beim Besuch der Eremitage und dem Geburtstagsbankett mit Borschtsch, Krimsekt und Kaviar im Puschkin-Palais werden sie nicht nur über Persönliches gesprochen haben. Konkurrent Rolf Dohmen von *Nike Deutschland* beobachtet diese Bruderschaften jedenfalls mit gemischten Gefühlen.

Nike wollte nur zu gern deutsche Schlüsselpositionen besetzen und bot sowohl dem DFB als auch dem FC Bayern weit mehr Geld, als es *Adidas* tat. Bei Bayern soll es gar »das Zehnfache« gewesen sein, hat Louis-Dreyfus dem *l'Equipe*-Magazin gesagt. »Doch sie blieben bei uns. Dieser Sieg hat uns neues Selbstvertrauen gegeben.« Im Fall der Bayern tat es dem *Nike*-Abgesandten zwar weh, aber Dohmen lobte trotzdem deren sauberen Verhandlungsstil. Bayernmanager Hoeneß hatte ihn wenigstens noch angerufen, um sich zu bedanken. Dann ging er zu Louis-Dreyfus, den er als Freund bezeichnet – und der inzwischen auch im Bayern-Verwaltungsrat sitzt –, um sich einen satten Nachschlag auf den Vertrag zu holen. »Robert hatte damals gerade bei *Adidas* begonnen, da kam von *Nike* eine sehr gute Konzeption«, berichtete Hoeneß. »Unter Jäggi wären wir wohl zu *Nike* gewechselt. Aber mit Dreyfus bot *Adidas* wieder eine Perspektive. Entscheidend war, daß wir seit 30 Jahren gut mit *Adidas* arbeiten. Aber das *Nike*-Angebot war sehr aggressiv, es hat uns sehr geholfen, keine Frage.«

Auch Robert Louis-Dreyfus weiß die Vorzüge von Männerfreundschaften im Sport zu schätzen. Er weiß auch, wie man mit Informationen und Beziehungen dealt. So wurde er wegen Verstoßes gegen die Insider-Regeln 1991 von der US-Börsenaufsicht zu einer Geldstrafe von 213.750 Dollar verurteilt. Der Mann kennt die Tricks. Von den Praktiken seines erfolgreichsten Vorgängers auf dem Thron in Herzogenaurach, dem Chefkorporisten Horst Dassler, grenzt er sich jedoch deutlich ab. *Adidas* sei kein »politischer Arm des Sports«, stellte der Franzose gegenüber dem *Kicker* klar. Die Zeiten, da *Adidas* dem FIFA-Generalsekretär Blatter ein Gehalt überwiesen hat, seien vorbei. Horst Dassler sei ein »Visionär« gewesen, sagte Louis-Dreyfus. »Das zeigt schon allein die Schaffung der ISL. Doch zu dieser Zeit steckten diese ganzen Sportverbände und Organisationen in den Kinderschuhen. Heute sind sie aber eine feste Größe. Würde Horst Dassler noch leben, würden sie ihm sicher immer noch zuhören, sie würden ihn aber nicht mehr brauchen.« Vielleicht hat Louis-Dreyfus ja mal im Archiv von Dasslers sportpolitischer Abteilung gestöbert, um festzustellen, wie das damals so lief. Mit den alten Verbindungen will er nichts zu tun haben, aber öffentlich macht er sie ebenfalls nicht. In den Kellern dürften Geheimnisse welken, die vielleicht nicht nur das sorgfältig konstruierte System des Weltsports und seine handelnden Figuren gefährden könnten, sondern wohl auch seine eigene Aufbauarbeit bei *Adidas*. Die Geschichten sind noch zu frisch.

Louis-Dreyfus, der kein Sportpolitiker sein will, macht dennoch Politik – und zwar dort, wo es am unspektakulärsten erscheint, aber am wirkungsvollsten ist. Zum Beispiel am Frühstückstisch. Während der umfangreichen FIFA-Tagungen im Dezember 1997 in Marseille weilte er für Stunden im Frühstücksraum der Luxusherberge Sofitel, wo die Mitglieder des Exekutivkomitees speisten. Geschäftig sah man ihn mit den Herrschaften plaudern, oder er schlich, das Ohr am Handy, durch die Lobby des Hotels, wo ihn Mitglieder der Familie immer wieder schulterklopfend umarmten. Ganz sicher hat er dabei auch erfahren, was in jenen Tagen so alles »in den Korridoren der Macht« (Jack Warner) gewispert wurde. Zum Beispiel, daß hinter der umstrittenen Marketing-Offerte der *International Management Group* (IMG) niemand anderes gestanden habe, als der *Adidas*-Konkurrent *Nike* mit seiner geballten Finanzkraft. Gleich mehrere Exekutivmitglieder wollten das erfahren haben. Man muß stets wachsam sein in diesem Geschäft, allzeit bereit. Daß es um den Ausrüstervertrag mit der FIFA einen Wettbewerb von *Adidas*, *Nike* und *Reebok* gegeben hat, geht aus einem internen ISL-Memo hervor. *Adidas* habe *Nike* überboten, notierten die ISL-Manager schon 1996. FIFA-Generalsekretär Blatter erklärte im September 1997: »Alle drei genannten Unternehmen haben der FIFA Offerten unterbreitet. Die Finanzkommission hat diese ausgewertet und dem Exekutivkomitee jene von *Adidas* zur Annahme empfohlen, worauf *Adidas* den Zuschlag erhielt.« Einen Tag vor der WM-Gruppenauslosung in Marseille wurden dann Vertragsinhalte bekannt gegeben: 120 Millionen Schweizer Franken kassiert der Weltverband in den nächsten acht Jahren von *Adidas*. 80 Millionen in bar, 40 Millionen in den branchenüblichen Warenwerten.

In Marseille nutzte *Adidas* eine Woche lang seinen Heimvorteil. Rund um das Stade Velodrom, die Spielstätte des schillernden Fußballvereins Olympique, waren die Spuren des Robert Louis-Dreyfus allgegenwärtig. Der Franzose hatte seinen leicht größenwahnsinnigen, inzwischen mehrfach abgeurteilten Landsmann Bernard Tapie ja nicht nur auf dem Chefsessel von *Adidas*, sondern auch als Präsident von Olympique Marseille (OM) beerbt. Der Traditionsverein war nach dem Gewinn der Champions League (1993 gegen den AC Mailand) tief abgestürzt. Tapie und seine Gefährten fälschten nachweislich Urkunden, unterschlugen Millionen, bestachen Konkurrenten und hinterließen Konkursverfahren. OM wurde ein Meistertitel aberkannt und der Klub wurde in die zweite Liga verbannt. Nur knapp entging man dem Absturz in den Amateurbereich. 1996 kehrte OM zwar in Liga eins zurück, wettbewerbsfähig aber war der Verein nicht, so daß sich Bürgermeister Jean-Claude Gaudin zu einem Hilferuf entschloß: Für Olympique wurde ein Retter gesucht. Neben *Adidas* legten auch die Textilgruppe *Tati* (die sich dafür mit *Reebok*-Frankreich zusammenschloß) und die Agentur IMG (in Kooperation mit *Nike*) Sanierungspläne vor. »Alle Angebote waren gut und seriös«, erklärte Bürgermeister Gaudin. *Adidas* bekam im Sommer 1996 den Zuschlag – auf nachdrücklichen Wunsch des Ligapräsidenten Noel Le Graet, der selbst einen umstrittenen Monopolvertrag mit *Adidas* hat. »Wir haben aber den Verein nicht gekauft«, so wehrte Firmensprecher Peter Csanadi Spekulationen ab. Der alte Ausrüster, die japanische Firma *Mizuno*, wurde ausgekauft. Zum Einstieg steckte *Adidas* gleich neun Millionen Mark in den Verein, womit zum Beispiel der deutsche Nationaltorhüter Andreas Köpke angeheuert werden konnte. Obgleich Louis-Dreyfus zu Beginn seines Engagements noch verkündet hatte, nicht selbst Präsident werden zu wollen, sondern die Kandidatur eines Bürgers aus Marseille zu unterstützen, ließ er sich ein halbes Jahr später zum Präsidenten bestimmen. Gemeinsam mit drei Freunden übernahm der *Adidas*-Boß für fünf Millionen Mark 54 Prozent der Anteile am Fußballverein. Dazu wurde eigens die Firma *Eric Soccer* gegründet – Eric heißt der Sohn des Patrons.

OM soll wie Real Madrid oder der AC Mailand spielen, wünscht sich Louis-Dreyfus. Finanziell nimmt er sich den deutschen Branchenführer, bei dem er im Verwaltungsrat sitzt, zum Vorbild. Er will OM zum »FC Bayern des Südens« machen. Der würdige Platz dazu wäre zunächst in der Champions League. Zugleich aber strickt der Konzernchef in der Öffentlichkeit unverdrossen am Mythos des armen Marseille, das sich gegen die reichen Hauptstädter (Paris St. Germain) und Monegassen (AS Monaco) erhebt. Neben den umgerechnet drei Millionen Mark für die Ausrüstung des Vereins wollte *Adidas* von 1997 bis 1999 noch einmal 50 Millionen in neue Spieler investieren. Für insgesamt 22 Millionen wurden allein in der ersten Halbserie der laufenden Saison die Stürmer Fabrizio Ravanelli (aus Middlesborough) und Christophe Dugarry (CF Barcelona) verpflichtet. Ganz nebenbei tat Louis-Dreyfus im Falle Dugarry schon zum zweiten Mal dem französischen Auswahltrainer Aime Jacquet einen Gefallen. Zuvor wurde Nationallibero Laurent Blanc aus Barcelona geholt, wo dieser wie Dugarry nur auf der Bank gesessen hatte. Ravanellis Gehalt bezahlt Louis-Dreyfus ganz allein.

Auf einem heißen Pflaster wie in Marseille ist es womöglich verständlich, daß die Verantwortlichen die Wirtschaftsdaten OMs nicht immer klar benennen. Verwundern darf jedoch, daß sich Louis-Dreyfus nun ausgerechnet einen Trainer geholt hat, der möglicherweise bald ein halbes Jahr hinter Gittern verbringt. Rolland Courbis nämlich wurde im April 1997 wegen Steuerhinterziehung in einem seiner ehemaligen Vereine (Sporting Club Toulon-Var) zu 24 Monaten Haft verurteilt, davon sind nur 18 Monate zur Bewährung ausgesetzt. Courbis droht also die Haftstrafe, wenn er im Berufungsverfahren nicht Recht bekommt. Vor Jahren saß er schon einmal 98 Tage wegen einer schwarzen Kasse in Untersuchungshaft und bekam wegen doppelter Buchführung eine dreijährige Bewährungsstrafe aufgebrummt. Es hat den Anschein, als gehörten solche Geschichten in Frankreichs Fußball zum Geschäft. Doch soll im Sport ja nicht herumgemäkelt, sondern stets optimistisch in die Zukunft geschaut werden. Freuen wir uns deshalb mit den heißblütigen Fans darüber, daß es in Marseille wieder aufwärts geht. Mit Olympique und den Börsenplänen des Präsidenten, mit Courbis, mit *Adidas* und mit dem Stade Velodrom. Das wurde für die Fußball-WM hübsch renoviert und mit einem Fassungsvermögen von 60.000 Zuschauern zum zweitgrößten Stadion des Landes gemacht. Damit verfügt Louis-Dreyfus über eine ansprechende Arena für seine ehrgeizigen Pläne – demnächst in der Champions League.

Der 30tägige Krieg
WM 1998 – Schlacht der Schuhgiganten

Vor der 16. Fußball-Weltmeisterschaft, dem weltgrößten Medienereignis bislang, hatte Robert Louis-Dreyfus seine Hausaufgaben erfüllt. Die WM in Frankreich, die vom 10. Juni bis 12. Juli 1998 voraussichtlich 37 Milliarden Menschen an den Fernsehschirmen verfolgen sollten, wurde wie in Dasslers Zeiten zu einer *Adidas*-Werbeveranstaltung. Zwar hat *Nike* den Drei Streifen engagiert den Fußballkrieg erklärt. Den heißen Sommer wartete Louis-Dreyfus indes gelassen ab: »Europa gehört uns. Hier sind wir. Überall.«

Adidas stellt den Spielball, rüstet sechs der 32 Mannschaften aus (Deutschland, Frankreich, Spanien, Argentinien, Rumänien, Jugoslawien), dazu die FIFA, die Schiedsrichter sowie 12.000 offizielle und freiwillige Helfer. Als einer von zwei Präsidenten steht der französische Nationalheld Michel Platini, ein langjähriger *Adidas*-Werbeträger, dem Organisationskomitee vor. Darüber hinaus wurden zwischen 30 und 40 Millionen Dollar für die Mitgliedschaft in den weltweiten, nur zwölf Firmen umfassenden Sponsorenpool eingezahlt, womit sich erstmals ein Ausrüster in das Intersoccer-Programm eingekauft hat. Aber das alles war noch nicht genug. Nach der fleißigen Vorarbeit kam nun auch noch Glück dazu. Pures Glück. Der Brasilianer Carlos Alberto Parreira, den *Adidas* zu seinen Werbepartnern zählt, loste die WM-Gastgeber ausgerechnet in die Vorrundengruppe E. Nicht nur, daß die von *Adidas* eingekleideten Franzosen damit jene drei Stadien erwischten, die ihnen die höchstmögliche Zuschauerzahl aller Vorrundengruppen garantieren – ihr erstes Spiel steigt nun sogar noch im Stadion des *Adidas*-Vereins Olympique Marseille. Am 12. Juni geht es gegen den Afrikameister Südafrika. Zufälle gibt's.

Für das Gelingen dieser WM hat *Adidas* wirklich alles getan – und dabei nicht immer die Gesetze befolgt. So wurde dem Unternehmen wegen unlauteren Wettbewerbs im November 1997 eine Geldstrafe von sechzehn Millionen Franc (etwa fünf Millionen Mark) aufgebrummt. Der französische Wettbewerbsrat Conseil de Concurrence gab damit einer Klage von konkurrierenden Firmen (unter anderem *Nike* und *Reebok*) statt. *Adidas* hatte sich ein allzu ehernes Monopol aufgebaut. Der Wettbewerbsrat wertete den Exklusivvertrag mit der französischen Fußball-Liga LNF als grobe Benachteiligung der Konkurrenz. Der über fünf Jahre laufende Vertrag gab dem Konzern das Recht, für jährlich 60 Millionen Franc den Titel »Exklusivlieferant der LNF« zu führen. Außerdem durfte *Adidas* Aufnahmen aller Mannschaften der beiden Profidivisionen in der Werbung benutzen. Zudem rüstet *Adidas* etliche Spitzenvereine aus, wie den AS Monaco und Olympique Marseille, und dann wäre da noch die langjährige Partnerschaft mit dem französischen Fußballverband FFF. »Durch dieses Vertragsgeflecht werden andere Firmen aller Möglichkeiten beraubt«, urteilten die Richter des Conseil de Concurrence.

Das Imperium war schon zuvor ein wenig ins Wanken geraten. Das war, als die französischen Nationalspieler aufbegehrten. Nachdem einige Stars private Ausrüsterverträge abgeschlossen hatten, forderten sie, diese auch auf die Nationalmannschaft auszudehnen und damit das *Adidas*-Monopol zu beenden. Bei einem Länderspiel gegen Schweden im April hatten Profis die drei Streifen auf ihren Schuhen eingeschwärzt. Selbstbewußt erklärte Kapitän Didier Deschamps in der Sportzeitung *l'Equipe*: »Wir haben ziemlich gute Karten. Niemand kann uns drohen, denn wenn 15 Spieler zugleich zurücktreten, können sie ihre WM vergessen.« Zwei Monate später verhandelten die Aufständischen vor dem »Tournoi de France«, dem WM-Testturnier, einige Stunden mit Verbandspräsident Claude Simonet. Es kam zu einem Waffenstillstand. Deschamps und seine Kollegen veröffentlichten ein offizielles Kommuniqué. »Wir werden bis zum Ende der Weltmeisterschaft 1998 die Vereinbarungen respektieren, die der Verband mit *Adidas* geschlossen hat. Unsere Aktion beim Spiel Frankreich – Schweden mit dem Ziel, die freie Schuhwahl durchzusetzen, war und bleibt gerechtfertigt. Wir werden unvermeidbar unser Ziel erreichen.« Noch nie tobte der Wettstreit auf dem Sportartikelmarkt so vehement wie gegen Ende der neunziger Jahre. Darin sind sich alle Beteiligten einig. »*Nike* kauft, was es zu kaufen gibt. Es gibt nun mal keine wirtschaftlichen Grenzen, nur ethische und moralische«, sagt Wolf Jochen Schulte-Hillen, Deutschlandgeschäftsführer bei *Kappa*. Und wer fühlt sich im Spitzensport schon für Ethik und Moral zuständig? Peter Moore, Fußballvizepräsident bei *Reebok*, erklärt: »Fußball ist das Hauptschlachtfeld. Wenn wir ein Team verpflichten wie Mönchengladbach, steht bei *Nike* dagegen Borussia Dortmund. In England haben wir Aston Villa und Bolton Wanderers, sie nehmen Arsenal. Wir holen uns Fluminense in Brasilien, sie Flamengo. Es ist Schlag und Gegenschlag. Wir sorgen dafür, daß wir die richtigen Teams haben. Am Fußball entscheidet sich's.«

Es ist ein irrwitziges Hauen und Ausstechen, in dem »alle mitbieten, schon damit die anderen ein bißchen mehr bluten«, wie Peter Csanadi zugibt, der PR-Direktor von *Adidas*. »Man muß viel reinbuttern, aber mit den Replika erreicht man immer noch gigantische Zahlen.« Außerdem kann man einem Konkurrenten leicht die Tour vermasseln, wenn etwa Informationen über angebliche Vertragsabschlüsse lanciert werden und der tatsächliche Ausrüster dann auf seinem Lagerbestand sitzenbleibt. »Sollte uns das mal passieren,« sagt Csanadi, »würden wir sofort vor Gericht gehen.« Heiß umworben sind besonders die wenigen ganz großen, die mythenbehafteten Klubs, sowie komplexe Verträge mit Landesverbänden. »Das läßt sich refinanzieren, wenn man nur genug Rechte hat«, sagt *Nike*-Marketender Dohmen. »Man muß es nur so machen wie NSE.«

Inzwischen hat man sich an exorbitante Summen gewöhnt. Die Beteiligten machen sich kaum noch die Mühe, Angaben zu bestätigen oder zu dementieren, in Windeseile sind neue Zahlen und Währungen auf dem Nachrichtenmarkt. Übersicht behält man da am besten mit einem Taschenrechner und aktuellen Devisentabellen. Natürlich spielen neben *Nike* und *Adidas* noch einige andere mit. Zum Beispiel *Umbro*, das bei Mannschaftsverträgen generell auf einen Zeitraum von fünf Jahren setzt. Die Ausstattung von Manchester United ließ man sich 90 Millionen Pfund kosten. Der Champions-Ligist, jüngstes, teuerstes und hoffnungsvollstes Team auf der Insel, verfügt gleich über drei verschiedene Trikotsätze, von denen einer alljährlich ausgetauscht wird. *Umbro* kümmert sich außerdem um die Nationalmannschaften Englands, Schottlands und Irlands, um Everton, Chelsea, Nottingham, Celtic Glasgow, Manchester City, Aberdeen, Ajax Amsterdam, Inter Mailand und Lazio Rom. Mit dem englischen Torjäger Alan Shearer (Newcastle United) schloß die Firma sogar einen Kontrakt über 15 Jahre ab, der Shearer 25 Millionen Pfund und einen Leistungsbonus garantiert. Als sich Shearer vor elf Jahren zum ersten Mal an *Umbro* band, drückte man ihm 200 Pfund in bar sowie ein neues Paar Schuhe in die Hand. Das war's.

Oder *Reebok*, bis zur Fusion von *Adidas* mit *Salomon* noch die Nummer zwei der Welt. 400 Millionen Dollar gibt man jährlich für Werbung und Marketing aus. *Reebok*, ein wenig angeschlagen in den letzten Jahren – unter anderem weil die Einführung einer neuen Schuhtechnik mißriet und weil man in den USA mit der Wahl seiner Werbepartner kein glückliches Händchen bewies –, verspricht gleichwohl im nächsten Jahrtausend eine Revolution des Markts. Beflissen werkelt für *Reebok* ein Mann mit exzellenten Kontakten in Führungspositionen: John Boulter, der einst in der sportpolitischen Gruppe von Horst Dassler lernte, wie man den Markt kontrolliert. Vorerst sind dies die Highlights unter den fußballerischen Besitztümern:

Der argentinische Verband (für 60 Millionen Dollar, aber erst nach der WM) sowie ehemalige Europacupsieger wie Borussia Mönchengladbach, Aston Villa, IFK Göteborg und FC Liverpool. Erstaunlicher aber sind *Reeboks* Tätigkeiten über die althergebrachte Partnerschaft Sponsor – Ausrüster – Verein hinaus: Den erlesenen Sponsorenkreis der Champions League verließ die Firma im vergangenen Jahr – angeblich, weil man sich »wieder mehr auf das Spielfeld als auf das Drumherum« konzentrieren will, wie Fußballchef Moore sagt. »Wir haben unsere Politik geändert, das hat nichts mit der Champions League und nichts mit finanziellen Problemen zu tun.« Moore hat den Markt, und hier besonders auch die Tätigkeit von NSE in Brasilien, analysiert und seine Schlüsse konsequent umgesetzt. Hört sich einfach an und leuchtet ein, wie Moore die neue Politik im Branchenblatt *Sport Business* umschreibt: »Wir müssen die Kontrolle über unsere Investitionen übernehmen.«

Umfangreiche Experimente haben begonnen, wobei *Reebok* zu seinen Wurzeln zurückkehrte und global operiert: Im englischen Bolton, der Heimstatt der Firma, will man als Hauptsponsor die Bolton Wanderers zu einer europäischen Spitzenmannschaft formen. Parallel dazu wurde mit dem »*Reebok* Soccer Cup« in den USA ein erster internationaler Wettbewerb organisiert. In mancher Hinsicht agiert *Reebok* sogar schon konsequenter als NSE. So spielen die Wanderers, kaum wieder in die Premier League aufgestiegen, seit Herbst 1997 im firmeneigenen *Reebok*-Stadion, einer hochmodernen Arena, die natürlich alle Annehmlichkeiten bietet, von der Vermarkter so träumen. »In unserem Geschäft beginnt die Globalisierung erst jetzt. Wir wollen unsere Mannschaften zu globalen Marken machen. Das ist der Weg in die Zukunft«, sagt Moore. Auf diesem Weg marschiert er nicht hinterher, sondern hat sich schon einmal sehr weit vorgewagt. Der »*Reebok* Soccer Cup«, sanktioniert von der FIFA und den betreffenden nationalen Verbänden, führte Ende Juli 1997 in Chicago und Miami vier Mannschaften aus Deutschland (Borussia Mönchengladbach), Mexico (Necaxa), Brasilien (Palmeiras) und Kolumbien (Atletico Junior) zusammen. In 140 Länder wurden Bilder dieser Spiele übertragen. Mit der zweiten Auflage wird der Wettbewerb, als Vorgeschmack auf die WM im Jahr 2002, nach Japan und Südkorea gehen.

Konzeptionell hat *Reebok* also einiges zu bieten, doch den Kampf an der Spitze liefern sich vornehmlich *Nike* und *Adidas* – umtost vom passenden Schlachtenlärm. »Es ist ein beinhartes Geschäft mit viel Leidenschaft. Aber ich würde es nicht gleich Heiligen Krieg nennen«, sagt *Nike*-Guru Phil Knight. »Ich würde gern glauben, daß *Adidas* den Krieg verloren hat. In Wahrheit haben sie nur ein paar Schlachten verloren. Jedes halbe Jahr gibt es eine neue Schlacht. *Adidas* geht es zur Zeit besser, und *Reebok* läßt nach. Aber wer weiß schon, wie es in einem Jahr aussieht?« Knight schwört seine Führungskräfte in internen Meetings gern mit einem Foto von Louis-Dreyfus ein:»Das ist unser Feind.« Der *Adidas*-Grandseigneur teilt seinerseits aus:»*Nike* agiert für mich wie eine Sekte. Die laufen doch alle mit diesem Logo, dem Swoosh, als Tattoo herum. Wir dagegen sind föderal: Unsere Marke wird von der Zentrale geführt und lokal kommuniziert. *Think global, act local.* So machen wir es. Ganz einfach.« Auch sehe er sich nicht als einen, »der Schlachten schlägt. Ich habe jedenfalls kein Feind-Bild von Phil Knight zu hängen«.

Neueinsteiger *Nike*, in der Regel auf Verträge über eine Dekade aus, ging außer mit seinen sechs WM-Endrundenteilnehmern mit folgendem Portfolio in das WM-Jahr: 150 Millionen Pfund hatte *Nike* im Herbst 1997 der englischen Fußball-Föderation (bis 1999 *Umbro*) geboten. 30 Millionen Pfund erhielten die Glasgow Rangers (vorher *Adidas*). 140 Millionen Dollar wurden dem CF Barcelona (zuvor *Kappa*) versprochen. Dazu kamen Teams wie Weltpokalsieger Borussia Dortmund, PSV Eindhoven, Paris St. Germain, Olympique Lyon, Arsenal London, Sparta Prag, der reichste Verein des ehemaligen Ostblocks, und der SSC Neapel. Zwar hält *Adidas* wegen der günstigen Verflechtungen mit der FIFA, der ISL und dem französischen Verband während der Weltmeisterschaft noch einige Trümpfe mehr als *Nike* in der Hand – doch können die Schuhsoldaten aus Oregon noch eine andere Waffe ins Feld führen. Sie haben die in der Branche übliche psychologische Kriegsführung, das sogenannte Ambush-Marketing, in der Vergangenheit perfektioniert. Wann immer *Nike* bislang zum Großangriff blies, entstand zumeist der Eindruck, die Firma sei offizieller Sponsor der betreffenden Veranstaltung gewesen.

Das Ambush-Marketing – die Kunst, einen Hinterhalt zu legen – hat bei *Nike* Tradition. Es begann mit Olympia 1984 in Los Angeles. Bei den Horst-Dassler-Spielen der Weltjugend waren 124 von 140 Nationalteams von *Adidas* eingekleidet. Das US-Team wurde bis auf wenige große Ausnahmen wie Carl Lewis, Alberto Salazar, Willie Banks und Joan Benoit von der Firma *Converse* ausgerüstet. Natürlich haben die insgesamt sechs Olympiasiege, die den *Nike*-Aushängeschildern Lewis, Salazar und Benoit gelangen, oder auch die Dreisprungshow des Willie Banks das Image des jungen Unternehmens aufpoliert. Am Ende hatten die vielen *Adidas*-Athleten gerade 259 Medaillen gewonnen, die Handvoll Swooshträger immerhin 63. Siegesgöttin *Nike* bekränzte ihre Helden mit insgesamt zwei Millionen Dollar. Aber das war es nicht allein: Der Schuhkrieg tobte außerhalb des Coliseums, auf den Straßen von L. A. Und hier war es *Nike* mit gewaltigem Werbeaufwand erstmals gelungen, den Eindruck zu erwecken, die Firma zähle zu den olympischen Sponsoren. 37 Prozent der Einheimischen glaubten dies tatsächlich, und die Nachfrage nach *Nike*-Schuhen stieg im Großraum Los Angeles um etwa 30 Prozent.

Ähnlich rigoros gingen die Trittbrettfahrer von *Nike* bei den Spielen 1992 in Barcelona zur Sache. Fünfzehn Meter hohe Billboards säumten die Plaza de Catalunya, den olympischen Mittelpunkt jener Sommertage, den Eingangsbereich zu den Messehallen, zu Presse- und Fernsehzentren, zum Olympia- und zum Schwimmstadion. Der Stabhochspringer Sergej Bubka, eine der *Nike*-Ikonen, schied zwar überraschend bereits im Vorkampf aus. Aber das war kein Problem, hatte doch *Nike* diesmal Athleten ganz anderen Kalibers in den olympischen Vorführring entsandt: Michael Jordan von den Chicago Bulls, den Gott des Basketballs, Irvine »Magic« Johnson aus Los Angeles und Charles Barkley aus Phoenix / Arizona, den Bösewicht zwischen den Körben, der in einem Werbespot sogar das Monster Godzilla aufs Kreuz legte. Das Dream-Team, eine Initiative der NBA-Marketingabteilung, drückte diesen Spielen den Stempel auf. Wer weiß schon, daß in Barcelona erstmals die japanischen Sportschuster der Firma *Mizuno* die meisten Medaillen gewannen? In Erinnerung blieb, wie elegant die *Nike*-Heroen um Michael Jordan während der Siegerehrung das delikate Kleiderproblem lösten. Um nicht mit dem Logo des Konkurrenten *Reebok*, des offiziellen Ausrüster des amerikanischen Olympiateams, fotografiert zu werden, hüllten sie sich in die Stars and Stripes. »Mit der amerikanischen Flagge verdeckt man nichts«, bügelte Jordan die Kritiker ab, »die Flagge steht für alles, an das ich glaube und wofür ich einstehe.« In diesem Falle für *Nike*.

Auch während der Chaos-Tage von Atlanta war am Ende *Nike* vorn. An der Marietta Street, nur wenige hundert Meter von jenem Platz entfernt, wo in der Nacht zum 27. Juli 1996 eine Rohrbombe hochging und zwei Menschen tötete, hatte *Nike* seinen monumentalen Tempel plaziert. Wer durch den riesigen schwarzen Schlund in die Konsumhöhle schritt, mußte die lebensgroßen Porträts der Stars passieren. Im Bauch des Gebäudes lauert dann ein Supermarkt auf Kunden. Die Kassen klingelten. *Nike* rüstete 44 Nationalteams aus, *Adidas* 33, *Reebok* 26. Daß *Reebok* sich dazu den Titel eines Offiziellen Ausrüsters erkaufte und 56.000 Paar Schuhe an das Organisationskomitee verteilte, hat nicht viel genutzt. In den Hirnen der Konsumenten war vor allem die *Nike*-Reklame präsent: 70 Prozent aller Amerikaner glaubten damals, *Nike* sei Hauptsponsor der Spiele gewesen. Das nennt man ein gelungenes Ambush-Marketing.

Vergleichbare Ergebnisse brachten Befragungen während der Fußball-Europameisterschaft im Juni 1996 in England. Die *Nike*-Werbung war weit wirkungsvoller als die des EM-Sponsoren *Umbro*, schon, weil die Amis mit ihren monumentalen Plakatwänden wieder einmal mächtig provozierten. Da forderte beispielsweise der holländische Stürmer Patrick Kluivert (inzwischen bei *Adidas*) Englands Nationaltrainer zum sofortigen Rücktritt auf: »Venables, geh jetzt!« Paolo Maldini vom AC Mailand verkündete mit arrogantem Blick: »Italiens Torwart: Der leichteste Job in Europa.« (Nach der Vorrunde war dann übrigens Ende mit dem easy job …). Und der Franzose Eric Cantona (Manchester United) posierte vor der Trikolore, darunter ein Spruch, der nicht ganz kompatibel war mit den Fairplay-Bemühungen der FIFA: »Ich habe hart daran gearbeitet, den englischen Fußball zu verbessern. Jetzt aber muß er zerstört werden.« Daß Cantona gar nicht an der EM teilnahm – unter anderem, weil er einen Fan mit den stollenbewehrten Schuhe voran angesprungen hatte –, wurde in den Hintergrund gedrängt. Die britischen Medien diskutierten die Aktion der Werbefirma *Simons und Palmer* wochenlang. *Nike* wurde zwar in eine Schmuddelecke gedrängt, aber das war egal, man hatte Publicity.

Zuvor war in Fußballkreisen bereits ein europaweit gesendetes Video auf Ablehnung gestoßen, in dem die *Nike*-Streetfighter (in Anlehnung an Barkleys Godzilla-Spot) in einer virtuellen Arena gegen den Teufel kickten. Ein Spiel um Leben und Tod. Eric Cantona jagte dem Satan schließlich einen Feuerball durch den Leib. »Au revoir«, haucht der Franzose dem dahinscheidenden Gegner noch hinterher – zu einer Zeit, da seine Kick-Box-Einlage gegen einen Fan in aller Munde war. Cantona war dafür einige Monate suspendiert worden. Bei der jugendlichen Zielgruppe kamen diese Werbehämmer prächtig an, die Gralshüter des Weltsports jedoch zogen aus der Verbindung von Kick-Box-Eric und Satan-Video keine vorteilhaften Schlüsse. FIFA-Generalsekretär Joseph Blatter, ein Hobbyjournalist, geißelte in einer seiner moralinsauren Kolumnen für die *FIFA*-News einen »Werbetrend, in dem Gewalt und schlechter Geschmack verherrlicht werden«. Sei er auch noch so »technisch ausgefeilt und futuristisch gestaltet«, trage ein solcher Stil »durch nichts dazu bei, ethische Werte zu vermitteln, vor allem nicht unter leicht beeinflußbaren Teenagern«. Gut gebrüllt. Wie wär's mit klaren Sanktionen?

Eine aggressive Firma wie *Nike*, »die ihre soziale Verantwortung ignoriert«, spiele »mit dem Feuer«, schimpfte schließlich auch Michael Payne, der Marketingdirektor des IOC. Payne setzte sich mit den Streitern von *Nike, Adidas, Reebok, Mizuno* und *Asics* im Spätherbst 1997 an einen Tisch und diskutierte deren Werbestrategien. Heraus kam ein für die Olympischen Winterspiele in Nagano erstmals gültiger olympischer Marketingkodex – abgesegnet von den Firmen, von IOC-Präsident Samaranch und

Stephen Rubin, dem Präsidenten der Weltvereinigung der Sportartikelindustrie (WFSGI). In der Präambel des Textes sind die Grundlagen festgeschrieben: Da dem IOC die Olympischen Spiele gehören, ist, was das IOC sagt, für alle in der WFSGI zusammengeschlossen Unternehmen Gesetz. Dies wird in zwölf Punkten näher erläutert. So darf nur derjenige mit olympischen Symbolen werben, der dafür bezahlt; das Verteilen von Werbebroschüren soll in den Stadien verboten sein; kein olympischer Wettkämpfer darf während der Spiele in Werbespots auftauchen; die Videos sollen zudem den olympischen Idealen entsprechen – wahrlich ein Gummiparagraph –, auch soll man in dieser Zeit von Abwerbungsversuchen Abstand nehmen.

Die FIFA dagegen verzichtete auf einen solchen Ehrenkodex, wohl in der Ahnung, die roh waltenden Kräfte des ebenso freien wie besinnungsfreien Marktes nicht eindämmen zu können. »Von uns kommt da keine Initiative«, erklärte Keith Cooper, Kommunikationsdirektor des Weltverbandes. Die 40 Co-Sponsoren des französischen WM-Organisationskomitees, die zusammen 156 Millionen Dollar spendieren, beschwerten sich allerdings im Oktober 1997, sie wollten für ihr Geld nicht nur die Opfer im Krieg der Schuhe sein. Daraufhin wurde der FIFA-Marketingpartner ISL tätig und verschickte an die zwölf weltweiten Topsponsoren und alle anderen Geldgeber Selbsthilfe-Broschüren gegen das Ambush-Marketing. ISL-Fußballchef Glen Kirton erkärte: »Wir wollen Fußball nicht zu einer Sub-Marke von *Nike* werden sehen.« *Adidas*, im Bereich der FIFA nahezu Monopolist, gab sich gelassen. »Wir lassen das auf uns zukommen, ein Abkommen bringt doch nichts«, sagte PR-Sprecher Csanadi. Die Firma hat ihr Feld bestellt. *Nike* ebenfalls. »In der Pariser Metro haben die doch schon vor zwei Jahren die Werbeflächen für die WM 1998 gekauft«, sagt eine Agentin der Vermarktungsfirma *Advantage*. Es wird ein heißer Sommer, nicht nur im Pariser Untergrund.

Auch *Adidas* geht zunehmend aggressiver vor. Als etwa der von Verletzungen geplagte Alessandro del Piero (Juventus Turin) von Nationaltrainer Cesare Maldini ein paar Monate nicht aufgeboten wurde, schaltete die italienische *Adidas*-Niederlassung Anzeigen in größeren Blättern. Als unwiderstehlich wurde der Weltklassestürmer da gepriesen. Eigentlich könne ihn nur einer an seiner Lieblingsbeschäftigung, dem Toreschießen hindern: Cesare Maldini. Umgehend zeterte der *Corriere dello Sport*: »Geschmacklos, eine Dummheit. Ein Trainer läßt sich nicht von einem Sponsor unter Druck setzen.« Zumindest nicht, wenn er ein anderes Sponsorenlogo trägt – der italienische Verband wird von *Nike* ausgerüstet. *Adidas*-Direktor Peter Csanadi flog sofort auf den Stiefel, wo er mit del Piero und Maldini konferierte. »Sehr unglücklich« sei die Sache gelaufen, erklärte Csanadi. »So was passiert, wenn eine typisch englische Agentur für Italien Kreativwerbung macht. Alessandro wußte von nichts. Die Sache ist ausgeräumt.«

Robert Louis-Dreyfus, der Anfang der neunziger Jahre sehr erfolgreich die Londoner Werbeagentur *Saatchi & Saatchi* saniert hatte, setzt voll auf die Kraft der Suggestion und zögert nicht, die Konkurrenz zu kopieren: »Ich habe großen Respekt vor *Nike*. Die machen unglaublich gute Werbekampagnen. Es ist die Marke, die es am besten schafft, die Verbindung zwischen Produkt und Zielgruppe herzustellen.« *Adidas* zieht nach. Dreizehn Prozent des Umsatzes, 1997 also etwa 830 Millionen Mark, umfaßt der Marketing-Etat. 40 Prozent dieser Summe gehen in die Werbung, 60 Prozent werden in große Verträge mit Einzelsportlern und Mannschaften investiert. Für die Präsentation der alten und neuen Helden (demnächst auch Real Madrid und AC Mailand), über die *Adidas* reichlich verfügt, ist die Londoner Agentur *Leagas Delaney* zuständig. Etwa 40 Werbespots und 800 Anzeigenmotive werden jährlich produziert. Allein an dem Filmchen, in dem die *Adidas*-Kikker Sammer, del Piero, Zidane, Beckham, Kluivert und Gascoigne in einem virtuellen Stadion gegen ihre Ebenbilder spielten, werkelten 60 Illusionisten drei Monate lang in drei riesigen Studios. Die Botschaft kam selbst für Westentaschen-Spiritisten gut erkennbar rüber: Wir kämpfen nur gegen unsere eigenen Schwächen. Wir haben keine wirkliche Konkurrenz, wir besiegen uns nur selbst. Kann die Welt schöner sein? Genau das hat Louis-Dreyfus immer von seinen Mitarbeitern verlangt. »Gleich zu Beginn haben wir definiert, wer wir sind. Ich habe gesagt: Die größte Marke der Welt.«

Wer die Auseinandersetzung der Sportartikelgiganten betrachtet, kommt an einem Phänomen nicht vorbei. Während sich *Nike* mächtig im Fußballbereich, und da besonders in Europa um Marktanteile müht, drängt *Adidas* verstärkt auf amerikanisches Territorium. »Wenn sie wirklich in der Topliga spielen wollen in diesem Geschäft, können sie keine Topsportart vernachlässigen«, sagt Peter Csanadi. »Wir waren sehr stark im Fußball und extrem schwach im Basketball, also mußten wir in den Basketball reingehen. Und *Nike*, das ist ganz klar, sieht sein Wachstumspotential im Fußball.« Unter Louis-Dreyfus schaffte *Adidas* in den USA, wo die Firma einmal zwanzig Jahre lang unangefochten die Nummer eins gewesen war, in kurzer Zeit wieder den Einstieg. Das Magazin *Fortune* staunte: »So etwas gibt es nicht oft. Ein ehemaliger Marktführer kommt zurück und greift den neuen Marktführer an. Nicht irgendwo, sondern vor dessen Haustür.« Ein bißchen Glück war auch dabei, wie Louis-Dreyfus ohne Umschweife zugibt. Denn gerade als er mit seiner Arbeit begann, kam die Modewelle der siebziger Jahre wieder auf. Trendsetter wie die Popkönigin Madonna traten im Dreistreifenlook auf. *Adidas* konnte deshalb noch eine Weile vom Eingemachten

profitieren und gewann die nötige Zeit, Ideen und Strukturen zu entwik-
keln.

Die US-Niederlassung in Portland, nur wenige Meilen von *Nikes* »World
Campus« entfernt, wurde ausgebaut. Dort leisteten ausgerechnet zwei ehemalige Topmanager von *Nike* Aufbauarbeit: Der inzwischen verstorbene
Rob Strasser, dessen Frau ein delikates Buch über *Nike* verfaßt hatte, und
Peter Moore. Strasser und Moore zählten einst zu Phil Knights engsten Vertrauten und haben Mitte der achtziger Jahre die Air-Jordan-Marke installiert. Später überwarfen sie sich mit Knight und gründeten eine eigene
Firma, auf deren Dienste *Adidas* dann zurückgriff – wie auch auf die Hilfe
eines anderen schillernden *Nike*-Aussteigers. Der Talentespäher Sonny
Vaccaro war es, der vor anderthalb Jahrzehnten für *Nike* den ersten Vertrag
mit Michael Jordan vorbereitete. Genauer gesagt: Er überredete seine Bosse,
auf Jordan zu setzten. Der 58jährige Vaccaro hat sich selten getäuscht. Er ist
noch immer mit Jordan befreundet und gilt bis heute als eine der einflußreichsten Figuren im College-Basketball, der Kaderschmiede für die NBA.
Kaum jemand verfügt über so viele exzellente Kontakte zu Trainern, Agenten und Spielern wie Vaccaro. *Nike*-Vorstand Phil Knight aber ersetzte ihn
1991 durch einen Jüngeren. Der tief gekränkte Scout war bald darauf mit
unbändigem Eifer für *Adidas* unterwegs.

Lang war der Weg zu neuem Ruhm. *Adidas* mußte sich erst wieder als
Sportmarke etablieren. Also leistete Vaccaro vier Jahre Basisarbeit, organi-
sierte Trainingscamps und spielte seine alten Kontakte aus. 1996 schlug er
zu. *Adidas* nahm Kobe Bryant, Antoine Walker und Jermaine O'Neal unter
Vertrag, drei Collegespieler, die auf Anhieb ihren Platz in der NBA fanden.
Bryant, für zehn Millionen Dollar an den Ausrüster gebunden, wird von
Adidas zum Superstar aufgebaut. Der Bursche spielt bei den Los Angeles
Lakers und verschafft der Firma damit wieder Gehör auf dem zweitgrößten
Medienmarkt der USA. Ein Jahr später verpflichtete *Adidas* für weitere
12 Millionen Dollar Tracy McGrady, der inzwischen von den Toronto Rap-
tors gedraftet worden ist. Sonny Vaccaros rastlose Mühen haben einigen
Herrschaften offenbar nicht gepaßt. Im Büro Portland der Bundespolizei FBI
meldete sich jedenfalls eines Tages ein anonymer Anrufer, der erfahren haben wollte, daß Vaccaro gemeinsam mit seinem alten Kumpel Howard
White, der bei *Nike* nach wie vor Michael Jordan betreute, Industriespio-
nage betrieb. White soll Vaccaro Details über *Nikes* Pläne weitergegeben haben. Auch andere ehemalige *Nike*-Manager, die inzwischen für *Adidas*
Amerika tätig waren, wurden verdächtigt, berichtete *Sports Illustrated* im
Januar 1994. Das FBI verhörte mehrere Personen. Die Sache sei ausgestan-
den, *Nike* sei »nur ein bißchen stinkig gewesen, weil Sonny so erfolgreich

war«, erklärte *Adidas*-Sprecher Csanadi. »Aber uns Spionage zu unterstellen, ist absoluter Blödsinn. Zwischen Konkurrenten wechseln immer mal Führungskräfte, das ist doch normal.«

Daß die Wettbewerber die Klinge kreuzen, gehört mittlerweile zum Tagesgeschäft. Im spektakulärsten, längst noch nicht entschiedenen Fall, ging *Adidas* vor Gericht. Mitte März 1997 einigten sich *Adidas* und George Steinbrenner, der Besitzer der New York Yankees – des aktuellen Weltmeisters und erfolgreichsten Teams der Baseballgeschichte –, auf einen Ausrüstervertrag. Laufzeit (zehn Jahre) und Volumen (95 Millionen Dollar) sind in diesem Zusammenhang weniger interessant, denn es geht dabei um ein wohl schon historisch zu nennendes Prinzip: Die amerikanischen Profiligen funktionieren wirtschaftlich auch deshalb, weil sie seit Jahrzehnten vom Kartellverbot freigestellt sind. Die Ligen treten gegenüber Fernsehsendern, Sponsoren und Ausrüstern als geschlossene Gebilde auf und diktieren die Preise. Welche Unternehmen welche Anteile bekommen, und welche Sponsoren am Geschäft teilhaben dürfen, ist klar geregelt. In der Baseball-Liga MLB hatten bisher zwar *Nike* und *Reebok* die Ausstatterlizenz, nicht aber *Adidas*. Deshalb wurde dem Klub der Handel mit *Adidas*-Produkten im Yankee-Stadion verboten. Yankee-Besitzer Steinbrenner zog dann seinerseits gegen die Liga vor Gericht. Die Sache hängt. Steinbrenner wurde von der MLB vorerst aus ihrem zehnköpfigen Präsidium suspendiert.

Gleich wie es ausgeht, *Adidas* erhielt eine unbezahlbare Publicity und hat sich den Amerikanern wieder mal ins Bewußtsein gerückt. Der Deal mit den Yankees steht meilenweit über allen anderen Abschlüssen, seien die Verpflichtungen zweier Universitäten (Notre Dame, Northwestern), mehrerer Nachwuchsbasketballer und die Lizenzverträge mit der NBA und der NFL auch noch so zukunftsweisend. Denn vom Mythos her sind die Baseball-Yankees mit der brasilianischen Fußballnationalmannschaft zu vergleichen. Die einen überraschend von *Adidas* geangelt, die anderen von *Nike* an Land gefischt – und das jeweils im fremden Gewässer. Die Schuhsoldaten der Konzerne überschreiten jede Grenze, nichts kann sie stoppen, die Dinge geraten aus den Fugen. Im weltweiten Wettstreit der Sportartikelkonzerne wird die Brot-und-Spiele-Vision von morgen sichtbar. Das Szenario für Gladiatorenkämpfe steht, wobei die Götter des Sports mit immer fantastischeren Summen gesalbt werden. *The show must go on* – müssen auch sie bald in den Krieg ziehen?

Die Zerreißprobe
Der Fußball zwischen Richtern und Rechtedealern

Langsam, leise und doch entschieden brachte er die Worte hervor. Wilfried Straub gab sich alle Mühe. So blumig, wie es seine Funktionärsseele erlaubte, besang er die gesellschaftspolitische Verantwortung seines Arbeitgebers, des Deutschen Fußball-Bundes. Der DFB-Wirtschaftsdirektor, eine eher trockene Natur, geriet regelrecht ins Schwärmen. Doch just, als er anhob, das segensreiche Wirken seiner Organisation zum Wohle des deutschen Volkes zusammenzufassen, wurde er jäh abgewürgt. Denn versammelt war hier ja nicht der DFB-Bundestag oder, sagen wir, die Ortsgruppe der Grauen Panther. Er stand in einem Gerichtssaal. »Herr Straub«, stoppte Karlmann Geiß, der Präsident des Bundesgerichtshofes (BGH), den Redefluß des Funktionärs, »sie sollen uns einfach nur Auskunft geben und nicht Ersatz plädieren.« Geiß hatte sich erkundigt, wie der DFB denn die Millionen verteilt, die er in einem Globalvertrag für die Heimspiele deutscher Mannschaften im Europacup der Pokalsieger und im UEFA-Cup erhält. »Darüber müssen wir reden, weil der Liga-Ausschuß alle zwei Tage einen neuen Verteilerschlüssel erfindet«, sagte Geiß. Hilfesuchend blickte Straub seinen Chefjustitiar Goetz Eilers an. Der hatte bei Straubs Vortrag erschrocken die Augen verdreht, während sich die Zuhörer im Saal und die Richter wunderten und zunehmend amüsierten. Doch Eilers nickte seinem Kollegen tapfer zu. Weiter so.

Die Episode zeigte das Dilemma, in dem sich die führenden Funktionäre des DFB befinden. Einerseits sollen sie sich an hehre Regeln zum Nutzen des Sportvolkes halten, andererseits müssen sie die Liga nach marktwirtschaftlichen Gesichtspunkten organisieren und dabei auch Autonomiebestrebungen der Vereine unterbinden, um sich nicht selbst überflüssig zu machen. In diesem Beziehungsgeflecht verlieren die DFB-Manager zunehmend die Übersicht. Der Spagat zwischen Sport und Totalkommerz will den Fußballverwaltern einfach nicht mehr gelingen. Also fahren sie einen rasanten Schlingerkurs und argumentieren stets, wie es gerade paßt. Einen Vorgeschmack hat das Kapitel »Bildstörungen« geliefert – bei der Anhörung vor der Rundfunkkommission der Bundesländer 1997 hatte sich der Verband geweigert, die Spiele der Fußball-WM auf eine Liste frei zugänglicher TV-Sportereignisse zu setzen und sie damit den Pay-TV-Plänen von Kirch und Bertelsmann zu entziehen. Eine ähnliche Haltung vertrat der DFB im Herbst 1997 auch in der Verhandlung vor dem Bundesverfassungsgericht (BVG), als es darum ging, ob jeder Fernsehsender, auch wenn er keine Rechte an Bundesligaspielen erworben hat, von jedem Match Berichte bis zu 90 Sekunden Länge kostenlos ausstrahlen darf. In diesem Fall, da die Exklusivrechte ihrer Fernsehpartner geschützt werden mußten, gebärdeten sich die DFB-Vertreter um Gerhard Mayer-Vorfelder und Wilfried Straub wie knallharte Wirtschaftsmanager. Vor dem Bundesgerichtshof in Karlsruhe dann gaben sich die Verbandsfürsten im November / Dezember 1997 wieder weinerlich, als sie mit ihren Anwälten die vermeintliche soziale Bedeutung des größten Sportfachverbandes der Welt (sechs Millionen Mitglieder) betonen mußten. Half aber nichts. Der BGH kam zu dem Schluß, der Verband habe ein »unerlaubtes Kartell« gebildet, als er die Fernsehrechte der Heimspiele deutscher Mannschaften im Europacup der Pokalsieger und im UEFA-Cup im Paket an die Agenturen *Ufa* (Bertelsmann-Tochter) und ISPR (Springer / Kirch) vergab. 60 Millionen Mark kassierte der DFB dafür pro Saison und verteilte das Geld nach einem sinnvollen Schlüssel bis hinunter an die Vereine der zweiten Bundesliga. Das Bundeskartellamt aber untersagte diese Praxis. Da der DFB nicht originärer Veranstalter der Spiele sei und keinerlei finanzielles Risiko trage, dürfe er die Cupspiele nicht zentral vermarkten. Zudem würde durch das Globalabkommen mit den beiden Agenturen jeglicher Wettbewerb ausgeschaltet. In Eigenregie könnten die Vereine auf dem freien Markt höhere Erlöse erzielen. Der entscheidende Satz findet sich gleich zweimal im 26seitigen Urteil: »Der DFB ist, bezogen auf die Lizenzligavereine, eine Vereinigung von Unternehmen.« Für diese Wirtschaftsbetriebe kann also nur Wirtschaftsrecht gelten. Auch hehre »sportpolitische Ziele«, wie sie der DFB zu vertreten vorgab, rechtfertigten keine Freistellung vom Kartellverbot. Den Karlsruher Richtern war eine janusköpfige Haltung aufgefallen. »In Widerspruch zu dem von ihm vorgelegten Rechtsgutachten will der DFB dies mit der Erwägung in Abrede stellen, daß in seinen nach der Satzung gebildeten Gremien die Landes- und Regionalverbände als die ordentlichen Mitglieder eine ganz überragende Stellung einnehmen, während die Lizenzligavereine als außerordentliche Mitglieder mit einer nur geringen Stimmenzahl in einer Minderheitsposition sind. Dieser Auffassung ist nicht zu folgen.« In der Verhandlung hatten die Anwälte des DFB und seiner Partner *Ufa / ISPR* die Vereine mit abenteuerlichen Argumentationslinien zur Bedeutungslosigkeit verdammt. Ein Verein trage im Europapokal überhaupt kein finanzielles Risiko, hieß es da.

Das Risiko, wenn überhaupt, beschränke sich auf die Frage, wie groß der Gewinn sein wird. Die Bedeutung der Vereine werde total überschätzt. In den von der UEFA ausgerichteten Wettbewerben komme den Klubs lediglich die Rolle von Matadoren zu, die auf dem vorbereiteten Schlachtfeld kämpfen, erklärte der Anwalt der ISPR. »Die Vereine haben keine größere Funktion, von ihnen wird gar nichts eingebracht. Sie sind nur die Nutznießer, die von diesem Projekt profitieren.« Sein die *Ufa* vertretender Kollege führte aus: »Im Europapokal bestimmt vor allem die UEFA. Sie erstellt den Spielplan, gestaltet das Setzsystem, lost die Begegnungen aus, sie gestaltet also die Dramaturgie des Wettbewerbs. Wenn man sich diese Produzentenrolle genau ansieht, bleibt für den Heimverein nicht mehr viel übrig. Er mietet das Stadion und stellt die Ordner.« Launig machte Richter Geiß dem Treiben ein Ende: Man solle jetzt endlich das Kartellamt zu Wort kommen lassen, »sonst existieren die Vereine rechtlich überhaupt nicht mehr.«

In der Urteilsbegründung stellte der BGH dann klar: »Der Heimverein ist der natürliche Marktteilnehmer, der die von ihm im Zusammenwirken mit dem anderen Verein erarbeitete Leistung auf der Grundlage abgesprochener Gegenseitigkeit vermarkten darf. Für den Kartenverkauf, für die Veräußerung der Stadionzeitung, von Fanartikeln oder Speisen und Getränken im Stadion oder die Vermietung von Werbeflächen und ähnlichen kommerziellen Aktivitäten besteht daran kein Zweifel. Für die Gestattung von Film- oder Fernsehaufnahmen im Stadion gilt grundsätzlich nichts anderes.« Der DFB dagegen »nimmt bei den Europapokalheimspielen keine Aufgaben wahr, seine Mitwirkung beschränkt sich auf eine Koordinierungsaufgabe, die nicht die Fernsehübertragung der Fußballspiele überhaupt erst ermöglicht. Indem die einzelnen Vereine als Anbieter derartiger Übertragungsrechte ausgeschaltet werden, wird der Markt für die Gestattung von Fernsehübertragungen von Europapokalspielen in Deutschland spürbar beschränkt.«

Vizepräsident Mayer-Vorfelder, ein Liebhaber düsterer Prophezeihungen, sah nun wieder mal »dunkle Gefahrenwolken aufziehen«, weil Kartellamtssprecher mehrfach angekündigt hatten, den BGH-Entscheid »wie eine Schablone« auf die Bundesliga zu legen. Egidius Braun erklärte, die Verteilung der TV-Gelder aus dem Europapokal sei »praktizierte Solidarität« gewesen. »Nach dem Bosman-Urteil mit seinen überaus negativen Folgen sind wir nun ein zweites Mal gezwungen, Strukturen aufzugeben, die sich über Jahre bewährt haben.« Folgt nun also die nächste Revolution? Greift das Kartellamt demnächst tatsächlich die Zentralvermarktung der Bundesliga an? Daß die gesamte Liga demnächst exklusiv und gegen Aufpreis auf *Premiere* zu verfolgen sein wird, steht kaum noch in Frage. Wie so ein Spieltag im Bezahlfernsehen aussehen soll, wurde mit großem Brimborium bereits im Spätsommer 1997 auf der Internationalen Funkausstellung in Berlin präsentiert. Der Abo-Fan kann zwischen allen Spielen wählen. Ende 1997 hatte *Premiere* etwa1,5 Millionen Abonnenten und übertrug zwei Spiele pro Spieltag live und verschlüsselt. Bei der Berliner Präsentation eines kompletten Spieltags im Bezahlfernsehen hatte der DFB die Oberhoheit, das soll auch so bleiben, der Verband gibt seinen Goldesel nicht kampflos ab. Um einem Angriff des Bundeskartellamtes wirkungsvoll zu begegnen, hat man sich um Unterstützung in der Politik bemüht. Die Ministerpräsidenten Kurt Beck (Rheinland-Pfalz) und Edmund Stoiber (Bayern) pflichteten Brauns Meinung bei, der glaubt: Wenn der Fußball von den Kartellwächtern nur noch als Wirtschaftsgut betrachtet wird, müssen Gesetzesänderungen her. BGH-Präsident Geiß hatte die Fußballbosse aus Karlsruhe mit der verdeckten Drohung verabschiedet, man habe hier nur über die Europacuprechte entschieden, jedoch würde man »nicht zögern, das durchzuentscheiden« – auf die Bundesliga. »So wie die Großkonzerne unter die Lupe genommen werden, kommen auch die Sportkonzerne dran. Monopolverbände wie der DFB sind Kartelle, da braucht man keine große Diskussion zu veranstalten«, erklärt Urs Scherrer, der Geschäftsführer der Vereinigung Internationaler Sportanwälte (ISLA).

Die Diskussionen um das Verbot der Zentralvermarktung beobachtet Bayern-Manager Uli Hoeneß nach eigenen Worten »ganz entspannt. Die Einzelvermarktung wird kommen, das ist nur noch eine Frage der Zeit«. Derzeit kassiert der DFB von Sat 1 und *Premiere* insgesamt 255 Millionen Mark pro Saison. Jeder Erstligaverein erhält einen Sockelbetrag von circa acht Millionen und kann mitsamt der Bonuszahlungen für den Tabellenstand auf etwa zehn Millionen kommen. Ein Zweitligaklub bekommt 5,6 Millionen Mark. In wenigen Jahren, so glaubt Hoeneß, erhalten auch kleinere Bundesligavereine wie Hansa Rostock über das Pay-per-View »dreißig oder fünfzig Millionen. Das wird irgendwann ein Milliardengeschäft, da kann man das Geld mit der Gießkanne verteilen.« Die Liga würde sofort eine eigene Vermarktungsgesellschaft gründen, um die Gelder vernünftig zu verteilen. »Allerdings steht eines fest: Der DFB wird extrem an Macht verlieren. Daß das einigen Herren nicht gefällt, ist doch klar.«

Auch Bayern-Vizepräsident Karl-Heinz Rummenigge konnte sich einen Seitenhieb auf den DFB nicht verkneifen. In Sachen Europacuprechte seien »die Dinge hintenrum ausbaldowert« worden. »Jetzt geht es offen zu. Klar ist, daß Mayer-Vorfelder und Ligadirektor Wilfried Straub damit ein großes Stück Macht genommen wird.« Im internationalen Vergleich hätten die deutschen Spitzenklubs noch ein Handicap von 30 bis 40 Millionen Mark zu verkraften, sagt Rummenigge. Wie sieht es in den großen europäischen Ligen aus? Beispiel Spanien: Dort vermarkten die Vereine ihre Liga- und Europacuprechte selbst. Die 20 Mannschaften der *Primera Division* wurden unter drei Sendern aufgeteilt. Bis zum Jahr 2003 werden pro Saison umgerechnet 425 Millionen Mark erlöst. Selbst die schlechteste Elf erhält noch zehn Millionen. Real Madrid und der FC Barcelona kassieren jeweils 36 Millionen – allein in der Meisterschaft also soviel, wie Dortmund im Jahr des Champions-League-Sieges international und national erhielt.»Vor zwei Jahren hat *Premiere* für unser UEFA-Cup-Spiel beim FC Barcelona sieben Millionen Mark an die Spanier gezahlt. Wir bekamen dagegen für unser Heimspiel nach dem bislang geltenden DFB-Schlüssel nur eine Million. Künftig werden wir gegen Barcelona zehn Millionen erzielen«, glaubt Rummenigge.

Dieses UEFA-Cup-Halbfinale im April 1996 war durchaus historisch: Erstmals hatte sich ein Pay-TV-Sender die Exklusivrechte an einem Europacup-Knüller gesichert, was seinerzeit erbittert diskutiert worden ist.»Das Abendland begann schwer in sich zu wackeln«, spottete Fußballkommentator Marcel Reif. *Premiere* setzte damals innerhalb einer Woche 15.000 Decoder ab. Viel interessanter als der Fakt, daß dieses extraordinäre Spiel im Bezahlfernsehen gesendet wurde, ist die Geschichte, wie der Sender an die Rechte des Rückspiels kam. Denn dies war ein Paradebeispiel moderner Medien- und Geschäftspolitik. Die Hauptrolle spielten dabei die Rechtehändler der Hamburger *Ufa*. Klaus Ott enthüllte in der *Süddeutschen Zeitung* eine Taktik des Tauschens:

»Die Fußballtaktik ist eine komplizierte Sache. Da malt der Trainer mit Kreide viele Striche kreuz und quer auf eine große Tafel, damit Spieler und Ball wissen, wohin sie zu laufen haben. Doch das ist gar nichts gegen das Feilschen von Sendern und Agenturen um die Übertragungsrechte für ein Schlagerspiel. Damit der Abo-Kanal *Premiere* in den Besitz des Europapokal-Hits zwischen dem FC Barcelona und Bayern München gelangte, bedurfte es einiger Spielzüge, die in keinem Lehrbuch zu finden sind. Einem Beteiligten zufolge lief der Handel wie folgt ab: Um das Halbfinalrückspiel der Bayern in Barcelona am 16. April buhlten RTL, ZDF und *Premiere* sowie die Sportrechteagentur ISPR für Sat 1. Dem Rechteinhaber, das war der spanische Sender TV 3, boten die vier Kontrahenten dem Vernehmen nach jeweils knapp fünf Millionen Mark. Um die Konkurrenz auszustechen, bediente sich *Premiere* der Hilfe eines Anteilseigners, der Bertelsmann-Fernsehtochter *Ufa*. Sie vermarktet Fußballbegegnungen in ganz Europa für das Fernsehen und verfügte so auch über die

Ausstrahlungsrechte an dem Länderspiel Norwegen gegen Spanien, das am 24. April ausgetragen wird. Für dieses Match interessierte sich TV 3 und bekam von der *Ufa* auch prompt den Vorzug vor Mitbewerbern aus Spanien. Als Regionalstation für den Landesteil Katalonien samt Barcelona konnte TV 3 mit der Begegnung der Spanier im hohen Norden aber selbst gar nichts anfangen. Vielmehr bot TV 3 das Länderspiel dem landesweiten Privatsender Antena 3 im Wege eines Gegengeschäfts an. Denn Antena 3 wiederum hatte von der deutschen Agentur ISPR die spanischen Austrahlungsrechte vom Halbfinal-Hinspiel des FC Barcelona am gestrigen Dienstagabend in München gekauft. Und das wollte TV 3 als Barcelonas Stadt- und Regionalsender natürlich für sich haben. Also tauschten Antena 3 und TV 3 die Spiele, und TV 3 dankte der *Ufa* für deren Hilfestellung, indem *Premiere* nun die deutschen Senderechte für das Match der Bayern in Barcelona erhält. Und das trotz der Konkurrenz von RTL, ZDF und – pikanterweise – der ISPR. Da sage noch einer, Fußballtaktik sei kompliziert.«

Solche internationalen Tauschgeschäfte werden der *Ufa* in den nächsten Jahren zunehmend gelingen. Still und beharrlich haben sich die Hamburger Rechtehändler eine marktbeherrschende Position verschafft. Während Konkurrenten wie die neugegründete Kirch-Firma *Prisma* mit flächendeckenden Mail-Aktionen mühsam um Klienten werben, umfaßt das Portfolio der *Ufa* etwa 200 Teams, darunter 170 Vereins- und 30 Nationalmannschaften aus aller Welt. Gegen wen auch immer ein deutscher Verein im Europapokal anzutreten hat, ob Wladikawkas, Trondheim oder Sevilla, an der *Ufa* kommt kaum jemand vorbei. Wenn dann alle paar Monate im Noga-Hilton-Hotel in Genf die Europacup-Paarungen ausgelost werden, landen die *Ufa*-Unterhändler einen Volltreffer nach dem anderen. Ihre Taktik hat sich bewährt. Aufmerksam verfolgen die hanseatischen Kaufleute die nationalen Meisterschaften und sind bei jeder spektakulären Veränderung in der Tabelle vor Ort. Gegen die Zahlung von Garantiesummen binden sie die Vereine an sich. Für besonders lukrative Klubs wie Inter Mailand, Ajax Amsterdam und Sampdoria Genua haben sie sogar sogenannte Drittrechte erworben – und verkaufen die Spiele dann zum Beispiel auf dem asiatischen Markt.

Die neuen Herren
Der Fußball auf dem Seziertisch der Industrie

Die *Ufa*-Manager beobachteten relativ gelassen die so heiß diskutierte Kartellrechtsangelegenheit – zum einen, weil ihr Sechsjahres-Vertrag mit dem DFB ohnehin in der Saison 1997/98 ablief, zum anderen, weil sie längst flächendeckend Einzelverträge abgeschlossen hatten – etwa mit Dortmund, Leverkusen, Karlsruhe und 1860 München, die in dieser Saison allesamt im Europacup spielten. Was immer passiert, die *Ufa* bleibt gut im Geschäft. Es würde die Händler auch kaum stören, wenn die EU-Kommission im Zuge der Entscheidung des Bundesgerichtshofes gegen die Zentralvermarktung der Champions League vorgeht. Nur einen Verlust mußten sie zwischenzeitlich beklagen: Bayern München stieg aus dem *Ufa*-Vertrag über die Vermarktung der Bandenwerbung im Olympiastadion aus. Es war ein Vorgriff auf goldene Zeiten. Die cleveren Bayern wollen ihre Pfründe mit niemandem teilen.

Die *Ufa Sports GmbH* ist nur ein Bestandteil des gigantischen Firmengeflechts *CLT-Ufa*, des nach Eigenwerbung größten europäischen Entertainment-Unternehmens. *CLT-Ufa* gibt einen Jahresumsatz von fünf Milliarden Mark und Beteiligungen an 21 TV- und 23 Radiostationen in zehn europäischen Ländern an. Rechtehandel, Filmproduktion, Mediengeschäft – die ideale Verbindung, um sich einem Verein mal etwas gründlicher zu widmen. Also erkor die *Ufa* die Berliner Skandalnudel Hertha BSC zum Geschäftsobjekt. Der mit einem Einzugsgebiet von sechs Millionen Kunden äußerst attraktiven Hauptstadt verschaffte man in kurzer Zeit einen Bundesligaverein. Rasante Doppelpässe, die Herthas kickendes Personal viele Jahre lang vermissen ließ, wurden dabei auf einer anderen Ebene gespielt. 1994 stieg die *Ufa* mit einer Mitgift von viereinhalb Millionen Mark beim damaligen Zweitligisten ein. Dies linderte aber nur die erste Not, denn die Vereinsbosse wirtschafteten weiter wie gewohnt. 1995 wurde Hertha wegen einiger Verstöße gegen die Auflagen des DFB zunächst die Lizenz entzogen. In der Revision kam der Verein mit drei Punkten Abzug und einer Geldstrafe davon. In der folgenden Saison verhinderte erst ein mühsam ermauertes 0:0 beim Absteiger Wattenscheid den Sturz in die Regionalliga. Drei

Tage nach dem grausigen Spiel schlugen die kühlen Rechner aus Hamburg zu. Im Juni 1996 wurde ein neunköpfiger Aufsichtsrat installiert. Nur ein ahnungsloser Autohändler aus Oranienburg hatte sich noch gegen die neue Zeit gestemmt. Sein Versuch, in den Aufsichtsrat zu gelangen, mußte jedoch scheitern, weil sich dieser nur als komplettes Gremium wählen ließ und an die Wahl das Versprechen gekoppelt war, sechs Millionen Mark in die Fußballmannschaft zu investieren. Hertha wurde verkauft. »Die neun prominenten Persönlichkeiten stehen für Glanz, Macht und Millionen. Kurz gesagt: Für den Bundesliga-Aufstieg!« frohlockte der *Berliner Kurier.*

»Wir sind keine Samariter. Unser Ziel ist es, Geld zu verdienen«, erklärte *CLT-Ufa*-Vorstand Rolf Schmidt-Holtz. Als Pfand für ihre Investitionen sicherte sich die Firma 40 Prozent der Vermarktungsrechte, inklusive der Fernsehgelder, von Hertha BSC. Der Vertrag läuft bis zum Jahr 2003, inklusive einer Option auf weitere sechs Jahre. Als dann 1997 der Bundesliga-Aufstieg geschafft war, stellte man noch einmal neuneinhalb Millionen für Verstärkungen bereit. »Hurra Bundesliga, endlich wieder gegen die Bayern«, jubelte *Bild.* Als Kommunikator half der Berliner Zeitungsmarkt den *Ufa*-Managern kräftig bei der Umsetzung ihres Masterplans. Denn nicht nur jene Blätter, die dem Bertelsmann-Konzern zugehörig sind, pushten Hertha BSC – auch andere Gazetten, die Hertha anfangs noch als »Bertelsmann-Betriebssportgruppe, Sektion Berlin« bezeichnet hatten, schwenkten bald auf Schmusekurs um. Den Aufsichtsratsvorsitz gab der im Stammhaus *CLT-Ufa* zu beschäftigte Schmidt-Holtz später an Robert Schwan weiter, den betagten Ex-Manager von Franz Beckenbauer. Schwan sorgte mit Intrigen und Personalrochaden immer mal für Unruhe im Verein und half schon Anfang 1997, vor seiner Inthronisierung, dem neuen Manager Dieter Hoeneß ins Amt. Der holte sich Instruktionen nicht bei seinem Bruder, dem Bayern-Manager, sondern mitunter direkt in der *Ufa*-Zentrale in Hamburg – ohne seinen Präsidenten Manfred Zemaitat darüber zu informieren. Die pikante Konstellation zwischen dem gewählten Präsidenten und den neuen Machthabern sorgte für zahlreiche Krisensitzungen und kontinuierliche Schlagzeilen im Berliner Blätterwald. Kurzum: Das Konzept ging bisher auf. Und die rosigen Zeiten stehen erst noch bevor: Die *Ufa* ist eine Tochterfirma der Bertelsmann AG, des mit einem Umsatz von 22,4 Milliarden Mark drittgrößten Medienkonzerns der Welt – hinter *Time Warner* (31,4 Milliarden) und dem Imperium *Walt Disney / Capitel Cities* (27,7 Milliarden). Warum sollte sich der Gigant Bertelsmann also nicht auch um ein paar Konzessionen im professionellen Sport bemühen, wie es die globalen Konkurrenten seit vielen Jahren tun? Es lohnt wieder einmal ein Blick nach Amerika.

Time Warner unterhält über die Mitgift seines Vizepräsidenten, des CNN-Gründers Ted Turner, unter anderem die Atlanta Hawks (Basketball) und die Atlanta Braves (Baseball). Eine Konzession für den Aufbau eines Franchises im Eishockey in Atlanta hat Turner schon erworben. *Disney* leistet sich die Anaheim Mighty Ducks (Eishockey) und hält Anteile an den Anaheim Angels (Baseball). Über die Fusion mit dem Konzern *Capital Cities* ist der Megakonzern an zahlreichen anderen Sport-Franchises beteiligt. Zudem besitzt *Disney* die Fernsehsender ABC und ESPN, letzterer der führende Sportkanal des Landes. Anfang Januar 1998 beteiligte sich *Disney* gemeinsam mit den Sendern CBS und Fox am größten Fernsehvertrag der Sportgeschichte: Die Unternehmen zahlen der National Football League (NFL) über acht Jahre insgesamt 17,6 Milliarden Dollar. *Disney* läßt sich die Ausstrahlung zweier wöchentlicher Live-Spiele auf ABC und ESPN 9,2 Milliarden Dollar kosten. Natürlich sind das Zahlen, die auf dem europäischen Sportmarkt noch unerreicht bleiben. Doch geht es hier mehr um die Philosophien, die hinter den Partnerschaften zwischen Mediengigant und Sportunternehmen stehen. Und in dieser Hinsicht nähert sich Europa gewaltig den Amerikanern an. Auch Rupert Murdoch mischt munter mit. Der Medien-Tycoon hat über seinen Fernsehsender *Fox Network* 350 Millionen Dollar für den legendären Baseball-Klub Los Angeles Dodgers geboten. Auf dem zweitgrößten US-Markt würde er gern auch die Kontrolle über die Los Angeles Lakers (Basketball) und die Los Angeles Kings (Eishockey) übernehmen. In New York, dem größten Medienmarkt, hält Murdoch bereits 30 Prozent Anteile am Madison Square Garden, wo die Knicks (Basketball) und die Rangers (Eishockey) spielen. So etwas nennt man Killerstrategie. Der Medienzar schafft sich die Events, über die seine Fernsehstationen und Zeitungen berichten, mit den eigenen Sportklubs. Die Herren der Rechte lassen die Puppen tanzen – Turner, Disney und Murdoch genauso wie Kirch oder Bertelsmann.

Die horrenden Rechtekosten lassen sich mit herkömmlichen Methoden (Werbung oder Merchandising) nicht refinanzieren, zumal sich noch die Produktionskosten hinzugesellen. Das gilt für Sat 1 und die deutsche Fußball-Bundesliga genauso wie für beliebige amerikanische Unternehmen. Die Rechnung geht erst auf, wenn man sich die komplexe Verflechtung der Medienbetriebe in Erinnerung ruft – im Falle der Bundesliga etwa das Wechselspiel von Sat 1, dem Springer-Verlag und dem Sportkanal DSF. Überall hat Leo Kirch seine Hände im Spiel. Zudem teilt er sich mit dem Haus Springer die Gewinne der ISPR, die ja die vom DFB erworbenen Bundesligarechte weiterverkauft. Neuerdings stürzt sich die ISPR auch den lange brachliegenden Bereich der Einzelvermarktung von Spielern. Als erster Klient wurde nach der Europameisterschaft 1996 Oliver Bierhoff, der Schütze des *Golden Goals* verpflichtet. »Ich habe die Marktlücke sofort erkannt«, erzählt ISPR-Manager Peter Olsson. »Oliver ist ein Produkt, daß wir vermarkten können wie ran oder den Compaq Grandslam Cup.« Umgehend erstellte die Firma eine 100.000 Mark teure Marktanalyse. Resultat war die umwerfenden Kernaussage: »Oliver ist jung, dynamisch, glaubwürdig und verantwortungsbereit« (Olsson). Damit ging der Vermarkter auf potentielle Werbepartner los. ˙*Nike* biß zuerst an. Die Sportschuster hievten Bierhoff auf ihre Payroll und spannten ihn *Adidas* aus. Andere Firmen kamen hinzu, bald hatte die ISPR dank der zwanzig Prozent Provision ihre Marktanalyse wieder eingespielt. Das neue Geschäft brummt, inzwischen nahmen sie auch die Nationalspieler Köpke, Helmer, Scholl und den Brasilianer Giovane Elber unter Vertrag.

Zurück zum Großen Bruder Kirch. Der Mann besitzt Fußballrechte, Fernsehsender, Vermarktungsfirmen, nur einen Fußballverein hat er noch nicht, obwohl es diverse Übernahmeversuche gab. So hat Kirchs Geschäftspartner Axel Meyer-Wölden, der inzwischen verstorbene ISPR-Gründer, vor ein paar Jahren die Kaufmöglichkeit beim FC Bayern eruiert. Der Klub lehnte ab. Nun plant Kirch den Einstieg beim UEFA-Cup-Sieger FC Schalke 04. Der schweigsame Bayer wird von Schalkes Verwaltungsrat Jürgen Möllemann schon als »strategischer Medienpartner« bezeichnet. Die TV-Sendung »Auf Schalke – das Bundesliga-Magazin« läuft seit Herbst 1997 wöchentlich auf dem Kirch-Sender DSF. »Schalke ist ein moderner Unterhaltungskonzern, der auch Fußball anbietet«, tönt der ehemalige Bundeswirtschaftsminister Möllemann. Kirch interessiert sich für die Vermarktung des von Schalke geplanten, 350 Millionen Mark teuren Stadions In solchen Partnerschaften hat DFB-Direktor Straub eine »neue intelligente Verwertungskette« erkannt. Nicht so sehr *Die Zeit:* »Man muß kein Verschwörungseiferer sein, um den privatwirtschaftlich geführten Fernsehveranstaltern eine Hauptrolle im Wandel des Fußballsports von einem Phänomen der Massenkultur zu einer rein merkantilen Veranstaltung zuzuschreiben. Nachdem sich die Leitwährungen der Medien und des Sports verbündet haben, ist der Spaß am Fußball deutlich getrübt.«

Was aber war im Herbst 1997 die Drohung des FC Bayern, München den Rücken zu kehren, um vor den Toren der Stadt ein neues Stadion zu errichten? Nichts anderes als das, was in Amerika an der Tagesordnung ist. Wenn dort das Faninteresse erlahmt oder die Stadt zu hohe Stadionmieten verlangt, wechseln die Eigentümer rasch an einen Standort, der bessere Konditionen verheißt. Oder es werden, um neue Märkte zu erschließen, neue Unternehmen aus dem Boden gestampft – wie zum Beispiel 1994 der Basketballverein Toronto Raptors. Pünktlich zur Kino-Premiere des Steven-Spielberg-Streifens *Jurassic Parc* begannen die Raptors ihren Spielbetrieb. Natürlich schwammen Logo und Outfit ganz auf der Dino-Welle.

Was passiert, wenn die Gütemarke FC Bayern in wenigen Jahren wieder alles erreicht hat: Umsatzrenditen im zweistelligen Millionenbereich, ein 80.000 Zuschauer fassendes, ständig ausverkauftes Stadion mit bombastischen Ehrenlogen? Was, wenn man an die nächste Grenze stößt? Wird man expandieren? Ein Farmteam gründen – etwa in Sachsen, wo sie seit Jahren nach der Bundesliga dürsten? Oder irgendwo im Ausland? Uli Hoeneß hatte bereits ernsthafte Anfragen aus England auf dem Tisch.

Auf den britischen Inseln sind solche Pläne ohnehin weit gediehen. So will der Premier-League-Klub FC Wimbledon, der sich mit dem Stadtrivalen Crystal Palace das Stadion Selhurst Park teilen muß, der Tristesse Süd-Londons Richtung Dublin entfliehen. Im Selhurst Park kommen im Schnitt nur 17.000 Menschen zum FC, der schwächsten Heimelf der Liga. In London ist Wimbledon in Umsatz und Zuschauerzuspruch nur die Nummer sechs hinter Arsenal, Tottenham Hotspurs, Chelsea, West Ham United und Crystal Palace. Den norwegischen Besitzern des Klubs ist das zu bescheiden. Denn die 26 Millionen Pfund, mit denen die steinreichen Kjell Inge Roekke und Björn Rune Gjelsten im Vorjahr 80 Prozent der Anteile am FC Wimbledon erwarben, können sich da nur schwer amortisieren. Wimbledons Geschäftsführer Sam Hammam hatte im Juni 1997 gar keine andere Wahl, als das Übernahmeangebot Roekkes zu akzeptieren. »Um in diesem Geschäft oben mitzuspielen, braucht man eine Menge Geld. Wir müssen für alle künftigen Entwicklungen wie Pay-per-view und die Europaliga vorbereitet sein. In ein paar Jahren ist das soweit.« Hammam war sich mit den Norwegern schnell einig: Der FC Wimbledon soll in die irische Hauptstadt Dublin umziehen und dann »Dublin Dons« heißen – eine Namenskombination aus dem neuen Spielort und dem alten Spitznamen des FC. Für das Vorhaben wurden weitere Geldgeber gewonnen, dem Konsortium gehören unter anderem der irische Immobilienmagnat Owen O'Callaghan und Paul McGuinness, Manager der Rockgruppe U 2, an. In Clondalkin, einem Vorort von Dublin, will O'Callaghan bis 1999 ein nagelneues, 40.000 Zuschauer fassendes Stadion nach dem Vorbild der Amsterdam Arena errichten. Da läßt sich dann auch rocken.

Gegen den Umzug sträubten sich die Anhänger des FC Wimbledon. Nach der 2:5-Heimschlappe gegen Manchester United im November 1997 wüteten 800 Fans vor der Geschäftsstelle des Vereins. Im Stadion waren Protestflugblätter verteilt worden, »wir gehen niemals nach Dublin« schrien die Fans. FC-Trainer Joe Kinnear dagegen fabulierte schon munter von rosigen

Zeiten in Dublin: »Wir werden bald viele Leute im Stadion haben. Der Verein arbeitet an interessanten Projekten.« Gegen diese Projekte wehrt sich auch der irische Fußballverband FAI. »Diesen Vorschlag vergessen wir am besten für eine lange Zeit«, erklärte Bernard O'Byrne, Generalsekretär des Verbandes. Er befürchtete durch die Dublin Dons zweierlei: Eine weitere Abwertung der irischen Liga und eine Konkurrenz zum irischen Nationalstadion an der Lansdowne Road. Auch der englische Verband FA sei strikt gegen den Umzug des FC Wimbleon, teilte O'Byrne mit. FA-Sprecher Steve Double wollte dies jedoch nicht bestätigen. »Ich würde so einen Vorschlag nicht gleich verwerfen, aber warten wir mal die offizielle Präsentation ab.« Schon haben sich auch in Irland Unterstützer dieser Idee gefunden. Die FAI sollte die Sache nicht länger abblocken, forderte der für den Nachwuchs zuständige Funktionär Breffni Rowan. »Ordentlicher Fußball würde uns guttun, im Moment leben wir hier doch im Kuckucksland.«

Der Widerstand des irischen Verbandes könnte auf sehr konventionelle Weise gebrochen werden: Investor O'Callaghan sicherte sich den Rückhalt lokaler Politiker und verfügt auch über beste Kontakte zur Parteispitze der Regierungspartei Fianna Fail. Außerdem bot er dem finanzschwächelnden FAI für die Zulassung der Dublin Dons zehn Millionen Pfund sowie die kostenlose Nutzung seiner modernen Arena für irische Länderspiele. Die Sache kommt also in die Gänge, glaubt die Londoner *Times*: Der klamme irische Fußballverband werde kaum einen Rechtsstreit mit O'Callaghan und dem Milliardär Kjell Inge Roekke riskieren.

Im Januar 1998 wurden die Hoffnungen des Konsortiums durch einen Fall genährt, der sich auf dem europäischen Festland zugetragen hat. Die Stadt Lille und die *Association Intercommunale d'Etude et de Gestion* – eine Gesellschaft, die grenzüberschreitende Wirtschaftsbeziehungen fördert – haben bei der EU-Kommission Beschwerde gegen den kontinentalen Fußballverband UEFA eingelegt. Der hatte dem belgischen Erstligisten Royal Excelsior Mouscron untersagt, sein UEFA-Cup-Heimspiel gegen den FC Metz jenseits der Grenze im 25 Kilometer entfernten französischen Lille auszutragen, statt im nur 9000 Zuschauer fassenden heimischen Stadion »Le Canonniere« von Mouscron. Dem Fußballklub seien dadurch beträchtliche Einnahmen aus dem Ticketverkauf vorenthalten worden, und auch die Stadt Lille hätte enorme Einbußen wegen fehlender Besucher zu beklagen, wurde angeführt. Die Beschwerdeführer beriefen sich auf jene Artikel der EU-Verträge, die den freien Verkehr von Waren, Dienstleistungen, Personen und Kapital regeln und die den Mißbrauch einer marktbeherrschenden Stellung verbieten. Ähnlich wie im Fall Bosman könnte auch in diesem Beispiel geltendes Wirtschaftsrecht über die Bestimmungen des Fußballs obsiegen.

Immerhin hat sich ein Spezialist ans Werk gemacht: Mouscrons Anwalt Jean-Luis Dupont vertrat schon seinen Klienten Jean-Marc Bosman mit großem Erfolg. Ein Sprecher des EU-Kommissars Karel van Miert hat die Angelegenheit Mouscron jedenfalls schon als »potentiellen Testfall« bezeichnet – Testfall dafür, ob künftig die Vereine aus dem EU-Gebiet nach Belieben in andere Länder und Stadien ausweichen können, wenn sie sich dadurch höhere Einnahmen versprechen. Dies wäre ein Vorgriff darauf, daß die Fußballunternehmen jederzeit ganz den Standort wechseln könnten, so wie jedes andere Wirtschaftsunternehmen innerhalb der EU auch. Und wie jedes Franchise in den amerikanischen Profiligen. Nichts anderes plant der FC Wimbledon. Diese Entwicklung ist nicht aufzuhalten, glaubt der Schweizer Rechtsexperte Urs Scherrer: »Die Verbände können dem nichts entgegenhalten. Sie kassieren wie Kapitalgesellschaften und argumentieren wie gemeinnützige Organisationen. Sie haben einfach die Zeit verpennt.« Auch der Sportsoziologe Gunter Gebauer betrachtet die Vorgänge nüchtern: »Man darf da überhaupt nicht mehr in Kategorien des klassischen Sports denken. Das große Kapital, das sich im Fußball konzentriert, drängt ganz einfach auf andere Strukturen. Auf Strukturen, die das Geldverdienen noch besser und sicherer machen.«

Zurück auf die Insel. Kjell Inge Roekke, der neue Gebieter des FC Wimbledon, der sein Geld mit einer Fischfangflotte verdient, hat den Fußball zum Spekulations- und Hobbyobjekt gemacht. Bemüht hatte sich Roekke vor dem Wimbledon-Deal schon um die Mehrheitsanteile bei Leeds United, die dann aber an die Mitbieter von der Investmentgruppe *Caspian* gingen. In Norwegen gehört Roekke bereits der FK Molde, den er praktisch als Ausbildungszentrum für seine größeren Unternehmungen nutzt. So war es nur logisch, daß der FC Wimbledon bald den norwegischen Nationalspieler Staale Solbakken verpflichtete. Als neuer Manager des Londoner Klubs soll nach der WM 1998 der norwegische Nationaltrainer Egil Olsen verpflichtet werden, der in Begleitung Roekkes schon einige Spiele im Selhurst Park besucht hat. Der steinreiche Roekke lenkt sein Imperium vorzugsweise von den Bahamas aus. Überhaupt hat sich in der steuerfreundlichen Palmenoase schon eine Operationsbasis des europäischen Vereinsfußballs etabliert. Auch der englische Milliardär Joe Lewis, der von der *Sunday Times* mit drei Milliarden Pfund als reichster Mann Großbritanniens geführt wird, ließ sich auf der Karibikinsel New Providence einen Palast errichten. Der Schotte, der seine Milliarden mit Devisen- und Aktiengeschäften gemacht hat, konzentriert sich in unsicheren Zeiten auf die verschmelzende Wachstumsbranche Sport- und Unterhaltungsindustrie. Seine *English National Investment Company* (ENIC) hat zuletzt zielstrebig in Fußballvereine investiert. 40 Millionen Pfund wurden dem schottischen Branchenführer Glasgow Rangers überwiesen, damit gehören der ENIC 25 Prozent der Aktien des Vereins. Für 14 Millionen Mark wurde AEK Athen aufgekauft, für knapp 7 Millionen Mark ging ein Drittel des italienischen Erstligisten AC Vicenza in britischen Besitz. 6,5 Millionen flossen bei der Übernahme von Slavia Prag. 100 Millionen Franc bot ENIC-Geschäftsführer Daniel Levy den Franzosen von Girondins Bordeaux für zwei Drittel der Anteile am Verein. Außerdem ist ENIC mit sechs Millionen Mark beim FC Basel engagiert. Interesse wurde am AC Turin, an Lazio Rom, den Grasshoppers Zürich, an Ferencvaros Budapest, Rapid Wien und Lewski Sofia bekundet. Das Portfolio ändert sich rasant.

»Welcher Klub in welche Hände kommt«, klagt UEFA-Generalsekretär Gerhard Aigner, »erfahren wir erst aus der Presse.« Momentan besteht nach den UEFA-Statuten nicht einmal eine Meldepflicht für Finanziers. Die mitunter rasant wechselnden Mehrheitsverhältnisse in den Vereinen kann ebenfalls keine zentrale Stelle kontrollieren. So wird es äußerst problematisch, wenn gleich drei Vereine, in die Lewis investiert hat, in einem Wettbewerb streiten – wie in der Saison 1997/98 im Europapokal der Pokalsieger: Das Trio AEK Athen, Slavia Prag und Vicenza marschierte geschlossen bis ins Viertelfinale. Bei einer Paarung unter den ENIC-Vereinen sind laut Aigner »Mauscheleien und Absprachen« nicht auszuschließen. Die Bedenken der Fußballfunktionäre sind den Investoren allerdings egal. Sie setzen auf die regulative Kraft des Marktes. Was zählt, sind nackte Zahlen – ganz gleich, ob mit Schweinebäuchen oder Fußballvereinen spekuliert wird. »Fußball ist eine wahre Goldgrube«, schwärmt ENIC-Geschäftsführer Levy. Nachdem die Beteiligung seiner Firma an den Glasgow Rangers bekannt geworden war, schnellte der ENIC-Aktienkurs um 36 Prozent in die Höhe.

Fassen wir ein paar Entwicklungen zusammen: *Nike* kaufte sich beim brasilianischen Verband ein, bestimmt ganz allein über 50 Länderspiele des Weltmeisters und rüstet nebenher neun Nationalmannschaften sowie zahlreiche legendäre Vereine aus (Rangers, Arsenal, Dortmund, Barcelona). Über den *Nike*-Veranstaltungsarm NSE werden bereits eigene Wettbewerbe organisiert. *Adidas* unterhält umfassende Verbindungen zur FIFA (Sponsor, Ausrüster) und kleidet ein Dutzend Nationalmannschaften sowie zahlreiche große Klubs ein (Bayern, Real, AC Mailand, Marseille). *Umbro* macht gigantische Merchandising-Geschäfte mit Manchester United, Ajax Amsterdam und der englischen Nationalmannschaft. *Reebok* hält mit einträglichen Teams dagegen und führt wie *Nike* Wettkämpfen (*Reebok-Soccer-Cup*) durch. Insgesamt überweisen die Sportschuster ihren Werbepartnern also Milliarden – und bestimmen zunehmend mit über die Politik der Vereine und Verbände. Olympique Marseille jedenfalls wird voll und ganz vom *Adidas*-Boß Robert Louis-Dreyfus dominiert. Auch Joe Lewis, der reiche Schotte, der in seiner Freizeit Fußballvereine sammelt, will in ein paar Jahren dabei sein, wenn die Post richtig abgeht. Im Jahr 2000 sollen fünf seiner Vereine in der europäischen Superliga mitspielen. Schon orakelt das Branchenblatt *Sport Business* über die Vorstufe völlig neuer Sportstrukturen: Wird künftig ein Weltmeister nicht mehr zwischen Nationalmannschaften, sondern nur noch zwischen den Siegern der *Adidas*-, *Nike*- und *Reebok*-Konföderationen ausgespielt? Oder zwischen den Gewinnern der IMG-, ENIC-, *Ufa*-, Murdoch-, und *Coca-Cola*-Ligen? Die Besitzer der Teams produzieren dann die Fernsehbilder selbst. Über ihre eigenen Satelliten schicken sie die Bilder um die Welt und bieten sie im digitalen Fernsehen im Pay-per-View-Verfahren an, oder gegen Kreditkartenzahlung im Internet. Peter Sprogis, Geschäftsführer der Firma *Prisma*, die für Leo Kirch die TV-Bilder der Weltmeisterschaften 2002 und 2006 verkaufen soll, ist von den fantastischen Möglichkeiten des Internets überzeugt: »Wir rechnen damit, daß im Jahr 2001 etwa eine Milliarde Haushalte weltweit einen Internet-Anschluß haben. Es wird eine ernsthafte Konkurrenz zum Fernsehen werden und kolossale Auswirkungen auf den Sportrechtemarkt haben.« *Prisma* hat bereits gehandelt und für den Bereich Neue Medien einen Experten von jener Firma verpflichtet, die sich auskennt mit Trends: Der Amerikaner Rob Norman war zuvor Chef der interaktiven Abteilung des CIA.

Es gibt weitere Beispiele, andere Interessen. IMG kaufte Racing Strasbourg auf. Der Pariser Bezahlfernsehender *Canal plus* leistet sich das defizitäre Unternehmen Paris St. Germain, und weil man auch auf dem Schweizer Markt Fuß fassen wollte, stieg man bei Servette Genf ein. Wie weit man es mit einem Fußballverein bringen kann, hat Italiens Medienzar Silvio Berlusconi schon vor Jahren exerziert. Über seine Holding *Fininvest* regiert er seit 1986 den AC Mailand, Ende der achtziger und Anfang der neunziger Jahre das beste Team der Welt. Die Erfolge des AC machten auch Berlusconi populär: 1994 wurde er Ministerpräsident. Was immer die Herrschaften auch vorhaben, ob sie nur die schnelle Wertsteigerung anstreben, ein weltweites Netzwerk installieren oder mittels des populären Geschäfts in die Politik einsteigen wollen – sie alle untergraben die Autorität der Fußballverbände und verändern den Sport.

»Es wird alles umgekrempelt, es entsteht eine neue Form des Sports«, glaubt der Sportsoziologe Gebauer. »Denn ein Sport, mit dem man soviel Geld verdienen kann, muß sich auch krisensicher organisieren. Das kann der traditionelle Sport nicht. Da gibt es Aufstieg und Abstieg und alle möglichen Formen von Katastrophen. Aber wenn ein Verein ein Wirtschaftsimperium wird, muß er sich absichern, daß er keinen Mißerfolg erleidet. Und wenn doch, dann darf dieser Mißerfolg nicht zur Katastrophe führen. Die Liga muß sich so absichern, daß Mannschaften nicht im freien Fall rausfallen.«

Schon häufen sich Stimmen, die an der Abstiegsregelung basteln wollen. Die wirtschaftliche Planungssicherheit der Fußballunternehmen verlange dies. Momentan steigen etwa aus der Bundesliga noch drei Teams auf und ab. Künftig sollte man sich auf einen Absteiger beschränken, erklärte schon Leverkusens Manager Reiner Calmund. Von einem Absteiger zur abstiegslosen Regelung ist es dann nur noch ein kleiner Schritt. In spätestens fünf Jahren »kommt die nach wirtschaftlichen Gesichtspunkten zusammengestellte geschlossene Liga ohne Auf- und Abstieg«, glaubt Christian Hinzpeter, ehemals Vizepräsident des Zweitligisten FC St. Pauli. Für den chronisch finanzschwächelnden Kiezklub, der sich immer mal wieder in die erste Liga gekämpft hat, dürfte dies der endgültige Abschied vom großen Fußball sein. Bald werden die großen Vereine die Außenseiter nicht weiter subventionieren. Uli Honeß kann sich gut vorstellen, daß die Aktionäre des FC Bayern eines Tages fordern:»Das Geld für die Hungerleider haben wir nicht mehr, erhöht lieber die Dividende.« Und auch Kollege Michael Meier in Dortmund bezweifelt, daß die Liga nach Börsengang, Pay-per-View und Selbstvermarktung in ihren traditionellen Struktur aufrecht zu erhalten ist. Daß eine AG in die zweite oder sogar dritte Liga absteigt, das sei, so Meier, »keinem Aktionär zuzumuten«. Deshalb würde »die Diskussion auf null Auf- oder Absteiger hinauslaufen«. Ende Januar 1998 sagte Mayer-Vorfelder der *Welt*, es müßten neben sportlichen auch andere Gesichtspunkte über Auf- und Abstieg entscheiden. Es könne nicht sein, daß etwa der FC Gütersloh in die erste Bundesliga auf- und Borussia Dortmund dafür absteige. Ein selten klares Votum für die rein kommerziell motivierte Änderung sportlich bestens bewährter Regeln.

Die Elite sammelt sich. Veränderungen des traditionellen Reglements hat ja bereits die Champions League beschert. Jahrzehntelang war im Europacup der Landesmeister alles einfach und klar strukturiert. Wie der Name schon sagt, nahmen nur die Landesmeister teil und gingen im K.o.-System in Hin- und Rückspiel ans Werk. Die Einführung von Gruppenspielen war ein erster Schritt, das Überraschungsmoment auszuschalten, um den großen Teams die Qualifikation für das Halbfinale zu erleichtern. Ein entschiedenerer Bruch war dann die Zulassung der Meisterschaftszweiten aus den in der europäischen Rangliste jeweils führenden acht Nationen. Diese sogenannten Vizemeister gehören schon deshalb nicht in die Eliteliga, weil sie ja keine Champions in des Wortes wahrem Sinne sind. Also wetterte Werder

Bremens Manager Willi Lemke: »Das ist eine rein kommerzielle Sache und eine Entscheidung gegen den Fußball. Falls Bayern, Barcelona oder Milan sich nicht qualifizieren, würde flugs ein anderer Schlüssel gefunden.« Aber, so ist das Leben, in ein paar Jahren redet darüber niemand mehr. Die Europaliga wird kommen, und wie immer dieses Gebilde dann genau strukturiert sein wird – legendäre Vereine wie Real, Bayern, Milan, Manchester und Barcelona werden Stammplätze belegen. Das Fußvolk, ob es nun Leverkusen oder Trondheim heißt, wird nur in seltensten Fällen teilhaben dürfen an diesem neuen Monopoly. Eine Startplatz in dieser Liga kann sich auch mit noch so witzigen Ideen kein Außenseiter sichern: Alexander Rezes etwa, der Präsident des tschechischen Meisters Sparta Prag, schlug allen Ernstes vor, ab der Saison 2000/2001 sollten die Meister Tschechiens, Österreichs, Polens, Ungarns, der Ukraine und der Slowakei in einer osteuropäischen Champions League gegeneinander antreten. »Der Sieger dieses Wettbewerbs könnte am Ende gegen den Gewinner der bereits etablierten Champions League um einen wirklich europäischen Meistertitel spielten«, sagte Rezes. Vielleicht gibt es sie dereinst ja wirklich, diese osteuropäische Meisterschaft. Nach Lage der Dinge kickt der Sieger dann aber maximal um die goldene Ananas – vielleicht darf er sogar einmal als exotische Bereicherung im Vorprogramm eines Europaligaspiels in Mailand oder Madrid auftreten. Mehr ist nicht drin.

Zwischen den Bossen der führenden Profiligen hat es schon intensive Gesprächsrunden über die Einführung der Europaliga gegeben. Bezeichnenderweise fanden die Treffen in London und Mailand statt. Nicht nur, weil die Verantwortlichen der Premier League und der italienischen Serie A besonders darauf drängen – hinter ihnen stehen auch die Medienmultis Rupert Murdoch und Silvio Berlusconi. Die UEFA ist dabei schon längst in die Rolle des Zuschauers gedrängt. Sie kann den Zug noch besteigen, und sie wird es vermutlich auch tun – sollte es aber zu keiner einvernehmlichen Lösung mit dem europäischen Dachverband kommen, würden die Markt- und Meinungsführer die Sache unter Berufung auf geltendes europäisches Wirtschaftsrecht auch allein durchziehen. »Ich kenne eine internationale Studie von Murdoch und solchen Leuten, die so etwas durchspielen«, sagt Uli Hoeneß. »Die könnten sagen, wir kaufen uns bestimmte Vereine und vermarkten sie über Satellitenschüsseln gegeneinander in einer Liga. Das ist eine feine Sache fürs Reißbrett, läßt uns aber die Haare zu Berge stehen. Ich bin immer einer gewesen, der forsch nach vorne geht, bin angesichts solchen Entwicklungen aber auch bereit, forsch nach hinten zu gehen.« Die attraktivsten Mannschaften müßten auch weiterhin in den nationalen Ligen spielen, glaubt der Bayern-Manager. Diese Mischung sei der richtige Weg.

Bayern würde sich jedenfalls nie aus der Bundesliga verabschieden, sagt Hoeneß, mit einer feinen Einschränkung allerdings:»Wenn es nach mir geht, nie. Aber es gibt auch andere Meinungen.«Präsident Beckenbauer hat da wohl weniger Skrupel:»Man ist hier ein bißchen scheu mit Veränderungen. Europa wächst zusammen, die Währungen verschwinden, es wird den Euro geben. Und die Europaliga, ob wir wollen oder nicht.«Also doch nach dem Beispiel Amerika? Es kann kaum anders sein. Die Fußballfunktionäre aller Länder streben amerikanische Verhältnisse an, weil sie von exorbitant hohen Einnahmen träumen. Zugleich schrecken einige Traditionalisten, zum Beispiel die Deutschen, noch vor den Konsequenzen zurück. Denn die US-Profiligen sind reine Unterhaltungsbetriebe. Der DFB indes mußte kürzlich erst vom BGH darauf aufmerksam gemacht werden, daß er ebenfalls eine dem Entertainment verpflichtete Wirtschaftsorganisation ist.

Probleme mit der Wahrnehmung könnten ein weiteres Dilemma sein für den hochkommerzialisierten Fußball, der am Ende der neunziger Jahre in die organisatorische Umbruchphase taumelt. Einer Bananenflanke gleich wollen die Klubs den derzeitigen Boom weit in das nächste Jahrtausend verlängern. Also her mit den Aktien, ran an die Börse. Der DFB muß auf seinem Bundestag im Herbst 1998 nur noch die Satzungsänderung beschließen, daß auch andere Rechtsformen als eingetragene Vereine am Spielbetrieb teilnehmen dürfen – dann können Aktiengesellschaften in der Bundesliga antreten. Am 1. Juli 1999 will der FC Bayern an der Börse sein.»Diese Aktie wird ein absoluter Hammer«, sagt Uli Hoeneß.»Viele werden sich die Bayern-Aktie übers Bett nageln und nie wieder verkaufen.«Besser sei endlich eine»offene Umwandlung in eine Aktiengesellschaft, als die schleichende Umwandlung, die wir schon haben«, sagt auch Dortmunds Präsident Niebaum. Tatsächlich haben die Bundesligaklubs ihre Strukturen längst dem Markt angepaßt. Lizenzspieler- und Marketingabteilungen werden ausgelagert, für Unternehmungen wie den Stadionausbau oder das Merchandisinggeschäft. Wo die Vereinsbasis noch nicht ganz mitkommt, hilft auch sanfter Druck. Franz Beckenbauer knüpfte im November 1997 ein paar Bedingungen an seine Wiederwahl als Bayern-Boß:»Wir müssen neue Wege gehen, Sponsoren und Fernsehen erdrücken uns. Das heißt: Umwandlung in eine Kapitalgesellschaft. Profis müssen von Profis geführt werden. Wir können uns dann auch am Kapitalmarkt bedienen, nach dem Vorbild von Manchester United. Der nächste Schritt wäre, an die Börse zu gehen und Anlagevermögen zu schaffen. Niemand braucht aber Angst zu haben, daß der Verein verkauft wird. Es werden immer mehr als 50 Prozent des Klubs bei den Mitgliedern bleiben.«Jedenfalls zunächst. Der Kreis der Leute, die sich in die Belange eines Vereins einmischen, würde fraglos zunehmen. Nach den Vorstellungen der Deutschen sollen deshalb 51 Prozent der Stammaktien in der Hand der Vereine bleiben. Der DFB will dies mit Zähnen und Klauen verteidigen. Ligadirektor Straub: »Geschäftsgrundlage soll der Fußball bleiben. Der Hauptzweck darf nicht zum Nebenzweck verkommen. Kapitalgesellschaften können andere Aktivitäten entwickeln, doch Kerngeschäft muß Fußball bleiben.«

Im Oktober 1997 lud die *Sunday Times* zu einer Konferenz über die Fußballindustrie. Alan Sugar, der Präsident und Mehrheitseigner der Tottenham Hotspurs, der bereits in Asien Fußballvereine aufkaufte und sich auch am belgischen Traditionsverein RSC Anderlecht beteiligen will, malte ein düsteres Bild von seiner Zunft. Generell seien die Finanzen der Branche außer Kontrolle geraten. Die meisten Klubs leiten die enormen Summen, die sie aus den Fernsehverträgen erhalten, umgehend an ihre Spieler weiter. Verschaffen sich weder ein finanzielles Polster noch planen sie sinnvoll. Viele Präsidenten wurden sich angesichts der Einnahmen »spreizen wie die Pfauen« und dabei unüberlegt ausgeben,. »Ob die 50, 100 oder 200 Millionen Pfund vom Fernsehen bekommen, ist eigentlich egal. Sie sind wie Kinder in einem Süßwarenladen, sie geben alles aus, sie haben kein Maß.«

Passend dazu werden etwa bei der Investmentbank *Deutsche Morgan Grenfell* Fußballaktien im Anlagebereich Lifestyle-Branchen betreut. »Die Wachstumspotentiale im Fußball sind gewaltig«, glaubt Adam Shutkever, der den Börsengang von Newcastle United mit gemanagt hat. Tony Fraher indes ist schon etwas skeptischer geworden. Der Chef der Londoner Anlagegesellschaft Singer & Friedlander hat den ersten Fußballfonds der Welt aufgelegt. 20.000 Kunden beteiligten sich mit etwa 90 Millionen Mark. »Im Grunde erwirbt man mit einem Fußballverein ein Stück Unterhaltungs- und Medienindustrie«, sagt Fraher zwar. »Die Anlage lohnt sich, ob sie nun etwas von Fußball verstehen oder nicht.« Aber vielleicht verstehen die Fußballbörsianer der Zukunft sowieso bald mehr vom Spiel als die alteingesessenen Fans. Die Regeln sind ja nicht für die Ewigkeit. Nach amerikanischen Vorbild, so Fraher, würden die TV-Anstalten sich wohl bald auch den europäischen Weltfußball mit all seinen Wettbewerben und seinen Regeln kompatibel machen. Allerdings bleibt ein beträchtliches Risikopotential: In Großbritannien gebe es nur sechs oder sieben Vereine, die seriös geführt werden. Anfang 1998 waren jedoch achtzehn Fußballunternehmen an der Börse notiert. »Ich lächle nur darüber, wie schön die das Geld raushauen«, sagt Uli Hoeneß. »Als würde es morgen keinen Fußball mehr geben. Blackburn hat schon 100 Millionen Mark Schulden. Das ist doch ein Horror, oder? Da werden nur fünf, sechs Vereine überleben. In Spanien ist das ähnlich. Die bekommen zur Zeit für fünf Jahre die Fernsehgelder im voraus und schmeißen alles auf einmal raus. Ich bin da interessierter Beobachter, wie sich andere zugrunde richten. Da können wir prima warten und lernen, wie man es nicht macht.«

Paul Wedge, ein Analyst von Colin Stewart, sieht ebenfalls schon das Ende der Spirale:»In den nächsten Jahren werden wir einen Bankrott nach dem anderen erleben.« Der FC Millwall ging schon mal mit schlechtem Beispiel voran. Als der Klub Konkurs anmelden mußte, war seine Aktiennotierung bei vier Pence eingefroren. In sonnigeren Tagen hatte er allein 44 Kicker beschäftigt.»Das kann gar nicht anders kommen, wenn durchschnittliche Spieler schon 500.000 Pfund pro Jahr kassieren.« Wer einigermaßen geradeaus laufen könne, streiche gar 750.000 Pfund ein – da wundert sich selbst der Börsianer:»Das ist das Rezept für ein Desaster.« Kein Einspruch – zu beobachten ist es übrigens auch in der Bundesliga.

Roswitha Dröber, Analystin der Bayerischen Landesbank in München, legte im September 1997 eine Studie über die Aktien englischer Fußballvereine vor. Darin wird der enge Zusammenhang von sportlichem und wirtschaftlichem Erfolg herausgearbeitet. Nach der Saison 1995 / 96 zum Beispiel hatten die ersten drei der Liga (Manchester, Newcastle und Liverpool) auch die höchsten Lohn- und Gehaltskosten. Unter den ersten zehn der Tabelle konnten sieben Vereine Gewinne verbuchen, unter den letzten zehn waren es nur vier. Langfristig haben nur Topklubs oder Vereine mit einer »speziellen Story« gute Chancen. Selbst dabei müssen beachtliche Kursschwankungen einkalkuliert werden. So führte eine schwere Knöchelverletzung von Newcastle Uniteds Stürmerstar Alan Shearer, für den 35 Millionen Mark Ablöse bezahlt wurden, an der Börse innerhalb weniger Minuten zu einem Wertverlust der Aktie von über sieben Prozent. Da kann man schon mal panisch werden.»Gut möglich, daß Aktionäre Dividende wollen oder die Bilanz positiver ausfallen muß, als sich abzeichnet. Dann wird eben mal ein Spieler gekauft. Oder die Aktionäre machen Kasse und stellen kein Geld für Neueinkäufe zur Verfügung.« Ganz abgesehen wurde bisher von der Gefahr für den sauberen Sport, wenn Ergebnisse sich direkt auf Bilanzen auswirken.

Die Industrialisierung des Profifußballs schreitet unaufhaltsam voran. Als dann für den Januar 1998 auch noch eine Art Fußball-Weltausstellung, die erste internationale Football Expo, nach Singapur einberufen wurde, sprang die FIFA auf den rasenden Zug. Es war schließlich ein Ruf wie Donnerhall. Allein 400 Aussteller folgen ihm und feierten die erste wirklich weltweite Messe. Bayern, Milan, Juventus, die Rechtehändler, TV-Stationen, Sportartikelkonzerne, Stadionbetreiber und Computerfreaks, die an virtuellen Werbemöglichkeiten basteln – sie alle waren vertreten. Und die

Organisatoren beteten beeindruckendes Zahlenwerk vor: Schon 200 Milliarden Dollar setzt die Branche jährlich um. Aufstrebende Funktionäre vom Typ Alan Rothenberg fühlten sich hier wie zuhause. Der US-Verbandschef nutzte die ermutigende Umgebung aus Marketendern und Rechtedealern und plädierte für Regeländerungen, um den Bedürfnissen der Finanzpartner entgegen zu kommen:»Wir leben im Zeitalter von Kommunikation und Television. Wir dürfen nicht vergessen, daß wir in der Unterhaltungsbranche arbeiten. Deshalb müssen wir aufpassen, bei den Regeln nicht zu konservativ zu sein.«

Auch Joseph Blatter erlebte in Singapur mit, wie der Fußball als Geldmaschine der Zukunft besungen wurde. In Zeiten, da sein einstiger Lehrherr Horst Dassler bereits museale Würdigung erfährt – indem er als einziger Nichtfußballer und zweiter Deutscher neben Franz Beckenbauer in die FIFA Hall of Fame im Pariser Disneyland einrückt –, beschleicht den FIFA-General leise Ahnung,»daß unsere Marketingpartner versuchen, mehr und mehr Rechte bei den Vereinen und Verbänden zu übernehmen. Auch wollen wir nicht, daß das Fernsehen unsere Spielpläne diktiert.« Was aber hatte er der geballten Kraft von Wirtschaftsvertretern entgegenzusetzen, die seinen Sport nun in einzelne Bilanzposten zerlegen werden? Warme Worte.»Es besteht das Risiko, daß der Fußball sein Herz verliert und nicht mehr das Spiel ist, das wir alle sehen wollen«, lamentierte der einstige Herr der Bälle.»Bitte spielen Sie nicht mit unserem Spiel, weil es nicht nur ein Spiel ist. Für viele Menschen ist Fußball alles.«

Amen.

Anhang

Verzeichnis der genannten Schlüsselfiguren, Firmen, Agenturen, Organisationen etc. und ihrer Verflechtungen

(*Kursiv* = Querverweise)

Adidas AG: Sportartikelhersteller, Sitz in Herzogenaurach bei Nürnberg. Weltmarktführer im Fußballbereich. Vorstandsvorsitzender: *Robert Louis-Dreyfus*.

ADK: Anti-Doping-Kommission des deutschen Sports.

AFC: Asiatischer Fußballverband (Asian Football Confederation) mit Sitz in Kuala Lumpur, gegründet 1954, 43 feste sowie 2 assoziierte Mitglieder. Präsident: Sultan Haji Ahmad Shah (Malaysia), Generalsekretär: *Dató Peter Velappan*.

AIBA: Amateur-Weltboxverband (Association Internationale de Boxe Amateure) mit Sitz in Berlin, gegründet 1946, 188 Mitglieder. Präsident: *Anwar Chowdhry*, Generalsekretär: *Karl-Heinz Wehr*.

Bach, Thomas: ehemaliger Mitarbeiter von *Adidas*, Fecht-Olympiasieger 1976, IOC-Mitglied seit 1991.

Beitz, Berthold: Industrieller, IOC-Mitglied von 1972 bis 1988.

Bin Hammam, Mohamed (Katar): Mitglied der FIFA-Exekutive, der Finanz- und zweier weiterer Kommissionen.

Blatter, Joseph (Schweiz): ehemaliger Mitarbeiter von *Adidas*, seit 1981 FIFA-Generalsekretär.

Blazer, Chuck (USA): Mitglied der FIFA-Exekutive und zweier Kommissionen, Generalsekretär und Schatzmeister der *CONCACAF*.

Braun, Egidius: Präsident des DFB, UEFA-Vizepräsident, Chef der Finanzkommission der UEFA.

CAF: Afrikanischer Fußballverband (Confédération Africaine de Football) mit Sitz in Kairo, gegründet 1957, 51 Mitglieder sowie ein assoziierter Nationalverband. Präsident: *Issa Hayatou*, Generalsekretär: Mustapha Fahmy (Ägypten).

Canedo, Guillermo (Mexico): Ex-FIFA-Vizepräsident, 1996 †

CBD: Brasilianischer Sportverband (Confederacão Brasileira Desportes)

CBF: Brasilianischer Fußballverband (Confederacáo Brasileira de Futebol)

Champions League: ehemals Fußball-Europapokal der Landesmeister, durchgeführt von der UEFA.

Chowdhry, Anwar (Pakistan): ehemaliger Mitarbeiter der sportpolitischen Abteilung von *Adidas*, Präsident des Weltboxverbandes *AIBA*.

Chung, Mong-Joon (Südkorea): FIFA-Vizepräsident, Mitglied der Exekutive und von vier Kommissionen, Präsident des südkoreanischen Verbandes, steinreicher Sproß der Hyundai-Dynastie

CONCACAF: Fußballverband für Nord- und Mittelamerika sowie die Karibik (Confederación Norte-Centroamericana y del Caribe de Fútbol) mit Sitz in New York, gegründet 1961, 33 feste und 2 assoziierte Mitglieder. Präsident: *Jack Warner,* Generalsekretär: *Chuck Blazer.*

CONMEBOL: Südamerikanische Fußballföderation (Confederación Sudamericana de Fútbol) mit Sitz in Asuncion / Paraguay, gegründet 1916, 10 Mitglieder. Präsident: Nicolás Leóz (Paraguay), Generalsekretär: Eduardo Deluca (Argentinien).

CWL: Cesar W. Lüthi, Besitzer und Namensgeber einer Werbe- und Rechte-Agentur mit Sitz in Kreuzlingen / Schweiz.

d'Almeida, Abilio (Brasilien), FIFA-Ehrenmitglied, Vertrauter von Havelange, Lobbyist der Nominierung Havelanges für den Friedennobelpreis

Dassler, Horst: 1987 verstorbener Chef von *Adidas*. Sohn des Firmengründers Adi Dassler. Impresario des Weltsports. Verhalf zahlreichen Funktionären (*Blatter, Samaranch, Nebiolo, Chowdhry* u.a.) an die Macht. Sportvermarkter (seit 1978 Fußball-WM, ab 1984 Olympische Spiele), Gründer der Agentur *ISL*. Träger des Olympischen Ordens.

Dempsey, Charles (Neuseeland): Mitglied der FIFA-Exekutive und von vier Kommissionen, *OFC*-Präsident.

DFB: Deutscher Fußball-Bund mit Sitz in Frankfurt am Main. Präsident: *Egidius Braun.* Vize-Präsidenten: *Gerhard Mayer-Vorfelder,* Ernst Knoesel. Generalsekretär: *Horst R. Schmidt,* Direktion Liga-Marketing / Wirtschaft / Finanzen: *Wilfried Straub,* Chefjustitiar: *Goetz Eilers,* Vorsitzender des Liga-Ausschusses: *Mayer-Vorfelder.*

Dixon, Stephen: Geschäftsführer der *Prisma.* Ehemals Geschäftsführer der *ISL* Marketing. Von 1982 bis 1998 an allen Marketing-Programmen von FIFA und UEFA beteiligt.

Drossart, Eric (England): Manager bei IMG Europa.

EBU: Vereinigung der öffentlich-rechtlichen Rundfunkanstalten Europas (European Broadcasting Union) mit Sitz in Genf. Sportrechte: Olympische Spiele bis 2008, Fußball-EM 2000 (u.a.), bis 1998 über Jahrzehnte FIFA-Partner. Präsident: Albert Scharf (Deutschland / Bayerischer Rundfunk).

Eilers, Goetz: Chefjustitiar des DFB.

ENIC: English National Investment Company. Beteiligungen an verschiedenen Fußballklubs (u.a. Glasgow Rangers, Vicenza, AEK Athen).

ESPN: Amerikanischer TV-Sportsender, gehört zum Disney-Konzern.

Exekutivkomitee: Ausführendes Organ der FIFA, 24 Mitglieder, trifft sich mindestens zweimal im Jahr.

FA: Englischer Fußballverband (The Football Association).

FAI: Irischer Fußballverband (The Football Association of Ireland) mit Sitz in Dublin.

FFF: Französischer Fußballverband (Fédération Francaise de Football) mit Sitz in Paris.

FIFA: Weltfußballverband (Fédération Internationale de Football Association) mit Sitz in Zürich, 198 Mitglieder. Gegründet am 21. Mai 1904 von den Verbänden Frankreichs, Belgiens, Dänemarks, Hollands, Spaniens. Schwedens und der Schweiz. Präsidenten: Robert Guérin (Frankreich, 1904–1906), Daniel Burley Woolfall (England, 1906–1918), Jules Rimet (Frankreich, 1921–1954), Rodolphe William Seeldrayers (Belgien, 1954–1955), Artur Drewry (England, 1955–1961), *Sir Stanley Rous* (England, 1961–1974), *Joao Havelange* (Brasilien, seit 1974). 24 ständige Arbeitsgruppen und Kommissionen. Sechs kontinentale Föderationen: *UEFA, CAF, CONMEBOL, AFC, OFC, CONCACAF.*

Grondona, Julio (Argentinien): FIFA-Vizepräsident, Mitglied der Exekutive und von sieben Kommissionen, Chef der Finanzkommission. Präsident des argentinischen Verbandes.

Guelfi, André: Zwielichtiger Unternehmer, langjähriger Partner Dasslers und Samaranchs.

Hahn, Dieter: Co-Geschäftsführer der KirchGruppe.

Havelange, Joao (Brasilien): FIFA-Präsident seit 1974, IOC-Mitglied seit 1963.

Hayatou, Issa (Kamerun): FIFA-Vizepräsident und Präsident des CAF, Mitglied der Exekutive und von sechs Kommissionen.

Hempel, Klaus-Jürgen: Geschäftsführer *TEAM AG* (Champions League). Ehemals Mitarbeiter von *Adidas* und Direktor der *ISL.*

Hopkins, John: Geschäftsführer der *Prisma,* Jurist und Marketing-Experte, ehemals *ISL.*

Huba, Karl-Heinz: Herausgeber des Branchendienstes *sport intern.*

Hyldgaard, Poul (Dänemark): FIFA-Ehrenmitglied. Bis 1996 Chef der Finanzkommission, die den Fernsehvertrag für die WM 2002/2006 vorbereitete. Präsident des dänischen Verbandes.

IAAF: Weltleichtathletikverband (International Amateur Athletic Federation) mit Sitz in Monte Carlo, gegründet 1912, 207 Mitglieder.

IMG: International Management Group, Sportvermarktungsagentur von Mark McCormack.

Intersoccer: Vermarktungsprogramme der Fußball-Weltmeisterschaften seit 1982.

IOC: Internationales Olympisches Komitee (International Olympic Comitee) mit Sitz in Lausanne. 1984 gegründet, 112 Mitglieder, 206 anerkannte NOK, 34 anerkannte olympische Fachverbände (u.a. *FIFA, AIBA, IAAF*). Besitzer an den Olympischen Spielen. Langjährige Partnerschaften mit *ISL* (bis 1996), *EBU* (bis 2008). *TOP*-Marketing-Programm.

ISL: International Sports & Leisure AG mit Sitz in Luzern. 1982 von *Horst Dassler* gegründet. Anteilseigner: 90 % *Sporis,* 10 % Werbegruppe Dentsu / Japan. Seit 1986 Marketing-Partner der FIFA (bis 2006) und der UEFA. WM-Fernsehrechte (mit *Taurus / Kirch*) für 2002 / 2006. Von 1985 bis 1996 Marketing-Partner des IOC. Weitere Fachverbände: Schwimmen, Radsport, Leichtathletik, Turnen. Innerhalb der Sporis / ISL-Gruppe zahlreiche Firmen im Marketing-, Lizenz- und TV-Rechte-Bereich, Sponsorenbetreuung und Forschung, virtuelle Bandenwerbung (u.a.). Wichtigste Manager: *Christoph Malms* (Strategie), *Jean-Marie Weber* (Rechte, Kontakte), Daniel Beauvois (TV), Heinz Schurtenberger (Marketing).

ISLA: Internationale Vereinigung der Sportanwälte (International Sport Lawyers Association, gegründet 1995, Sitz in Zürich. Geschäftsführer: Urs Scherrer.

ISPO: Internationale Sportartikelmesse in München.

ISPR: Internationale SportrechteVerwertungsgesellschaft mit Sitz in München. Eigner: Springer-Konzern und *Leo Kirch*. Hält u.a. TV-Rechte an der Fußball-Bundesliga. Neuerdings auch Einzelvermarktung (Bierhoff, Köpke).

Johansson, Lennart (Schweden): UEFA-Präsident, Vizepräsident der FIFA und offizieller europäischer Kandidat für die Nachfolge von *Havelange,* Mitglied der FIFA-Exekutive und von fünf Kommissionen.

Jordan, Michael (USA): Basketballer bei den Chicago Bulls. Reichster Sportler der Welt, *Nike*-Ikone.

Kappa: Spanischer Sportartikelhersteller.

Käser, Helmut (Schweiz): FIFA-Generalsekretär von 1960 bis 1981. 1994 verstorben.

Kim, Un Yong (Südkorea): ehemaliger Geheimdienstler und Günstling Dasslers, IOC-Mitglied seit 1986.

Kirch, Leo: Medien-Tycoon. Filmhändler. TV- und Zeitungsimperium (Springer). Über die *Taurus Film GmbH* Inhaber der Fußball-WM-Rechte 2002 / 2006 (gemeinsam mit *Sporis / ISL*).

Knight, Phil (USA): Gründer und Präsident von *Nike,* dem größten Sportartikelhersteller der Welt.

Koloskow, Wjatscheslaw (Rußland): Mitglied der FIFA-Exekutive und von sechs Kommissionen, Präsident des russischen Verbandes.

Lenz, Jürgen: Geschäftsführer der TEAM AG (Champions League), ehemals Direktor der ISL.

LNF: Französische Fußballiga (Ligue National Francaise)

Louis-Dreyfus, Robert (Frankreich): Seit 1993 Vorstandsvorsitzender der *Adidas AG*.

Malms, Christoph: Manager der *Sporis / ISL*.

Matarrese, Antonio (Italien): FIFA-Vizepräsident, Mitglied der Exekutive, der Finanz- und fünf weiterer Kommissionen, Vizepräsident der UEFA.

Mayer-Vorfelder, Gerhard (CDU): Mitglied der FIFA-Exekutive und zweier Kommissionen, Vizepräsident des DFB, Präsident des DFB-Ligaausschusses, Finanzminister Baden-Württembergs.

Meridian: Marketingagentur des IOC mit Sitz in Lausanne, gegründet 1995, betreut das *TOP*-Programm.

Mizuno: Japanischer Sportartikelhersteller.

MLB: Nordamerikanische Baseball-Profiliga (Major League Baseball).

MLS: US-Fußball-Profiliga (Major League Soccer).

Murdoch, Rupert (USA): Medien-Tycoon, u.a. Fox Sports Network (USA / American Football) und BskyB (England / britischer Fußball).

NBC: National Broadcasting Corporation. Olympische TV-Rechte für die USA bis 2008.

Nebiolo, Primo (Italien): IOC-Mitglied seit 1992, *IAAF*-Präsident, ehemaliger Günstling *Horst Dasslers*.

NFL: US-Profiliga im American Football (National Football League).

NHL: Nordamerikanische Eishockey-Profiliga (National Hockey League).

Niersbach, Wolfgang: DFB-Pressechef.

Nike Incorporation: Weltgrößter Sportartikelhersteller mit Sitz in Portland / US-Bundesstaat Oregon.

NOK: Nationales Olympisches Komitee.

NSE: Nike Sports Entertainment, 1996 gegründeter Veranstaltungsarm der Firma *Nike*. Vermarktet u.a. 50 Spiele der brasilianischen Nationalmannschaft.

OFC: Ozeanische Fußballföderation (Oceania Football Confederation) mit Sitz in Auckland / Neuseeland, gegründet 1966, 10 feste und vier assoziierte Mitglieder. Präsident: *Charles Dempsey*, Generalsekretär: George Dick (Australien).

Omdal, Per Ravn (Norwegen): Mitglied der FIFA-Exekutive und von vier Kommissionen, UEFA-Vizepräsident, Präsident des norwegischen Verbandes.

Premier League: Oberste englische Fußball-Liga. Darunter spielen vier weitere Profiligen.

Prisma Sports & Media: 1996 gegründete Sportvermarktungsagentur mit Sitz in Zug/Schweiz und London. Vermarktet im Auftrag *Kirchs* die Fußball-WM-Rechte 2002/2006 in Europa. Geschäftsführer: *Sprogis, Dixon, Hopkins.*

Reebok: Amerikanischer Sportartikelhersteller.

Rofa: Ehemalige Vermarktungsgesellschaft, gegründet von Robert Schwan und Franz Beckenbauer.

Ronaldo, Luiz Nazario de Lima (Brasilien): Weltfußballer des Jahres 1996 und 1997, Europas Fußballer des Jahres 1997, Weltmeister 1994. *Nike*-Ikone. Derzeitiger Verein: Inter Mailand (Stand: Februar 1998).

Rous, Sir Stanley (England): FIFA-Präsident von 1961 bis 1974, unterlag *Havelange* auf dem Kongreß 1974 in Frankfurt am Main nach einem erbitterten Wahlkampf

Ruhee Ram, Obe (Mauritius): Mitglied der FIFA-Exekutive, Finanz- und weiterer drei Kommissionen, *CAF*-Vizepräsident, *IOC*-Mitglied seit 1988

SAFA: Südafrikanischer Fußballverband (South African Football Association).

Samaranch, Juan Antonio (Spanien): ehemaliger faschistischer Minister und Günstling *Horst Dasslers, IOC*-Präsident seit 1980.

Schmidt, Horst: DFB-Generalsekretär.

Sporis Holding AG: Dachgesellschaft der ISL-Gruppe, in Besitz der Familie Dassler, siehe *ISL.*

Sport Billy: Vermarktungsagentur des Stuttgarter Rechtehändlers Rolf Deyhle.

Sprogis, Peter: Prisma-Geschäftsführer. Ehemals *West-Nally*-Gruppe und *ISL*-Television.

Straub, Wilfried: DFB-Direktor für Liga-Marketing, Wirtschaft und Finanzen.

TaurusFilm GmbH: Unternehmen der Münchner *Kirch*-Gruppe.

TEAM: The Event Agency & Marketing AG, Sportvermarktungsagentur mit Sitz in Luzern/Schweiz, gegründet 1991, betreut im Auftrag der UEFA die *Champions League*. Geschäftsführer: *Klaus-Jürgen Hempel* und *Jürgen Lenz.*

Teixeira, Ricardo Terra (Brasilien): Mitglied der FIFA-Exekutive und dreier Kommissionen, Präsident des brasilianischen Verbandes *CBF*, bis 1997 Schwiegersohn *Havelanges.*

TOP: Sponsorenprogramm des IOC (The Olympic Programme). Maximal 12 Firmen aus verschiedenen Produktkategorien erwerben für einen Vierjahres-Zeitraum weltweite Exklusivrechte an den Olympischen Symbolen. TOP I erbrachte von 1985–1988 95 Millionen Dollar. TOP II:175 Millionen(1989–1992). TOP III: 350 Millionen (1993–1996). TOP IV: 500 Millionen (1997–2000). Das TOP-Programm wurde bis 1996 von der *ISL* betreut, seit 1997 zeichnet die Agentur *Meridian* verantwortlich.

Traffic: brasilianische Sportrechteagentur.

UEFA: Europäischer Fußballverband (Union of European Football Association) mit Sitz in Nyon / Schweiz, gegründet 1954, 51 feste Mitglieder sowie ein assoziierter Nationalverband; Präsident: *Lennart Johansson*, Vizepräsidenten: *Antonio Matarrese, Egidius Braun, Per Ravn Omdal*, Senes Erzik (Türkei), Generalsekretär: *Gerhard Aigner*. Die UEFA richtet Europameisterschaften für Männer, Frauen und Nachwuchsteams aus – dazu die Klubwettbewerbe *Champions League*, Cup der Pokalsieger, UEFA-Pokal und UI-Cup.

Ufa Sports GmbH: Sportrechtehändler, Bertelsmann-Tochter.

Umbro: Englischer Sportartikelhersteller.

Vazquez Rana, Mario (Mexico): ehemaliger Günstling *Horst Dasslers*, IOC-Mitglied seit 1991.

Velappan, Dató Peter (Malaysia): Generalsekretär der *AFC*, Kandidat für die Nachfolge *Joseph Blatters* als FIFA-Generalsekretär.

Vision: Reformpapiere der UEFA. 1995 initiiert von *Johansson* und *Braun*.

Warner, Jack (Trinidad & Tobago): FIFA-Vizepräsident, Mitglied der Exekutive, der Finanz- und weiterer neun Kommissionen (damit Rekordhalter), *CONCACAF*-Präsident.

Weber, Jean-Marie: *ISL*-Manager, verantwortlich für Rechte-Aquisition und Kontaktpflege. Ehemals enger Vertrauter *Horst Dasslers*.

Wehr, Karl-Heinz: Generalsekretär des Weltboxverbandes *AIBA*, IM Möwe, ehemaliger Günstling *Dasslers*.

West Nally: Londoner Vermarktungsagentur von Peter West / Patrick Nally

WFSGI: Weltvereinigung der Sportartikelhersteller (World Federation of Sporting Goods Industrie).

Will, David (Schottland): FIFA-Vizepräsident, Mitglied der Exekutive und von vier Kommissionen.

Quellen und Literatur

Vielleicht legt dieses Buch den Eindruck nicht besonders nahe, aber wir haben bei der Spurensuche hinter den Fußballkulissen manchen Sportfunktionär, manch einen Wirtschaftsvertreter schätzen gelernt. Deshalb weisen wir hier gern daraufhin, daß es sie noch gibt: Ehrenamtliche, denen es um die Geschicke des Sports geht, und Marketender des Weltsports, die sich selbst ein paar Grenzen gezogen haben. Denen also sagen wir Dank für ihre Unterstützung, ohne allerdings Namen zu nennen, damit sie nicht in Konflikt kommen mit jenen, denen dieses Buch weniger Lesevergnügen bereiten mag. Vielen Dank auch an die Überbringer und Vermittler vertraulicher Dokumente, die uns vorliegen und aus denen wir zitiert haben.

Zeitungen und Zeitschriften

Aftonbladet, Atlanta Constitution / Atlanta Journal, Berliner Kurier, Berliner Zeitung, Bild, Blick, Corriere dello Sport, Daily Telegraph, Das Magazin, Der Spiegel, Diario 16, Die Tageszeitung, Die Welt, Die Woche, Die Zeit, El Pais, El Triangle, Financial Times, Financial World, Folha de Sao Paulo, Forbes, Fortune, Frank Cass Journals, Frankfurter Allgemeine Zeitung, Frankfurter Rundschau, Gazzetta dello Sport, Handelsblatt, Harpers Bazaar, Hattrick, International Herald Tribune, Irish Times, Jornal do Brasil, Kicker, Kölner Stadtanzeiger, L'Equipe, L'Equipe Magazin, La Nacion, Le Canard Enchaine, Le Figaro, Le Nouveau Quotidien, Liberation, Los Angeles Times, Mundo Deportivo, Neue Zürcher Zeitung, Neues Deutschland, New York Times, Nouvelle Observateur, O Estado de Sao Paulo, O Globo, Saturday Night, Seattle Times, Sociology of Sport Journal, Sonntagszeitung (Zürich), Spiegel special, Sport (Zürich), Sports Illustrated, Sports live, Stern, Stuttgarter Zeitung, Süddeutsche Zeitung, Tagesanzeiger, The Guardian, The Independent, The People, The Sporting News, The Times / Sunday Times, US News and World Reports, USA Today, Wallstreet Journal, Washington Post, Welt am Sonntag, Weltwoche, Zeit Magazin.

Informationsdienste, Pressemitteilungen

Adidas AG, AFC Football News, Deutsche Presse-Agentur FIFA Handbook, FIFA Magazin, FIFA Media Information, FIFA News, Football Expo, France 98, IOC Marketing Letters, ISL, Nike Inc., Nike Sports Entertainment, Olympic Review, Prisma, Sponsor News, Sport Business, sport intern, Sportel, Sportinformationsdienst, The Week's Olympic News, UEFA bulletin officiel, UEFA flash.

Literatur

- Biographies of the members of the International Olympic Committee, Lausanne 1997.
- Flory, Marcus: Der Fall Bosman – Revolution im Fußball, Kassel 1997.
- Gebauer, Gunter: Olympische Spiele – die andere Utopie der Moderne, Frankfurt am Main 1996.
- Großhans, Götz-Tillmann: Fußball im deutschen Fernsehen, Frankfurt am Main 1997.
- Grupe, Paulheinz: Horst Dassler – Revolution im Weltsport, München 1992.
- Howell, Denis: Made in Birmingham – The memoirs of Denis Howell, London 1990.
- Jennings, Andrew: Das Olympia-Kartell – die schäbige Wahrheit hinter den fünf Ringen, Reinbek 1996.
- Jennings, Andrew; Simson, Vyv: Geld, Macht und Doping – Das Ende der olympischen Idee, München 1992.
- Killanin, Michael: My olympic years, New York 1983.
- Kistner, Thomas; Weinreich, Jens: Muskelspiele – ein Abgesang auf Olympia, Berlin 1996.
- Lyberg, Wolf: The seventh president of the IOC – facts and figures, Lausanne 1997.
- Mendez, Eugenio Benjamin: Admiral Lacoste, wer hat General Actis getötet?, Buenos Aires 1984.
- Miller, David: Olympic Revolution, London 1992.
- Parlasca, Susanne: Kartelle im Profisport, Ludwigsburg 1993.
- Rollmann, Jürgen: Beruf Fußballprofi, Berlin 1997.
- Rous, Stanley: Football worlds – A lifetime in sport, London 1978.
- Schümer, Dirk: Gott ist rund, Berlin 1996.
- Sports Illustrated Sports Almanach 1996, New York 1996.
- Strasser, J. B.; Becklund, Laurie: Swoosh – the unauthorized story of Nike and the men who played there, San Diego 1991.
- Smith, Stephen; Glaser, Antoine: Ces Messieurs Afrique, Paris 1997.

Andere Quellen

Adidas Jahresbericht 1996; Beschluß des Bundesgerichtshofes KVR 7/96 vom 11. Dezember 1997; Bayerische Landesbank, Finanzanalysen: Englische Fußballklubs – mehr als ein Investment in Fußball; Bericht 50. Ordentlicher FIFA-Kongreß 1996 in Zürich; Bundesarchiv, Außenstelle Potsdam; Ergebnisniederschrift über die Sitzung der Rundfunkkommission der Länder am 9. Oktober 1997 in Mainz; Florida Highway Patrol (Traffic Homicide Investigation); Machtspiele, ZDF; Monitor, ARD; Nally Tapes, Simson and Jennings Archiv; Nike, Inc. 1997 annual report; Sugden, John, Tomlinson, Alan: FIFA and the marketing of world football; Sugden, John, Tomlinson, Alan: FIFA versus UEFA in the struggle for the control of world football; Der Bundesbeauftragte für die Unterlagen des Ministeriums für Staatssicherheit der ehemaligen DDR; Young Report.